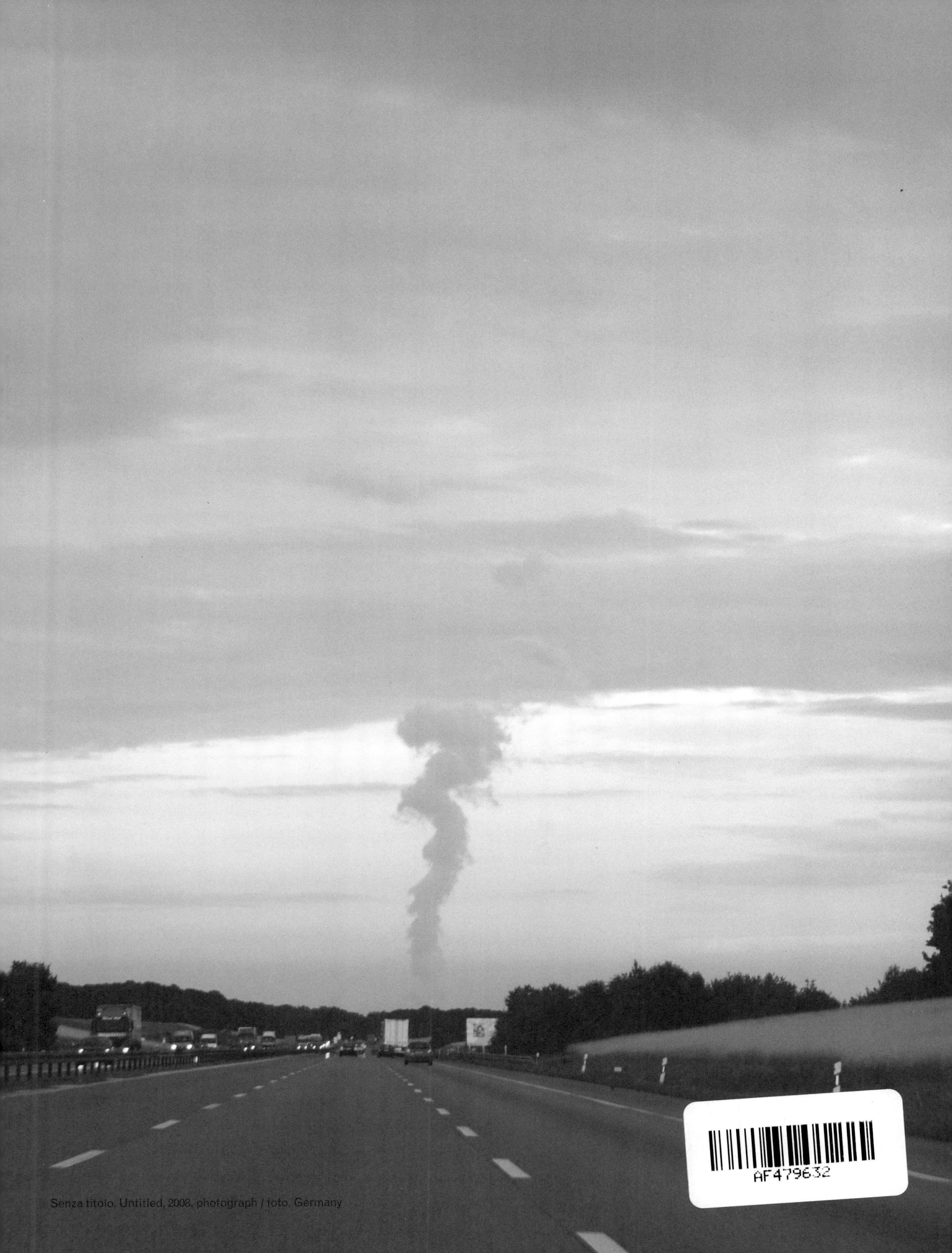

Senza titolo. Untitled, 2008, photograph / foto. Germany

The project *Opera Civica* (*TN*), 2010–11, of which this book is part, has been made possible thanks to the support of the Autonomous Province of Trento.

Il progetto *Opera Civica* (*TN*), 2010-11, di cui fa parte questo libro, è stato reso possibile grazie al sostegno della Provincia autonoma di Trento.

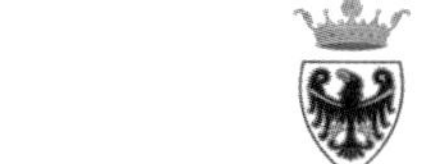

STEFANO CAGOL

PUBLIC OPINION

CHARTA

Fondazione Galleria Civica – Centro di Ricerca
sulla Contemporaneità di Trento

Edited by
A cura di
Andrea Viliani

Concept
Concetto
Stefano Cagol

Design
Progetto grafico
Thomas Desmet

Editorial Coordination
Coordinamento redazionale
Daniela Meda
Filomena Moscatelli
Mariella Rossi

Proofreading
Lettura
Federica Cimatti
Emily Ligniti

Translation from Italian
Traduzione dall'italiano
NTL, Firenze
Simon Turner (A. Viliani)

Translation from English
Traduzioni dall'inglese
NTL, Firenze

Copywriting and Press Office
Copy e Ufficio stampa
Silvia Palombi

US Editorial Director
Direttore editoriale USA
Francesca Sorace

Promotion and Web
Promozione e Web
Monica D'Emidio

Distribution
Distribuzione
Anna Visaggi

Administration
Amministrazione
Grazia De Giosa

Warehouse and Outlet
Magazzino e Spaccio
Roberto Curiale

ISBN 978-88-8158-820-6

Printed in Italy

Photo Credits
Referenze fotografiche
Except where noted, all photos are by
Stefano Cagol / Tutte le foto (dove non
specificato altrimenti) sono di Stefano
Cagol

We apologize if, due to reasons wholly
beyond our control, some of the photo
sources have not been listed. / Ci scusia-
mo se per cause indipendenti dalla nostra
volontà abbiamo omesso alcune referenze
fotografiche.

Edizioni Charta srl
Milano
via della Moscova, 27 – 20121
t   +39-026598098/026598200
f   +39-026598577
e   charta@chartaartbooks.it

Charta Books Ltd.
New York City
t   +1-313-406-8468
e   international@chartaartbooks.it

www.chartaartbooks.it

Cover
Copertina
Stefano Cagol, *Vogelgrippe in Berlin*
[*Bird Flu in Berlin | Influenza aviaria a
Berlino*], 2006, print on paper, 170 x 120 cm /
stampa su carta, 170 x 120 cm
Elaboration by / Elaborazione di
Thomas Desmet
Courtesy the artist / Courtesy l'artista

Back Cover
Retro di copertina
Stefano Cagol, *Evoke Provoke* (*the border*),
2011, lambda print, silicone, perspex,
dibond, 90 x 160 cm, video still from HD
video on Blu-ray disc, 20 min. (loop) /
stampa lambda, silicone, perspex, dibond,
90 x 160 cm, still da video HD su
Blu-ray disc, 20 min. (loop)
Realized with the support of Pikene på
Broen, Kirkenes, Norway. Courtesy the
artist / Realizzato col supporto di Pikene
på Broen, Kirkenes, Norvegia. Courtesy
l'artista

PUBLIC OPINION has been launched on
the occasion of Stefano Cagol's solo show
CONCILIO at 54th International Art
Exhibition – la Biennale di Venezia.

PUBLIC OPINION è stato presentato
in occasione della mostra personale
di Stefano Cagol *CONCILIO* alla
54. Esposizione Internazionale d'Arte –
la Biennale di Venezia.

www.concilio-biennalevenezia.org

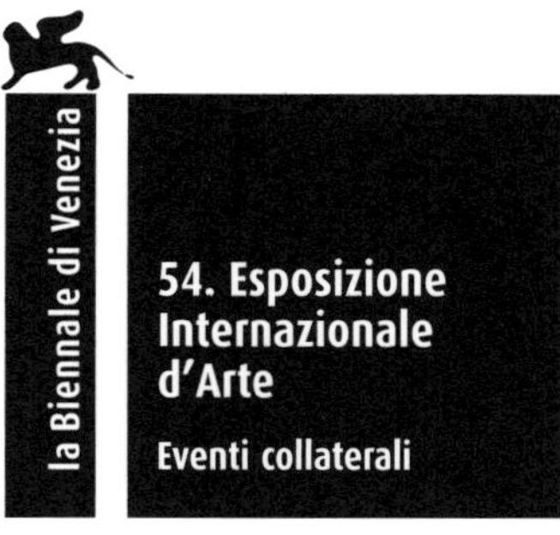

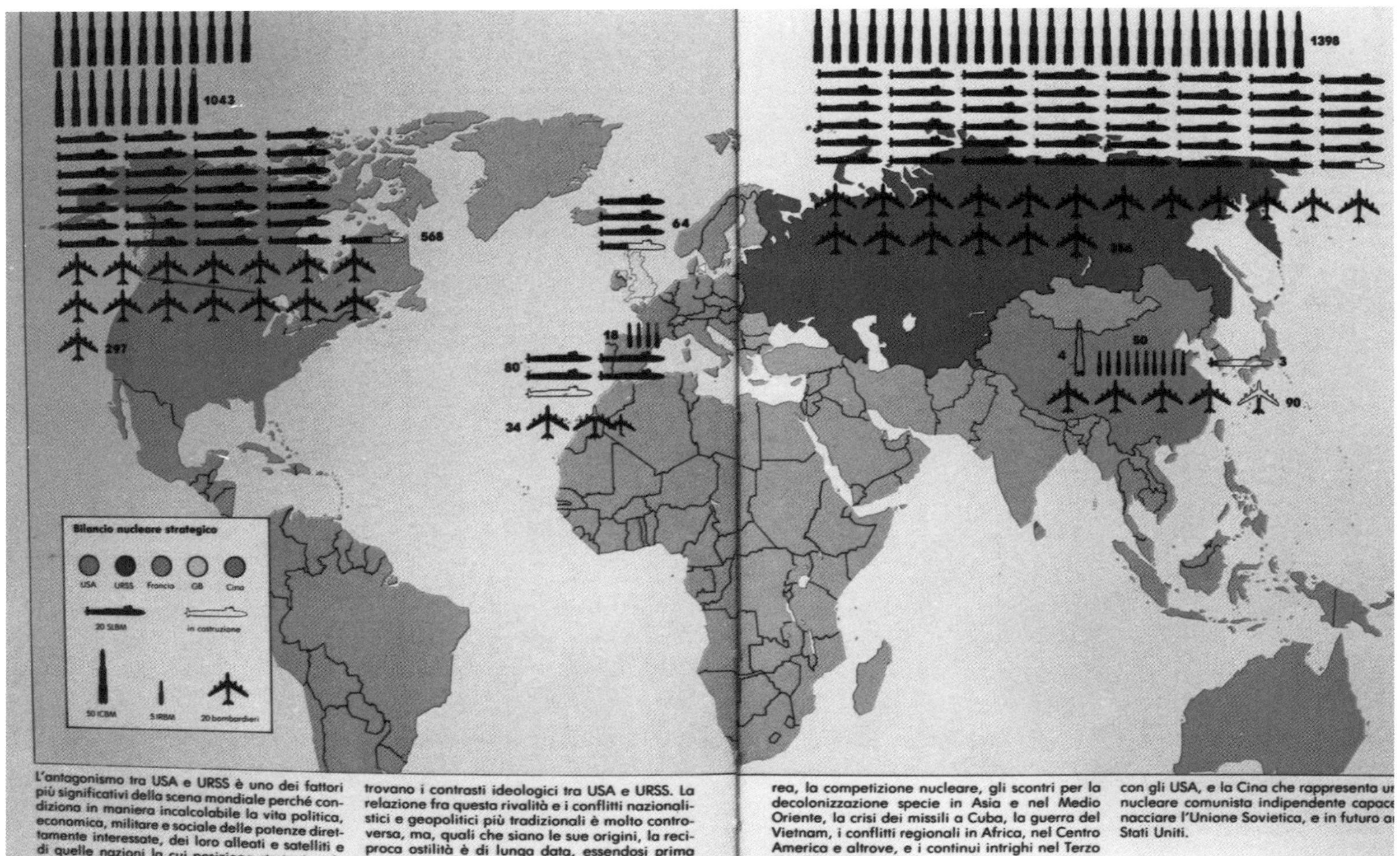

L'antagonismo tra USA e URSS è uno dei fattori più significativi della scena mondiale perché condiziona in maniera incalcolabile la vita politica, economica, militare e sociale delle potenze direttamente interessate, dei loro alleati e satelliti e di quelle nazioni la cui posizione strategica, le cui risorse di materie prime o i cui mercati sono oggetto delle mire dell[...] trovano i contrasti ideologici tra USA e URSS. La relazione fra questa rivalità e i conflitti nazionalistici e geopolitici più tradizionali è molto controversa, ma, quali che siano le sue origini, la reciproca ostilità è di lunga data, essendosi prima manifestata con l'intervento americano in Russia alla fine della prima guerra mondiale e poi svi[...] rea, la competizione nucleare, gli scontri per la decolonizzazione specie in Asia e nel Medio Oriente, la crisi dei missili a Cuba, la guerra del Vietnam, i conflitti regionali in Africa, nel Centro America e altrove, e i continui intrighi nel Terzo Mondo per assicurarsi vantaggi strategici ed economici. con gli USA, e la Cina che rappresenta un[...] nucleare comunista indipendente capace[...] nacciare l'Unione Sovietica, e in futuro a[...] Stati Uniti.

Equilibria, 1995, photograph / foto, Venice

9   **PREFACE**   **PREFAZIONE**

11   **INTRODUCTION
(TO THE *PUBLIC OPINION*)
STEFANO CAGOL,
COMMUNICATOR AND
STORYTELLER OF THE
OPERA CIVICA (TN)
Andrea Viliani**
       **INTRODUZIONE
(ALLA *PUBBLICA OPINIONE*)
STEFANO CAGOL,
COMUNICATORE
E CANTASTORIE
DI *OPERA CIVICA (TN)***

19   **TO COMMUNICATE MEANS
TO GET THROUGH
Iara Boubnova**
       **COMUNICARE SIGNIFICA
ANDARE ATTRAVERSO**

29   **THE WORLD IS NOT ENOUGH
Gregor Jansen**
       IL MONDO NON BASTA

35   **STEFANO CAGOL
FROM BEGINNING TILL NOW
Michele Robecchi**
       **STEFANO CAGOL
DALL'INIZIO A ORA**

40   **KEYWORDS**   **PAROLE CHIAVE**

41   **CATALOGUE 2011-2007**   **CATALOGO 2011-2007**

121   **PUBLIC OPINION
Stefano Cagol *and*
Alfredo Cramerotti
Luba Kuzovnikova
Raúl Zamudio
Shane Brennan
Kari Conte
Nicola Trezzi
Andreas F. Beitin
Francesco Bernardelli
Kamila Wielebska
Veit Loers
Achille Bonito Oliva
Blanca de la Torre
Esther Lu
Trevor Smith
Cis Bierinckx
June Yap
Stefan Bidner
David Elliott
Giacinto Di Pietrantonio
Pier Luigi Tazzi
Micaela Giovannotti
R. Bruce Elder**

137   **PUBLIC OPINION
Stefano Cagol *e*
Alfredo Cramerotti
Luba Kuzovnikova
Raúl Zamudio
Shane Brennan
Kari Conte
Nicola Trezzi
Andreas F. Beitin
Francesco Bernardelli
Kamila Wielebska
Veit Loers
Achille Bonito Oliva
Blanca de la Torre
Esther Lu
Trevor Smith
Cis Bierinckx
June Yap
Stefan Bidner
David Elliott
Giacinto Di Pietrantonio
Pier Luigi Tazzi
Micaela Giovannotti
R. Bruce Elder**

153   **CATALOGUE 2007-1992**   **CATALOGO 2007-1992**

225   **BIOGRAPHY /
BIBLIOGRAPHY**
       **BIOGRAFIA /
BIBLIOGRAFIA**

The renewed artistic journey undertaken by the Fondazione Galleria Civica—in particular regarding the project under 35—has some significant points of contact with the projects of recent years that fall under the Youth Policies of the Autonomous Province of Trento. It cannot be repeated often enough: young people are the decisive protagonists in our autonomist story. Autonomy is not something that lives inside the palaces of the political establishment. It is not a fossilized institution and it is not localism. The challenge today is to convey the "glocal" idea, the global plus the local. Young people inhabit territories—understood in terms of space and time—often unknown to adults. For this reason we must give them the perception that our special autonomy is a great antidote to loneliness, is a collective dream, the place for creativity and the construction of the future.

There is conviction behind the support for *Opera Civica (TN)*, a project which receives special attention from the Fondazione with regard to emerging contemporary art in Trentino. Its role is to identify, strengthen and support the new professionalism in the area linked to a thriving field. Its role is to identify and enhance the cultural landscape of contemporary art, to provide support for new idioms and creative sensibilities at the core of the Autonomous Province of Trento.

On the other hand, the Fondazione Galleria Civica also provides significant support for artists over 35 from Trentino. And this new monograph illustrates this fact. This is an important new development. It has the task of identifying those who have contributed most—in recent years—to redefining the cultural landscape of contemporary art in Trentino. The opportunity offered to them—here the protagonist is Stefano Cagol who, over the years, has been able to make a clear and recognizable mark on the international art scene—is the chance to produce the first retrospective monograph of their work.

This bestowed trust and responsibility are the inherent qualities of the initiative of Fondazione Galleria Civica. It has listened, probing the cultural landscape of our land, to restore visibility, space, and opportunity. Because also art, the language of contemporary par excellence, can and must help us in dealing with the creeping homogenization, in reaffirming the strength of our history, at the same time knowing how to look ahead.

To these questions, both complex and well-founded, the *Opera Civica (TN)* project plans to provide concrete answers, also becoming the tool for rethinking the concept and the very function of a "*Galleria Civica*," a city gallery, which can elaborate—to the benefit of the whole community and in a virtuous link—art, education, innovation, scientific and humanistic research, economic development, and traditional knowledge. How can the languages of contemporary art help to articulate and re-launch, in the face of the challenges of a globalized society, the important theme of Trentino's autonomy? How can this historical legacy be mediated, communicated, told to future generations?

In this sense, the stages of Stefano Cagol's artistic research—documented in this monograph in a fully comprehensive way—significantly narrate a creative production that is bonded to the Trentino area, while cultivating a presence on the more extensive far international scene. Stefano Cagol's art research is one that questions, starting with the title. *Public Opinion* speaks of the influence of media control, balance, beliefs, and boundaries. What emerges is a fascinating artistic portrait, but also a cultural context investigated thoroughly, in its various contemporary facets. Edited by one of the most important publishing houses in Italy, this book is invaluable on two fronts; artistic research, on the one hand, and the territorial scenario, on the other.

Lorenzo Dellai
President of the Autonomous Province
of Trento

Il rinnovato cammino artistico intrapreso dalla Fondazione Galleria Civica – in particolare per quel che riguarda il progetto *under 35* – ha significativi punti di contatto con quel che la Provincia autonoma di Trento ha messo in campo in questi anni nell'ambito delle Politiche Giovanili. Non lo si ripeterà mai abbastanza: sono i giovani i protagonisti decisivi della nostra vicenda autonomistica. Autonomia infatti non è quella cosa che sta dentro i palazzi della politica, non è istituzione fossilizzata, non è localismo. La sfida, oggi, è trasmettere l'idea *glocal*, il globale più il locale. I ragazzi abitano territori – intesi come spazi e tempi – spesso sconosciuti agli adulti e per questo dobbiamo offrire loro la percezione che la nostra autonomia speciale è un grande antidoto alla solitudine, è un sogno collettivo, il luogo della creatività e della costruzione del futuro.

È dunque convinto il sostegno a *Opera Civica (TN)*, progetto al quale la Fondazione affida un'attenzione particolare alla realtà emergente dell'arte contemporanea trentina. Lo fa per individuare, rafforzare e sostenere nel territorio le nuove professionalità legate a un settore in continuo sviluppo. Lo fa per individuare e valorizzare il panorama culturale della contemporaneità, per fornire il supporto di nuovi linguaggi e di sensibilità creative al tema cardine dell'autonomia trentina.

D'altra parte la Fondazione Galleria Civica persegue anche una significativa valorizzazione di artisti trentini *over 35*. E questa nuova monografia ne è l'esempio. La novità è importante. Si tratta infatti di individuare coloro che hanno maggiormente contribuito, negli ultimi anni, a ridefinire il paesaggio culturale della contemporaneità trentina. L'opportunità che viene loro offerta – qui il protagonista è Stefano Cagol, che negli anni ha saputo offrire al panorama artistico internazionale una impronta chiara e riconoscibile – è quella di poter produrre la loro prima pubblicazione monografica di impianto retrospettivo.

È questo percorso di fiducia e responsabilità la cifra dell'iniziativa della Fondazione Galleria Civica. L'essersi messi in ascolto, scandagliando il panorama culturale della nostra terra, per restituire visibilità, spazio, opportunità. Perché anche l'arte, linguaggio del contemporaneo per eccellenza, ci può e ci deve aiutare nell'affrontare l'omologazione strisciante, nel ribadire la forza della nostra storia, sapendo al contempo guardare sempre in avanti.

A queste domande, tanto complesse quanto fondate, il progetto *Opera Civica (TN)* intende fornire risposte concrete, divenendo anche lo strumento per ripensare il concetto e la funzione stessa di una "Galleria Civica", in grado di elaborare, a vantaggio di tutta la comunità e in un virtuoso collegamento, l'arte, la formazione, l'innovazione, la ricerca umanistica e scientifica, lo sviluppo economico, i saperi tradizionali. I linguaggi dell'arte contemporanea possono contribuire ad articolare e rilanciare, a fronte delle sfide poste da una società globalizzata, il tema cardine dell'autonomia trentina? Come questa eredità storica può essere mediata, comunicata, raccontata alle nuove generazioni?

In questo senso le tappe della ricerca artistica di Stefano Cagol – documentate in questa monografia in maniera compiutamente esaustiva – raccontano significativamente di una produzione creativa che ha saputo legarsi con il territorio trentino, coltivando nel contempo la frequentazione di scenari ben più ampi. La proposta artistica di Stefano Cagol è di quelle che interrogano, a partire dal titolo. *Public Opinion* ci racconta dell'influenza e del controllo dei media, di equilibri, di convinzioni e di confini. Ne emerge un affascinante ritratto artistico, ma anche un contesto culturale indagato a fondo, nelle sue diverse articolazioni contemporanee. Edito da una delle più importanti case editrici nazionali, questo libro è strumento prezioso, su due fronti. La ricerca artistica da una parte, lo scenario territoriale dall'altra.

Lorenzo Dellai
Presidente della Provincia autonoma
di Trento

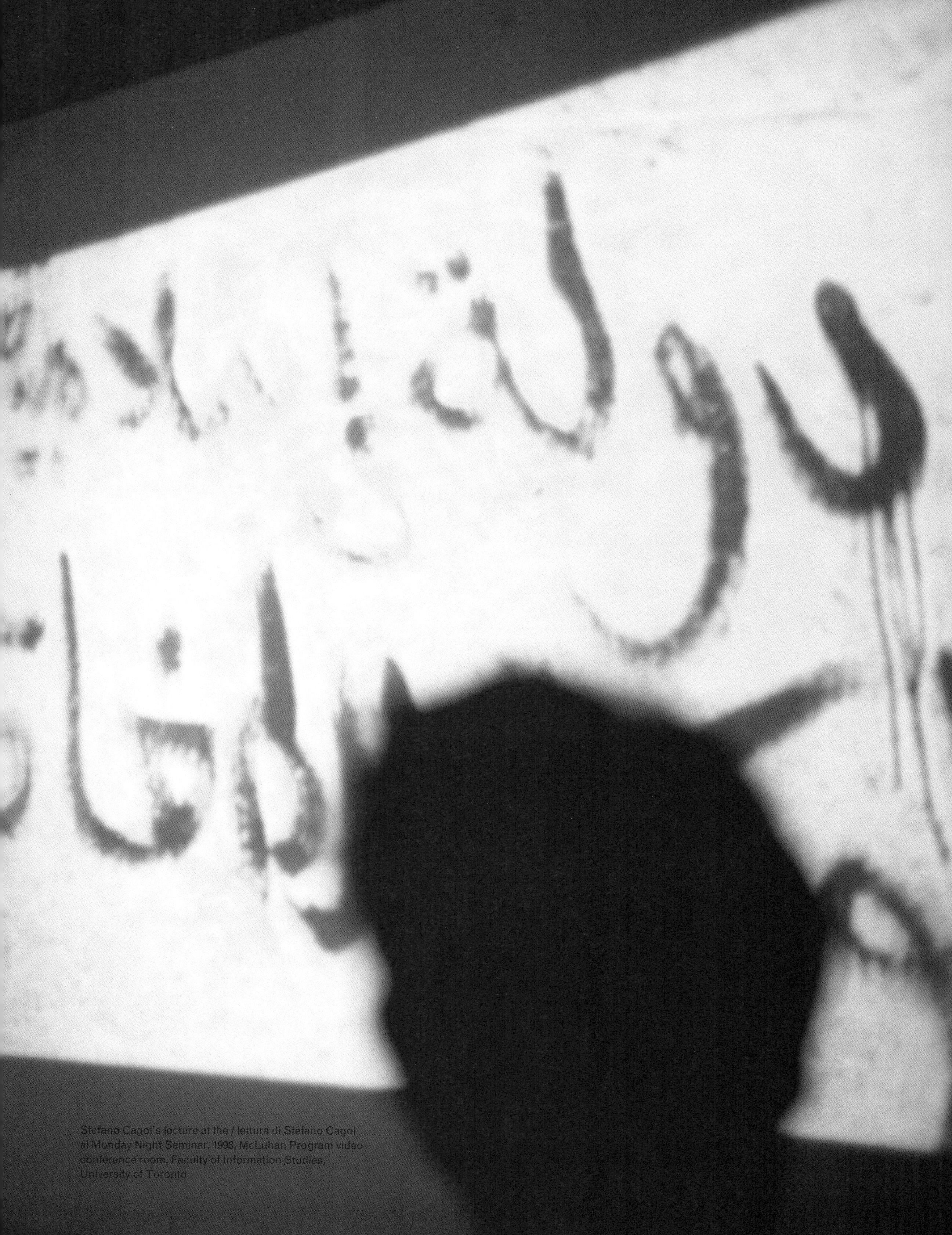

Stefano Cagol's lecture at the / lettura di Stefano Cagol
al Monday Night Seminar, 1998, McLuhan Program video
conference room, Faculty of Information Studies,
University of Toronto

INTRODUCTION (TO THE *PUBLIC OPINION*)
Stefano Cagol, Communicator and Storyteller of the *Opera Civica* (*TN*)

Andrea Viliani

With its *Opera Civica (TN)* program, Fondazione Galleria Civica di Trento is launching a special platform for the exploration of contemporary art in Trento. The aim is to focus on, strengthen, and promote new professional skills in the local cultural sector which, by its very nature, is a mover and agent of constant development. *Opera Civica (TN)* is designed to breathe new life into the very concept and function of a "municipal gallery" by offering active integrated support for the creation of new projects that bring together artists and the public. These broad joint ventures contribute to the promotion of creativity among young people throughout Trentino and thus promote the region itself. The project works on and brings together artistic practices, training, innovation, humanistic and scientific research, and networking in today's globalized digital society.

Opera Civica (TN) is an unprecedented institutional platform, specially designed for the municipal gallery, which is responsible for the development and success not just of individuals but of the entire art scene in the area. For this reason, one essential instrument for analyzing and promoting artistic research in this project is the publication of retrospective monographs on mid-career artists whose work has had particular influence on the younger generations, helping reshape the arts scene of the entire territory, and understanding and conveying its potential and ongoing changes.

Through the dynamic relationships they have managed to establish and build with the public and with the institutions, the works of these artists reveal the existence of a dynamic setting. They have acquired the status of "civic works"—in other words, works created by artists in close synergy and harmony with the public and the institutions, open to an active, all-encompassing dialogue with the community in which the artists and institutions work.

Stefano Cagol (Trento, 1969)—to whom the second monograph in this series is devoted—not only works in this dynamic context of relationships between artist and community, but actually acts as a constant mediator for them: "The influence and control of the media, the various balances between different senses of

INTRODUZIONE (ALLA *PUBBLICA OPINIONE*)
Stefano Cagol, comunicatore e cantastorie di *Opera Civica* (*TN*)

Andrea Viliani

La Fondazione Galleria Civica di Trento avvia, con il programma *Opera Civica (TN)*, una piattaforma riservata all'esplorazione dell'arte contemporanea trentina, allo scopo di individuare, rafforzare e sostenere sul territorio le nuove professionalità legate a un settore culturale che, per sua natura, è soggetto, e agente, di un costante sviluppo. Mirando a offrire un supporto attivo e integrato alla produzione di nuovi progetti, avvicinando fra loro artisti e pubblico, apportando, attraverso ampie collaborazioni, un contributo sia alla valorizzazione della creatività giovanile sul territorio del Trentino sia alla valorizzazione del territorio stesso, *Opera Civica (TN)* si propone di rilanciare il concetto e la funzione stessa di una "Galleria Civica", di elaborare e collegare fra loro le pratiche artistiche, la formazione, l'innovazione, la ricerca umanistica e scientifica, il *networking* della società glocale e dell'era digitale.

Opera Civica (TN) è un'inedita piattaforma istituzionale, pensata appositamente per il formato di una Galleria Civica, che si rende responsabile della crescita e affermazione non solo di singole individualità, ma di tutta una scena artistica territoriale. Per questo una delle azioni previste dal progetto è la pubblicazione della prima monografia retrospettiva, strumento essenziale all'analisi e alla promozione della ricerca artistica, di artisti *mid-career* la cui pratica ha particolarmente influenzato le generazioni più giovani, contribuendo a riplasmare la scena artistica di un intero territorio, cogliendone potenzialità e mutamenti in atto.

Le opere di questi artisti, nella relazione dinamica che hanno saputo rintracciare e innescare con il pubblico e le istituzioni, ci restituiscono uno scenario dinamico, acquistano lo status di "opere civiche", opere cioè realizzate dagli artisti in stretta sinergia e sintonia con il pubblico e le istituzioni, aperte a un dialogo attivo e pervasivo con la comunità in cui entrambi, artista e istituzioni, operano e a cui si rivolgono.

Stefano Cagol (Trento, 1969) – a cui è dedicata la seconda monografia di questo ciclo – non solo opera in questo contesto dinamico di relazioni fra artista e comunità, ma di fatto si pone come loro costante mediatore: "L'influenza e il controllo dei media, gli equilibri tra diversi sensi di appartenenza, il mutare delle convinzioni, il persistere degli eventi e dei simboli, i confini politici, i confini naturali, i confini mentali" sono, nelle parole

belonging, changing opinions, the persistence of events and symbols, and political borders, natural borders, and mental borders" are, in the artist's words, the themes of this book, as they are of his research.

The title of this book reflects this concept and approach: *PUBLIC OPINION* refers to a constant flow of opinions, ideas, ideologies, concepts, models, thoughts, perceptions, notions, assumptions, judgements, impressions, expressions, declarations, manifestations, communications, affirmations, assertions, reflections, interventions, information, news, announcements, visions, voices, documents, images, and words through which contemporary society and culture manifest, express, clarify, and extol themselves—but also through which they can seal, disguise, mask, and misrepresent themselves.

The territory that Cagol explores is precisely this subtle but structural ambiguity of contemporary culture (and of society), this monumental, formidable, majestic "public opinion," which is also oblique, opaque, and translucent. In other words, he ventures into our varying degrees of activity or passivity, of awareness or ignorance, of defenselessness or power to react.

By mutually interacting with and completing each other, Cagol's works are a constant challenge to what it means to be an artist with a deep understanding of his history and of his society: from the sixteen flags raised at Kirkenes, beyond the Arctic Circle, to the neon script *FLU POWER FLU* on the facade of the Beursschouwburg Kunstencentrum in Brussels, to the *BIRD FLU VOGELGRIPPE* travelling project, wavering between the effects of bird flu and those on the body and mind, Cagol is always on the move, always deep in his constant recording of "public opinion."

This is what makes Cagol so willing to use and analyze the media and the ceaseless "evolution" and modernization that is so much a feature of contemporary culture. From his first experiments with video, in Toronto, which took inspiration from the tradition of the video-art avant-garde of the 1960s and 70s, through to his viral use of unauthorized communication and, at the opposite extreme, to the practice of official public installations, Cagol varies between compliance with and a stretching of the rules. He is fully aware that the artist's role today is necessarily split between action and inter(re)action, and is thus forever (re)negotiable.

Picking up the most conspicuous alarm signals, including the slightest social SOS calls, is an essential part of Cagol's research into the realm of "public opinion" and he also focuses on how contemporary life and action betray a deep-rooted fear, a constant personal and collective malaise, and a systemic sensation of imminent cataclysms and cyclical catastrophes. A chronicle of fears and collapse

Andrea Viliani

dell'artista, i temi di questo libro, e quindi della sua ricerca.
Il titolo di questo libro ne riflette dunque l'approccio e il senso: *PUBLIC OPINION*, ovvero quell'oscillare continuo di pareri, idee, ideologie, concetti, modelli, pensieri, percezioni, cognizioni, conoscenze, convinzioni, nozioni, giudizi, impressioni, espressioni, dichiarazioni, manifestazioni, comunicazioni, affermazioni, asserzioni, riflessioni, interventi, informazioni, notizie, annunci, visioni, voci, documenti, immagini e parole in cui la società e la cultura contemporanee si estrinsecano, si esplicitano, si chiariscono, si decantano… ma anche si nascondono, si dissimulano, si occultano, si travisano.

È questa ambiguità – al contempo sottile e strutturale – della cultura (e della società) contemporanea, questa monumentale, imponente, maestosa, ma al contempo obliqua, opaca, traslucida, "pubblica opinione" il territorio esplorato da Cagol. Ovvero il nostro grado di attività, o passività, di consapevolezza, o ignoranza, di inermità, o forza di reazione, ad essa. Nel loro reciproco implicarsi l'una con l'altra, completarsi l'una con l'altra, le opere di Cagol compongono una continua sfida all'essere artista che vive con profonda partecipazione la sua storia e la sua società: dalle sedici bandiere alzate a Kirkenes oltre il circolo polare artico alla scritta al neon *FLU POWER FLU* sulla facciata del Beursschouwburg Kunstencentrum di Bruxelles e al progetto itinerante *BIRD FLU VOGELGRIPPE*, sospeso tra influenza aviaria e influenze fisiche e mentali, Cagol è sempre in movimento, immerso nella registrazione costante della "pubblica opinione".

Per questo Cagol è un artista che si rende estremamente disponibile all'uso e all'analisi dei media e al loro aggiornamento "evolutivo" incessante, che caratterizza la cultura contemporanea. Dalle prime sperimentazioni con il video, a Toronto, memore della tradizione dell'avanguardia della video arte degli anni Sessanta e Settanta, fino all'uso virale della comunicazione non autorizzata o, all'opposto, alla pratica dell'installazione pubblica ufficiale, Cagol si muove tra consenso e forzatura delle regole, consapevole che il ruolo dell'artista è, oggi, necessariamente scisso fra azione e re(l)azione, continuamente messo in gioco e quindi continuamente (ri)negoziabile.

Captando i segnali di allarme più vistosi come i minimi SOS sociali – ed è un dato fondamentale della ricerca di Cagol nella sfera della "pubblica opinione" – l'artista evidenzia per altro quanto il vivere e agire contemporaneo testimonii una consolidata paura di fondo, un costante malessere personale e collettivo, la sensazione sistemica di cataclismi imminenti o di catastrofi a rotazione. Cronaca della paura, del collasso, da un lato / Esorcismo della paura, forma di ripresa di controllo, dall'altro.

In questa bipolarità fra caduta e ripresa, azione e re(l)azione Cagol coglie forse l'unica posizione ideologica ancora possibile per un artista

on the one hand. An exorcism of fear and a regaining of control on the other.

In this duality of fall and rise, action and inter(re)action, Cagol grasps possibly the only ideological position that is still possible for a contemporary artist. He brings into play a number of different critical positions which, when combined, form a new horizon that is both utopian and pragmatic, for the aesthetic and political commitment of the contemporary artist. These positions once again make an art of indictment possible in the compromised world that has arisen since the fall of the ideologies. A world that faces the risk of a return to a sort of contemporary Middle Ages, in which an eternity of values (faith and ideology) is replaced by media voices and mythologies that are as sensational as they are fleeting, with momentary ebbs and flows of collective fear.

What is to be done?

Plunging into the everyday flow of "public opinion," the artist finds himself both as a responsible communicator and a sort of new "troubadour," a contemporary storyteller or lyric poet who documents, examines, and verifies, but who also tells us of the absurd seriousness of this collective tragicomedy which wavers between fear and freedom, violence and pacification, exposure and irony, analysis and narrative.

On the one hand we find the position of those who—like Irit Rogoff, the founder of the Visual Cultures course at Goldsmiths College, University of London—theorize the relevance of the partly political notion of "participation" in defining our contemporary culture and experience. When not mediated directly by curatorial or institutional action (or "interference?"), as is so often the case in Cagol's works, which delve deep into the hybrid fabric of the public realm, the link between artistic act, political gesture, and participation of the public leads to what Rogoff refers to as the "implication" between work and viewer, between artist and public, which is what Cagol views as "public" opinion. It is not some separate entity, since it is engaging and compromising, and it is here that the artist and his referents are two sides of the same discourse, sharing the same desires, and the same fears and responsibilities, asking themselves the same questions (as an effect of a common "proximity to demand," writes Rogoff) and thus with the same choices and motives. This commonality or community comes about precisely on account of a shared attention to what concerns us. This means that backing away and leaving the artist (or the institution) sole accountability for their decisions, motives, or responsibilities, for example, would in practice exclude the mutual involvement of the artist and his referents, and of art with politics, but it is precisely here that the most fascinating and enriching contemporary

contemporaneo. Mette in gioco posizioni critiche diverse che, se congiunte, delineano un nuovo orizzonte, al contempo utopico e pragmatico, per l'impegno estetico e politico dell'artista contemporaneo, rilanciano la possibilità di un'arte di denuncia in uno scenario compromesso come quello che si delinea dopo la caduta delle ideologie e di fronte al rischio di un ritorno a una sorta di medioevo contemporaneo, in cui l'eternità dei valori (fede, ideologia) viene sostituita dal formarsi di voci e mitologie mediatiche tanto eclatanti quanto effimere, da flussi e riflussi momentanei di paura collettiva.

Che fare?

Immerso nel flusso quotidiano della "pubblica opinione", l'artista si ritrova a essere al contempo responsabile comunicatore e una sorta di nuovo "trovatore" (cantore o cantastorie contemporaneo), che se da un lato documenta, esamina, verifica, al

contempo ci racconta, ci narra l'assurda serietà di questa tragicommedia collettiva che è la nostra contemporaneità, in bilico fra paura e liberazione, violenza e riappacificazione, denuncia e ironia, analisi e affabulazione.

Da un lato la posizione di chi, come Irit Rogoff, fondatrice del corso di Visual Cultures presso il Goldsmiths College, University of London, teorizza la rilevanza della nozione anche politica di "partecipazione" nella definizione dell'esperienza culturale contemporanea. Quando non mediata direttamente dall'azione (interferenza?) curatoriale o istituzionale, come accade spesso negli interventi di Cagol calati nel tessuto ibrido del territorio pubblico, l'associazione fra atto artistico, gesto politico e partecipazione del pubblico favorische quella che Rogoff definisce come l'"implicazione" fra opera e spettatore, fra artista e pubblico, e che per Cagol è l'opinione "pubblica", non ente separato ma, appunto, implicante, coinvolgente, compromettente, in cui artista e suoi

referenti sono le due parti dello stesso discorso, accomunati dagli stessi desideri, dalle stesse paure e responsabilità, dal porsi le stesse domande (per effetto di una comune "prossimità alla domanda", scrive Rogoff) e, quindi, dalle stesse scelte e motivazioni. Comunanza o comunità che si crea, appunto, in virtù della comune attenzione verso ciò che ci riguarda, in cui tirarsi indietro, lasciando per esempio all'artista (o all'istituzione) la responsabilità unica su scelte, motivazioni o responsabilità, escluderebbe di fatto quella reciproca implicazione fra artista e suoi referenti, come fra arte e politica, che è invece proprio là dove si formano le più arricchenti e affascinanti esperienze estetiche e politiche contemporanee. Ne deriva un artista aperto, prossimo alla "pubblica opinione" della comunità.

Dall'altra, sullo sfondo incombente che rende urgente la condivisione di queste scelte, motivazioni e responsabilità, la formazione di questa "pubblica opinione" che implica l'arti-

aesthetic and political experiences actually take shape. This has led to an artist who is open to and in touch with the "public opinion" of the community.

On the other hand, against the backdrop of an impending urgency to share these choices, motives, and responsibilities, and the forming of this "public opinion" which involves the artist, we find a scenario that has been illustrated by Paul Virilio, amongst others. In a number of essays,[1] Virilio maintains that catastrophe—or rather, the contingent incident, the relative breaking point which is infinitely repeated and conveyed by the press on the multimedia supports of our everyday formation/information—is an inevitable consequence of the contemporary technological process and of its virtual and media-based acceleration. Mindful of what has already been maintained by authors like Walter Benjamin, on the catastrophic nature of modernity, or Hannah Arendt who, in *The Origins of Totalitarianism*,[2] states that progress and catastrophe are two sides of the same coin, Virilio appears to suggest that the apocalypse of Christian tradition will come about through the global communication of post-post-modern society, as a result of its endless side-effects, which are now as destabilising as they are commonplace.

There appears to be a sense of belonging to the globalized society of the Net on the one hand and, on the other, to one's homeland and roots. This can be seen in the imminent historic and moral apocalypse brought to us by global technological communication, and in a simultaneous nomadic uprooting that is paradoxically accompanied by a quest for a "return home." It also appears in the rewarding aspects of his work as an artist, and in the reconciling involvement of artist and society, and of personal and collective, which constitutes a possible destination, which can so often be seen in Cagol's works. Through them, we often find ourselves in Trentino—but in a Trentino wavering between the heritage of history and the driving force of innovation, between tradition and the breaking down of borders and identities.

The artist's projects reflect on the idea of being able to and having to address this fluid, contemporary "community," bearing in mind the many considerations that have been made about it by such authors as Michael Hardt e Antonio Negri[3] as well as Giorgio Agamben.[4] His most recent projects include *TRIDENTUM* , the permanent installation near the new A22 motorway exit at Trento, and *CONCILIO*, the installation in the church of San Gallo, in which he made reference to one of the most characteristic events of his community during his participation in the 54th International Art Exhibition of the Venice Biennale. The importance of the event is partly historical but also partly because of the way it questioned cultural and geographical limits.

1.
P. Virilio, *The Information Bomb*, London: Verso, 2000; *Unknown Quantity*, London: Thames & Hudson, 2003; *The Original Accident*, Cambridge: Polity, 2006; *The University of Disaster*, Cambridge: Polity, 2009.
2.
H. Arendt, *The Origins of Totalitarianism*, New York: Harcourt, 1973.
3.
Cf. M. Hardt, A. Negri, *Empire*, Harvard: Harvard University Press, 2000; M. Hardt, A. Negri, *Multitude: War and Democracy in the Age of Empire*, New York: Penguin Press, 2004; M. Hardt, A. Negri, *Commonwealth*, Harvard: Belknap Press of Harvard University Press, 2009.
4.
Cf. the interweaving of bio-political issues, such as community and sovereignty, sacrality, and animality, in some books of this author such as *The Coming Community*,

Andrea Viliani

---

sta, si delinea lo scenario raccontato, fra gli altri, da Paul Virilio che, in diversi saggi,[1] sostiene che la catastrofe, o meglio l'incidente contingente, il punto di rottura relativo, infinitamente ripetuto e riportato dalla cronaca, sui supporti multimediali della nostra informazione/formazione quotidiana, è l'inevitabile conseguenza del progresso tecnologico contemporaneo e della sua accelerazione virtuale e mediatica. Memore di quanto già sostenuto da autori come Walter Benjamin, in merito alla natura catastrofica della modernità, o Hannah Arendt che, in *Le origini del Totalitarismo*,[2] afferma che il progresso e la catastrofe sono due facce della stessa medaglia, Virilio sembra teorizzare che l'apocalisse di matrice cristiana si realizzerebbe nella comunicazione globale della società post-postmoderna, nella sequenza incessante dei suoi effetti collaterali, tanto destabilizzanti quanto ormai ordinari.

In questo simultaneo sradicamento/nomadismo (di fronte all'imminente apocalisse storica e morale veicolata dalla comunicazione globale e tecnologica) da una parte e ricerca di un "ritorno a casa", di una funzione appagante del proprio lavoro di artista, di riconciliante implicazione fra artista e società, personale e collettivo, il luogo di possibile approdo, che ricorre nelle opere di Cagol, sembra quindi essere l'appartenenza alla società globalizzata delle reti, da un lato, e al territorio d'origine o d'appartenenza, dall'altro.

Nel caso dell'artista, spesso, ci ritroviamo, dunque in Trentino, ma in un Trentino in bilico fra sedimento della storia e spinta all'innovazione, tradizione e disintegrazione di confini e identità.

L'idea di potersi/doversi rivolgere a questa fluida "comunità" contemporanea – anche in relazione alle molteplici riflessioni che su di essa sono state fatte (da autori come Michael Hardt e Antonio Negri[3] o Giorgio Agamben[4]) – è quella a cui si orientano diversi progetti dell'artista come, fra i più recenti, *TRIDENTUM*, l'installazione permanente nei pressi della nuova porta dell'autostrada A22 di Trento, o *CONCILIO*, l'installazione presso la Chiesa di San Gallo con cui l'artista, in occasione della sua

1.
P. Virilio, *La bomba informatica*, Milano, Raffaello Cortina, 2000; *Unknown Quantity*, Londra, Thames & Hudson, 2003; *The Original Accident*, Cambridge, Polity, 2006; *L'università del disastro*, Milano, Raffaello Cortina, 2008.

2.
H. Arendt, *Le origini del totalitarismo*, Milano, Edizioni di Comunità, 1967.

3.
Cfr. M. Hardt, A. Negri, *Impero: Il nuovo ordine della globalizzazione*, Milano, Rizzoli, 2002; *Moltitudine: Guerra e democrazia nel nuovo ordine imperiale*, Milano, Rizzoli, 2004; *Comune: Oltre il privato e il pubblico*, Milano, Rizzoli, 2010.

4.
Cfr. l'intrecciarsi di temi bio-politici quali comunità e sovranità, sacralità e animalità in alcuni libri dell'autore, come *La comunità che viene*, Torino, Einaudi, 1990; *Homo sacer. Il potere sovrano e la nuda vita*, Torino, Bollati Boringhieri, 1995; *Mezzi senza fine. Note sulla politica*, Torino, Bollati Boringhieri, 1996; *L'aperto. L'uomo e l'animale*, Torino, Bollati Boringhieri, 2002.

Minneapolis: University of Minnesota Press, 1993; *Homo Sacer: Sovereign Power and Bare Life*, Stanford: Stanford University Press, 1998; *Means Without End: Notes of Politics*, Minneapolis: University of Minnesota Press, 2000; *The Open: Man and Animal*, Stanford: Stanford University Press , 2004.

With his multi-screen videos and installations, and his references to the idea of borders, together with his indications of human presences in danger, with all their primary needs and ancestral doubts, Cagol appears to be staging a *CONCILIUM TRIDENTINUM* of contemporary Trento or, perhaps more accurately, a *CONCILIUM* of a permanent Trento.

While the *Opera Civica (TN)* is also a means for giving identity to a rapidly changing land and to its "public opinion," Stefano Cagol is an artist who is at once non-migratory and mobile, contemporary and ancient, and capable of both analyzing and narrating his land, making it the subject both for a case history (the communicator) and for *fabula* (the lyric poet).

And since many are involved in the "public opinion" in which Stefano Cagol works, we willingly remember and express our gratitude to all those he has brought into his projects. We can see them in this retrospective catalogue, as well as in his biography of movement, transition, and permanent journeying. Their names, and their contributions, are an integral part of the pages you are about to read. Thanks also go to the three authors of the critical essays in the catalogue that examine Cagol's artistic practice from various points of view: Michele Robecchi, who gives Cagol's artistic research its place in the Italian and local art scene of the 1990s, as well as his later developments, eventually revealing how he became one of the spearheads of the change (of subject and context) that swept through our art system at the time, interacting with a much broader scenario; Gregor Jansen and Iara Boubnova, who examine Cagol's research in that setting, demonstrate how he made a place for himself and inter(re)acted within it. Thanks too are due to Thomas Desmet, who has created a publishing instrument that not only reflects the fluid, open approach of the artist's research, but also reinterprets and gives full meaning to this first retrospective catalogue of his. In the catalogue, which is an unrestrained and only apparently vague sequence of texts, images, comments, and considerations, the "works and days" follow on one after the other in a non-linear manner. What we see are more affinities and differences, in which new joint ventures, long-standing friendships, acquaintances to be pursued, ideas to go back to, and intuitions to examine in greater depth are entrusted to as many travelling companions: Andreas F. Beitin, Francesco Bernardelli, Stefan Bidner, Cis Bierinckx, Achille Bonito Oliva, Shane Brennan, Kari Conte, Alfredo Cramerotti, Blanca de la Torre, Giacinto Di Pietrantonio, R. Bruce Elder, David Elliott, Micaela Giovannotti, Luba Kuzovnikova, Veit Loers, Esther Lu, Trevor Smith, Pier Luigi Tazzi, Nicola Trezzi, Kamila Wielebska, June Yap, and Raúl Zamudio.

Fondazione Galleria Civica di Trento

Introduction (to *Public Opinion*)

partecipazione alla **54**. Esposizione Internazionale d'Arte della Biennale di Venezia, rimanda a uno degli eventi tra i più caratterizzanti della sua comunità, anche per la sua natura di complessa conciliazione storica e di messa in discussione del limite (culturale e geografico) che esso evoca. Tra video multischermo e installazioni, riferimenti all'idea di confine e segnalazione della presenza umana in pericolo, con i suoi bisogni primari e dubbi ancestrali, Cagol sembra mettere in scena un *CONCILIO* di Trento contemporaneo o, forse meglio, un *CONCILIO* di Trento permanente.

Se *Opera Civica (TN)* è anche strumento di identificazione di un territorio in trasformazione, della sua "pubblica opinione", Stefano Cagol rappresenta quindi una figura d'artista al contempo stanziale e mobile, contemporaneo e antico, in grado sia di analizzare che di raccontare il territorio a se stesso, di farne al contempo materia di *case history* (il comunicatore) e soggetto di *fabula* (il cantore).

E poiché in molti sono implicati nella "pubblica opinione" nella quale Stefano Cagol opera, occorre ricordare e ringraziare anche tutti coloro che l'artista ha coinvolto nei suoi progetti, documentati da questo catalogo retrospettivo, così come nella sua biografia in movimento, transito, viaggio permanente. I loro nomi, il loro contributo, sono parte integrante delle pagine che state per leggere. Un ringraziamento va poi ai tre autori dei testi critici a catalogo che approfondiscono la pratica artistica di Cagol da diversi punti di vista: Michele Robecchi, che inquadra la ricerca artistica di Cagol all'interno della scena artistica italiana, e locale, degli anni Novanta, e i suoi sviluppi successivi, fino a delinearlo come figura di punta di cambiamenti (di soggetto e contesto) che hanno investito il nostro sistema dell'arte in quel momento, in dialogo con uno scenario più ampio e articolato; Gregor Jansen e Iara Boubnova, che collocano la ricerca di Cagol all'interno di quello scenario, dimostrando il suo radicarsi all'interno di esso e in re(l)azione ad esso. Un ringraziamento anche a Thomas Desmet per aver concepito uno strumento editoriale che, rispecchiando l'impostazione fluidamente aperta della ricerca dell'artista, reinterpreta e dà senso compiuto a questo suo primo catalogo retrospettivo. Nel catalogo, strutturato in una successione libera di testi, immagini, commenti e riflessioni, apparentemente ondivaghe, "le opere e i giorni" si susseguono in un percorso non lineare, non cronologico, ma piuttosto di assonanze e scarti scaturiti sia dalla ricerca che dalla vita quotidiana, ovvero dal rapporto reciproco fra di esse in cui progetti condivisi, collaborazioni appena intraprese, vecchie amicizie, conoscenze da approfondire, discorsi da riprendere, intuizioni da vagliare sono affidate ad altrettanti compagni di viaggio: Andreas F. Beitin, Francesco Bernardelli, Stefan Bidner, Cis Bierinckx, Achille Bonito Oliva, Shane Brennan, Kari Conte, Alfredo Cramerotti, Blanca de la Torre, Giacinto Di Pietrantonio,

Introduzione (alla *Pubblica Opinione*)

would like to offer its special thanks to those who have made possible the *Opera Civica (TN)* project, of which this book is the second product: first and foremost Lorenzo Dellai who, together with the commission for youth policies of the Provincia Autonoma di Trento, and in particular the chief of youth policies, Francesco Pancheri, firmly believed in the *Opera Civica (TN)* project, considering its desire to inspire research and the production of knowledge, and of young people to create their future, as an essential means for transforming this land into a laboratory of permanent innovation, capable of influencing the dialogue between this land and *other* lands in the future; Franco Panizza, councillor for culture, European relationships and cooperation for the Provincia Autonoma di Trento, and Claudio Martinelli, director of the cultural activities service, who both supported and followed the project, with its commitment to bring together the cultural distinctiveness of the territory (including the many institutions with which Cagol has worked) with the experimentation of contemporary forms of art; to Giorgia Floriani, for her close eye on the needs, expectations, and wishes of the artists and on the best ways to reflect and recall them in the needs, expectations, and wishes of the institutions and of the public agenda they refer to.

Lastly, our thanks go to the artist, for the way he has shared with us the need to convey the message of *Opera Civica (TN)*, at all levels and in all its implications, and for having turned it into an inspiring story in the broad approach of this book, in the ever-changing borders it evokes, and in the new or revived encounters it heralds: Thank you, Stefano!

Andrea Viliani
Director, Fondazione Galleria
Civica – Centro di Ricerca sulla
Contemporaneità of Trento

R. Bruce Elder, David Elliott, Micaela Giovannotti, Luba Kuzovnikova, Veit Loers, Esther Lu, Trevor Smith, Pier Luigi Tazzi, Nicola Trezzi, Kamila Wielebska, June Yap, Raúl Zamudio.

La Fondazione Galleria Civica di Trento desidera ringraziare in modo particolare coloro che hanno reso possibile il progetto *Opera Civica (TN)*, di cui questo libro è il secondo risultato: innanzitutto Lorenzo Dellai che, insieme alle Politiche Giovanili della Provincia autonoma di Trento, in particolare nella persona del responsabile delle Politiche Giovanili Francesco Pancheri, ha creduto nel progetto *Opera Civica (TN)*, individuando nello stimolo alla ricerca e alla produzione di sapere, e nella volontà di creare futuro da parte dei giovani, uno strumento essenziale per trasformare questo territorio in un laboratorio di innovazione permanente, in grado di influenzare in prospettiva il dialogo fra il territorio stesso e territori *altri*; a Franco Panizza, Assessore alla Cultura, Rapporti Europei e Cooperazione della Provincia autonoma di Trento, e a Claudio Martinelli, Dirigente Servizio Attività Culturali, che hanno sostenuto e seguito il progetto, nel suo impegno a integrare fra loro la specificità culturale del territorio (tra cui le tante istituzioni con cui Cagol ha collaborato) e la sperimentazione dei linguaggi artistici contemporanei; a Giorgia Floriani, per l'attenzione alle necessità, aspettative e desideri degli artisti e ai modi in cui essi possano essere rispecchiati e riecheggiati nelle necessità, aspettative, desideri delle istituzioni e dell'agenda pubblica a cui esse si riferiscono.

Un ultimo ringraziamento va all'artista, per aver condiviso con noi sia la necessità di comunicare, a tutti i livelli e in tutte le sue implicazioni, il messaggio di *Opera Civica (TN)*, e per averlo reso appassionante racconto, nell'ampia articolazione di questo libro, nei fluidi confini che esso evoca, nell'approssimarsi o ribadirsi di rinnovati incontri che esso suggerisce: "grazie, Stefano".

Andrea Viliani
Direttore, Fondazione Galleria
Civica – Centro di Ricerca sulla
Contemporaneità di Trento

Andrea Viliani

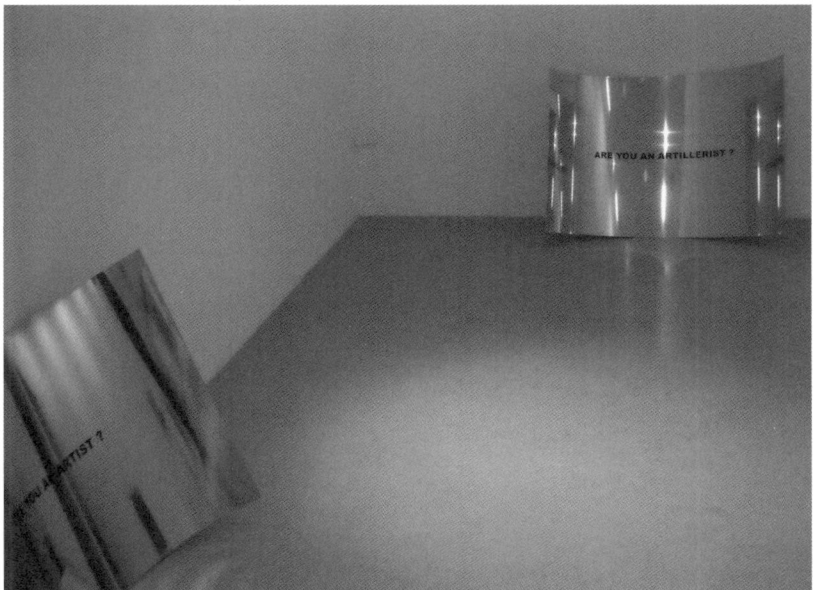

Are you ...?, 2009, installation / installazione, Fondazione Galleria Civica –
Centro di Ricerca sulla Contemporaneità di Trento

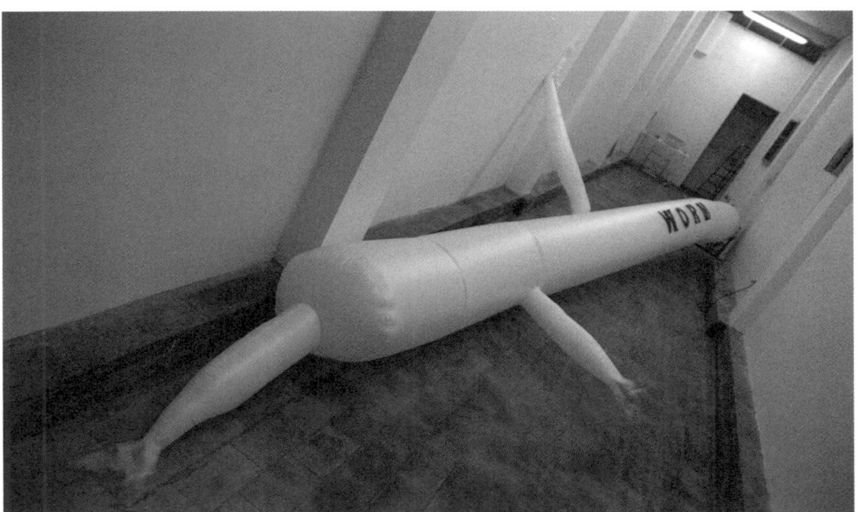

Worm, 2009, installation, artist's studio / installazione, studio dell'artista, Brussels

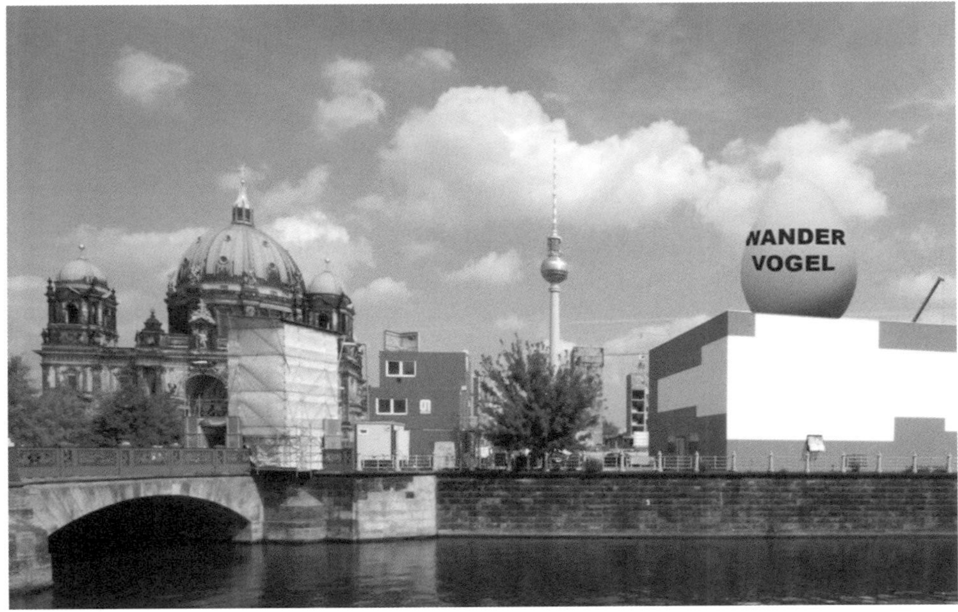

Wandervogel, 2009, project proposal / proposta di progetto, Berlin

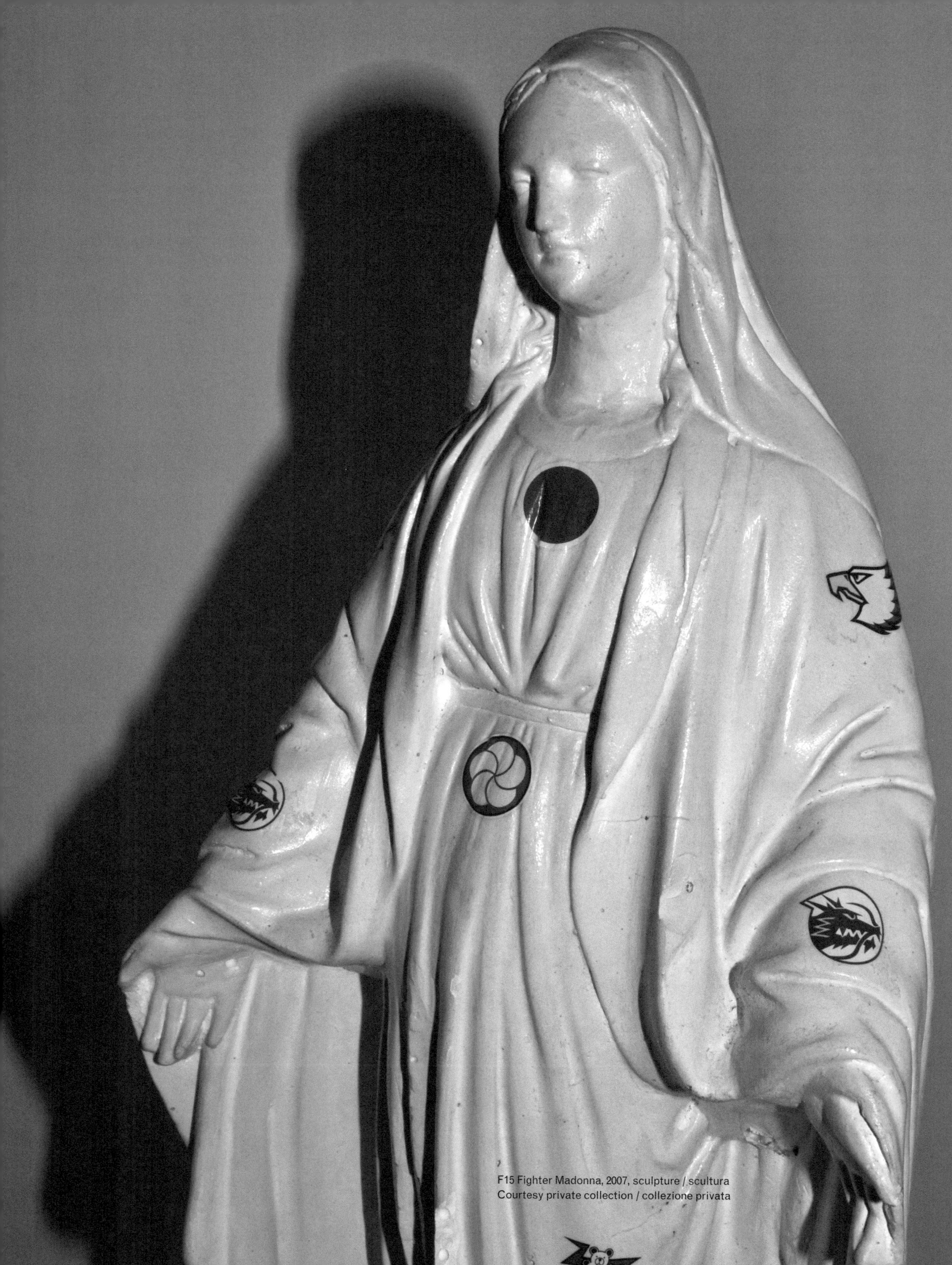

F15 Fighter Madonna, 2007, sculpture / scultura
Courtesy private collection / collezione privata

TO COMMUNICATE MEANS TO GET THROUGH

Iara Boubnova

Stefano Cagol is the epitome of the contemporary artist. That is not only because he is travelling all the time nor because he is showing his works on several continents in countless countries; nor is it because his works use a variety of artistic media that are immediately recognized as contemporary—video, performance, interactive actions in direct contact with the audience, neon installations, and so on. Stefano Cagol also knows quite well that: "When they start all young artists have a very romantic vision of art. But at the end art is business, also for the artist."[1] However, in spite of the importance of the economic aspect in art, that is not the reason he is an epitome either.

All these sides of his personality are soldered together by the interest of the artist in all manifestations of the collective "spirit" found in distinct communities and neighborhoods. He is interested in the fluidity of ideas at the moment when these become popular and acquire mass appeal within the global context of our information-based civilization. Cagol is not the type of theoretical or academic observer nor he is an archive researcher. He is one of us and he pays attention to attitudes, fears, and opinions in the way these come to life daily in front of our own eyes.

I saw a work by this artist for the first time at the exhibition *Eurasia. Geographic Cross-overs in Art* at the Mart museum[2] in 2008. The show was a complex conglomeration of the ideas of many different artists supplemented and interpreted by seven international curators. The context of all that and the main theme of the show was a connection with the ideas and works of Joseph Beuys, on one side, and, on the other, the troubled understanding of the world of today seen as a decentralized, fragmented and complex, hybrid and fluid, interconnected and mutually influential, global entity.

The installation *FLU GAME* (2008) by Stefano Cagol was one of around fifty artworks made with different means and speaking different artistic languages, coming from distant parts of the world and representing various traditions or oppositions. At a first glance it was a gaily colored abstract sculpture made out of some kind of artificial material that we all know from our daily encounters with synthetic substance, but of which we have never known the proper name. On the other hand, the installation had a degree of a threatening aggressiveness—its

1.
Stefano Cagol, Angelique Campens, *In conversation*, New York: Tokyospace, 2008, p. 30.
2.
Eurasia. Geographic Cross-overs in Art, curated by Achille Bonito Oliva, Lorenzo Benedetti, Iara Boubnova, Cecilia Casorati, Hu Fang, Christiane Rekade, Julia Trolp, June 28 – November 16, 2008, Mart – Museum of Modern and Contemporary Art of Trento and Rovereto.

COMUNICARE SIGNIFICA ANDARE ATTRAVERSO

Iara Boubnova

Stefano Cagol è l'epitome dell'artista contemporaneo. Non solo perché viaggia continuamente o espone le sue opere in vari continenti e innumerevoli paesi; né perché i suoi lavori utilizzano una varietà di media artistici che vengono immediatamente riconosciuti come contemporanei (video, performance, azioni interattive a diretto contatto col pubblico, installazioni neon e così via). Stefano Cagol sa anche molto bene che: "Quando iniziano, tutti i giovani artisti hanno una visione molto romantica dell'arte. Ma alla fine l'arte è *business*, anche per l'artista".[1] Tuttavia, nonostante l'importanza dell'aspetto economico nell'arte, neanche questo è il motivo per cui Cagol è un'epitome.

Tutte queste componenti della sua personalità sono saldate insieme dall'interesse dell'artista verso tutte le manifestazioni dello "spirito" collettivo che si trovano in comunità e quartieri diversi. A Cagol interessa la fluidità delle idee nel momento in cui diventano popolari e acquisiscono appeal per la massa nel contesto globale della civiltà di oggi basata sulle informazioni. Cagol non è il tipico osservatore teorico o accademico, né un ricercatore d'archivio. È uno di noi, attento al modo in cui atteggiamenti, paure e opinioni ogni giorno prendono vita davanti ai nostri occhi.

La prima volta che ho visto un lavoro di questo artista è stato in occasione della mostra *Eurasia. Dissolvenze geografiche nell'arte* al Mart[2] nel 2008. La mostra era una complessa conglomerazione delle idee di molti artisti diversi, integrate e interpretate da sette curatori internazionali. Il contesto di tutto ciò era il tema principale della mostra visto in relazione con le idee e le opere di Joseph Beuys, da un lato, e dall'altro la difficile comprensione del mondo di oggi come decentralizzato, frammentato e complesso, ibrido e fluido, interconnesso e dalla reciproca influenza, globale.

L'installazione *FLU GAME* (2008) di Stefano Cagol era una delle circa cinquanta opere d'arte realizzate con mezzi diversi e diversi linguaggi artistici, provenienti da posti lontani del mondo e che rappresentavano varie tradizioni o opposizioni. A prima vista si trattava di una scultura astratta a colori vivaci, fatta di un qualche tipo di materiale artificiale che tutti noi conosciamo per via dei nostri incontri

1.
Stefano Cagol, Angelique Campens, *In conversation*, Tokyospace, New York, 2008, p. 30.
2.
Eurasia. Dissolvenze geografiche nell'arte, a cura di Achille Bonito Oliva, Lorenzo Benedetti, Iara Boubnova, Cecilia Casorati, Hu Fang, Christiane Rekade, Julia Trolp, 28 giugno–16 novembre 2008, Mart–Museo di Arte Moderna e Contemporanea di Trento e Rovereto.

Iara Boubnova

3.
S. Cagòl, A. Campens, op. cit., p. 22.

elements looked as if they were just about to start moving, multiplying, and crawling with the intention not only of overcoming the whole show but also of reaching out beyond. I thought that was the reason for the reference to a flu—its ability to reproduce, to occupy space, to infect. A "flu epidemic" is one of the "most popular" things in the world especially in the winter.

I was wondering what Stefano Cagol's *FLU GAME* commentary could be referring to within the exhibition. The idea of an epidemic might somehow be linked to the Beuys' notion about "everybody being an artist." But it could also be linked to the effects of globalization, tendencies in politics, collective fear, hope, and so on. Given the right environment, viruses spread at great speed.

It was only later on that I found out I had not been too far off the mark in my interpretation of the work. The word "flu," the state of being in an "epidemic," as well as the concepts that share with it, by coincidence, the same etymological background (of course, we are talking here about the vernacular version of the word influenza). Words like influence, flux, fluid are often a cause of inspiration for Stefano Cagol. I suppose that the play with the Latin language root of the word has a more specific meaning for an educated Italian artist. After I got to know the artist and his work better I found out that Cagol is obsessed with today's fluidity;

with the potential epidemic impact of various ideas—good or bad; with those concepts and metaphors that have become global cliché; with mechanisms of distribution. In his own words: "I started to work with propaganda tools to think about the mechanisms of media and their influence on us."[3]

In 2006 the artist travelled across Europe in order to get to the European capital of contemporary art at that moment—the Berlin Biennale. He made the trip in a somewhat officially looking white van with the writing "BIRD FLU VOGELGRIPPE" on its side. This took place at the time of the spreading of the same epidemic. Or, what's more important in this case—at the time when the mass media were transforming the rumors and the fears connected to the bird flu epidemic into a new, parallel epidemic that turned out to be much more powerful than the actual one. Along the way, Cagol's van stopped in front of established and prestigious institutions of contemporary art that represent a "concentration" of another type of global phenomena. During these stops the artist was distributing his own viral elements—on pins with various forms of signs, the word "flu" acquired different meanings, such as: "art flu," "money flu," "religion flu," "gun flu," etc. These combinations of words define friction points; they are unconventional and have a different impact; they are united by the tendency to follow the so typical mass "occurrences" detectable in

quotidiani con roba sintetica, ma che non sappiamo mai di preciso come si chiama. Dall'altra parte, l'installazione aveva qualcosa di minaccioso e aggressivo (i suoi elementi sembravano sul punto di cominciare a muoversi, moltiplicarsi e strisciare con l'intento di sopraffare l'intera mostra e quello che stava fuori). Pensai che fosse quello il motivo del riferimento all'influenza: la sua capacità di riprodursi, di occupare spazio, di infettare. Un'"epidemia di influenza" è una delle cose "più popolari" del mondo, soprattutto d'inverno.

Mi chiedevo a cosa potesse riferirsi il contributo di *FLU GAME* di Cagol nel contesto della mostra. Il concetto di epidemia poteva essere legato all'idea di Beuys che "tutti sono artisti"; ma anche agli effetti della globalizzazione, alle tendenze in politica, alla paura di massa, alle speranze collettive e così via. Nell'ambiente giusto i virus si diffondono a grande velocità. Fu solo più tardi che scoprii di non essere andata troppo lontano dalla verità

nella mia interpretazione dell'opera. La parola "influenza," lo stato di trovarsi in un'"epidemia," come anche i concetti che per coincidenza condividono la stessa origine etimologica (parole come influsso, flusso, fluido), sono spesso motivo di ispirazione per Stefano Cagol. Suppongo che il gioco con la radice latina della parola abbia un senso più specifico per un artista italiano di buona cultura. Dopo aver conosciuto meglio l'artista e il suo lavoro, ho scoperto che Cagol è ossessionato dalla fluidità di oggi; dal potenziale impatto epidemico di varie idee (buone e cattive); da quei concetti e metafore che sono diventati dei cliché globali; dai meccanismi della distribuzione. Dice egli stesso: "Ho cominciato a lavorare con gli strumenti della propaganda per riflettere sui meccanismi mediatici e sull'influenza che hanno su di noi."[3]

Nel 2006 l'artista ha viaggiato per tutta l'Europa per raggiungere la capitale dell'arte contemporanea in quel momento: la Biennale di Berlino.

Il viaggio è stato fatto in un furgone bianco dall'aria vagamente ufficiale, con la scritta "BIRD FLU VOGELGRIPPE" sulla fiancata, nel periodo in cui l'epidemia si stava diffondendo davvero; o almeno, il che è più importante in questo caso, nel periodo in cui i mass media stavano trasformando le voci e le paure sull'influenza aviaria in una nuova epidemia parallela rivelatasi molto più potente di quella vera. Sulla strada per Berlino, il furgone di Cagol si è fermato davanti a istituzioni di arte contemporanea note e prestigiose che rappresentano una "concentrazione" di un altro tipo di fenomeni globali. Durante queste soste l'artista distribuiva i propri elementi virali: spille con scritte contenenti la parola "*flu*", influenza, che acquisiva differenti significati, come "*art flu*", "*money flu*", "*religion flu*", "*gun flu*" ecc. Queste combinazioni di parole in-

3.
Stefano Cagol,
Angelique Campens,
op. cit., p. 22.

4.
Ivi, p 21.
5.
Nicolas Bourriaud,
Estetica relazionale,
Milan: Postmedia,
2010, p 13.

the society of the spectacle. In the artist's words: "Finally *BIRD FLU* is a metaphor for all the influences."[4]

This is an action/performance, which is based on road movie experiences as much as on the motivation behind institutional critique. It is not however restricted to any single methodology and offers an ironical version of the famous "live the role" (after Stanislavski) of the virus. Unlike that, the installation *FLU POWER FLU* (2007) in Brussels has every classical characteristic of being critical public art.

The huge white neon letters mounted on the façade of the Beursschouwburg cultural center are blinking and attract the attention of the public, in an alternating rhythm one to the other of the three words from the title. Thus a variety of related statements reinforcing each other. The alternate blinking of the words is not only created using a device often seen in advertisement. It is oriented towards the modern language of media, which loves to harness concepts and words from different and differing cultural spaces. For instance, Alan Greenspan, the former chairman of the US Federal Reserve, used to threaten with the "credit tsunami." If the "Flu Power" sounds "casually" threatening, in view of the pandemic panic, then "Power Flu" is a serious and grand commentary on the world we live in. The unlimited power, the limiting of power, the spread of power, "governmentality"—these

are but a few of the multitude of notions engaging the attention of those people who think nowadays. Using Brussels, the capital of the contradictory state of Belgium and of enlarging Europe, as a context for his obsessively repetitive incantation of words, Stefano Cagol is making a reference to the works of Hans Haake, the pioneer of institutional critique and to his ability to verbalize and visualize the crossing points of economy, politics, and sociology through the language of art.

However, unlike Hans Haake who is often confronting his audience with a concrete choice they must make, Stefano Cagol is not asking direct questions nor he is offering a manifesto-like commentary. The artist is investigating the "political" in a way which is typical for physicians who are collecting, describing, and comparing what precedes in order to accumulate a body of symptoms that help in solving a practical problem.

Unlike the traditional process of collecting, carried out in all its versions, Cagol is not accumulating objects; he is rather fragmenting and rearranging the existing "order of things." The causes for such collecting are seemingly ordinary. However, the motivation of the artist is rooted in the notion of the interconnectedness of events and circumstances in a world that has become "smaller" due to the process of globalization; that and also his firm belief that art is a way of "learning to inhabit the world in a better way."[5]

dividuano dei punti di attrito; sono trasgressive e hanno effetti diversi; sono unite dalla tendenza a seguire gli "eventi" di massa così tipici della società dello spettacolo. Dice l'artista: "Alla fine *BIRD FLU* è una metafora per tutte le influenze."[4]

Si tratta di una azione/performance che si basa tanto sulle esperienze genere *road movie* quanto sulla motivazione sottesa alla critica istituzionale. Essa non è tuttavia limitata a una sola metodologia, e offre una versione ironica del famoso *live the role* (dopo Stanislavski) del virus. A differenza di questa, l'installazione *FLU POWER FLU* (2007) a Bruxelles possiede tutte le caratteristiche classiche dell'arte pubblica critica.

Le enormi lettere bianche di neon montate sulla facciata del centro culturale Beursschouwburg lampeggiano attirando l'attenzione del pubblico, accendendo e spegnendo a ritmo alternato l'una o l'altra delle tre parole del titolo. In questo modo si produce una serie di altre frasi che si

relazionano e si rafforzano a vicenda. L'intermittenza alternata delle parole non utilizza solo un espediente usato spesso in pubblicità, ma è orientata verso il linguaggio moderno dei media, che ama incanalare concetti e parole da spazi culturali diversi e differenti. Per esempio Alan Greenspan, ex presidente della Federal Reserve, usava la minaccia dello "tsunami del credito." Se "Flu Power" suona "casualmente" minaccioso, in vista del panico per la pandemia, allora "Power Flu" è un commento serio e imponente sul mondo in cui viviamo. Il potere illimitato, la limitazione del potere, la diffusione del potere, la "governamentalità": non è che una parte della moltitudine di concetti che oggi occupano l'attenzione delle persone pensanti. Usando Bruxelles, la capitale del contraddittorio stato del Belgio e dell'allargamento dell'Europa, come contesto per il suo incantesimo di parole ossessivamente ripetitivo, Stefano Cagol si riferisce ai lavori di Hans Haake, il pioniere della critica istituzionale,

e alla sua capacità di verbalizzare e visualizzare i punti di intersezione di economia, politica e sociologia attraverso il linguaggio dell'arte.

Tuttavia, a differenza di Hans Haake che spesso mette davanti al suo pubblico una scelta concreta da fare, Stefano Cagol non pone domande dirette né offre un commento del tipo "manifesto". L'artista indaga il "politico" al modo tipico dei dottori che raccolgono, descrivono e confrontano i precedenti per mettere insieme un corpus di sintomi che aiutano a risolvere un problema pratico.

A differenza del processo tradizionale di raccolta in tutte le sue versioni, Stefano Cagol non accumula oggetti; piuttosto, frammenta e ridispone l'"ordine delle cose" esistente. A prima vista le cause di questo suo raccogliere sono banali. Tuttavia, la motivazione dell'artista è radicata nel concetto dell'interconnessione fra

4.
Ivi, p. 21.

In 2009 while honoring his own birthday, he created the work titled *11 settembre*. It is a minimalistic LED display which flashes a loop of historical events that have taken place on precisely that day and month that has became one of the most dramatic benchmarks of history with the terrorist attacks against the USA in 2001. The choice of a single day of the year (which is personally very important for the artist), which before the horrific collapse of the World Trade Center in New York was mostly neutral for most people, is like an act of zooming in onto history. This is an act which makes history more accessible, somehow intimate and more closely related to our lives. In front of our eyes, the births of princesses and queens, of music stars from the States and Great Britain, the death of a Chilean president and that of an Indian guru, the voting in of national constitutions and hurricanes, as well as a lot of military events from the times of the Ancient Romans all the way to Vietnam, flash out, one after the other.

Much like Jenny Holzer who "sanctified" the use of advertisement LED panels in contemporary art, Stefano Cagol is trying to pull his audience out of the consumers' typical routine in looking at LED panels. He wants them to take history in its obvious fragments as something "tamed" and to make it somehow easier to understand.

The positioning of a LED in a space different from the elitist aura of the museum room is a "tool" which the artist has mastered. *Potere di ricordare. Power of Recall* (2010) is a LED panel installation on the central square of Vicenza, a city mostly known to the world because of one name only—the great Renaissance architect Andrea Palladio. One can read on the panel the names of the "illustrious" people from this city from antiquity to our times. Imperial Roman generals, writers, artists, actors, priests, composers, engineers, athletes, and even a saint—people representing all professions, activities, and walks of life. These are the names of real people who have lived in different historical times. They are passing through our contemporary eyes of people who are locals, or who are visitors, descendents and inheritors, peers and so on. The second inseparable element of this work is the participation of the very inhabitants of the city—to them Cagol offered the opportunity to add on the LED-flashing list the names of those fellow citizens whom they consider deserve the honor of being next to the historical "celebrities." Each day they saw a new addition to the list of running lights, collected by the artist along with the arguments justifying the inclusion onto the "list of history."

By placing recognizable and simple elements as a foundation of his work, the artist managed to transgress the distanced and negative attitudes of the contemporary city dwellers towards official history. He is offering the opportunity for the metaphorical and

Iara Boubnova

---

eventi e circostanze in un mondo che è divenuto "più piccolo" a causa del processo di globalizzazione; e anche la sua ferma convinzione che l'arte è un modo di "apprendere ad abitare meglio il mondo".[5]

Nel 2009, in occasione del suo stesso compleanno Cagol ha creato l'opera dal titolo *11 settembre*. Si tratta di un display a led minimale, su cui lampeggia una serie di eventi storici che hanno avuto luogo proprio quel giorno e quel mese, diventati uno dei momenti più drammatici della storia in seguito agli attacchi terroristici del 2001. La scelta di un solo giorno dell'anno (che per l'artista ha una grande importanza anche personale, essendo il suo compleanno), che prima dell'orribile crollo del World Trade Center di New York era perlopiù indifferente per la maggior parte delle persone, è come una zoomata su un punto preciso della storia. È un atto che rende la storia più accessibile, in un certo modo intima, e connessa più strettamente alla nostra vita. Davanti ai nostri occhi lampeggiano le nascite di principesse e di regine, di stelle della musica americane e britanniche, la morte di un presidente cileno e quella di un guru indiano, il voto su costituzioni nazionali, il verificarsi di uragani, e anche moltissimi eventi militari dai tempi dell'antica Roma fino al Vietnam.

Come Jenny Holzer, che ha "santificato" l'uso di pannelli pubblicitari a led nell'arte contemporanea, Stefano Cagol cerca di spingere il suo pubblico fuori dalla tipica routine consumistica per guardare un display a led. L'artista vuole che chi guarda consideri la storia nei suoi frammenti evidenti come "domata" e in qualche modo più semplice da capire.

La collocazione dei led in uno spazio lontano dall'aura elitista della sala museale è uno "strumento" che l'artista ha imparato a padroneggiare. *Potere di ricordare. Power of Recall* (2010) è un'installazione con pannello a led nella piazza principale di Vicenza, una città nota nel mondo soprattutto per un solo nome: il grande architetto rinascimentale Andrea Palladio. Sul pannello si possono leggere i nomi delle persone "illustri" di questa città dall'antichità ai nostri giorni: generali della Roma imperiale, scrittori, artisti, attori, sacerdoti, compositori, ingegneri, atleti, e perfino un santo – persone che rappresentano ogni professione, attività, ceto sociale. Sono nomi di persone vere vissute in epoche storiche diverse, e passano sotto i nostri occhi contemporanei di persone del luogo o arrivate in visita, che sono discendenti ed eredi, loro pari e così via. Il secondo elemento inseparabile di quest'opera è la partecipazione degli abitanti stessi della città: a loro l'artista ha offerto la possibilità di aggiungere alla lista lampeggiante i nomi dei concittadini che a loro parere meritavano l'onore di trovarsi accanto

5.
Nicolas Bourriaud,
Estetica relazionale,
Milano, Postmedia,
2010, p. 13.

the abstract to be transformed into something accessible and attractive. His works show relationships between the symbolic and the actual. The artist is initiating various types of research in the world of symbols by switching view points, formal notions, and conventions for a recognition. When he staged a performance in the town of Merano in South Tyrol in 2007 he arranged for a group of majorettes to march through the town with the sounds of a special selection of military tunes. Among his selection one could detect the songs that are symbols of the fighting spirit of the army and the joy of victory, but also *The Imperial March* from the movie *Star Wars*. In the combination of this motley of music that has become a sign of evil in world pop culture, the juggling of national flags performed by a group of girls acquired the status of a satire.

The national flag and flags in general are special symbols that have surprisingly kept their power from antiquity up to now. The colors and the forms, the selected symbols and marks on pieces of fabrics can—under the right circumstances—make people cry; human lives are sacrificed for them; and the most sacred oaths are taken under the flag. The contradictory substance of this signifier has attracted the attention of Stefano Cagol many times over the years. In a series of video works (*Stars & Stripes* of 2002, *Lies* of 2004, *Dark & Light. Stars & Stripes* of 2006, *There is no flag large enough* of 2010) the treatment with digital manipulation of a real shoot of a flag transformed the flying Old Glory of the USA into an anthropomorphic monster which seems as if it is pushing out of the sub-conscious of the contemporary human being that has had enough, too much of war movies and news coverage of military conflict, attack and defense, memorial services for the death and military funerals. The joyful colors of one of the most popular yet most hated flags in the world loose brightness and start resembling such a frightening nightmare that it starts being funny to watch the constant transformations. The American flag that was for several centuries a symbol of independence and liberty, and of the "great American Dream" has been associated in the last decades to aggression, complacency and value crisis. In fact it is composed by the most popular signs and colors in vexillology—stars and stripes; blue, red and white, just like most of the national flags of today.

Stefano Cagol thinks it amusing that those elements are also the same for the flag of Cuba, a country that is for some people what America used to be in the past for all. *Always (with You)* (2010) is merging both flags and in spite of the manifested animosity between the two countries, their value systems and "sets of symbols," the work offers the aesthetically pleasing result of the common flag of those political David and Goliath that have found peace one with the other. The art-

alle "celebrità" storiche. Ogni giorno ci sono state nuove aggiunte alla lista luminosa, raccolte dall'artista insieme alle motivazioni che giustificavano l'inclusione nella "lista della storia".

Ponendo elementi semplici e riconoscibili alla base del suo lavoro, l'artista è riuscito a superare l'atteggiamento distante e negativo degli abitanti delle città di oggi nei confronti della storia ufficiale. Egli offre l'opportunità a ciò che è metaforico e astratto di trasformarsi in qualcosa di accessibile e attraente. I suoi lavori rendono evidenti le relazioni fra il simbolico e il reale. Cagol dà inizio a vari tipi di ricerca nel mondo dei simboli, cambiando punti di vista, concetti formali e convenzioni di identificazione. Quando nel 2007 ha messo in scena una performance nella cittadina di Merano, in Alto Adige, l'artista ha fatto sfilare un gruppo di majorette per il paese al suono di una particolare selezione di marce militari, fra le quali si potevano individuare i canti simbolo dello spirito combattivo dell'esercito e della gioia della vittoria, ma anche il pezzo *The Imperial March* tratto dal film *Guerre Stellari*. In combinazione con questa musica che nella cultura pop di tutto il mondo è diventata un segno di malvagità, lo sventolare di bandiere nazionali da parte di un gruppo di ragazze ha acquisito lo status di satira.

La bandiera nazionale, e le bandiere in genere, sono simboli speciali che hanno sorprendentemente mantenuto il loro potere dall'antichità a oggi. Forme e colori, simboli e segni particolari su pezzi di stoffa possono, nelle circostanze giuste, far piangere le persone; per loro si sacrificano vite umane; e i giuramenti più solenni sono fatti sotto la bandiera. L'essenza contraddittoria di questo significante ha attirato l'attenzione di Cagol molte volte negli anni. In una serie di video (*Stars & Stripes* del 2002, *Lies* del 2004, *Dark & Light. Stars & Stripes* del 2006, *There is no flag large enough* del 2010) la manipolazione digitale di una reale ripresa di una bandiera trasforma la sventolante *Old Glory* degli USA in un mostro antropomorfo che sembra uscire dal subconscio dell'essere umano contemporaneo che ne ha avuto abbastanza di film di guerra e copertura dei media su conflitti militari, attacco e difesa, cerimonie in memoria dei caduti e funerali militari. Gli allegri colori di una delle bandiere più popolari e al tempo stesso più odiate del mondo perdono vivacità e cominciano a somigliare a un incubo così spaventoso che guardare le sue continue trasformazioni inizia a diventare divertente. La bandiera americana che per molti secoli è stata simbolo di indipendenza e libertà, e del "grande sogno americano", negli ultimi decenni è stata sempre più associata ad aggressività, autocompiacimento e crisi dei valori. In effetti è composta coi segni e i colori più diffusi in vessillologia: stelle e strisce; blu, rosso e bianco; proprio come la maggior parte delle bandiere nazionali odierne.

Stefano Cagol trova divertente che questi elementi siano gli stessi della bandiera di Cuba, un paese che per

6.
Stefano Cagol on *White Flag* on the specific web site of the project www.white-flags.com/venezia.html.

7.
Ivi.

8.
Stefano Cagol on *Scintillio e cenere. Sparkling and Ash* on his web site www.stefanocagol.com.

ist is obviously sympathetic to the "David" character otherwise he would not have undertaken the solo manifestation with the Cuban flag in hand on the rooftop of a building in New York City. I can't believe that by waving (somewhat childishly) the symbol of the Island of Liberty against the backdrop of the Empire State Building he is urging "export of revolution;" he does not seem either to be seriously considering the two countries as heatedly opposing political adversaries in the way they were back in the 1960s. I read this performance as an ironical and slightly sentimental comment on the political context of today and on the saying: "No politics, only economics left."

Apart from the national symbols Stefano Cagol has paid his artistic "respects" to the white flag as well. One of his most ambitious projects is the work *White Flag* (2005), which is the front cover for some quite pessimistic moods caused by the powerlessness of art in a world of war and violence, a world of blood constantly spilled: "A total surrender of humanity."[6] The project envisions the positioning of many lonely huge white flags at different points around the world as markers of total surrender. However, at least one fragment from his installation—Monte Finonchio in Trentino has taken on a life of its own as it often happens with art in public spaces. The "white rectangle on the blue background" reminds us of the traditional truce and parley.

It also invites comparisons with *The Hero (For Antonio)*, the work of Marina Abramović of 2001, where a motionless female figure mounted on a white horse is holding a waving white flag in hand. This work brings on a variety of signals depending on the context where it's shown. This might be a statement about the refusal of strict principles, of personal wars; a lonely appeal for communication across borders, prejudice and bias. The same reading would be appropriate of the huge white flag that Cagol erected in Trentino.

"The white flag, white in which all colors of the flags of the different nations are 'cancelled,' white which in a universal view joins Western to Eastern culture…"[7]—that's how the artist has interpreted the white flag many times. He is creating an amusing performance by crossbreeding a minimalist sculpture, fashion design, and the semaphore flags. The model dressed in a little white dress and "holding" a little white flag on each of her fingers, like a silent art Siren, is sending out incomprehensible messages and signs to the crowds during the opening of the 51st International Art Exhibition of the Venice Biennale.

The white flag with an added text is also the result from the action *Scintillio e cenere. Sparkling and Ash* (2010), which Stefano Cagol organized in Taranto, the city that the artist defines as "the dirtiest city of Italy polluted by one of the biggest steel works in Europe."[8] He is trading ashes for sparkling

Iara Boubnova

---

alcuni rappresenta quello che una volta l'America era per tutti. *Always (with You)* (2010) fonde le due bandiere, e, malgrado la notoria animosità fra questi paesi, fra i loro sistemi di valori e "insiemi di simboli", l'opera offre il risultato esteticamente piacevole della bandiera comune di questi Davide e Golia politici che hanno trovato la pace l'uno con l'altro. L'artista evidentemente simpatizza col "Davide", altrimenti non avrebbe intrapreso la manifestazione solitaria con la bandiera cubana in mano sul tetto di un edificio di New York City. Non riesco a convincermi che sventolando (in modo un po' puerile) il simbolo dell'Isola della Libertà sullo sfondo dell'Empire State Building Cagol stia spronando l'"esportazione della rivoluzione"; e d'altro canto non sembra nemmeno che prenda in seria considerazione la possibilità che questi due paesi siano avversari opposti dalla stessa veemenza degli anni Sessanta. Possiamo leggere questa performance come un commento ironico e lievemente senti-

mentale su contesto politico di oggi e sul detto: "Niente politica, resta solo l'economia".

Simboli nazionali a parte, Cagol ha "reso omaggio" artisticamente anche alla bandiera bianca. Uno dei suoi progetti più ambiziosi è l'opera *White Flag* (2005), che simboleggia alcuni umori piuttosto pessimisti causati dall'impotenza dell'arte in un mondo di guerra e violenza, un mondo di costante spargimento di sangue: "Una resa totale dell'umanità contemporanea".[6] Il progetto prevede la collocazione di molte enormi bandiere bianche in punti del mondo diversi, come segni di resa incondizionata. Tuttavia, almeno un frammento della sua installazione (il Monte Finonchio in Trentino) ha preso una vita propria come spesso accade all'arte negli spazi pubblici. Il "rettangolo bianco su sfondo azzurro" ricorda la tradizionale tregua parlamentare. Invita anche a fare paragoni con *The Hero (For Antonio)*, l'opera del 2001 di Marina Abramović. In questa, una

figura femminile immobile in groppa a un cavallo bianco stringe in mano una bandiera bianca sventolante. Quest'opera porta con sé una serie di segnali a seconda del contesto in cui viene esposta. Potrebbe trattarsi di una dichiarazione sul rifiuto dei principi rigidi, delle guerre personali; un solitario richiamo alla comunicazione attraverso confini, pregiudizi e distorsioni. La stessa lettura sarebbe appropriata per la grande bandiera bianca che Cagol ha issato in Trentino.

"La bandiera è bianca, un bianco in cui si 'annullano' tutti i colori delle bandiere delle diverse nazioni, un bianco che in un'ottica universale unisce la cultura occidentale a quella orientale…"[7]: è così che molte volte l'artista ha interpretato la bandiera bianca. Egli crea una divertente per-

6.
Stefano Cagol su *White Flag* sul sito web dedicato al progetto www.white-flags.com/venezia.html.

7.
Ivi.

9.
Genesis, 11:5-8.
10.
Bruno Latour, "Some Experiments in Art and Politics," *e-flux journal* # 23.

things with the inhabitants of the town until an impressive mound of diverse and attractive "objects of desire" is built up. Then a flagstaff is erected on top and a flag is hoisted with the sign "*Cenere*" (ash). Handled in this way the installation is not only a commentary on the state of the environment in that particular location; not even only on the ecological problems of large industrial cities today. It is an ironical formulation for the hegemonic notions of our consumerist society. In Italy with all those unique cultural and natural sights, with the thick historical "context," the transformation of jewels into light and volatile ashes denotes society in a powerful way.

For a regular man of today who tends to reduce his daily communicative options to either word or image, Stefano Cagol has a lot of possibilities indeed. In Prague, the favorite Eastern European destination for Western tourists, he is sending—from the Petrin Tower in Morse code transmitted through light impulses—a repeated sutra about freedom (of the artist): "Freedom is the ability to act in accordance with the dictates of reason / Freedom is the ability to act in accordance with your own values / Freedom is the ability to act in accordance with universal values / Freedom is the ability to act independently of both the dictates of reason and desires. Art is freedom." (*Un-Secret Signals*, 2008)

A year later in Brussels where he is based, Cagol is once again counting on the universal validity of the Morse code. Through the typical sound produced by the on-off tones and the delicate blinking of a projection pan the words "Trust Distrust" (the title of the work) are broadcast in all the languages that the artist has identified as being local to the place. Italian, Flemish, French, German, Spanish, Arabic, Greek, Polish are alternating because the God of today—global capitalism—has confounded there "the language of all the Earth."[9] In the words of Bruno Latour who explains the result of the effects of the Tower of Babel in contemporary language: "Identities—the walls—are made possible only through the double movement of connecting distant anchors and stitching together local nodes."[10]

Obviously as somebody born in the region of Trentino where the world of the Mediterranean ends and Central Europe starts Cagol is extremely sensitive to border syndromes, to supreme or subaltern identities, their overlap and spreading. He is moved by all kinds of artificial separations—from the Council of Trent to the nowadays treatment of illegal migrants in Europe. During the most ambitious event of contemporary art in the history of the region of Trentino South Tyrol, Manifesta 7 in 2008, he created a majestic light installation over the city. *Light Dissolution (of the borders)* is meant to underscore the artificiality of man-made separations: "The light draws lines impossible to be held in the hands, as the borders between nations

---

formance ibridando la scultura minimalista, il fashion design e l'alfabeto semaforico. La modella che indossa un vestitino bianco e "tiene" una piccola bandiera bianca su ogni dito, come una silenziosa Sirena dell'arte, invia verso l'esterno messaggi e segnali incomprensibili alla folla durante l'apertura della 51. Esposizione Internazionale d'Arte della Biennale di Venezia.

La bandiera bianca, con del testo aggiunto, è anche il risultato dell'azione *Scintillio e cenere. Sparkling and Ash* (2010), organizzata da Stefano Cagol a Taranto, la città che l'artista definisce "la città più sporca d'Italia, inquinata da uno dei centri siderurgici più grandi d'Europa."[8] Cagol scambia ceneri con oggetti luccicanti con gli abitanti della città finché non si accumula un mucchio impressionante di diversi e attraenti "oggetti del desiderio". Poi sopra di esso viene eretto un pennone, su cui è issata una bandiera con la scritta "Cenere". In questo modo, l'installazione non è solo un commento sullo

stato dell'ambiente in quel luogo particolare, e neanche solo sugli attuali problemi ecologici delle grandi città industriali, ma una formulazione ironica dei concetti egemonici della società consumista di oggi. In Italia, con tutto il suo patrimonio culturale e naturale unico al mondo, col suo "contesto" storico denso, la trasformazione di gioielli nella leggera e volatile cenere descrive la società in modo potente.

Per un uomo normale di oggi, che tende a ridurre le proprie opzioni comunicative quotidiane o alla parola oppure all'immagine, Stefano Cagol ha davvero moltissime possibilità. A Praga, la meta dell'Europa orientale preferita dai turisti occidentali, Cagol manda dalla Torre di Petrin, in codice Morse trasmesso per mezzo di impulsi luminosi, un sutra ripetuto sulla libertà dell'artista: "Freedom is the ability to act in accordance with the dictates of reason / Freedom is the ability to act in accordance with your own values / Freedom is the ability to act in accordance with universal values /

Freedom is the ability to act independently of both the dictates of reason and desires. Art is freedom" ("La libertà è la capacità di agire secondo i dettami della ragione / La libertà è la capacità di agire secondo i propri valori / La libertà è la capacità di agire secondo i valori universali / La libertà è la capacità di agire indipendentemente sia dai dettami della ragione che dai desideri. L'arte è libertà") (*Un-Secret Signals*, 2008).

Un anno dopo, a Bruxelles dove vive, Cagol si affida di nuovo alla validità universale del codice Morse. Per mezzo dei suoni tipici prodotti dai toni *on-off* e del delicato lampeggiare di un proiettore, le parole "Confido Diffido" (il titolo dell'opera) vengono trasmesse in tutte le lingue individuate dall'artista come parlate sul posto.

8.
Stefano Cagol su *Scintillio e cenere. Sparkling and Ash* sul proprio sito web www.stefanocagol.com.

11.
Stefano Cagol on *Light Dissolution (of the borders)*, on his website www.stefano-cagol.com.

and cultures are."[11] A 7000 Watt beacon is at the same time outlining and transgressing the border between the provinces of Trentino and South Tyrol, between the Italian and Germanic cultures, languages and traditions, and the separation persisting in spite of a clever political management of diversity. The artist uses the light ray to surmount the stubborn persistence of mental differences.

One of the latest works by Stefano Cagol (who happened to find himself at the "end of the world" on account of the whimsical nature of contemporary art) is in the town of Kirkenes in Norway, which is located 400 km north of the Arctic Circle and has ca. three thousand inhabitants. In this place where the cultures—and one might even say the civilizations—of the Norwegians, the Saami and the Russians meet, Cagol is analyzing allover again the notion of the border in *Evoke Provoke (the border)* (2011).

On one level the work is "developing" (as in analog photographic processes) the social and political connotations available in the border area between Norway and Russia. In front of significant locations—representing the modern administrative structure of society such as the police precinct, the mayor's office, the mine, the port, the fire brigade as well as in front of the monument to the Russian soldiers fallen in WWII—the artist is putting up flagpoles with white flags. The imperative verbs of the local languages that command the procedure of border crossings are inscribed on the fags. "Verify," "secure," "open up," "stop" and many others are now in the view of Stefano Cagol the ersatz limit of across-the-borders communication.

It is possible that the need for inner balance gave birth to the video work with the same title in which the artist is performing ritualistic actions in the "bringing into being" of fire; either that or he is putting out smoke signals. Here performance, landscape and sound are interwoven to make a time-based, abstract and very lyrical amalgam which looks like a lonely ceremony of a high priest in the Omniverse long before the birth of our world. The main character in this work is the lonely figure of the Creator of fire, stars, galaxies, and nebula against the background of a rough landscape where land is morphing into a firmament just like in an ancient cosmogony.

This multi-channeled video work is challenging and even subverting the familiar routines of the perception of borders, be them between nature and culture, or between thinking and feeling—the still crucial problem for both philosophy and art is activated all over again to acquire new and drastic simplicity.

Iara Boubnova is founding Director of Institute of Contemporary Art, Sofia. Curator of 1st Moscow Biennale, Manifesta 4, 4th St. Petersburg Biennale, 4th Istanbul Biennale, 22nd São Paulo Biennale.

Iara Boubnova

Italiano, fiammingo, francese, tedesco, spagnolo, arabo, greco, polacco si alternano perché il Dio di oggi, il capitalismo globale, ha confuso "il linguaggio di tutta la terra."[9] Nelle parole di Bruno Latour che spiega il risultato degli effetti della Torre di Babele nel linguaggio contemporaneo, "Le identità – i muri – sono resi possibili solo attraverso il doppio movimento del connettere ancore lontane e cucire insieme nodi locali."[10]

Naturalmente, essendo nato in Trentino dove finisce il mondo del Mediterraneo e comincia l'Europa centrale, Cagol è estremamente sensibile alle sindromi di confine, alle identità superiori o subalterne, alla loro sovrapposizione e diffusione. È spinto da ogni tipo di separazione artificiale, dal Concilio di Trento al trattamento riservato ai migranti clandestini in Europa al giorno d'oggi. Nel corso dell'evento di arte contemporanea più ambizioso della storia del Trentino-Alto Adige Südtirol, Manifesta 7 del 2008, l'artista ha creato una maestosa installazione di luce sulla città. *Light Dissolution (of the borders)* è pensata per sottolineare l'artificiosità della separazione a opera dell'uomo: "La luce traccia linee impossibili da tenere in mano, come lo sono i confini tra nazioni e culture."[11] Un faro da 7000 watt al tempo stesso delinea e oltrepassa il confine fra le province del Trentino e dell'Alto Adige, fra cultura, lingua e tradizioni italiane e germaniche, la cui separazione persiste malgrado l'intelligenza con cui la diversità viene gestita politicamente. L'artista usa il raggio di luce per superare l'ostinato persistere delle differenze mentali.

Una delle ultime opere di Stefano Cagol (che si è per caso ritrovato alla "fine del mondo", grazie alla natura capricciosa dell'arte contemporanea) è nella città norvegese di Kirkenes, che è situata a 400 km a nord del Circolo Polare Artico e conta circa tremila abitanti. In questo luogo in cui si incontrano le culture, e si potrebbe dire le civiltà, norvegese, sami e russa, Cagol ricomincia ad analizzare daccapo il concetto di confine in *Evoke Provoke (the border)* (2011).

Su un livello, l'opera "sviluppa" (come nei procedimenti fotografici analogici) le connotazioni sociali e politiche presenti nell'area di confine fra Norvegia e Russia. Davanti a luoghi significativi che rappresentano la moderna struttura amministrativa della società – come il distretto di polizia, l'ufficio del sindaco, la miniera, il porto, i vigili del fuoco, come anche davanti al monumento ai soldati russi caduti nella seconda guerra mondiale – l'artista erige aste con bandiere bianche. I verbi all'imperativo delle lingue locali che controllano le procedure dell'attraversamento dei confini sono scritti sulle bandiere. "Verifica", "assicura", "apri," "fermati" e molte

9.
Genesi 11:5-8.
10.
Bruno Latour, *Some Experiments in Art and Politics*, "e-flux journal" # 23.
11.
Stefano Cagol su *Light Dissolution (of the borders)* sul proprio sito web www.stefanocagol.com.

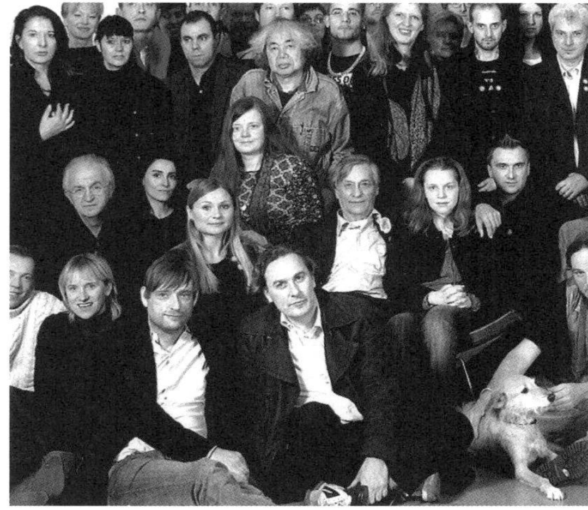

Jan Hoet's farewell celebration / cerimonia d'addio di Jan Hoet, 2008, MARTa Herford. From left / da sinistra: Marina Abramović, Fernando Sánchez Castello, Tatsumi Orimoto, Jan Hoet, Stefano Cagol, et al.

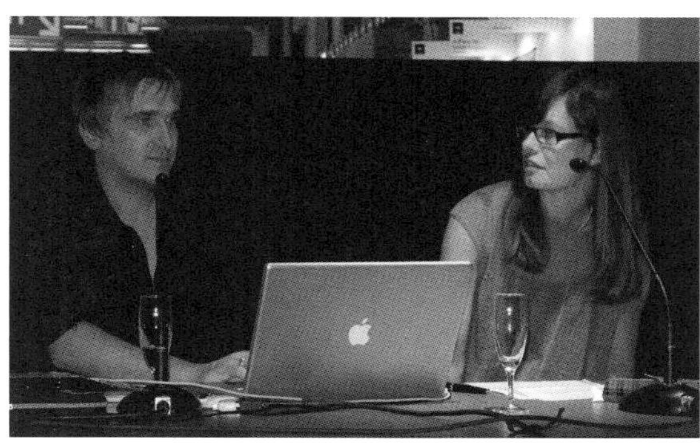

Angelique Campens & Stefano Cagol in conversation / in conversazione, 2007, Art Brussels

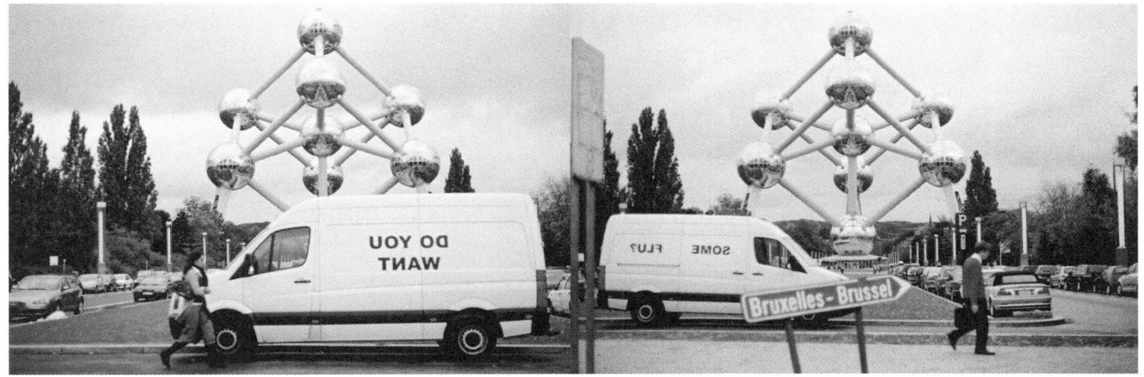

Do you want some flu?, 2007, traveling project / progetto itinerante, Brussels

altre sono ora, secondo Cagol, il limite surrogato della comunicazione attraverso i confini.

È possibile che la necessità di un equilibrio interiore abbia dato origine al video dallo stesso titolo in cui l'artista esegue azioni rituali di "dare vita" al fuoco; o è così, oppure trasmette segnali di fumo. Qui performance, paesaggio e suono sono intrecciati a creare un amalgama basato sul tempo, astratto e molto lirico che sembra la cerimonia solitaria di un alto sacerdote dell'Omniverso molto prima della nascita del nostro mondo. Il personaggio principale è la figura solitaria del Creatore di fuoco, stelle, galassie e nebulose sullo sfondo di un paesaggio naturale in cui la terra si trasforma gradualmente in un firmamento come in un'antica cosmogonia.

Quest'opera video multicanale sfida e addirittura sovverte le abitudini familiari di percezione dei confini, siano essi quelli fra natura e cultura o fra pensiero e sentire – il problema ancora cruciale sia per la filosofia che per l'arte viene posto di nuovo dall'inizio per acquisire una nuova, drastica semplicità.

Iara Boubnova è Direttore fondatore dell'Institute of Contemporary Art, Sofia. Curatrice della 1. Biennale di Mosca, Manifesta 4, 4. Biennale di San Pietroburgo, 4. Biennale di Istanbul, 22. Biennale di San Paolo.

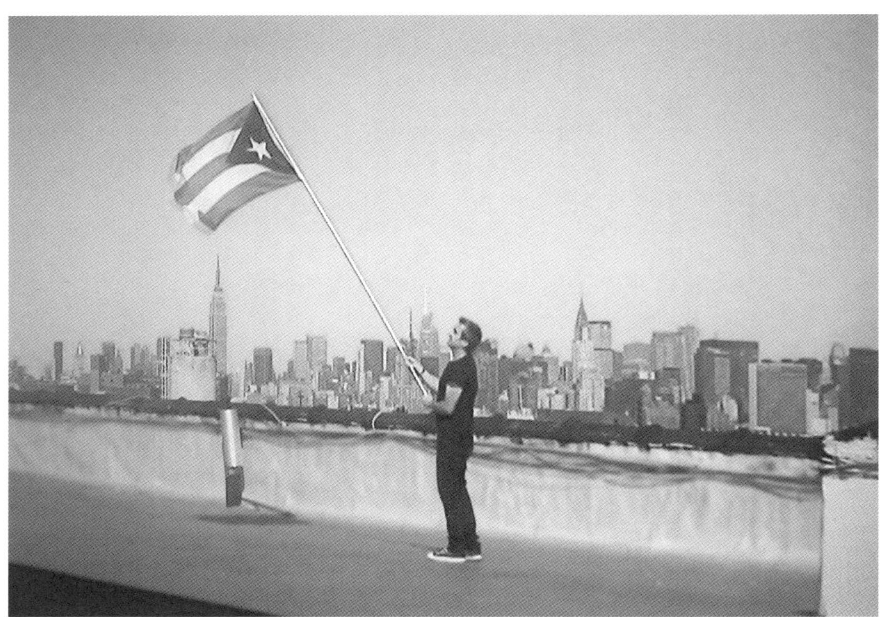

With you (Always), 2010, video, New York

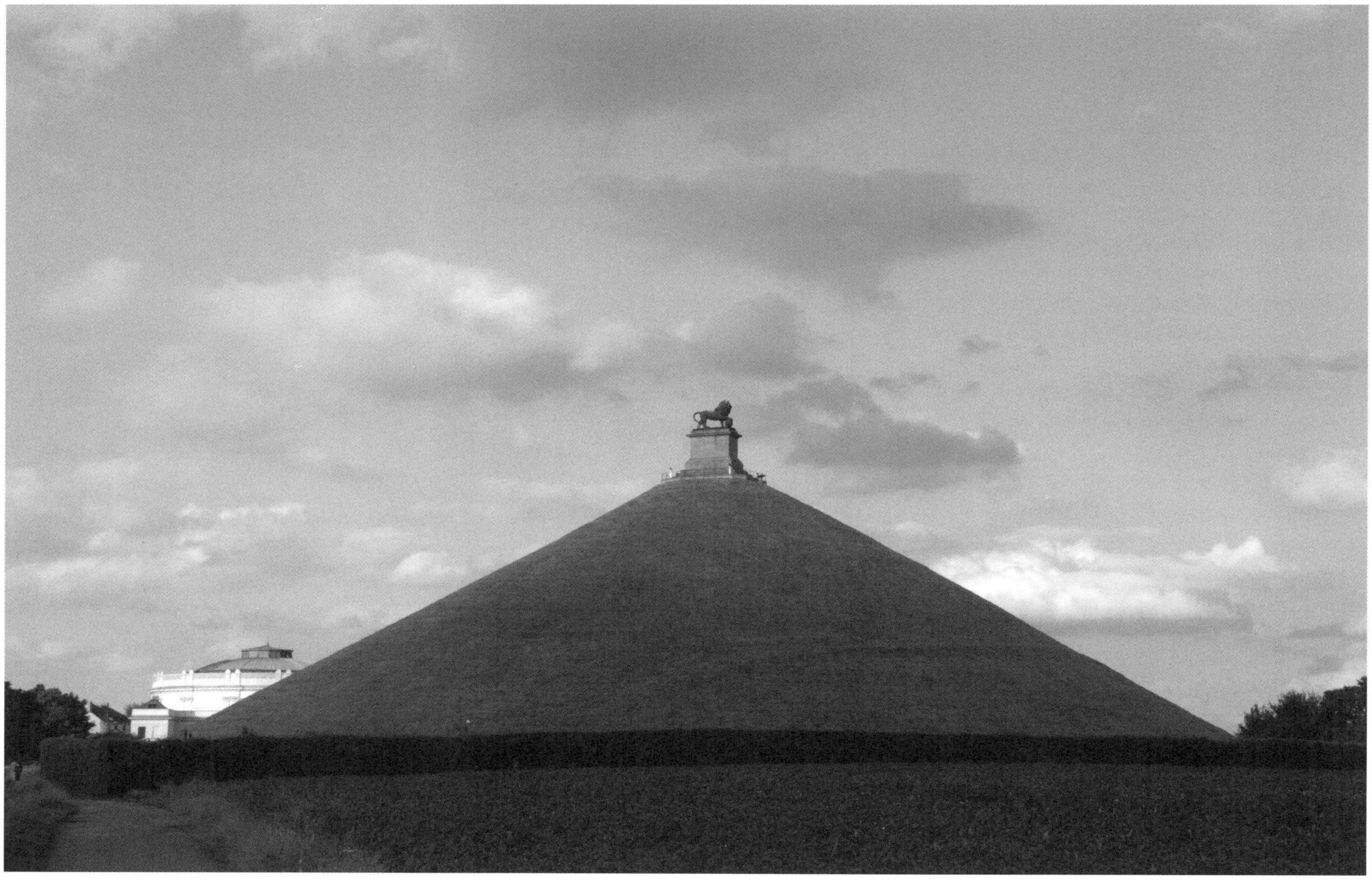

A Pyramid, 2009, photograph / foto, Waterloo

THE WORLD IS NOT ENOUGH

Gregor Jansen

The news tickers keep it coming round the clock, every hour, every minute, every second. News, information, the latest bulletins, the tickers are full of it, we want to be kept right up to the minute with the breaking news, information is money, news makes the world go around. Twitter, Facebook, Google, Yahoo, CNN, WikiLeaks… what counts is the news bulletin as a revelation, as a revelation of what has been disclosed, as disclosure of knowledge. Well, we still regard information as medial truth comprising a textual or visual fabric in which the visibility of and the insight into world seems to be encoded. But this understanding of world knowledge has undergone a radical transformation to the detriment of a certain naivety and in favor of complexity. This fact should be viewed as an essential feature of digital media, a revelation of the digital *per se*, then there is the lack of a completely new kind to deal with: the loss of an understanding of the world as a whole, as a model for life. The world has become algorithmic. An algorithm takes precedence over being. Being is defined above all virtually.

Stefano Cagol plays with this new dictum and radicalizes it to create a *"so-sein,"* or "just being." His art avails itself of the new media, the flow of information, and identities on the border in the most objective manner. Avian or bird flu is a notifiable animal disease and for Cagol—as an example of medial hysteria—it is no longer a form of abstract information on the news ticker, but rather a white van emblazoned with the words "BIRD FLU VOGELGRIPPE," the physical presence of which can be perceived in the real world simultaneously as both the generation of awareness and a threat. Or it is a captive balloon (*Pensi? Pensi!*, 2007) which is no longer a normal vehicle for advertising in cities high above people's heads, but is much more a permanently visible—even threatening and uncomfortable—reference to what is essentially an invisible, global phenomenon because it crosses borders at will, automatically.

Cagol's art is political in the best possible sense because he looks for themes, or alternately, themes find him; independent from a consumer's or the citizen's point of view, it possess an incredible appeal and often takes place in pubic spaces or allows a special form of individual localisation that, indeed, for the most part, actually enforces it. As a further example, 9/11 is a date with a symbolic resonance and vigour, which is inextricably connected with New York and the World Trade Center and, as such, is an uncommonly powerful image anchored in the collective memory of the West, a synonym for a new calendar.

IL MONDO NON BASTA

Gregor Jansen

Le agenzie le battono in continuazione, giorno e notte, ogni ora, ogni minuto, ogni secondo. Notizie, informazioni, ultim'ora, comunicati: le agenzie ne sono piene, vogliamo essere aggiornati su tutto in tempo reale, l'informazione è denaro, le notizie fanno girare il mondo. Twitter, Facebook, Google, Yahoo, CNN, WikiLeaks… ciò che conta è la news come scoop, come rivelazione di una scoperta, come disvelamento di conoscenza. Bene, noi ancora consideriamo l'informazione come una verità mediale che comprende un tessuto testuale o visivo in cui sembra codificato quanto è visibile e quanto sta dentro il mondo. Ma questa comprensione della conoscenza del mondo ha subito una trasformazione radicale a scapito di una certa ingenuità e a favore della complessità.

Se consideriamo questo fatto come una caratteristica essenziale dei media digitali, come una rivelazione del digitale in sé, allora c'è una mancanza totalmente nuova con cui fare i conti: la perdita della comprensione del mondo come unità, come modello di vita. Il mondo è diventato algoritmico. Un algoritmo si è preso il sopravvento sull'essere. E l'essere viene definito soprattutto dal virtuale.

Stefano Cagol gioca con questo assioma e lo radicalizza per creare un *"so-sein"*, un *"just being"*, un "esistere e basta". La sua arte si avvale dei nuovi media, del flusso d'informazioni e delle identità di confine in modo estremamente oggettivo. L'influenza aviaria è una malattia e, quale esempio di isteria mediatica, per Cagol non è più un'informazione astratta battuta dalle agenzie, ma un furgoncino bianco marcato dalla scritta "BIRD FLU VOGELGRIPPE", la cui presenza fisica può essere percepita nel mondo reale sia come generatrice di consapevolezza che, al tempo stesso, come minaccia. Oppure si tratta di un pallone bloccato in un albero (*Pensi? Pensi!*, 2007). Questo non è più un normale veicolo di pubblicità sulla testa della gente nelle città, ma un riferimento sempre visibile – e perfino minaccioso e inquietante – a quello che essenzialmente è un fenomeno invisibile e globale, perché attraversa i confini indifferentemente, senza problemi.

L'arte di Cagol è politica nel senso migliore del termine, perché l'artista cerca temi, o in alternativa sono i temi a trovare lui; indipendentemente dal punto di vista del fruitore o del cittadino, quest'arte possiede un *appeal* incredibile, spesso ha luogo in spazi pubblici o mette in atto specifiche e personali forme di localizzazioni dei progetti, capaci però di non fare altro che rinforzarli. Un esempio ulteriore. L'11 settembre è una data di risonanza e forza simboliche, inscindibilmente legata a New York e al World Trade Center e, in quanto tale, è un'immagine incredibilmente potente ancorata nella memoria

1.
Stefano Cagol in the interview by Felicitas Rahn "Der 11. September ist die Mutter aller Daten!," *monopol-magazine.de*, September 11, 2009.
2.
Ivi.

However, in Cagol's case it is also a date with a certain existential significance, because it is also his birthday. Thus he stated—quite logically—that "September 11 is the mother of all dates!"[1] On a LED display he listed notable and devastating, banal and exciting events which have also taken place on September 11 throughout history and installed this information tool simultaneously in four sites in four different countries in Europe. Cagol's LED displays were mounted at the Mart–Museum of Modern and Contemporary Art of Trento and Rovereto, Italy, at the Kunstraum Innsbruck in Austria, at the German ZKM | Museum of Contemporary Art in Karlsruhe, and in the artist's studio in Brussels, Belgium. "We always go ahead and never worry"—he says. And lists: "On September 11, 1906, Gandhi coined the expression *Satyagraha* to characterize the non-violent movement in South Africa. On September 11, 2007 by contrast, Russia decided to curtail the testing of the 'Father of all Bombs' or the largest conventional weapon of all time." To end with: "Above all, September 11 is the date of the new millennium, because a date itself had become a symbol for the first time in all human history: Nine Eleven, as the day is now generally called ever since the attack upon the Twin Towers in 2001. It is an ambivalent, dramatic date for me. It is also my birthday."[2]

Personal context or a personal event have become a meaningful reason for Cagol's works. If the project *11 settembre* reflects a mapping of his own personal experience, then it began on September 11 in Trento where he was born, and ended in Brussels where he set up his studio, the center of Europe and the current center of his life. The artwork has been transferred from South to North over the Alps in a way similar to a guerrilla assault or a terrorist attack. Or like September 11 itself! And world history would agree, a fact manifested in the highly current global war against Libya or the Tsunami catastrophe in Japan with its fallout for nuclear energy policy.

His show *CONCILIO* is motivated by similar concerns and refers to his birthplace, Trento. It is presented during the Summer 2011 at the San Gallo Church as a project which is part of 54th International Art Exhibition of the Venice Biennale. On one hand Cagol refers to a permanent monumental installation realized in Trento (*TRIDENTUM*, 2011), a kind of pyramidical structure developed in a variety of different disrupted perspectives which are broken down and, as it were, visually analysed as a multifocal basic symmetry. Then a video projection contains different sequences from an artist in residence stay in the Norwegian Arctic Circle area during the past winter. However, the most extraordinary and simultaneously most fitting impetus and cue here is the presentation of this installation in a baroque church.

---

collettiva dell'Occidente: è il sinonimo di un nuovo calendario. Tuttavia, nel caso di Cagol l'11 settembre è anche una data di una certa importanza personale, perché è anche il giorno del suo compleanno. Così l'artista ha affermato – senza dubbio secondo una logica – che "l'11 settembre è la madre di tutte le date!"[1] Su un display a led ha fatto scorrere altri eventi rilevanti e sconvolgenti, banali ed eccitanti, accaduti nella storia in quella data e ha installato questo strumento informativo contemporaneamente in quattro diversi luoghi di quattro paesi europei: al Mart – Museo di Arte Moderna e Contemporanea di Trento e Rovereto, al Kunstraum Innsbruck in Austria, al ZKM | Museum of Contemporary Art di Karlsruhe e nel suo studio di Bruxelles. "Continuiamo sempre ad andare avanti e mai ci preoccupiamo", dice. Ed elenca: "L'11 settembre 1906, Gandhi coniò l'espressione *Satyagraha* per indicare il Movimento nonviolento in Sudafrica. Al contrario, l'11 settembre 2007 la Russia decise di effettuare il collaudo del 'Padre di tutte le bombe', l'arma convenzionale più potente di tutti i tempi". Concludendo: "In particolare l'11 settembre è la data del nuovo millennio, perché è la prima volta in tutta la storia del genere umano che una data in sé diventa un simbolo: *Nine Eleven*, come generalmente è chiamato ora quel giorno dopo l'attacco del 2001 alle Torri Gemelle. Per me è una data ambivalente, drammatica. È anche il mio compleanno".[2]

Il contesto personale o un evento personale sono spunti ricorrenti nel lavoro di Cagol. Il progetto *11 settembre* riflette una mappatura della sua esperienza personale, infatti ha avuto inizio l'11 settembre a Trento, dov'è nato, ed è finito a Bruxelles, il centro dell'Europa, dove ha stabilito il suo studio e il centro della sua vita attuale. L'opera è stata trasferita dal sud al nord, oltre le Alpi, in modo simile a un atto di guerriglia o a un attacco terroristico. O all'11 settembre stesso! E la storia del mondo continua a fornire esempi: ora con l'attuale guerra globale contro la Libia o con la catastrofe giapponese e le sue ricadute sulla politica dell'energia nucleare.

La mostra *CONCILIO* prende le mosse da motivazioni simili e si riferisce a Trento, la sua città natale. Viene presentata nell'estate 2011 nella Chiesa di San Gallo a Venezia come progetto parte della 54. Mostra Internazionale d'Arte della Biennale di Venezia. Da una parte Cagol rimanda ad un'installazione monumentale permanente realizzata a Trento (*TRIDENTUM*, 2011), una struttura piramidale sviluppata in una serie di diverse prospettive frantumate che vengono spezzate e, per così dire, analizzate visivamente come una simmetria essenziale multifocale. Poi una videoproiezione contiene sequenze diverse di un *artist in residence* nell'area norvegese del Circolo Polare Artico

1.
Stefano Cagol nell'intervista di Felicitas Rahn *Der 11. September ist die Mutter aller Daten!*, "monopol-magazine.de", 11 settembre 2009.
2.
Ivi.

3.
Concilium Tridentinum in Latin, *Concilio di Trento* in Italian.

Churches have always been special sites for exhibiting because that is where the works of art themselves serve the true owner of the House of God for edification and glorification of the gospel and are thus dedicated to the sole universal ruler. The cleansing of the churches by the Protestants and the prohibition of graven images by the iconoclasts prompted the—visually powerful—catholic reaction during the seventeenth century in the form of the baroque. Imaged-based propaganda was juxtaposed with rhetoric, with the word of God, and created—both pictorially and architecturally—an overloaded century of the new world order. The sixteenth century Council of Trent[3] represented a step in this direction on the part of the counter-reformation.

Developed through the joining of opposites, the splitting of like entities, through "parallel convergences" that generate a liminal landscape and a territory on borders, the solo show *CONCILIO* has an ideal starting point in the Stefano Cagol's place of birth, a territory marking the passage between South and North, Rome and Wittenberg, between Italy and Germany: Trento, Trentino South Tyrol. Cagol states it is not just a site, a landmark, but also what is nowadays defined as an "unpredictable event," the controversial influence of which reaches out from a distant past and impinges upon the everyday complexities of our lives. Therefore, identity and history become the points of departure implicit in the title of the exhibition, but also the idea of a posited tension resonates with regard to the unknown and to the unforeseen.

In some of his video works—rooted in their symmetrical design of a mostly classical nature, broken as they are reflected vertically—the national flags billow in the wind and create images of confusing symbolic monuments and yet at the same time the loss of symbols. It is not possible to register "symbol strength" but, analogous to radio frequencies with a limited broadcasting, a sense of background noise arises, although the clear brightness of the video frame and the blue sky demonstrate an emphatic, glowing image of strength.

The most emphatic symbolism is—in last Arctic videos—by contrast the empty, wintry landscape in which Cagol uses and places different lamps, lights, flames and smoke in order to transform the patent uneventfulness of the site into the drama of the staged happening in situ. Smoke and flares, floodlights and lights, for example, are familiar to us from military combat missions or as signals in extreme manoeuvres at sea. The unidentifiable sense of such operations in the middle of no man's land in Norway's border areas speaks an unprepossessing, uncomfortable, an ultimately icy language.

Between the pyramids as symbol of eternity and power, and borders as a symbol of inclusion/exclusion and power, the interior of the San Gallo Church in Venice becomes a

dell'ultimo inverno. Tuttavia, qui lo spunto più straordinario e, al tempo stesso, più appropriato è la presentazione di questa installazione in una chiesa barocca.

Le chiese hanno sempre rappresentato uno spazio particolare per mostrare, perché al loro interno le opere d'arte sono al servizio del vero padrone della Casa di Dio per l'edificazione e la glorificazione della fede, e sono dedicate quindi all'unico signore dell'universo. La purificazione delle chiese a opera dei protestanti, e il divieto di raffigurare immagini degli iconoclasti, hanno indotto la potenza visiva della reazione cattolica, che nel XVII secolo ha preso le forme del Barocco. La propaganda basata sulle immagini veniva giustapposta alla retorica, alla parola di Dio, creando sia dal punto di vista pittorico che da quello architettonico un secolo sovraccarico del nuovo ordine mondiale. Nel XVI secolo, il Concilio di Trento[3] fu un passo in questa direzione da parte della Controriforma.

Sviluppata attraverso l'unione di opposti e la divisione di entità simili, attraverso "convergenze parallele" che generano un paesaggio liminale e un territorio di confine, la personale *CONCILIO* ha un punto di partenza ideale nel luogo di nascita di Stefano Cagol, un territorio che marca il passaggio fra sud e nord, fra Roma e Wittenberg, fra Italia e Germania: Trento, in Trentino-Alto Adige Südtirol. Cagol afferma che non si tratta solo di un luogo, di un punto di riferimento, ma anche di ciò che oggi viene definito come un "evento imprevedibile", la cui controversa influenza arriva da un lontano passato entrando in urto con le complessità della nostra vita quotidiana. Perciò, identità e storia diventano i punti di partenza impliciti nel titolo della mostra, ma vi risuona anche l'idea di una tensione postulata relativa all'ignoto e all'imprevisto.

In alcune delle sue opere video, radicate nella loro struttura simmetrica di natura perlopiù classica, spezzate nel loro essere riflesse simmetricamente, le bandiere nazionali ondeggiano al vento creando immagini di confusi monumenti simbolici, ma anche, al tempo stesso, la perdita dei simboli. Non è possibile registrare la "forza del simbolo" ma, in modo analogo alla radiofrequenza a limitata capacità di trasmissione, si crea la sensazione del rumore di fondo, benché la limpida luminosità dell'immagine video e del cielo azzurro rendano un'immagine di forza accentuata, risplendente.

Il simbolismo più accentuato negli ultimi video artici è diversamente un paesaggio vuoto e invernale, dove l'artista colloca e usa diversi fari, luci, fiamme e fumo per trasformare l'evidente piattezza priva di accadimenti del luogo nell'evento messo in scena in situ. Fumo e razzi segnaletici, riflettori e luci, per esempio, sono familiari per via delle missioni militari o come segnali nelle manovre marittime. Il senso d'impossibilità trasmesso

3.
In latino *Concilium Tridentinum*.

perfect context for the religious background and intellectual power. In the world between the terrestrial, the political and the religious, spiritual power is not enough.

Stefano Cagol has been working on the latest things with great intensity. He seems to be drawn magically to political actualities resulting from specific events and the thought processes they create. His recourse to the concentration of form places him in the tradition of artists such as Alfredo Jaar or Hans Haacke, the main representative of critically-analytical and, at the same time, sensually perceivable art which enables a "visual comprehension" of spiritual and political conflicts in the contemporary world. Common to all is the generally valid access of speculative thinking, which develops from the assurance of the insecurities behind symbolic ordered systems. Trust in the state and politics, religion, the sciences, the law (as a language) or language and the media (as forms of communication) have crumbled in the post-modern period. Since Hegel, it has been possible to trace an end of enlightened humanity, whose band of god seekers have fled to an esoteric New Age realm or advocate ecological disaster or simply stick their heads into the sand at the earliest opportunity.

All being is an expression (objective manifestation) of an absolute reality, which is the idea, reason, construction and reveals itself both in nature as it does in human consciousness. Out of its most abstract, most general form, totality and the absolute develop (logically, not temporally) on the level of a universal spirit aware of itself and encompassing its own being. The world process repeats itself in the moment of insight and thus—by means of the speculations of reason (i.e. absolute knowledge)—subjectivism and relativism of the abstract standpoint of reflection, of the understanding of the infinite, the "untrue" determination of existence is duly transcended and Kant's critique merely acknowledged as a transitional phase.

Trust in the constructive-deductive power of speculative thought appears in Hegel's thinking at its highest potency when he acknowledges the insurmountable residue of nature. With Hegel, we recognize the abyss, so the world in art (and not only there) is the apprehension of a night which cannot be any darker. Fear is the motor which causes the world to turn, nor has it changed over the past 4,000 years. Since the pyramids and the attack on America, since the demarcation of territories and the spread of diseases, since the invention of mass media and the splits within religious persuasions, the world as a total and absolute entity has been broken down. Everything we know about the world we get to know it from the mass media. Collective consciousness of the whole world is located in a memory cell in a form of decentralized data sharing facility.

Gregor Jansen

---

da queste operazioni in mezzo a una terra di nessuno nelle zone di confine norvegesi parla una lingua spiacevole, inquietante, in definitiva glaciale.

Fra le piramidi come simbolo di eternità e potere e i confini come simbolo di inclusione/esclusione e potere, l'interno della Chiesa di San Gallo a Venezia diventa un contesto perfetto per lo sfondo religioso e il potere intellettuale. Nel mondo fra il terrestre, il politico e il religioso, il potere dello spirito non basta.

Stefano Cagol lavora sulle ultime notizie con grande intensità. Sembra attratto magicamente dai fatti politici causati da eventi specifici e dai processi di pensiero che creano. Il suo ricorso alla concentrazione della forma lo colloca all'interno della tradizione di artisti come Alfredo Jaar o Hans Haacke, il maggior rappresentante dell'arte critico-analitica e sensualmente percettibile al tempo stesso, che consente una "comprensione visiva" dei conflitti spirituali e politici del mondo contemporaneo. Comune a tutti è l'accesso al pensiero speculativo, che si sviluppa a partire dalla rassicurazione delle incertezze nascoste dietro i sistemi simbolici ordinati. Nell'era postmoderna la fede nello stato e nella politica, nella religione, nelle scienze, nella legge (come linguaggio) o nel linguaggio e nei media (come forme di comunicazione) si è sgretolata. A partire da Hegel è stato possibile ripercorrere la fine dell'umanità illuminata, la cui banda di cercatori di dei è fuggita in un regno esoterico *new age* o predica il disastro ecologico o semplicemente, alla prima occasione, ficca la testa nella sabbia.

Tutto l'essere è un'espressione oggettiva di una realtà assoluta, che è l'idea, la ragione, la costruzione, e si rivela sia in natura sia nella coscienza umana. Fuori della loro forma più astratta e generale, la totalità e l'assoluto si sviluppano (logicamente, non temporalmente) sul livello di uno spirito universale consapevole di se stesso e che racchiude il suo stesso essere. Il processo del mondo ripete se stesso nel momento dell'intuizione, e così – per mezzo delle speculazioni della ragione (cioè della conoscenza assoluta) – il soggettivismo e il relativismo della prospettiva astratta della riflessione, della comprensione della propria infinita, "non vera" esistenza vengono puntualmente trascesi, e la critica di Kant riconosciuta semplicemente come una fase transitoria.

La fiducia nel potere costruttivo-deduttivo del pensiero speculativo compare nel pensiero di Hegel alla sua massima potenza quando il filosofo riconosce il residuo insormontabile della natura. Insieme a Hegel, noi riconosciamo l'abisso, e il mondo nell'arte (e non solo in quella) è il timore di una notte che non potrebbe essere più buia. La paura è il motore che fa girare il mondo, un dato che in quattromila anni non è mai cambiato. Dalle piramidi e dall'attacco all'America, dalla demarcazione dei territori e dalla diffusione delle malattie, dall'invenzione dei mass media e dalle divisioni fra credenze religiose,

The world has changed over the past 200 years, perhaps more than ever in the last fifty years. Many of our convictions, beliefs and verities have collapsed, and we are assaulted by a new reality everyday. One thing is for sure: our society is governed by fear. Fear is an emotional reaction to power, threats, terror, and danger. The ability to and capacity for fear is part of our human nature but the experience of fear is affected by socio-historical, ethnic, and cultural influences.

Stefano Cagol works in this very charged and volatile field and is furthermore equipped with the weapons of the contemporary man: the media. Man as a hunter-gatherer works nowadays with visual weapons where images are "shot" and data is "captured" and with which he—as an artists—incites a speculative form of thinking; his works, installations and interventions are characterized by a terrible actuality. Yet they derive their purpose from this very condition. Even if they are extremely seriously minded in their socio-political effectiveness, their referentiality and audience approach, they are never meant to be the wagging political finger of reproof or a chummy cleverness. The humor for certain phenomena of the rationally untypical absurdity of human endeavor notwithstanding, they recall rather a strange form of fatalism and the tricky ride across the extinct volcano of aesthetic state propaganda.

Let's just go with it and experience the facets of his mainly spontaneous and amazing, staggeringly simple, and yet sometimes highly complex artworks. A few things will be clear en route towards the "untrue" determination of the being.

Gregor Jansen is Artistic Director of Kunsthalle Düsseldorf. Former Head of Department at ZKM | Museum of Contemporary Art Karlsruhe.

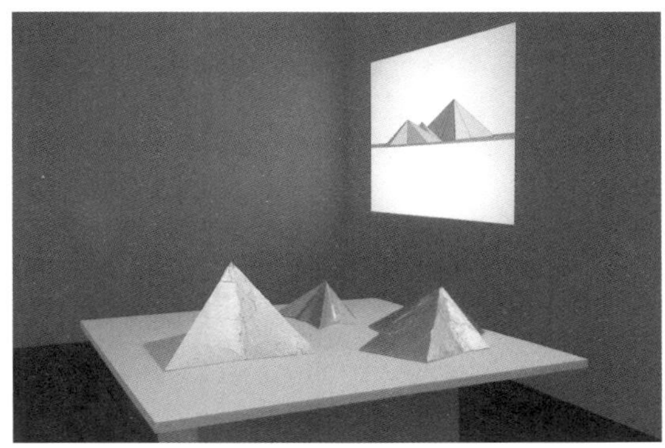

TRIDENTUM (Parallel Convergences), 2011, installation / installazione, Priska C. Juschka Fine Art, New York

il mondo come entità totale e assoluta è sempre stato spezzato. Tutto ciò che sappiamo del mondo lo sappiamo dai mass media. La coscienza collettiva del mondo intero risiede in una cella di memoria sotto forma di programma di condivisione di dati decentralizzati.

Il mondo è cambiato negli ultimi duecento anni, forse più che mai negli ultimi cinquant'anni. Molte nostre convinzioni, credenze e verità sono crollate, e ogni giorno di più siamo assaliti da una nuova realtà. Una cosa è sicura: la nostra società è governata dalla paura. La paura è una reazione emotiva al potere, alle minacce, al terrore e al pericolo. La possibilità e la capacità di provare paura fanno parte della natura umana, ma l'esperienza della paura è condizionata da influenze storico-sociali, etniche e culturali.

Stefano Cagol lavora in questo campo estremamente instabile e carico di implicazioni e ha a disposizione le armi dell'uomo contemporaneo: i media. L'uomo, in quanto cacciatore-raccoglitore, oggi lavora con armi visive con cui si "riprendono" le immagini e si "catturano" i dati, e con cui lui – da artista – incita a una forma di pensiero speculativa; opere, installazioni e interventi di questo artista sono sempre caratterizzati da una terribile attualità. Ma è proprio da questa condizione che nasce il loro scopo. Pur essendo estremamente serie per efficacia socio-politica, referenzialità e atteggiamento verso il pubblico, l'obiettivo di queste opere non è agitare il dito in segno di approvazione politica o di dimostrare chissà quale coesione cameratesca. Nonostante l'ironia nel sottolineare certi fenomeni dell'assurdità irrazionale dell'ignorante agire umano, queste opere richiamano piuttosto una strana forma di fatalismo e un rischioso viaggio sul vulcano estinto della propaganda estetica di stato.

Lasciamoci semplicemente andare a sperimentare le sfaccettature delle sue opere d'arte, spontanee e stupefacenti, incredibilmente semplici, eppure talvolta estremamente complesse. Alcune cose ci diventeranno chiare durante il cammino verso la "non vera" determinazione dell'essere.

Gregor Jansen è Direttore artistico della Kunsthalle Düsseldorf. Già Capo Dipartimento allo ZKM | Museum of Contemporary Art Karlsruhe.

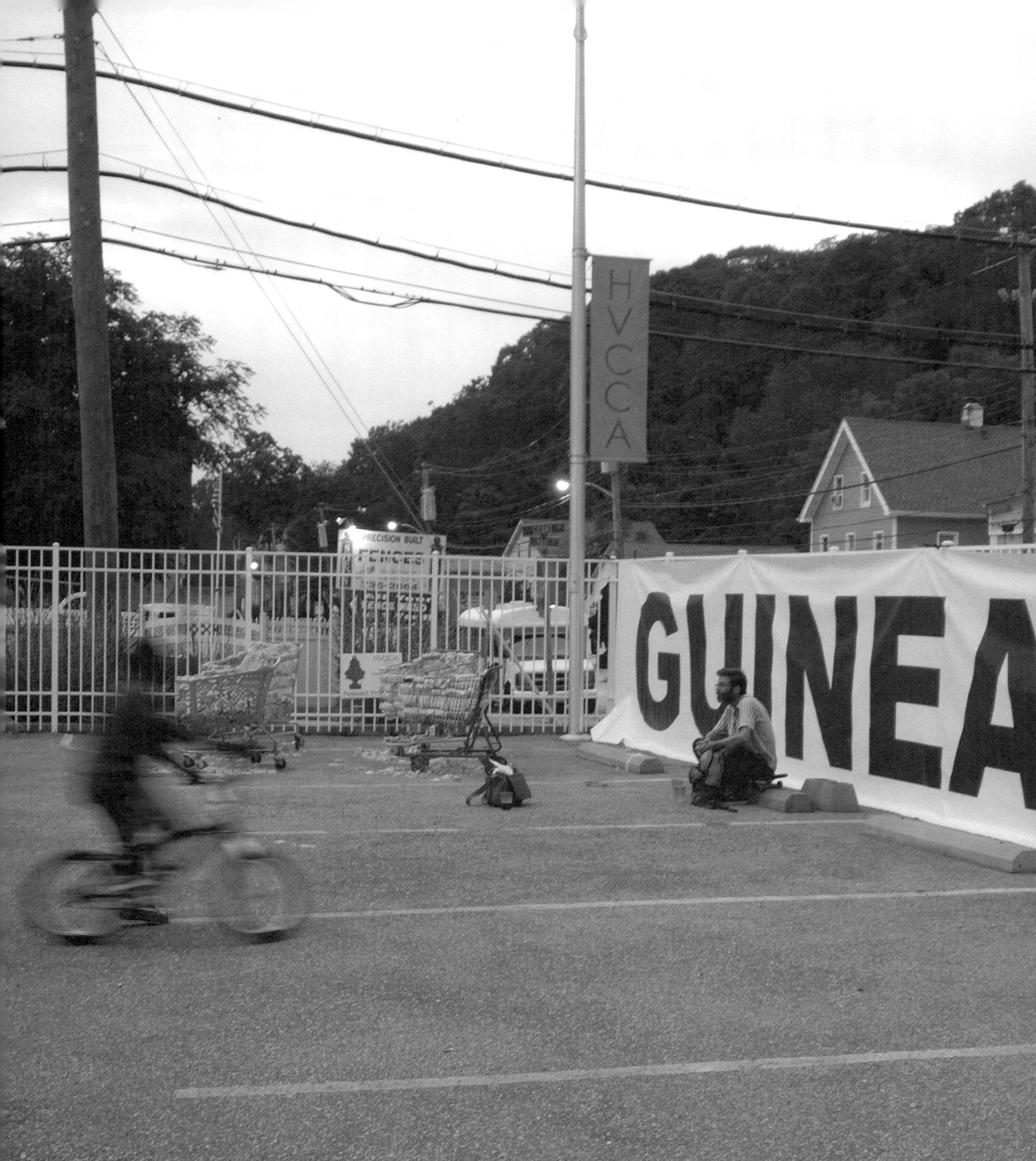

GUINEA PIG, 2008, installation / installazione, HVCCA –
Hudson Valley Center for Contemporry Art, Peekskill

STEFANO CAGOL FROM BEGINNING TILL NOW

Michele Robecchi

Trentino South Tyrol is a land of contrasts and resources, locked into a natural basin made of mountains in which two separate communities live side by side, both located at the edge of the two countries that have claimed their sovereignty on the area over the past few decades. Like all border zones, it is defined by contradictions, peculiar characteristics, and differences that if on the one hand contribute to its originality, on the other hand compose a hybrid identity consequentially resistant against the intrusion of any external contamination. Thanks to prominent figures such as Fortunato Depero or Giovanni Segantini, it has also generated an art scene that reflects the dichotomy that exists between the desire to establish your name at a local level and the awareness of the existence of an international system that must be dealt with. The solid presence of institutions scattered throughout the region, with a museums scene that would make jealous even in the most celebrated art capitals, is often exacerbated by the lack of a cohesive vision, as the recent edition of Manifesta—an organization always partial to conflicted areas—has testified.[1]

The Trentino South Tyrol from which Stefano Cagol emerged at the end of the 1980s was still far from hosting a European biennale spread between Trento and Bolzano, or a futuristic art museum designed by Mario Botta at the foot of the mountains surrounding Rovereto, or the upcoming Museum of Science and Ecology of Trento designed by Renzo Piano. Trentino South Tyrol was an ecosystem happily immune to the shockwaves that rocked contemporary art at the time; indeed it was a place where painting and sculpture were still practiced following traditional lines.

Like many of his peers, Cagol took the first steps of his art education at the Accademia di Brera in Milan,[2] in a time where the school was a mirror image of what was happening around it. A new generation eager to break with the past was coming forward with a militant attitude and an art that called for a return to less marketable values and more interested in the possibility of being seen through unconventional channels. Video Art, a practice virtually ignored by Neo-Expressionism and Transavanguardia, was timidly resurfacing on the scene, not as an austere documentation form as in the 1970s, but as a new media willing to investigate the visual revolution that was beginning to hit society. Still with a relatively vague notion of what a contemporary artist is, but armed with

1.
On the occasion of Manifesta 7 (2009), Cagol decided to contribute by publishing the controversial slogan "*Südtirol ist nicht Italien*" on the cover of the magazine *Exibart*.

2.
In those years Cagol participated in his first group exhibition, *Salon Primo '93* at the Cavellini & Cilena Gallery (1993).

STEFANO CAGOL DALL'INIZIO A ORA

Michele Robecchi

Il Trentino-Alto Adige è una terra di contrasti e potenzialità, una realtà rinchiusa in una conca naturale fatta di montagne all'interno della quale convivono due comunità distinte, entrambe poste alla periferia dei due mondi che ne hanno rivendicato l'appartenenza negli ultimi decenni. Come tutte le zone di confine, ospita contraddizioni, specificità e differenze che se da una parte ne sanciscono l'indubbia originalità, dall'altra vanno a costruire un'identità ibrida e proprio per questo fortificata contro l'intrusione di qualsiasi forma di contaminazione esterna. Richiamandosi a figure di riferimento come Fortunato Depero o Giovanni Segantini, ha anche edificato una scena artistica che riflette con successo la dicotomia che esiste tra il desiderio di affermarsi orgogliosamente a livello locale e la consapevolezza dell'esistenza di un sistema internazionale con cui fare i conti. Il ricco patrimonio artistico istituzionale disseminato lungo la regione, con una scena museale che farebbe invidia anche alle capitali più blasonate, si scontra spesso con l'assenza di una visione coesiva, come la recente edizione di Manifesta, organizzazione sempre al setaccio di aree marcate da forti contrasti, ha nel bene e nel male dimostrato.[1]

Il Trentino-Alto Adige, da cui è emerso Stefano Cagol, a fine anni Ottanta era però ancora distante dall'avere una biennale europea disseminata tra Trento e Bolzano o un fantascientifico museo costruito da Mario Botta ai piedi delle montagne che costeggiano Rovereto, o il futuro Museo di Scienza ed Ecologia di Trento progettato da Renzo Piano. Si trattava di un ecosistema felicemente impermeabile alle convulsioni che avevano colpito il sistema dell'arte in quel momento, in cui pittura e scultura potevano essere esercitate assecondando gli aspetti tradizionali del fare arte. Come molti suoi coetanei, Cagol ha mosso i primi passi della sua educazione artistica presso l'Accademia di Brera a Milano.[2] In quegli anni la scuola era uno specchio tutto sommato attinente a quello che stava capitando intorno. Una nuova generazione determinata a rompere con il passato si era affacciata con un'attitudine militante e un'arte che invocava un ritorno a forme meno commerciabili e più interessata alla possibilità di esporre attraverso canali non necessariamente convenzionali. La video arte, pratica pressoché ignorata dal Neo Espressionismo e dalla Transavanguardia, si

1.
In occasione di Manifesta 7 (2009), Cagol ha scelto di intervenire pubblicando sulla copertina della rivista "Exibart" il controverso slogan "*Südtirol ist nicht Italien*".

2.
In quegli anni Cagol partecipò anche alla sua prima collettiva, *Salon Primo '93* nella Galleria Cavellini & Cilena (1993).

a growing interest in innovative and readily accessible technology, Cagol came out from those years with the conviction that the ideal place to reflect on his future was not the confused and dizzying metropolis of Milan, but rather Trento. This concept, however remote from the logic that should drive an emerging artist, was actually in tune with the idea of decentralization that was beginning to arise both nationally and internationally at the time, with the opening of institutions like the Trevi Flash Art Museum in Umbria or the Fondazione Sandretto Re Rebaudengo in Guarene d'Alba, and the first "exotic" biennials in Gwangju and Johannesburg. Add to the picture a childhood spent in Bern and two scholarships in Salzburg and Toronto, and you will see how Stefano Cagol's position was in fact less obvious than it might appear at first sight. Having turned his back on the main entrance to the art scene, Cagol was now wandering around looking for an open backdoor, a strategy which, as we shall see later, was bound to be a cornerstone of the edification of his career.

In saying that video art that began in the early 1990s was an accessible practice, it should be pointed out that although the digital was still in the future, analogic technology was experiencing a domestic proliferation unknown until then. Video cameras and VCRs were bulky but fundamentally economical devices, and computer graphic was developing editing possibilities for images destined to become revolutionary.

Stefano Cagol's early experiments with video are a reliable picture of the climate of those days. They are somewhere in between amateurish and artificial, and show an equal if not greater fascination for the form rather than the content. *Monito* (1996), a sequence of low-fi images about nuclear weapons' past, present and future, was characterized by a crude editing process and uniform if not outright facetious chromatic tones, the result of the juxtaposition of images shot and reproduced on the same screen. Presented at *Video Forum* at Art Basel (1996), it went on to be part of one of the many media-themed exhibitions around at that time, and even if it deserves to be mentioned as Cagol's first international exhibition, it didn't have the same impact on his career as *Generazione Media* (Media Generation) at the Palazzo della Triennale in Milan.

Curated by five freshly graduated-students from the Academy of Brera (Francesca Alessandrini, Sonia Campagnola, Paolo Darra, Laura Ghirardelli and Federica Rossi) and coordinated by Studio Azzurro co-founder Paolo Rosa, *Generazione Media* was the first serious attempt to analyze the advent of multimedia in art. The age group affinity between participants and organizers was a strong statement in terms of generational turnover, confirming the latter ones as part of a new

stava timidamente riaffacciando sulla scena non più come austero supporto documentaristico ma come espressione autonoma intenta a investigare la rivoluzione mediatica che stava iniziando ad avvolgere la società. Attrezzato con una nozione relativamente ancora indefinita su cosa significasse essere un artista contemporaneo, ma con un interesse nascente per una tecnologia innovativa e facilmente accessibile, Cagol uscì da quegli anni con la convinzione che il luogo ideale per riflettere sul suo futuro non fosse la frastornata e frastornante metropoli lombarda, ma bensì Trento. Questo concetto, per quanto in disaccordo con la logica che dovrebbe accompagnare un artista emergente, in realtà trovava grosse corrispondenze con l'idea di decentramento che proprio in quel momento si iniziava a registrare sia in scala nazionale che internazionale, con l'apertura del Trevi Flash Art Museum in Umbria, della Fondazione Sandretto Re Rebaudengo a Guarene d'Alba, e con le prime biennali esotiche a Gwangju e Johannesburg.

Se si aggiunge poi a questo quadro un'infanzia trascorsa a Berna e il perseguimento di due borse di studio a Salisburgo e Toronto, si capisce come la posizione di Stefano Cagol fosse in effetti molto meno scontata di quanto possa sembrare a prima vista. Voltate le spalle all'ingresso principale, Cagol si aggirava alla caccia di un'entrata laterale, una strategia che come vedremo diventerà poi un'asse portante del suo modo di fare arte.

Nel dire che la video arte all'inizio degli anni Novanta era una pratica accessibile, è bene fare una precisazione di natura tecnica e ricordare che anche se il digitale era ancora nel futuro, l'analogico stava conoscendo una diffusione di carattere domestico fino a quel momento sconosciuta. Videocamere e videoregistratori erano strumenti ingombranti ma fondamentalmente economici, e l'informatica stava consolidando delle possibilità di intervento sulle immagini destinate a diventare rivoluzionarie. I primi esperimenti col video di Stefano Cagol sono una fotografia esatta del clima dei tempi. Collocati in un bivio tra amatorialità e artificialità, dimostrano a tratti un'attenzione e un fascino nei confronti del contenitore pari, se non addirittura superiore, a quella del contenuto. *Monito* (1996), un montaggio *low-fi* sul passato, presente e futuro delle armi nucleari, si distingueva per un montaggio crudo e una tinta cromatica uniformante quanto faceta, risultante da ripetute riproduzioni e riprese delle medesime immagini sul monitor televisivo. Presentato a *Video Forum* in occasione di Art Basel, si andava a innestare in una tipica mostra-riflessione monomediatica come ce n'erano tante in quel periodo, e anche se la cosa merita di essere segnalata in quanto prima uscita di Cagol a livello internazionale, non riveste all'interno del percorso dell'artista la stessa importanza che ha invece avuto *Generazione Media* al Palazzo della Triennale di Milano.

Curata da cinque freschi diplomati dell'Accademia di Brera (France-

3.
Tyler Coburn, "Interview with Anthony McCall," *Kulturflash*, 2008.

phenomenon. For Stefano Cagol *Generazione Media* did not merely signify the comforting idea of belonging to a contemporary though ramified school of thought. It provided an opportunity to dialogue with a group of likewise-minded artists and establishing with certainty the differences rather than similarities, that informed their work.

In practical terms, even in light of the works that would follow such as *Entropia* (1997) or *The Central Reason* (1998), it's easy to see how Cagol had a rather philosophical attitude towards the influence the rapid technological developments might eventually have on his work. In a rather bizarre time-warp sequence, Anthony McCall has recently declared in an interview how his decision to temporarily drop out from the art world has been mainly dictated by the impossibility of achieving in the 1980s and the 1990s what he was able to do in the 1970s and, thanks to the new technology available, in the 2000s.[3] Determined to break free from these limits, but at the same time reluctant to be stuck in a format that would come to contaminate his work with a sense of nostalgia, Cagol addressed the issue by accepting these changes as normal evolutionary steps. Due to the lack of conventional narrative structures of his videos, which would disqualify him as a filmmaker, Cagol could claim that he wasn't strictly a video artist, reserving the same treatment to his photographs.

In light of what has been said so far about geographical provenience, it is ironic that the very exhibition to which Cagol was invited as representative of the art of Trentino South Tyrol was the one to determine a first fallout with his native region. Curated by Giuliana Altea and Marco Magnani with the aid of twenty or so local commissioners, *Atlante – Geografia e storia della giovane arte italiana* (Atlas – Geography and Art of the Young Italian History) (1999) at the Museum of Contemporary Art in Sassari, sought to verify the existence of a *genius loci* in Italian art. The photographs exhibited by Cagol on that occasion were defined by an abstract and contemporary aesthetic, and were miles away from the works of the other artists invited to represent his region. Suddenly, even in the foolproof Trento province, being considered an artist due to mere manual ability was not enough anymore. To complicate things even further, in Cagol's work craftsmanship was clearly present, although applied through less traditional techniques. Whatever relationship Cagol's work enjoyed with the one of his fellow local artists, it was now terminally broken.

The episode, which was almost concurrent with Cagol's first solo exhibition at the Mart Museum in Trento—an important acknowledgment in all respects—consequently represented a moment of departure and, as often happens in these cases, of growth. The old guard's disapproval was now jointed with

From beginning till now

sca Alessandrini, Sonia Campagnola, Paolo Darra, Laura Ghirardelli e Federica Rossi) e coordinata dal cofondatore di Studio Azzurro Paolo Rosa, *Generazione Media* era la prima ricognizione seria in campo nazionale dedicata all'avvento della multimedialità. La vicinanza anagrafica tra organizzatori e partecipanti mandava un segnale forte in materia di avvicendamento generazionale, confermando la presenza di questi ultimi come un fenomeno reale e consistente. Per Stefano Cagol, *Generazione Media* non simboleggiava però semplicemente la confortante idea di appartenere a una scuola di pensiero corrente per quanto ramificata. Significava anche e soprattutto il poter finalmente confrontarsi con una scena artistica ad armi pari, e stabilire con maggiore certezza le differenze, anziché le similitudini, che imperniavano il suo lavoro.

Da un punto di vista pratico, anche alla luce dei lavori che sarebbero seguiti da lì a poco come per esempio *Entropia* (1997) o *The Cen-*

tral Reason (1998), si intuisce come Cagol avesse già allora una visione piuttosto filosofica sull'influenza che i veloci sviluppi tecnologici avrebbero eventualmente avuto sul suo lavoro. In uno strano gioco temporale, Anthony McCall ha dichiarato recentemente in un'intervista come la sua decisione di sottrarsi al mondo dell'arte per circa un ventennio sia stata soprattutto una conseguenza dettata dall'impraticabilità di realizzare negli anni Ottanta e Novanta quello che poteva fare negli anni Settanta e, grazie alle nuove tecnologie, nei primi anni Duemila.[3] Deciso a svincolarsi da queste limitazioni, ma restio al tempo stesso ad ancorarsi a un formato che avrebbe finito con il contaminare il suo lavoro con tracce di eleganza nostalgica, Cagol risolse il problema accettando i cambiamenti come un normale passaggio evolutivo. Complice anche l'assenza di *strutture* narrative convenzionali, che lo squalificavano come *filmmaker*, Cagol poteva così anche far intendere di non essere neanche strettamente un

video artista, riservando un trattamento simile anche alle sue fotografie.

In virtù di quanto si è discusso in precedenza in materia di provenienza geografica, è paradossale che proprio una delle mostre che ha visto Stefano Cagol invitato nella veste di rappresentante dell'arte del Trentino-Alto Adige, sia stata poi quella che ha decretato una prima rottura con la sua regione. *Atlante – Geografia e storia della giovane arte italiana* (1999), curata al Museo d'Arte Contemporanea di Sassari da Giuliana Altea e Marco Magnani con l'ausilio di più di venti commissari locali, si proponeva di verificare l'esistenza di un *genius loci* sul suolo italiano. Le fotografie presentate da Cagol in quell'occasione, venate da un'estetica astratta e apertamente contemporanea, erano distanti anni luce dall'operato dei

3.
Tyler Coburn, *Interview with Anthony McCall*, "Kulturflash", 2008

Dall'inizio a ora

4.
Beyond these events, we have to notice that the artist has recently decided to move to Brussels, a city familiar with the idea of two different linguistic communities constantly at odds with each other, a situation that is the reason why, at the time of writing, Belgium has been without a central government for more than a year.

the radical's one, which typically interpreted this institutional move as a betrayal.

The transition from underground to mainstream is a difficult moment in the life of every artist, and Cagol solved the problem by attacking the second with the methodology of the first. The recent incursions on major events like the Venice and Berlin biennials would have been a double-edged sword if they had not been made with a full understanding of the implications. The most well-known of these actions, *BIRD FLU VOGELGRIPPE* (2006) is perhaps the best one to summarizing this concept. Conceived in the wake of one of the many epidemic virus cyclically announced and forgotten after generating a huge amount of unnecessary alarm and apocalyptic predictions, the project touched many European artistic events with an insistence matched only by its ubiquity. Seen by many as a showing-off gimmick, *BIRD FLU* in fact reveals a fundamental ingredient of the work of Cagol the desire to have a direct confrontation with the public in neutral, if not adverse, territory. The larger than life chess set made for the streets of Bolzano (*Time Influence. Chess Time*, 2007), is a demonstration of how this apparent versatility is actually a deeply contextualized issue. Taking up a typical outdoor pastime of cities around the Alpine chain, the installation quotes Duchamp to address the passage of time and creating a metaphor for the relationship between two communities that

have been engaged for years in a battle impossible to win.[4]

Cagol's recent interest in public art seems to have coincided with the beginnings of a more relaxed relationship with Trentino South Tyrol. The new exit to Trento on the A22 motorway, leading to the Brenner Pass on the border with Austria, will soon be home to the first permanent work of the artist, *TRIDENTUM* (2011). Inspired by the Latin name of the city of Trento, the monument will take the form of three vaguely kaleidoscopic pyramids made in steel with a patina of silver, a material which abounds in the surrounding mountains. This work is likely to mark the beginning of another chapter in the journey of the artist, also certifying how a decade of living abroad and exploring the most distant corners of the world has not diminished the cultural and emotional bond between him and his homeland.

Yet the most convincing demonstration of Cagol's evolution is perhaps somewhere else. It's not located next to the major art events, but rather in an improbable place near the Finonchio mountain. In that rural and remote corner, which forms one of the many points that mark the separation line between Trentino and South Tyrol, Cagol planted a white flag in 2006. Waving far from the mundanity and the frenzy surrounding art fairs and biennials, it represents the non-color par excellence, which is the sum of all the others.

suoi correggionali. Improvvisamente, anche nella sicurezza della provincia trentina, considerarsi artisti in virtù della propria abilità manuale voleva dire vivere nettamente al di sotto delle proprie possibilità. Se si aggiunge poi, come nel caso del lavoro di Cagol, che la manualità è un aspetto presente anche se applicato a tecniche meno tradizionali, si capisce come il divario fosse insanabile.

L'episodio, quasi concomitante con la prima personale di Cagol al Mart di Trento – un riconoscimento importante sotto tutti gli aspetti – diventò quindi un momento di rottura, e come spesso avviene in questi casi, anche di crescita. Al dissenso della vecchia guardia, si univa adesso quello della nuova, che tipicamente interpretava questo salto istituzionale come un tradimento.

La transizione tra il mondo ufficiale e quello alternativo è un momento difficile nella vita di ogni artista, e Cagol ha risolto il problema attaccando il primo con la metodologia del secondo. Le sue recenti incursioni ai grandi eventi come le biennali di Venezia o Berlino si sarebbero rivelate un'arma a doppio taglio se non fossero state condotte con la piena consapevolezza di cosa significavano. La più famosa operazione in questo senso, *BIRD FLU VOGELGRIPPE* (2006) è forse la più adatta per riassumere il concetto. Nata sulla scia di una delle tante epidemie che vengono ciclicamente denunciate e dimenticate dopo aver seminato una discreta dose di inutili allarmismi e predizioni apocalittiche, ha toccato diversi appuntamenti del calendario artistico europeo presentandosi con un'insistenza pari solo alla sua ubiquità. Visto da molti come un esercizio presenzialista, in effetti *BIRD FLU* rivela uno degli ingredienti fondamentali del lavoro di Cagol, e cioè il desiderio di avere un confronto diretto e in territorio neutrale, se non addirittura sfavorevole, con il pubblico. Il gigantesco set di scacchi realizzato per le strade di Bolzano (*Time Influence. Chess Time*, 2007), è una dimostrazione di come questa apparente trasversalità sia di fatto una questione profondamente contestualizzata. Riprendendo un passatempo stradale tipico delle città intorno alla corona alpina, cita Duchamp per analizzare il passaggio del tempo e metaforizzare il rapporto tra due comunità impegnate da anni in una battaglia che difficilmente conoscerà vincitori.[4]

L'interesse di Cagol per l'arte pubblica, in tempi più recenti, sembra aver coinciso con un principio di distensione nel suo territorio. Il nuovo ingresso della città di Trento dell'autostrada A22, che conduce al passo del Brennero, al confine con l'Austria, vedrà infatti presto sorgere il primo

4.
Parallelamente a questi eventi va notata la recente decisione dell'artista di trasferirsi a Bruxelles, città che conosce una simile divisione tra comunità linguistiche diverse, con lo sconcertante risultato che il Belgio, a causa di questa *impasse*, da più di un anno – mentre stiamo scrivendo – è privo di un governo centrale.

Touching on different moments in the history of art, from Kasimir Malevich to Minimalism, it is now flying to symbolize the hypothetical collective surrender of a separatist desire that in today's Europe has fewer reasons to exist.

Michele Robecchi is a writer and curator. Editor for contemporary art at Phaidon Press, London, and former Senior Editor of *Contemporary Magazine*.

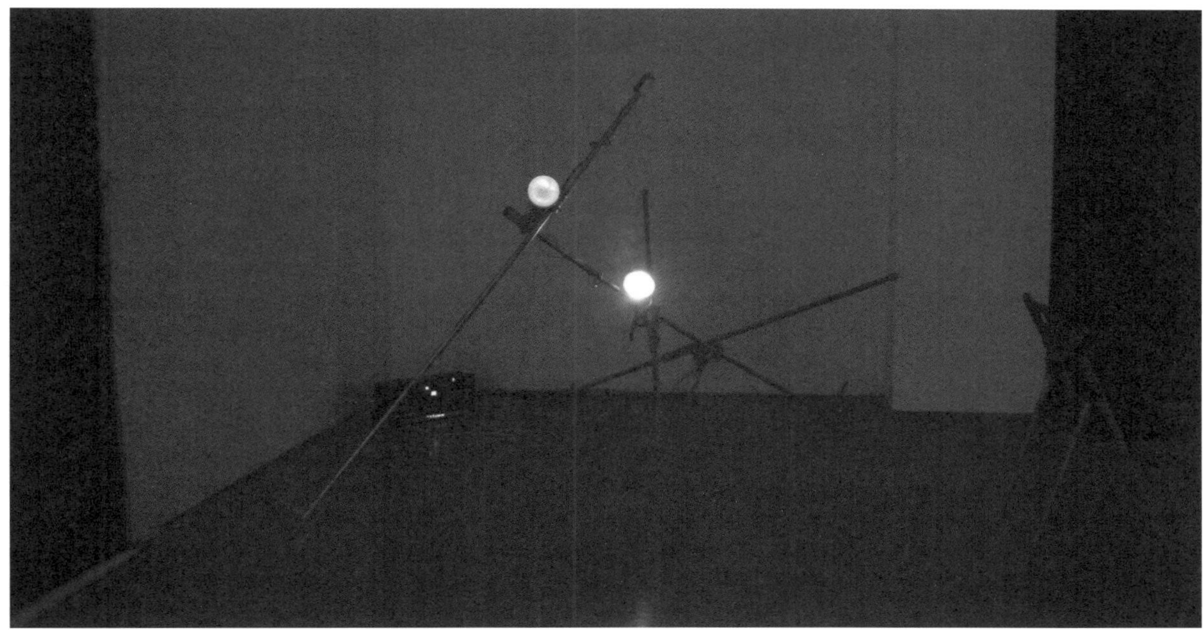

Provoke (New York), 2011, installation / installazione, Priska C. Juschka Fine Art, New York

lavoro ufficialmente permanente dell'artista, *TRIDENTUM* (2011). Ispirato al nome latino della città di Trento, il monumento avrà la forma di tre piramidi vagamente caleidoscopiche realizzate in acciaio con una patina d'argento, materia che abbonda nelle montagne circostanti. Si tratta di un lavoro probabilmente destinato a segnare l'inizio di un altro capitolo nel tragitto dell'artista, e che certifica come anche una decade vissuta ad esplorare gli angoli più remoti del mondo non abbia intaccato il legame culturale e affettivo che lo vincola alla sua terra.

Forse la dimostrazione più convincente dell'evoluzione di Stefano Cagol è però un'altra, e non si trova a latere dei grandi eventi dell'arte, ma bensì nei pressi di un'improbabile località del Monte Finonchio. In quell'angolo rurale e sperduto, che forma uno dei molti punti che compongono la linea di separazione tra Trentino e Alto Adige, Cagol ha piantato nel 2006 una bandiera bianca. Distante dalla mondanità e la frenesia che circonda fiere e biennali, rappresenta il non-colore per eccellenza, quello che risulta dalla somma di tutti gli altri, che ha attraversato la storia dell'arte da Kasimir Malevich al minimalismo, e che oggi sventola simboleggiando un'ipotetica resa collettiva davanti a un desiderio separatista che nell'Europa di oggi ha sempre meno senso di esistere.

Michele Robecchi è critico e curatore. Editor per le pubblicazioni d'arte contemporanea per Phaidon Press, Londra, e già Senior Editor di "Contemporary Magazine".

KEYWORDS /
PAROLE CHIAVE

In addition to the extended captions that describe each artwork and open them to interpretation of the observer, this monograph associates to each work also keywords giving additional tools for understanding artist's research.

Each file ends with a series of letters: they refer to broad categories that classify contents and modes of expression of each artwork.

These signs give the cue to focus—in a fast and, at the same time, thorough way—possible links between the works and beyond.

Oltre a schede estese che descrivono ogni singola opera e la aprono all'interpretazione dell'osservatore, questa monografia associa a ogni opera anche delle parole chiave che offrono un ulteriore strumento di lettura della ricerca dell'artista.

Ogni scheda è infatti completata da una serie di lettere che rimandano a categorie ampie pensate per classificare contenuti e modalità espressive proprie di ogni opera.

Queste lettere sono quindi uno spunto che consente di focalizzare – in maniera al tempo stesso approfondita e veloce – possibili legami tra le opere e l'esterno.

TOPICS / CONTENUTI

Be =belongings / appartenenze
Works talking about sense of belonging, beliefs, convictions that could be national, cultural, religious, political…
> Opere che parlano di senso di appartenenza, credi, convinzioni che possono essere nazionali, culturali, religiose, politiche…

Bo = borders / confini
Artworks that trigger reflections on physical and mental borders.
> Opere che innescano riflessioni su confini fisici e mentali.

Bi = biographical / biografico
Artworks that contain specific references to artist's life.
> Opere che contengono specifici riferimenti alla vita dell'artista.

Co= contrapositions / contrapposizioni
Artworks that hold antithesis and combinations of opposites.
> Opere che hanno al proprio interno antitesi e accostamenti di opposti.

E= ecological / ecologico
Artworks that face themes connected with the state and the development of the relation with nature.
> Opere che si pongono di fronte a tematiche legate allo stato e allo sviluppo del rapporto con la natura.

H= historical / storico
Artworks that recall moments, sites, events, figures of the past.
> Opere che rimandano a momenti, luoghi, eventi, personaggi del passato.

SP= socio-political / socio-politico
Artworks related to the overlapping of individual and collective dimension and the influence of systems of power.
> Opere che affrontano la sovrapposizione tra dimensione individuale e collettiva e il rapporto con i sistemi di potere.

Sy= symbols / simboli
Artworks that reflect on symbols, their value, their meaning, and their evolution.
> Opere che riflettono sui simboli, il loro valore, il loro siginficato e la loro evoluzione.

U= urbanity / urbanità
Artworks that get into the spatial and human dimension the metropolis.
> Opere che s'immergono nella dimensione spaziale e umana della metropoli.

V= virality / viralità
Artworks that refer to events, managing and communication of pandemics phenomenon.
> Opere che rimandano ad eventi, gestione e comunicazione di fenomeni pandemici.

MODE / MODALITÀ

C= codes / codici
Artworks that utilize languages and communication systems.
> Opere che si avvalgono di linguaggi e sistemi comunicativi.

D = double / doppio
Artworks that develop through the double and the multiplied.
> Opere che si svilppano attraverso il doppio e il molteplice.

F= flags / bandiere
Artworks that mention flags, anthems, and symbols of belongings.
> Opere al cui interno vengono citate bandiere, inni e simboli di appartenenze.

L= light / luce
Artworks that use light, or also light as a means of expression.
> Opere che usano la luce o anche la luce come mezzo espressivo.

P= propaganda
Artworks that get possession of communication mechanisms of propaganda.
> Opere che hanno fatto propri i meccanismi comunicativi della propaganda.

PA= public art / arte pubblica
Artwork realized in public sites.
> Opere realizzate in luoghi pubblici.

Pe= permanent installation / installazione permanente
Artworks planed to be long lasting.
> Opere pensate per essere di lunga durata.

So= sound / suono
Artworks that use sound, or also sound as expression means.
> Opere che usano il suono o anche il suono come mezzo espressivo.

SS= site-specific
Artworks realized in particular for a location.
> Opere pensate appositamente per un luogo.

TS= time specific
Artworks realized just on a particular moment.
> Opere realizzate in un preciso momento.

TSA= traveling and standing actions / azioni itineranti e stanziali
Artworks articulated through actions that move and stand accross space and time.
> Opere articolate in azioni che si muovono e si fermano nello spazio e nel tempo.

W= words / parole
Artworks that use words or also words as a means of expression.
> Opere che utilizzano le parole o anche le parole come mezzo espressivo.

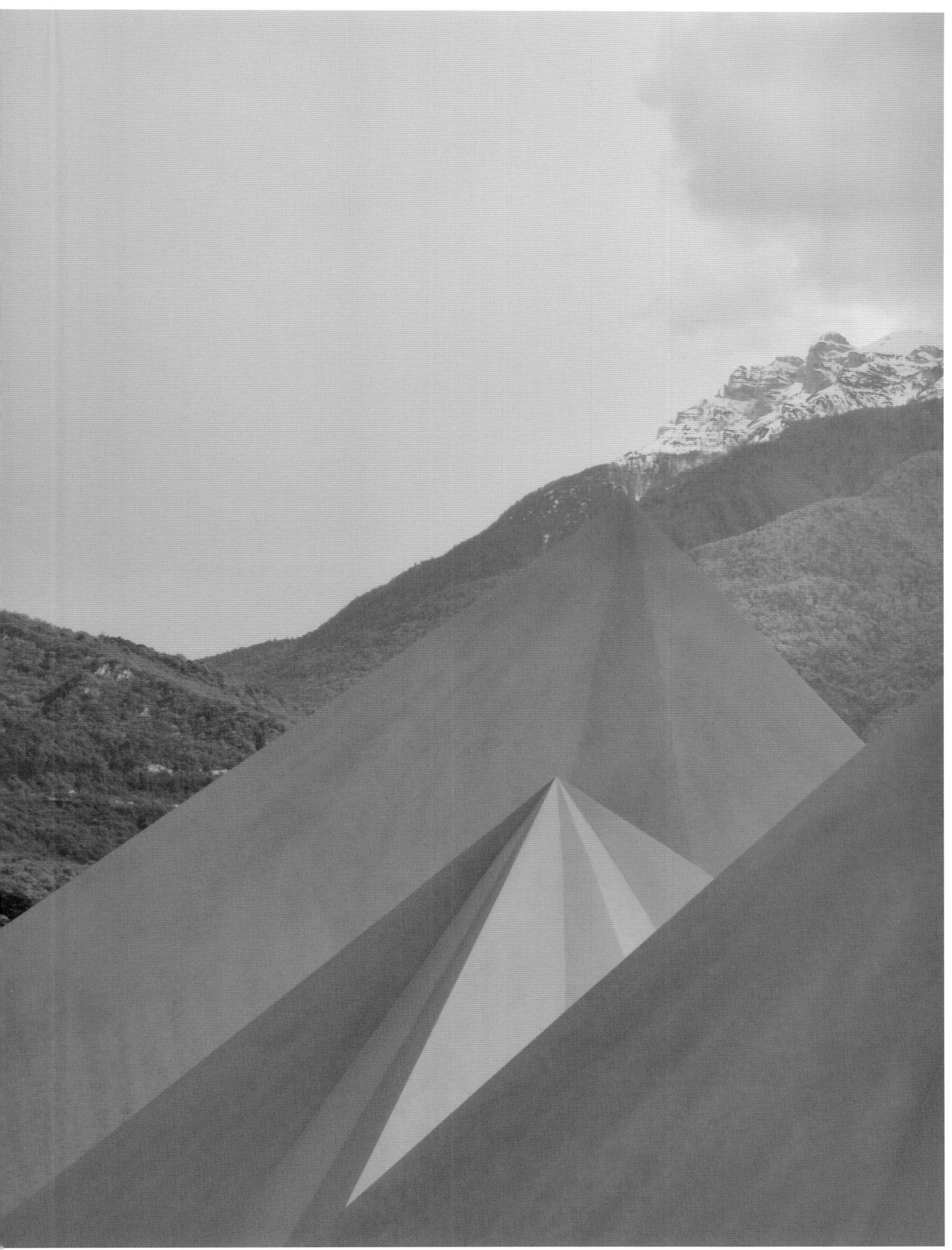

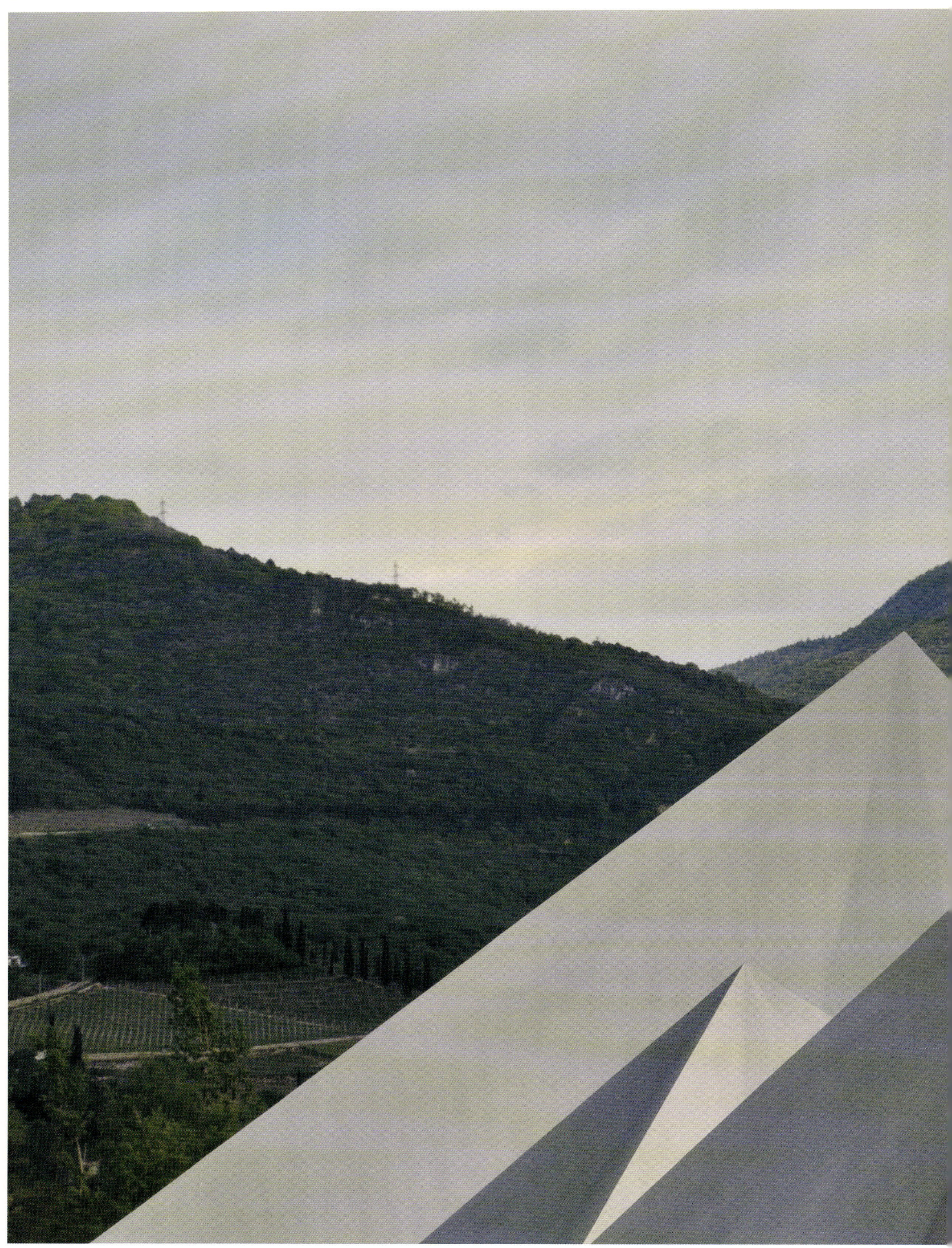

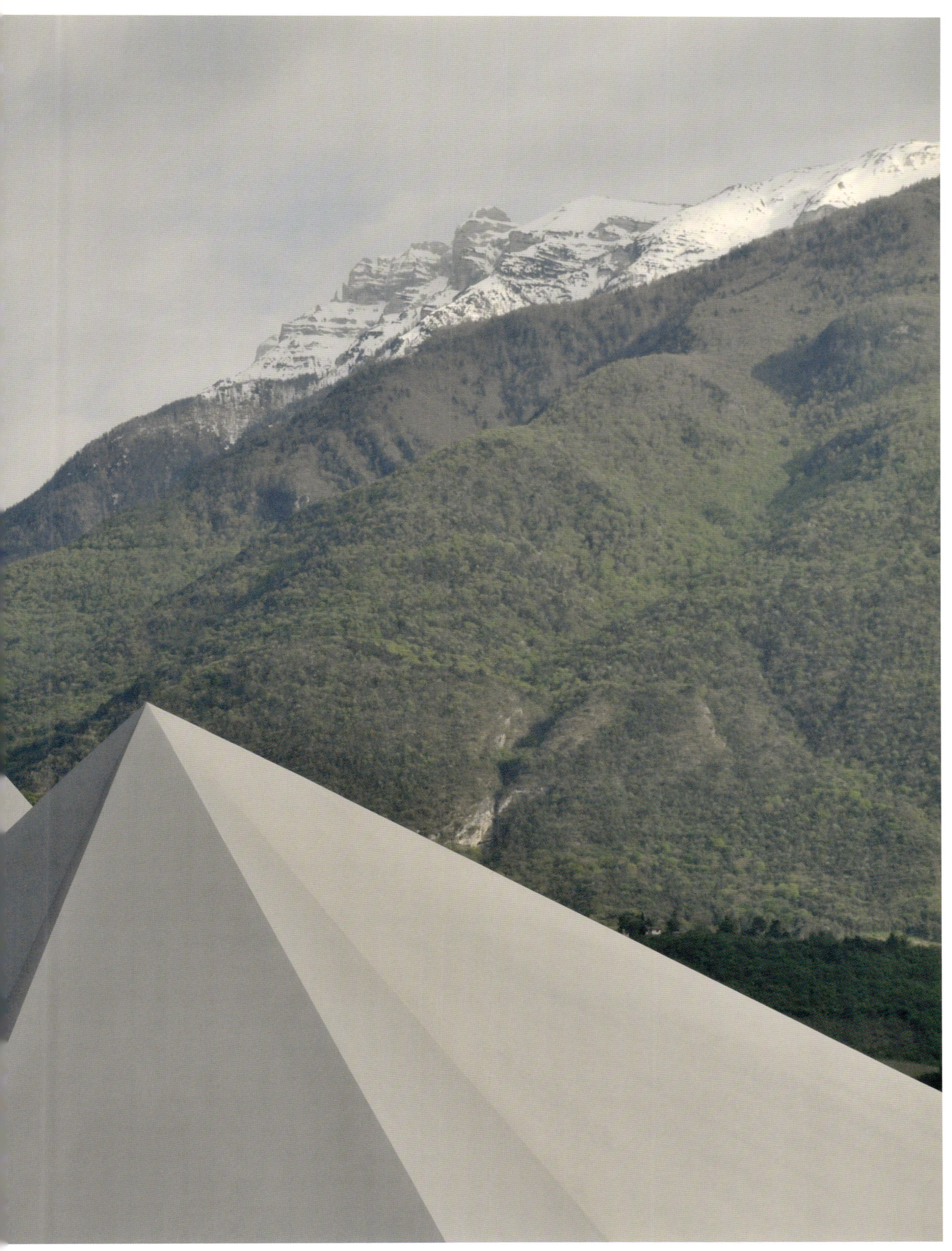

TRIDENTUM   2011

The monumental installation won the competition by invitation for a permanent artwork to enhance the new A22 gate of Trento. It is entitled *TRIDENTUM*: this is the Roman name of the town that ideally sums up the three hills —the three teeth —which identify the city surrounded by mountains. It is a new monument to the city and its territory, a monument whose origins go back over more than two thousand years.
Pyramidical elements with the same shape and a total of thirty-two facets have been presented at San Gallo Church in the solo show *CONCILIO*, part of the 54th International Art Exhibition – la Biennale di Venezia.

L'installazione monumentale, con cui l'artista ha vinto il concorso su invito per la caratterizzazione artistica permanente della nuova porta A22 di Trento, s'intitola *TRIDENTUM*: questo è il nome romano della cittadina e sintetizza idealmente le tre colline – i tre denti – che, in una cornice di alte montagne, identificano la città.
È un nuovo monumento alla città e al suo territorio, un monumento che affonda le proprie origini oltre duemila anni fa.
Elementi piramidali con la medesima forma, fatta di trentadue facce in totale, sono stati presentati presso la Chiesa di San Gallo nella mostra personale *CONCILIO*, parte della 54. Esposizione Internazionale d'Arte – la Biennale di Venezia.

Permanent site-specific installation, steel, 4 x 16 x 10 m
Trento, Italy
Courtesy the artist and A22
Autostrada del Brennero SpA
Installazione site-specific permanente, acciaio, 4 x 16 x 10 m
Trento, Italia
Courtesy l'artista e A22
Autostrada del Brennero SpA

Installation, steel, 3 elements, 65 x 300 x 150 cm
Courtesy the artist
Installazione, acciaio, 3 elementi, 65 x 300 x 150 cm
Courtesy l'artista

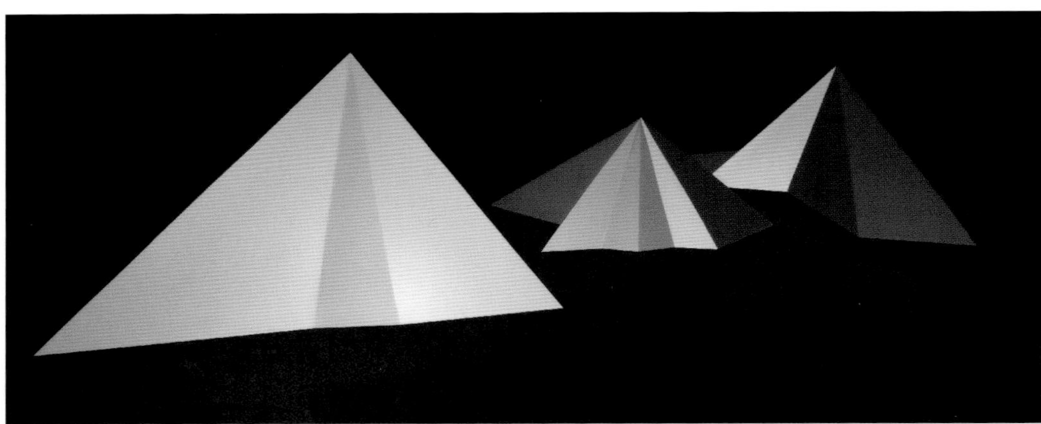

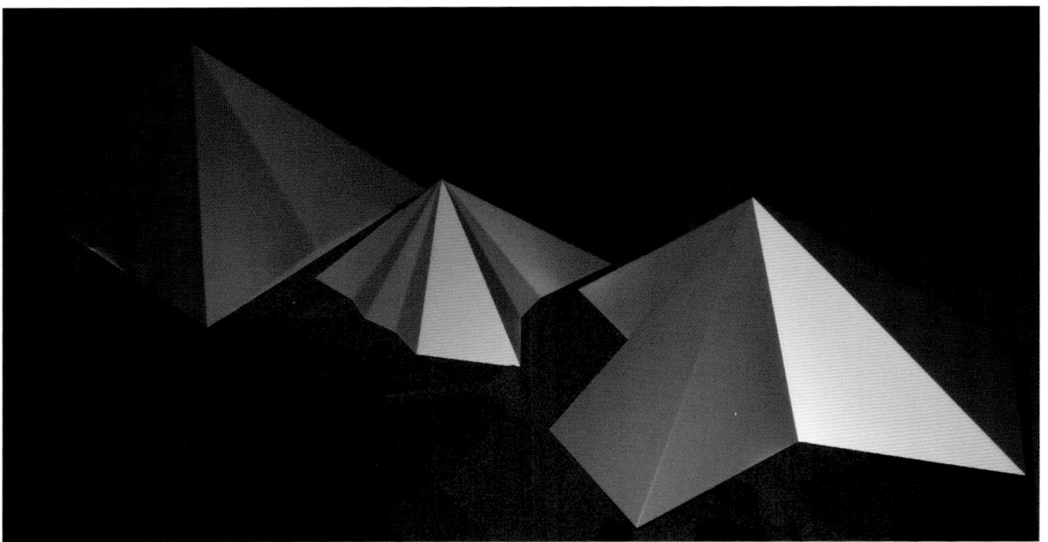

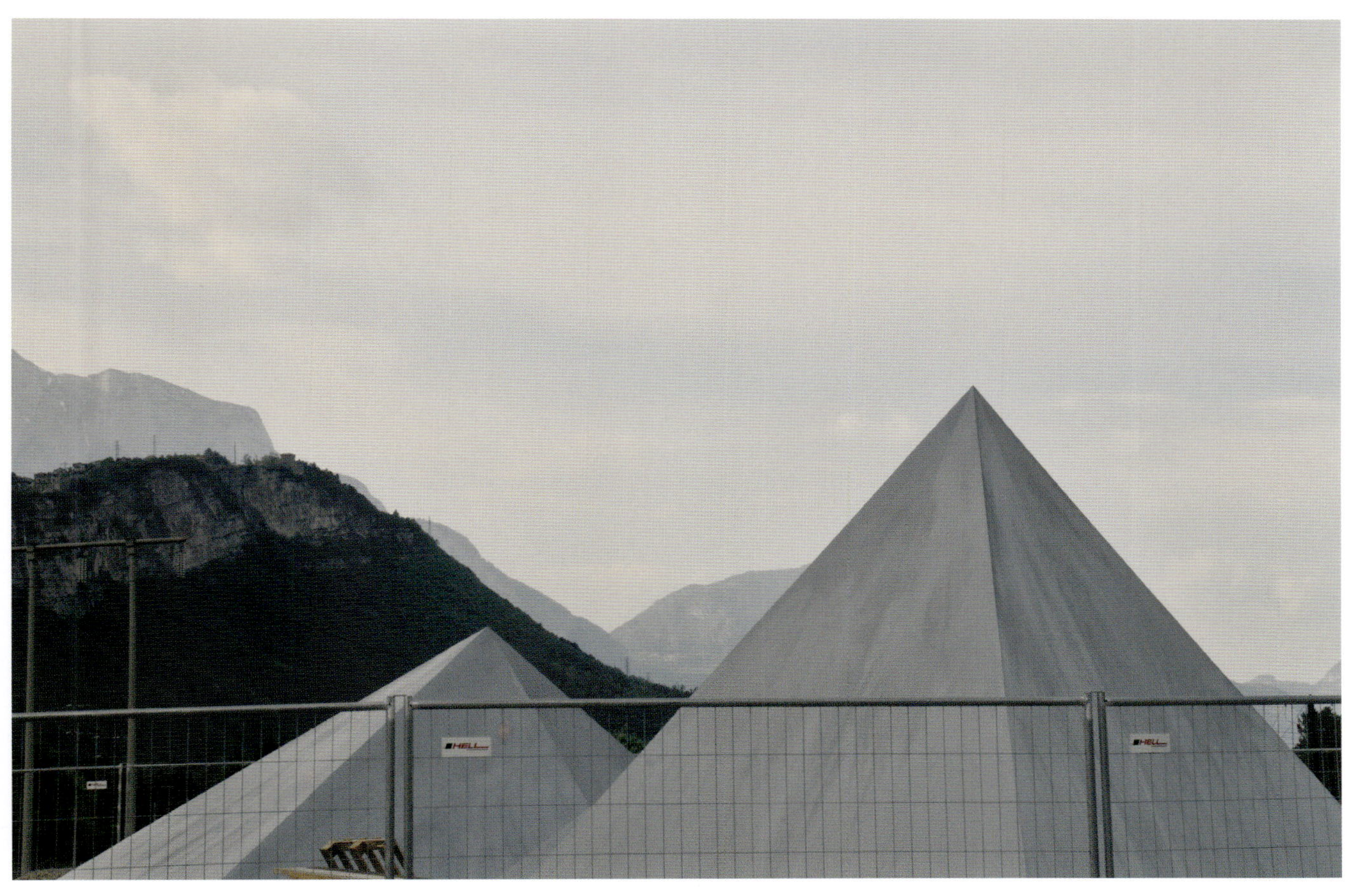

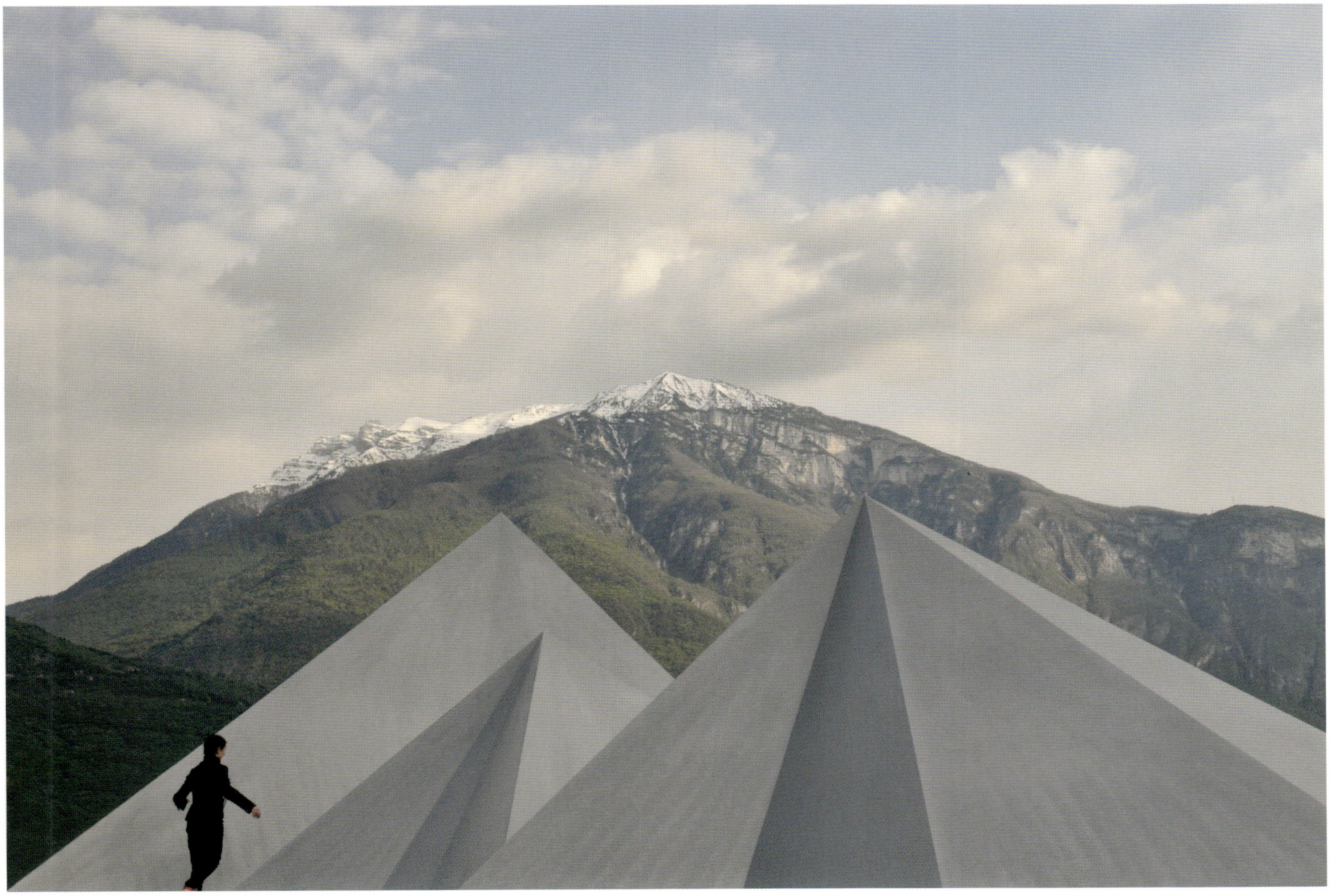

EVOKE PROVOKE
(THE BORDER)   2011

The Arctic area of Kirkenes, located in the north of Norway and part of the Barents Region in transition, is both the protagonist and the backdrop for a series of symbolic "actions on the border." On historical lines of separation that are changing, on the border with Russia, on the edge of Europe, on the threshold of the human presence, with the snow, with the rise and fall of the tide, with the light and dark. The actions are fires, smoke signals, lines of light…
The video has been presented at San Gallo Church in the solo show *CONCILIO*, part of the 54th International Art Exhibition – la Biennale di Venezia.

L'area artica di Kirkenes, situata nell'estremo nord della Norvegia e parte della regione di Barents in continuo cambiamento, è al tempo stesso protagonista e sfondo di una serie di simboliche "azioni sul confine". Su linee di separazione storiche che sono e stanno cambiando, sul confine con la Russia, sul bordo dell'Europa, sul limite con la presenza umana, con la neve, con il salire e il scendere della marea, con la luce e il buio. Le azioni sono fuochi, segnali di fumo, linee di luce…
L'opera video è stata presentata presso la Chiesa di San Gallo nella mostra personale *CONCILIO*, parte della 54. Esposizione Internazionale d'Arte – la Biennale di Venezia.

Lambda print, silicone, perspex, dibond, 90 x 160 cm, video still from HD video on Blu-ray disc, 20 min. (loop)
Barents Region, Norway
Realized with the support of Pikene på Broen, Kirkenes
Courtesy the artist

Stampa lambda, silicone, perspex, dibond, 90 x 160 cm, still da video HD su Blu-ray disc, 20 min. (loop)
Regione di Barents, Norvegia
Realizzato col supporto di Pikene på Broen, Kirkenes
Courtesy l'artista

Bo / Co / E / Sy – C / L

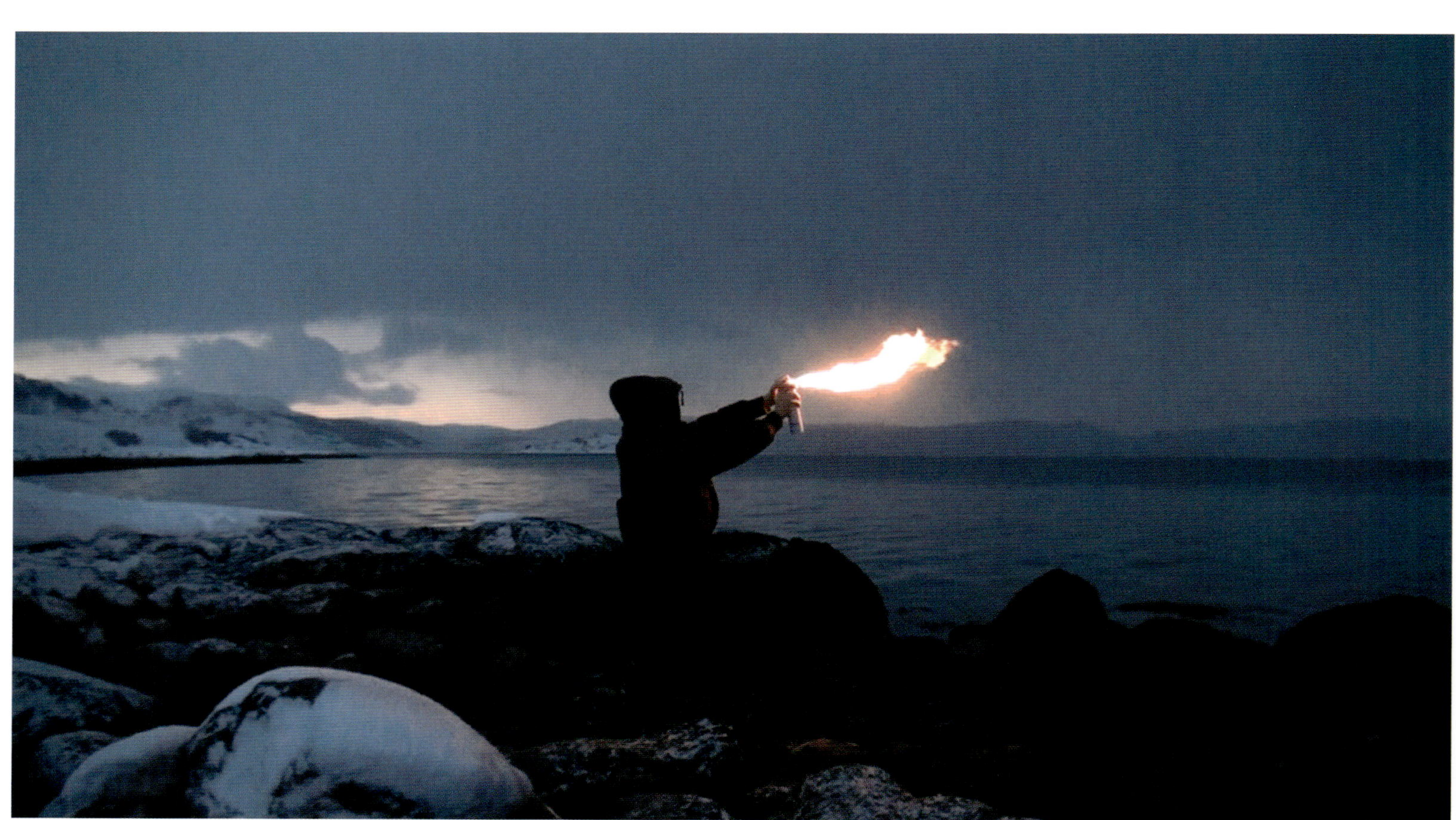

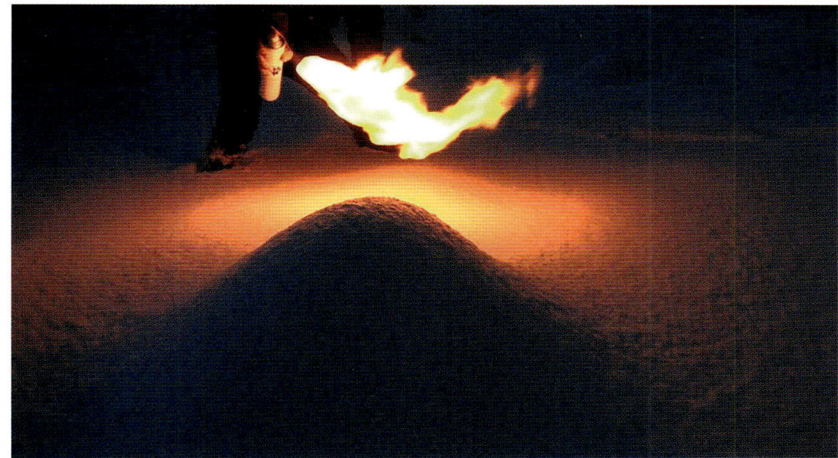

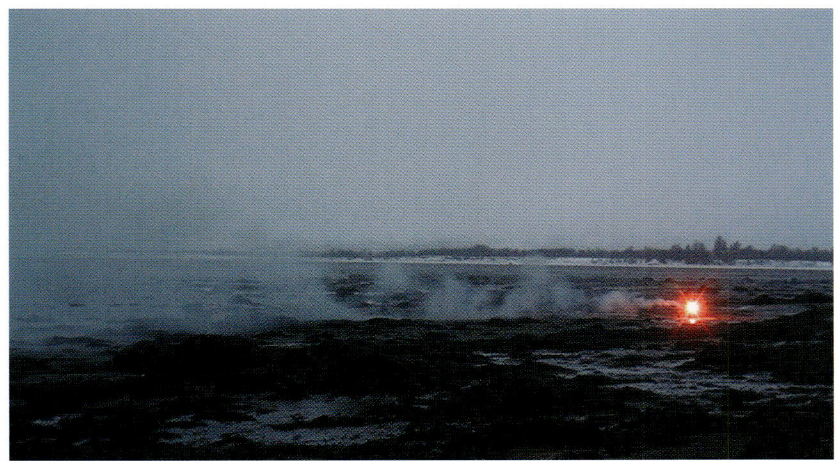

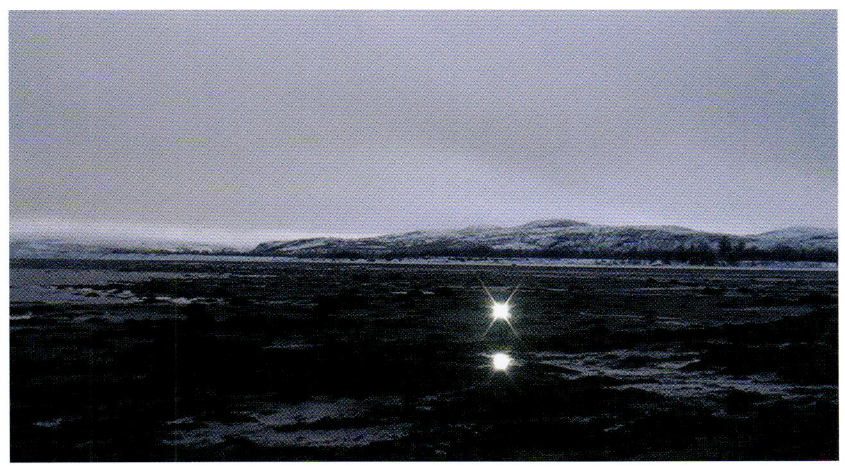

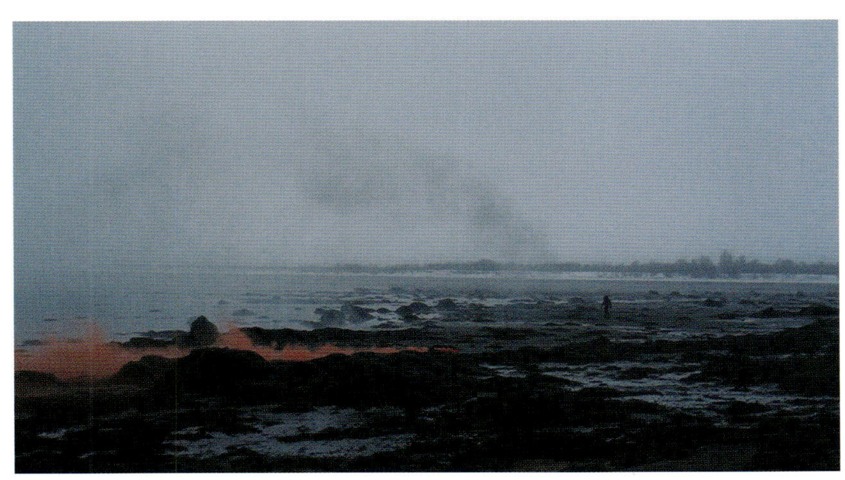

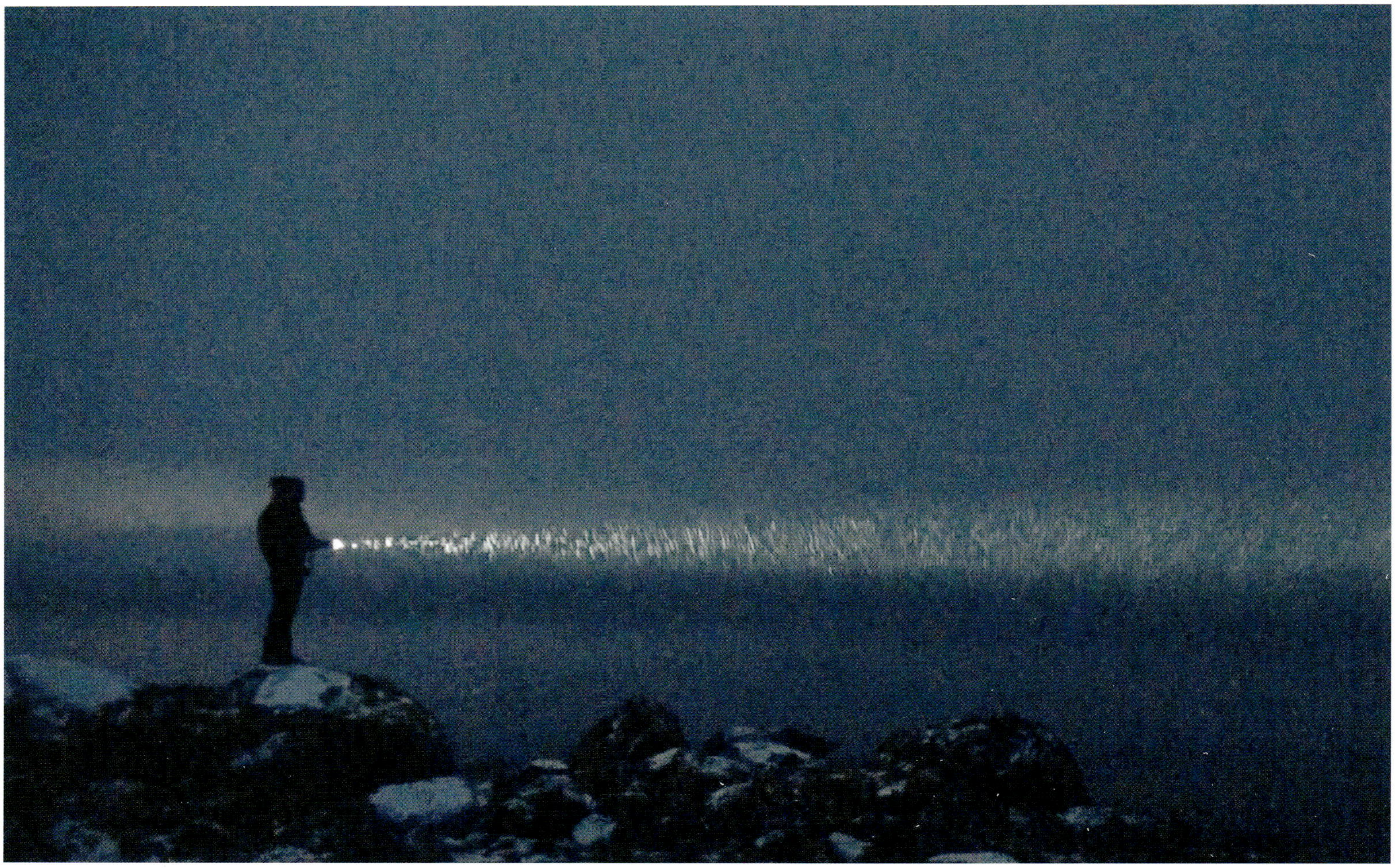

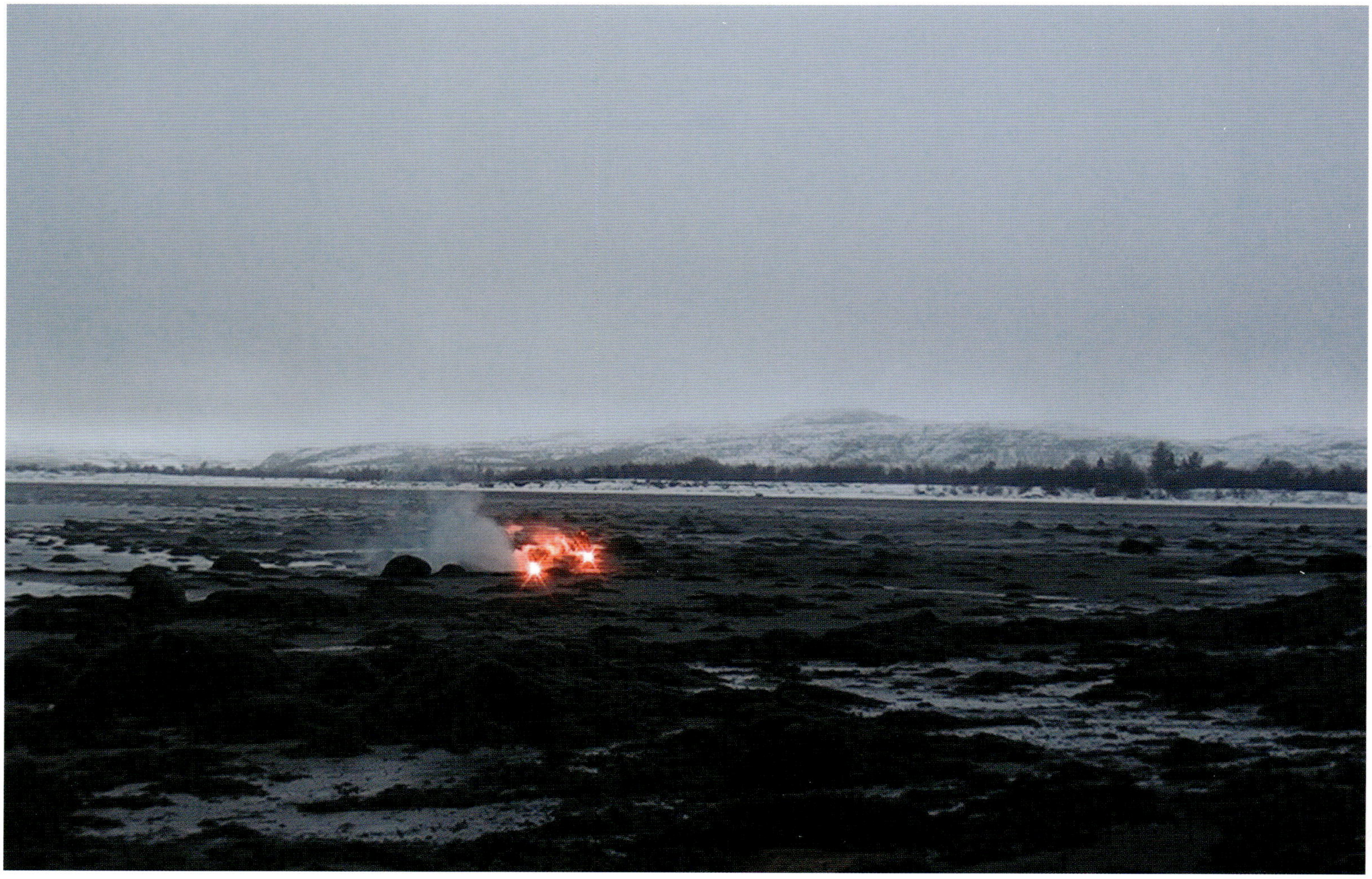

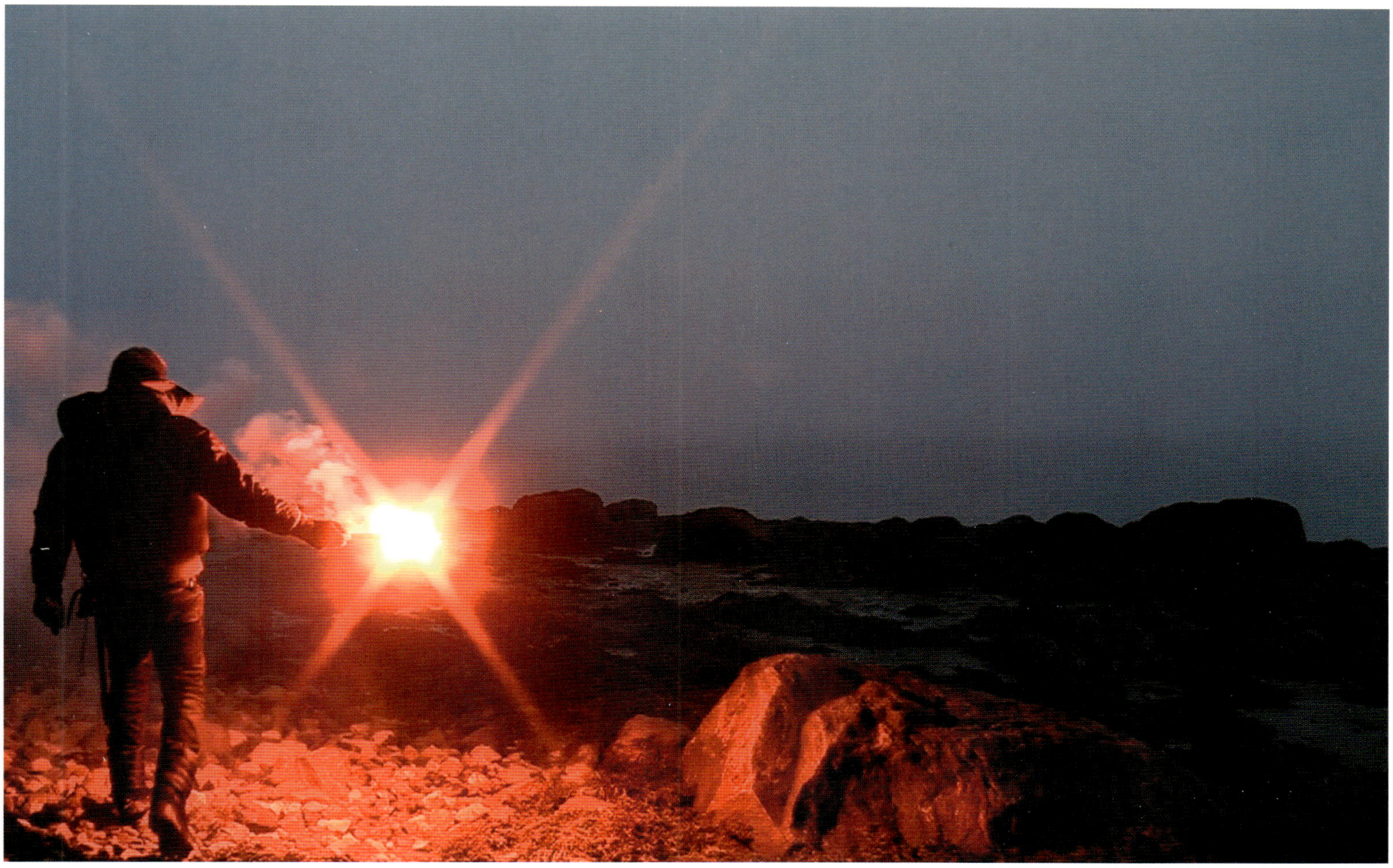

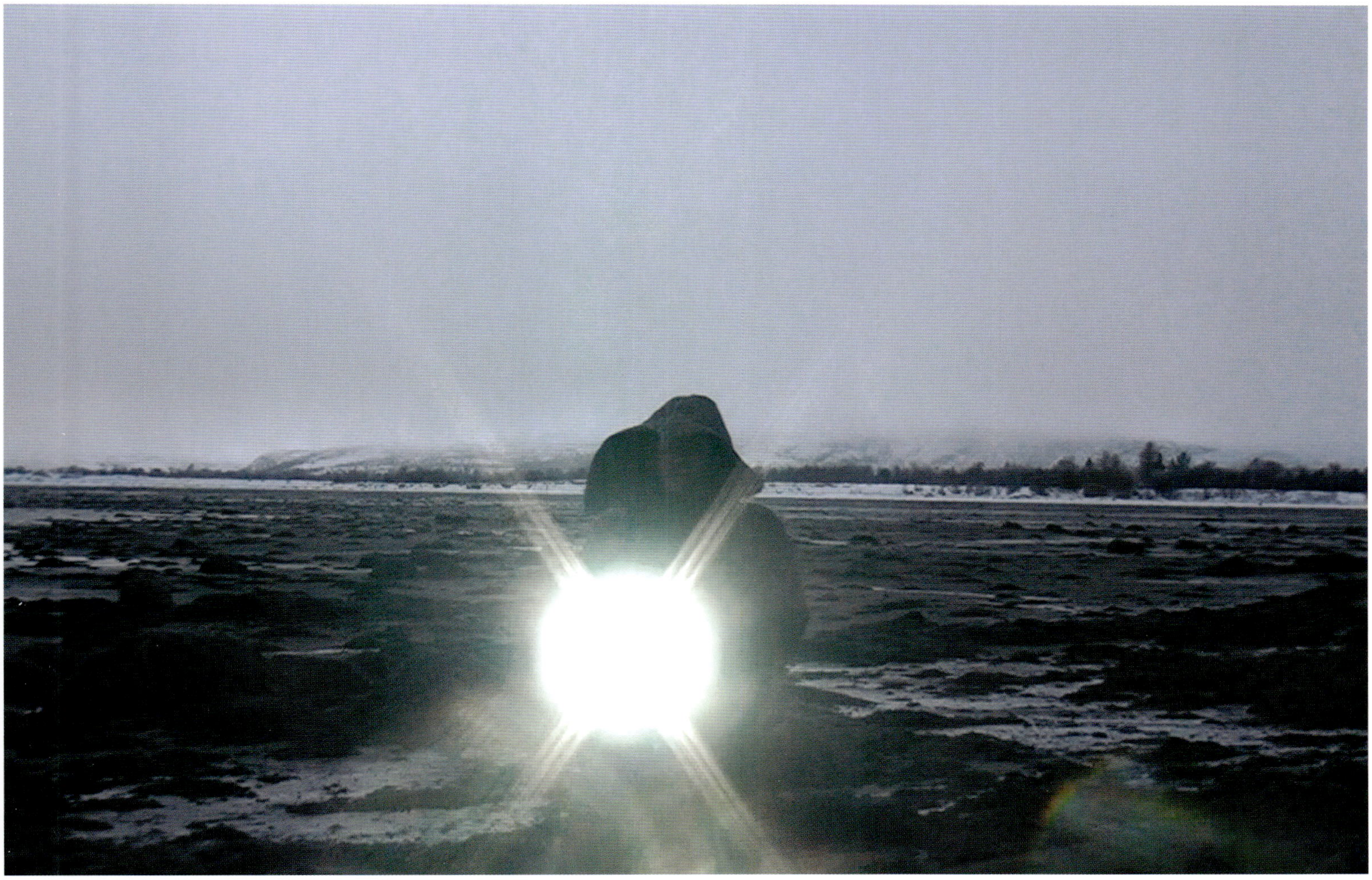

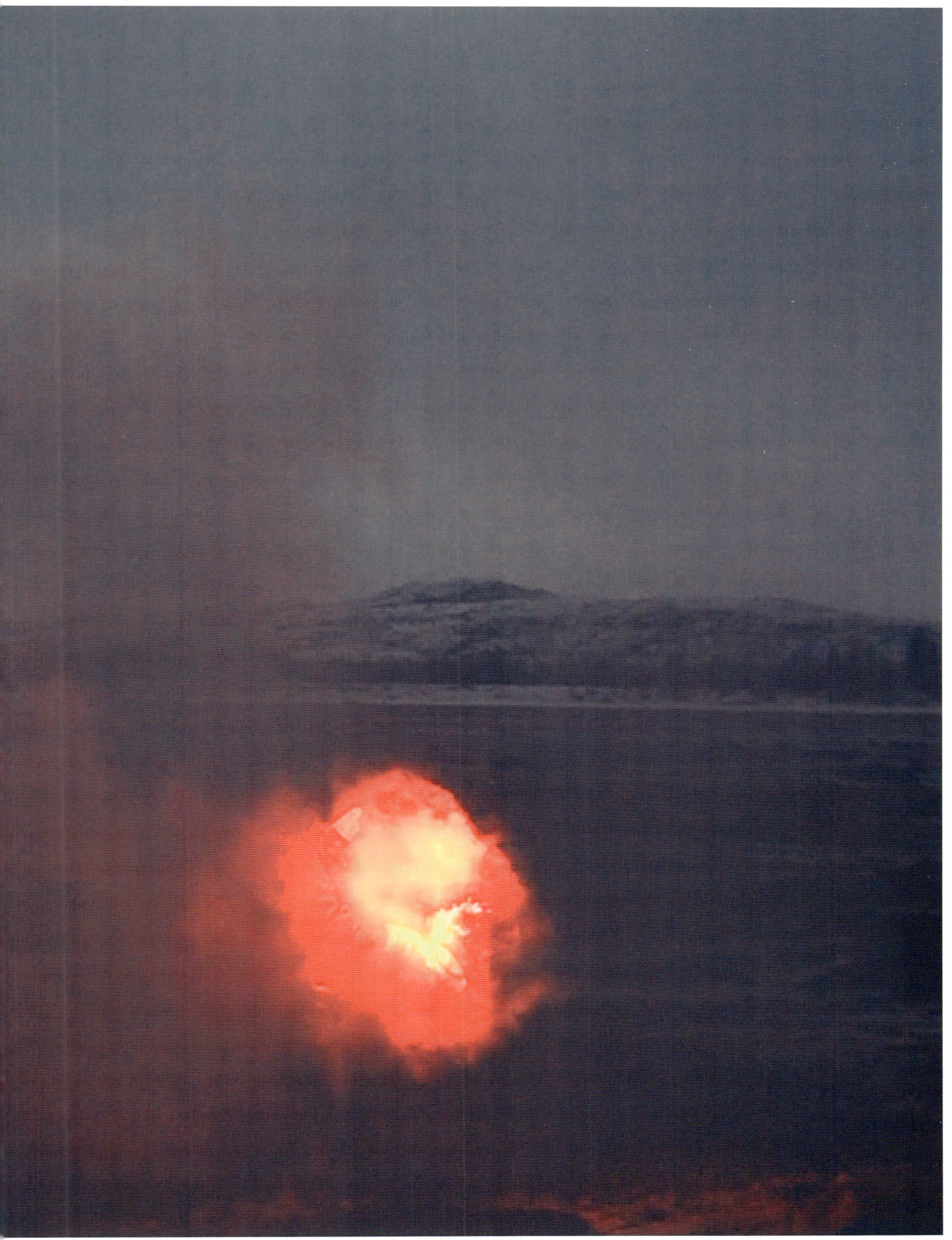

EVOKE PROVOKE
(THE BORDER)   2011

White flags marked with words in the three languages
spoken in the area—Norwegian, Saami, and Russian—were
raised on the many official flagpoles that dot the town of
Kirkenes in Norway, bordering on Russia: opposite the town
hall, the harbor, the police station, the mine which is the
main industry of the place, and the Russian memorial which
commemorates the liberation in World War II. Verbs refer to
"actions on the border," such as cross, control, unite…

Bandiere bianche marcate con termini nelle tre lingue parlate sul luogo – norvegese, saami e russo
– sono state fatte sventolare sulle numerose aste
ufficiali che punteggiano la cittadina di Kirkenes
in Norvegia, al confine con la Russia: di fronte al
municipio, al porto, alla stazione di polizia, alla
miniera come principale industria del luogo, al
memoriale russo che ricorda la liberazione nella
seconda guerra mondiale. Sono verbi che rimandano ad "azioni sul confine", come attraversare,
controllare, unire…

Site-specific installation, 16 flags,
sewn fabric, 16 words, in Norwegian,
Saami, Russian, No 6: 200 x 300 cm,
No 10: 120 x 180 cm
Different places, Kirkenes, Norway
Courtesy the artist and Pikene
på Broen
Installazione site-specific
16 bandiere, stoffa cucita,
16 parole, in norvegese, sami,
russo, n. 6: 200 x 300 cm,
n. 10: 120 x 180 cm
Diversi luoghi, Kirkenes,
Norvegia
Courtesy l'artista e Pikene
på Broen

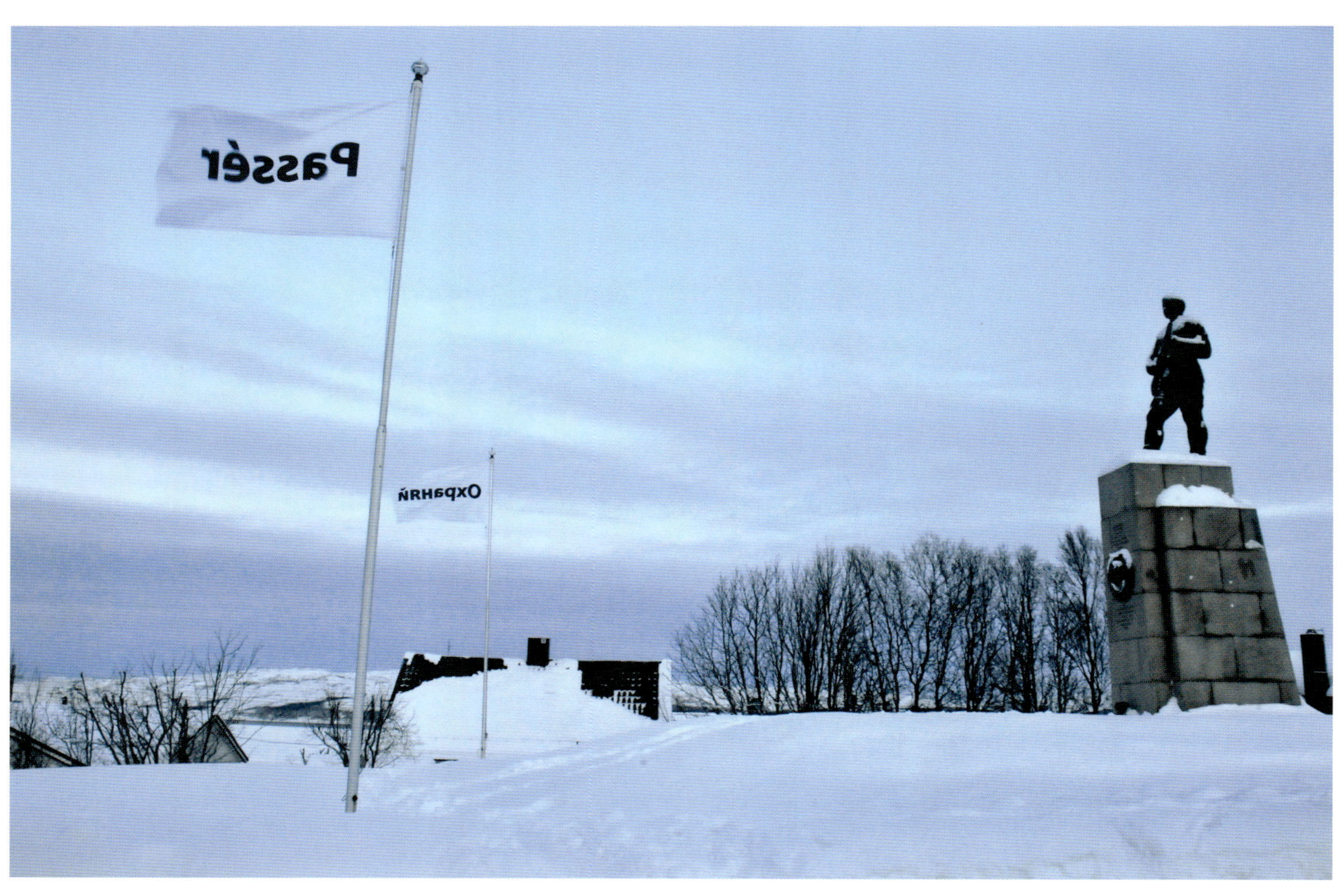

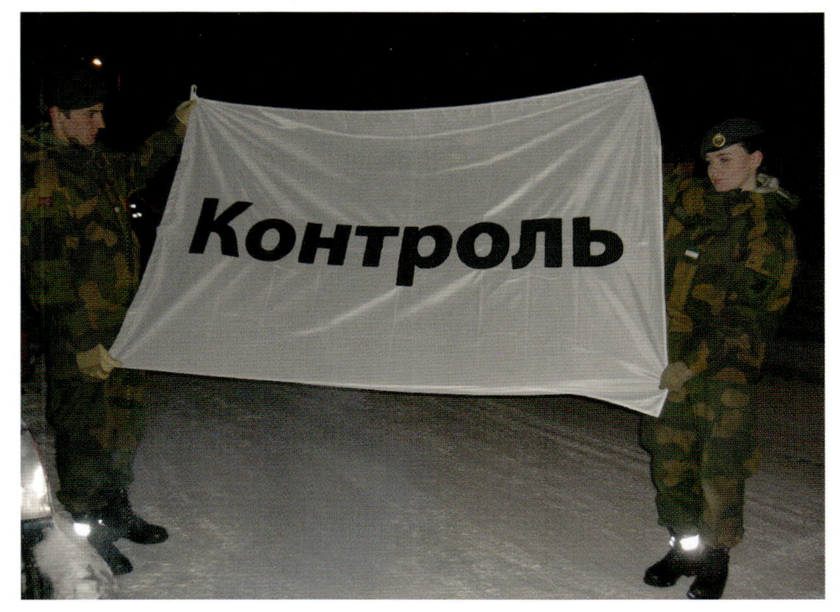
Контроль

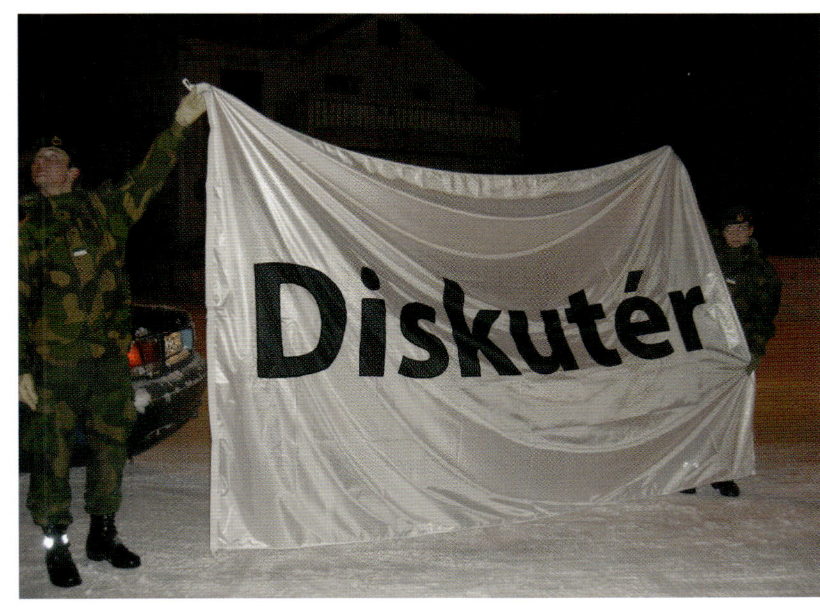
Diskutér

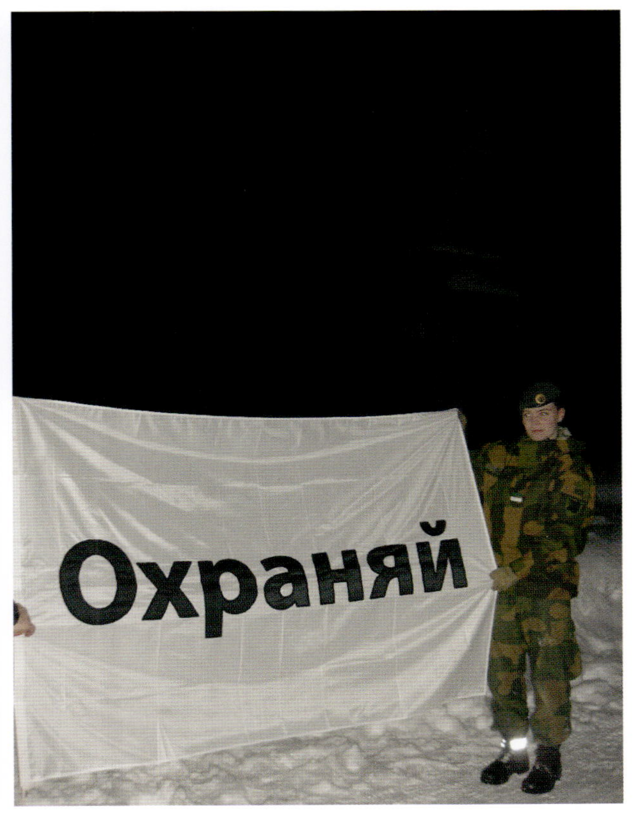
Охраняй

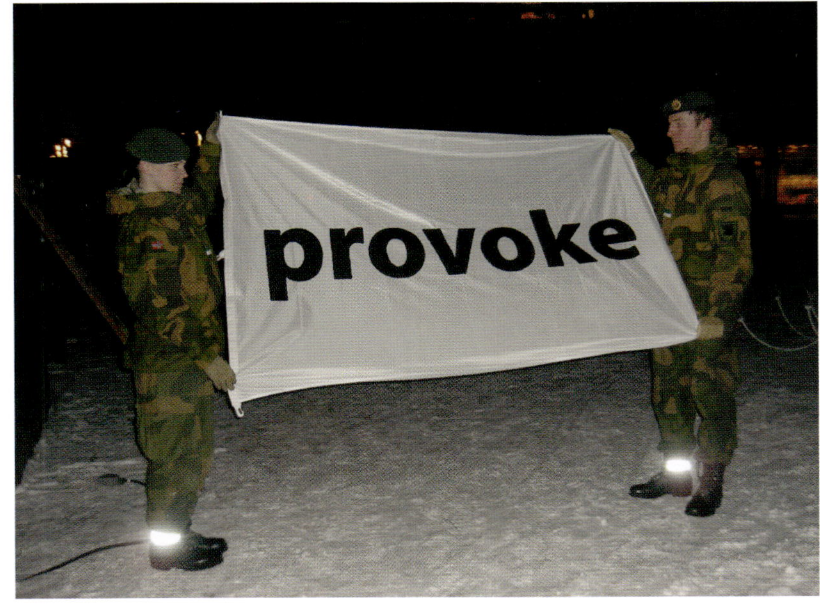
provoke

ALWAYS (WITH YOU)   2010

After a series of video works on the flag par excellence
—the Stars and Stripes—there is a flag that is similar,
but opposite: the Cuban flag. This undoubtedly represents
opposing beliefs and affiliations, but also this new monolithic banner is placed in front of a mirror to emphasize its
ambiguous nature. It takes on such infinite forms and meanings, always new, as the other flag had done in the past,
highlighting the closeness of the two symbols.

Dopo una serie di opere video sulla bandiera per
antonomasia – quella a stelle e strisce – protagonista è una bandiera simile, ma opposta: la bandiera cubana. Questa rappresenta indubbiamente
credi e appartenenze contrapposte, ma anche
questo nuovo vessillo monolitico è posto allo
specchio per tirare fuori la sua natura ambigua.
Viene ad assumere così forme infinite e significati
sempre nuovi, come l'altra bandiera aveva fatto in
precedenza, mettendo in evidenza la vicinanza tra
i due simboli.

Lambda print, silicone, perspex,
dibond, 70 x 100 cm, video still from
HD video on Blu-ray disc, 6 min.
(loop)
New York, USA
Courtesy the artist
Stampa lambda, silicone, per-
spex, dibond, 70 x 100 cm, still
da HD video su Blu-ray disc, 6
min. (loop)
New York, USA
Courtesy l'artista

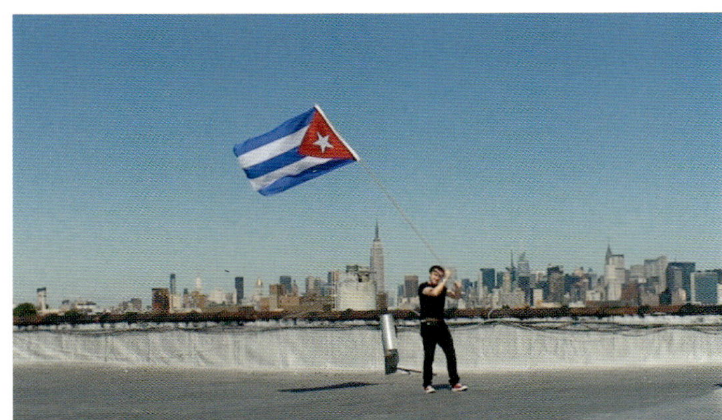

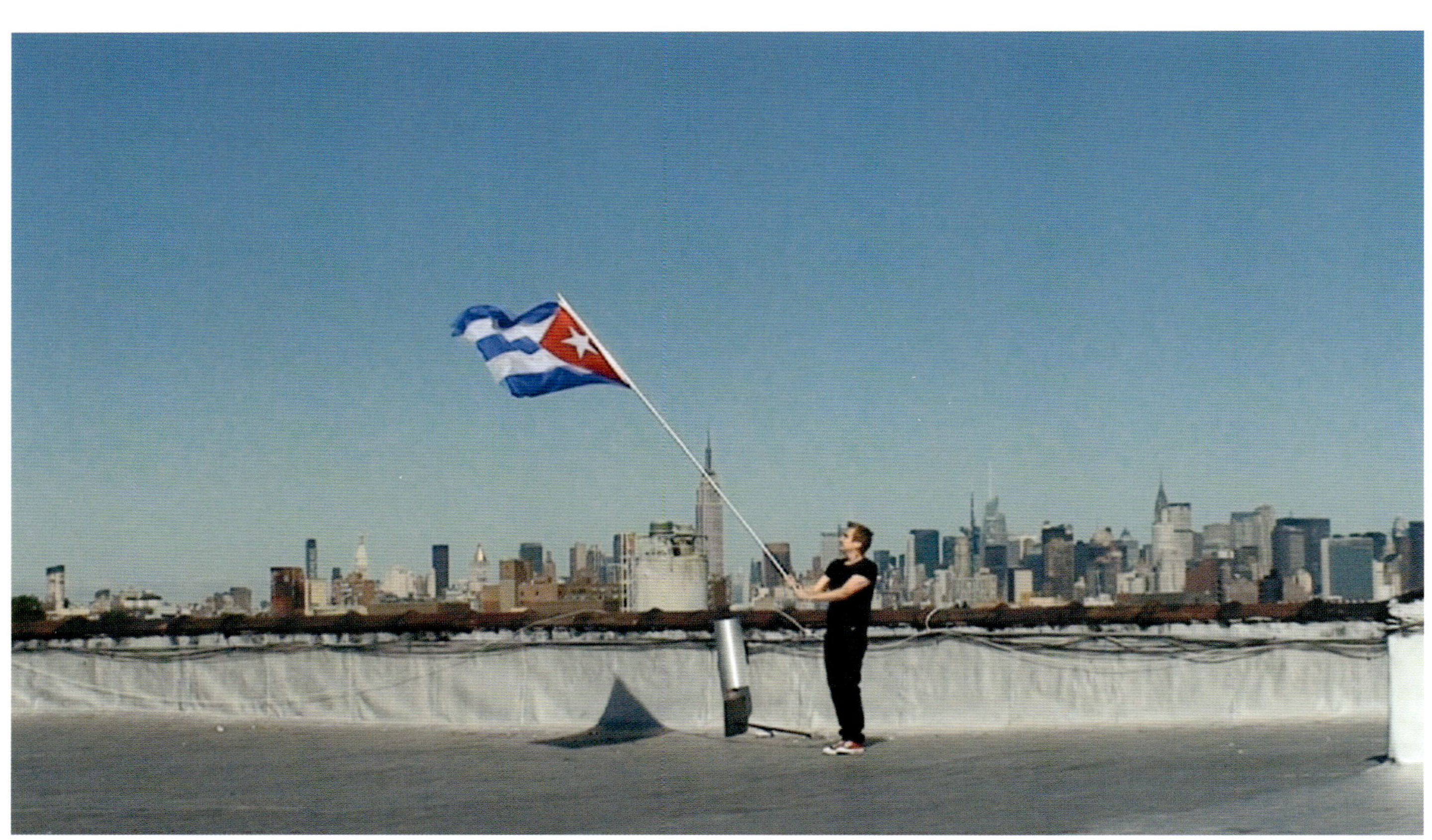

WITH YOU (ALWAYS)   2010

A Cuban flag flies in front of the skyline of New York and the Empire State Building. With this symbolic action, an unexpected union is created, a relationship that is impossible— at least for now. But we know that convictions change…

Una bandiera cubana sventola di fronte al profilo cittadino di New York e all'Empire State Building. Con questa azione simbolica viene realizzato un matrimonio inaspettato, una relazione – almeno per ora – impossibile. Ma sappiamo che le convinzioni cambiano…

HD video on Blu-ray disc,
6 min. (loop)
New York, USA
Courtesy the artist
> HD video su Blu-ray disc,
> 6 min. (loop)
> New York, USA
> Courtesy l'artista

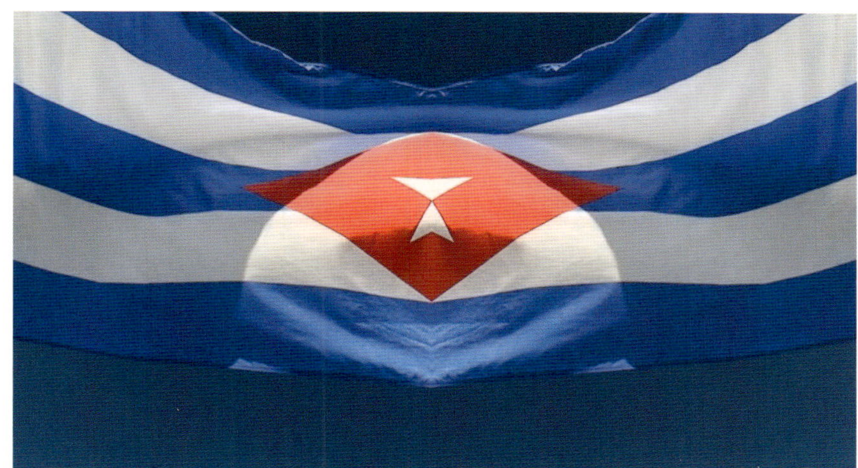

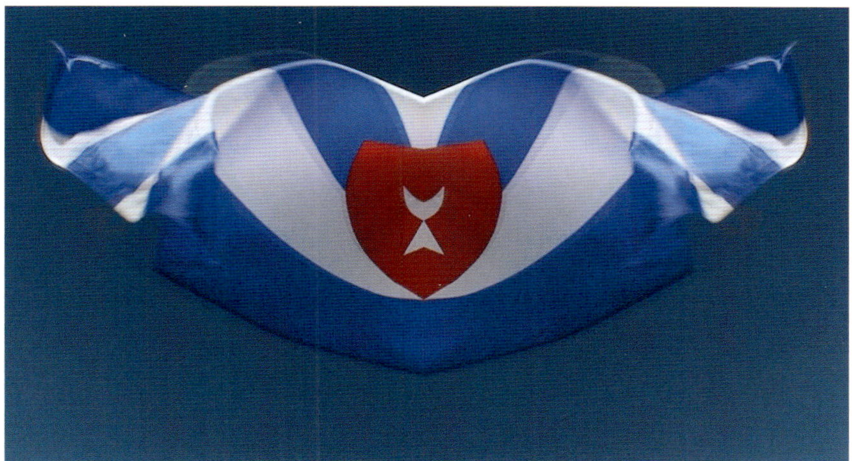

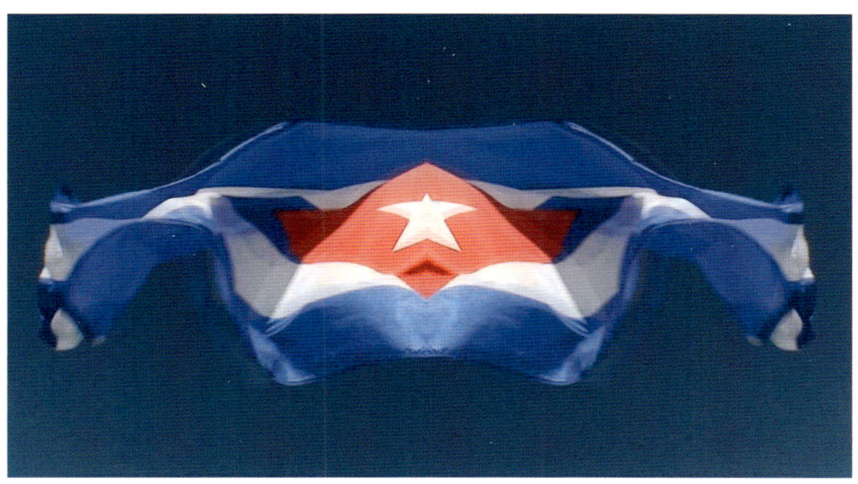

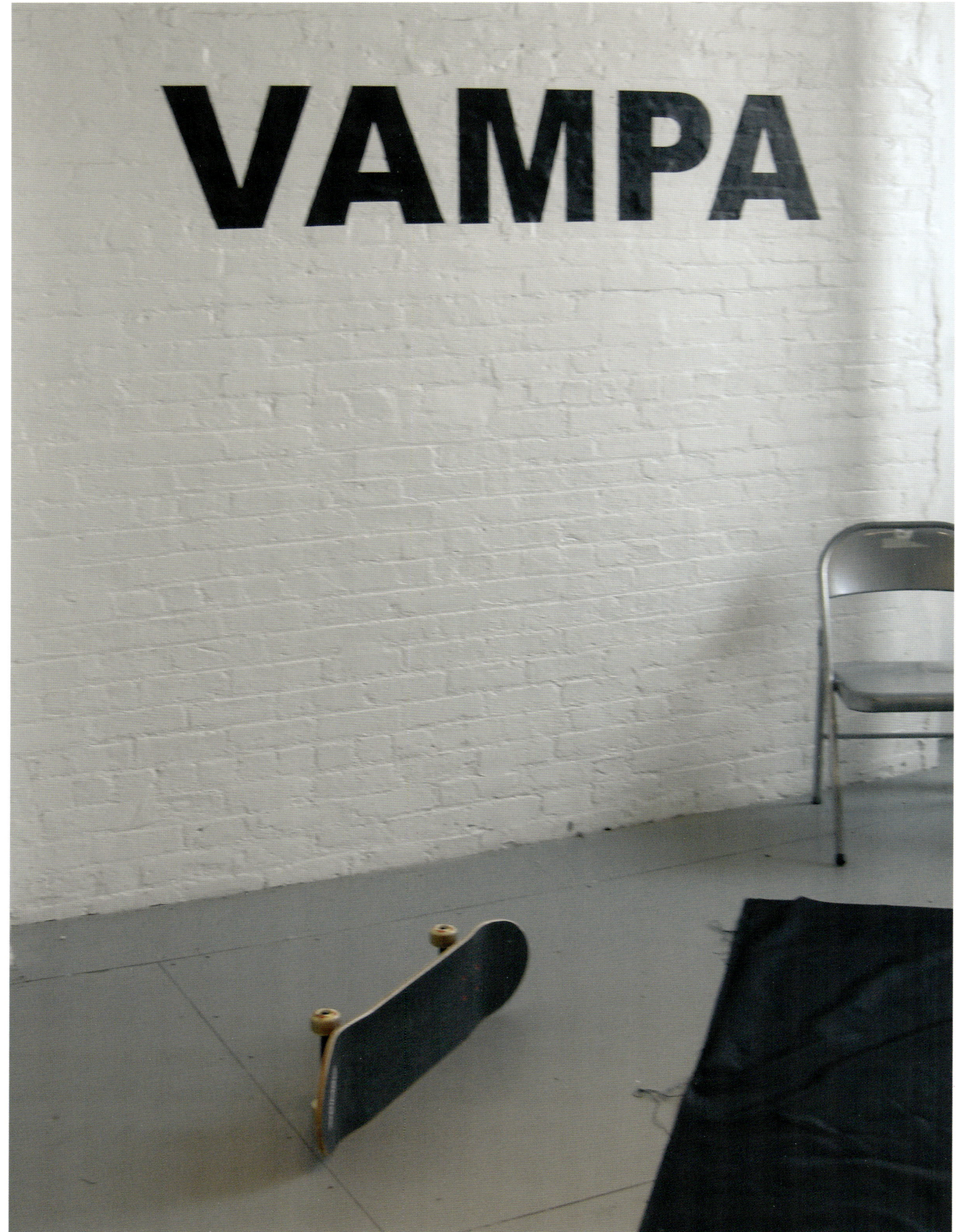
VAMPA

VAMPA   2010

In New York using a rather old-fashioned Italian word of t
wo syllables meaning "flame," analogies with terms in other
languages—particularly English—were evoked and their
meanings, clearly different from the original, were high-
lighted by removing the letters one by one. There are for
example "vamp" (*femme fatale*) and the root of "vampire."
The persistence and change of graphic symbols, language,
meanings, evocations...

Utilizzando a New York una parola italiana di due
sillabe, assai desueta, sono state evocate le analogie con termini in altre lingue – in particolare in
inglese – e i relativi significati, indubbiamente differenti dall'originale e messi in evidenza togliendo
ad una ad una le lettere. Sono ad esempio *vamp*
(donna fatale) e la radice di *vampire* (vampiro).
La persistenza e il variare di simboli grafici, lingua,
significati, evocazioni...

Installation and action, word
stickers, environmental dimensions
International Studio & Curatorial
Program (ISCP), New York, USA
Courtesy the artist
Installazione e azione, scritta
adesiva, dimensioni ambientali
International Studio &
Curatorial Program (ISCP),
New York, USA
Courtesy l'artista

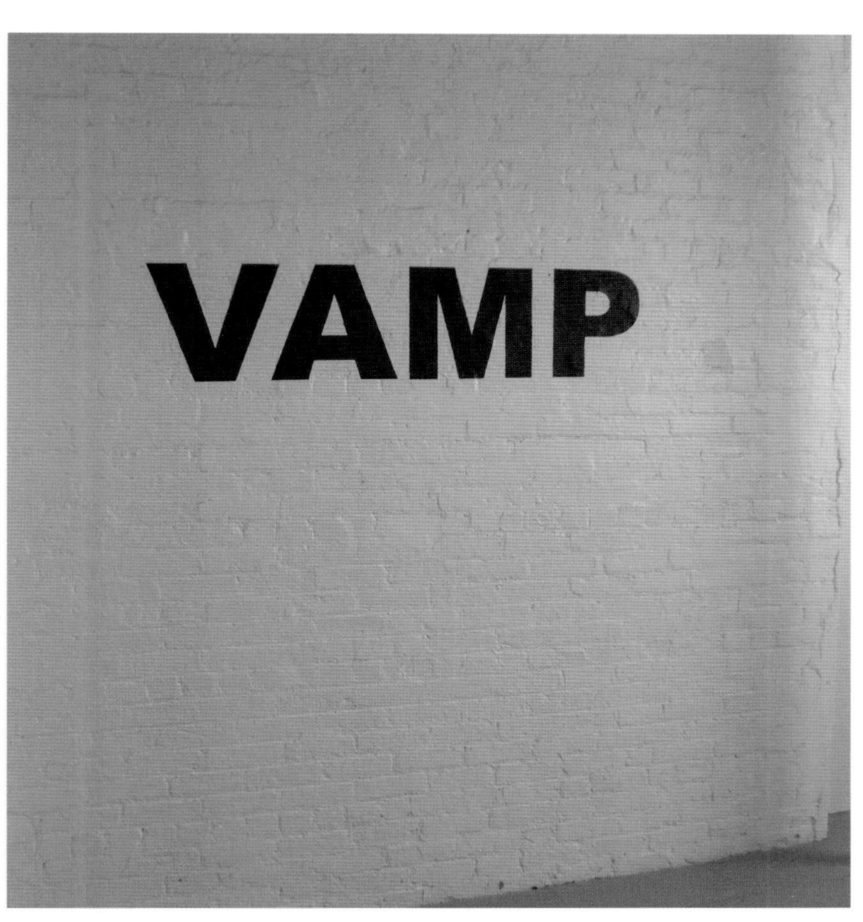

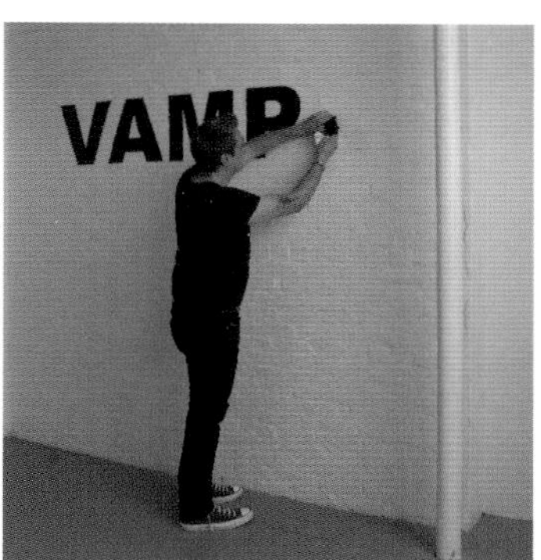

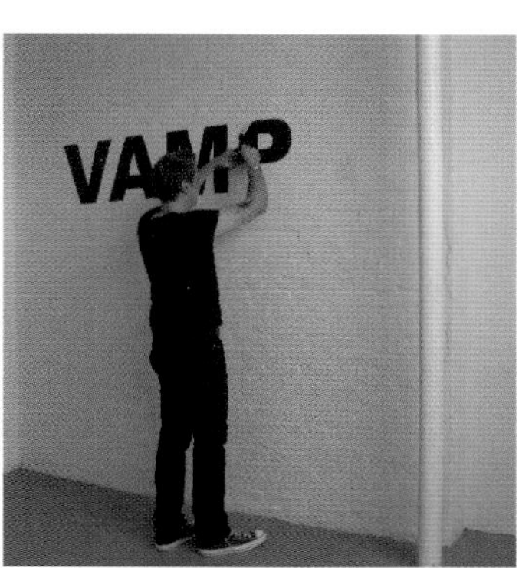

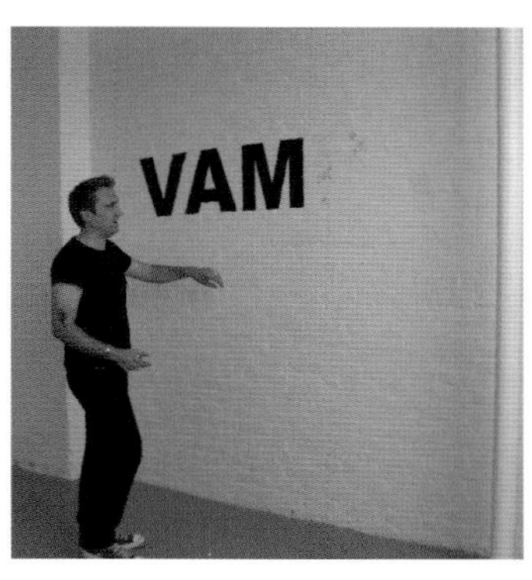

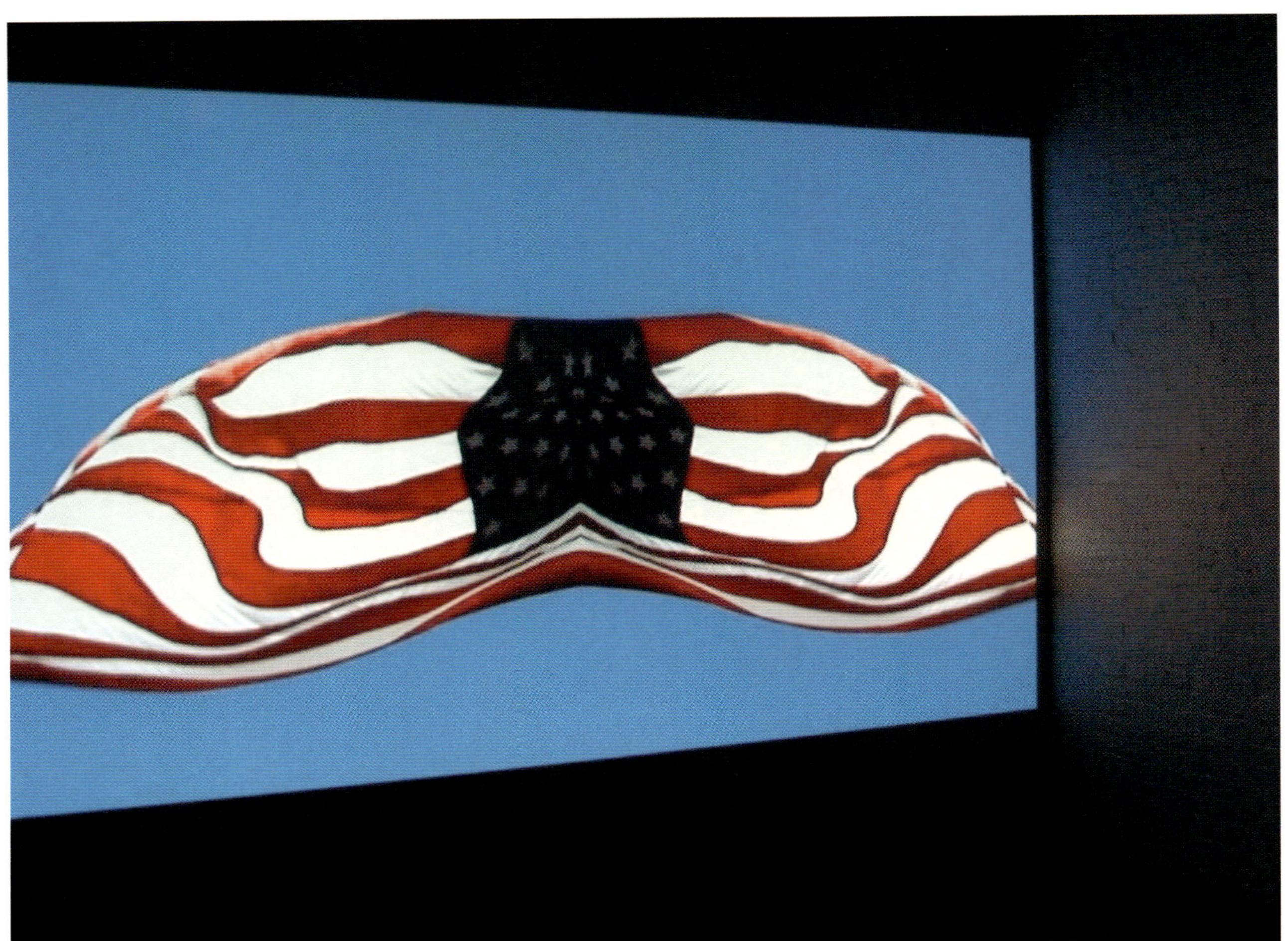

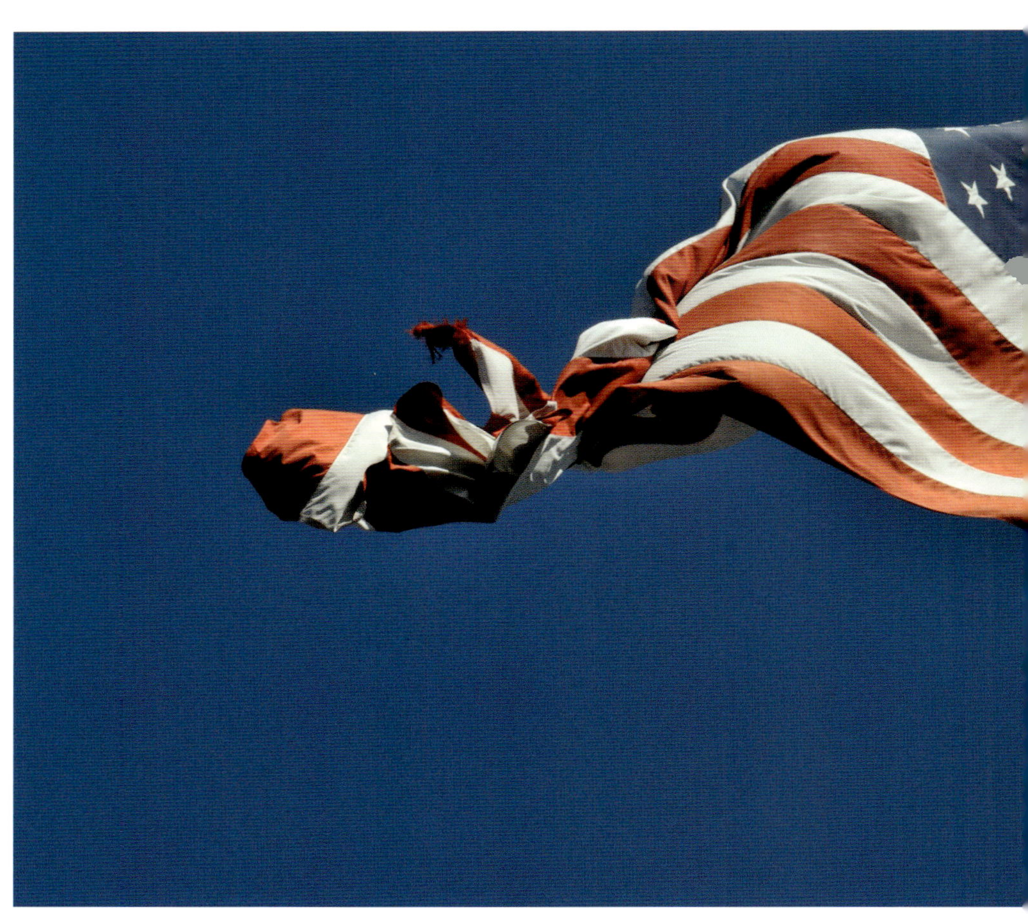

THERE IS NO FLAG LARGE ENOUGH   2010

The symbol par excellence: the Stars and Stripes flag.
Wig-waging in the wind, it is reflected giving life to iconic
ever-differing shapes that evoke ever-differing meanings
often opposing each other. From a fighter plane to a coat
of arms, from a bomb to a flower…
The video is the latest chapter in a series begun in
2002—from video footage of 1999—and dedicated to the
American flag. The videos *Starts & Stripes* (2002), *Lies* (2004),
Dark & Light (2006) are part of this series, too.

> Il simbolo per antonomasia: la bandiera a stelle
> e strisce. Mossa dal vento, è riflessa al centro
> dando vita a forme iconiche sempre differenti che
> evocano significati diversi e spesso opposti tra
> loro. Da un caccia a uno stemma, da una bomba a
> un fiore…
> Il video è l'ultimo capitolo di una serie iniziata
> nel 2002 – da riprese del 1999 – e dedicata alla ban-
> diera americana: ne fanno parte anche *Starts
> & Stripes* (2002), *Lies* (2004), *Dark & Light* (2006).

HD video on Blu-ray disc,
6 min. (loop)
International Studio & Curatorial
Program (ISCP), New York, USA
Courtesy the artist
> HD video su Blu-ray disc,
> 6 min. (loop)
> International Studio &
> Curatorial Program (ISCP),
> New York, USA
> Courtesy l'artista

Light box on duratrans, 50 x 140 cm
Courtesy the artist and Oredaria
Arti Contemporanee, Roma
> Light box su duratrans,
> 50 x 140 cm
> Courtesy l'artista e Oredaria
> Arti Contemporanee, Roma

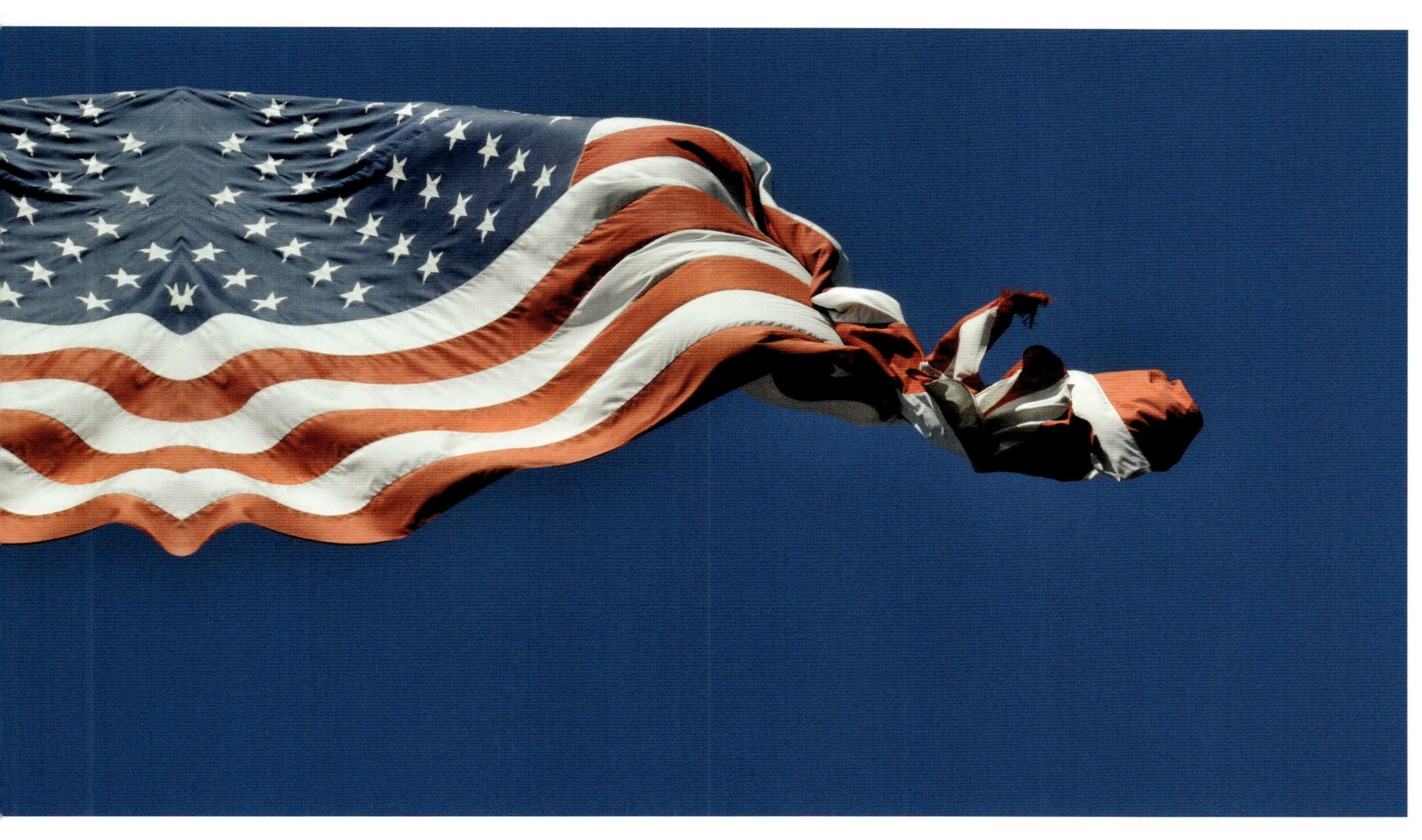

POTERE DI RICORDARE.
POWER OF RECALL   2010

The list showed on a LED display in the main square of
Vicenza contains the names of people connected in some
way with the city, commonly identified with the name of the
Renaissance architect Palladio. The list presents the names
selected by the artist through an initial web research, and
the names proposed by residents of Vicenza, who responded
by e-mail to an announcement placed in a local newspaper
—*Il Giornale di Vicenza*.

La lista che è stata fatta scorrere sul display led
nella piazza principale di Vicenza contiene i nomi
di persone collegate in qualche modo con la città,
comunemente identificata con il nome dell'architetto rinascimentale Palladio. La lista mostra i
nomi selezionati dall'artista attraverso una prima
ricerca sul web, e i nomi proposti dagli abitanti di
Vicenza che hanno risposto – via e-mail – a una
richiesta pubblicata da un quotidiano locale,
Il Giornale di Vicenza.

Public art installation, LED display,
30 x 700 x 10 cm, running message,
red dots, Italian language
Palazzo degli Uffici, Piazza dei
Signori, Vicenza, Italy
Realized with the support of Fon-
dazione Vignato per l'Arte
Courtesy the artist and Fondazione
Vignato per l'Arte

Installazione d'arte pubblica,
led display, 30 x 700 x 10 cm,
testo scorrevole, punti rossi,
lingua italiana
Palazzo degli Uffici, Piazza
dei Signori, Vicenza, Italia
Realizzato col supporto di
Fondazione Vignato per l'Arte
Courtesy l'artista e Fondazione
Vignato per l'Arte

http://www.poterediricordare.com

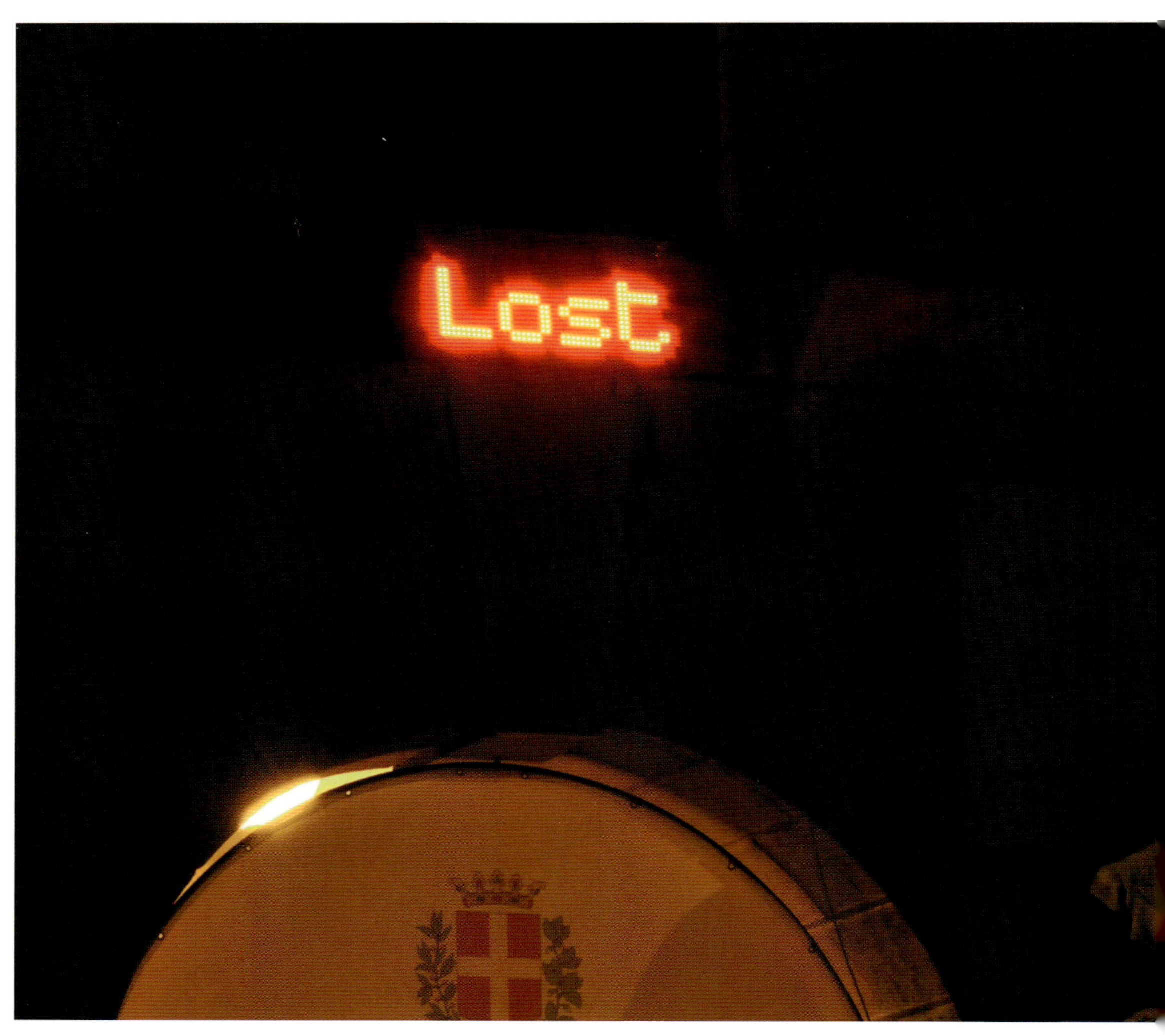

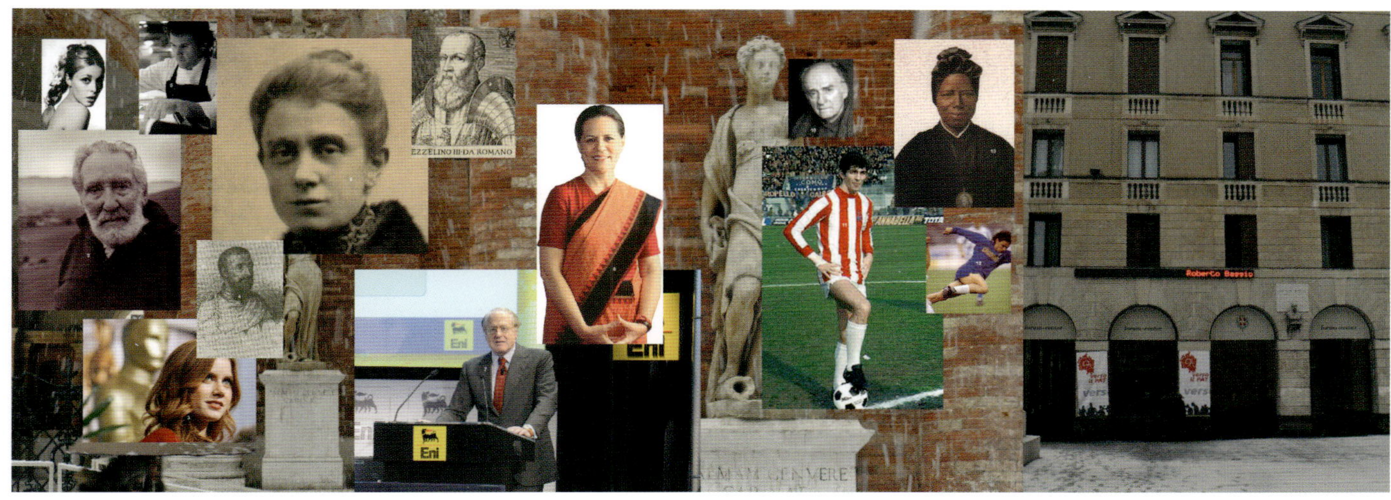

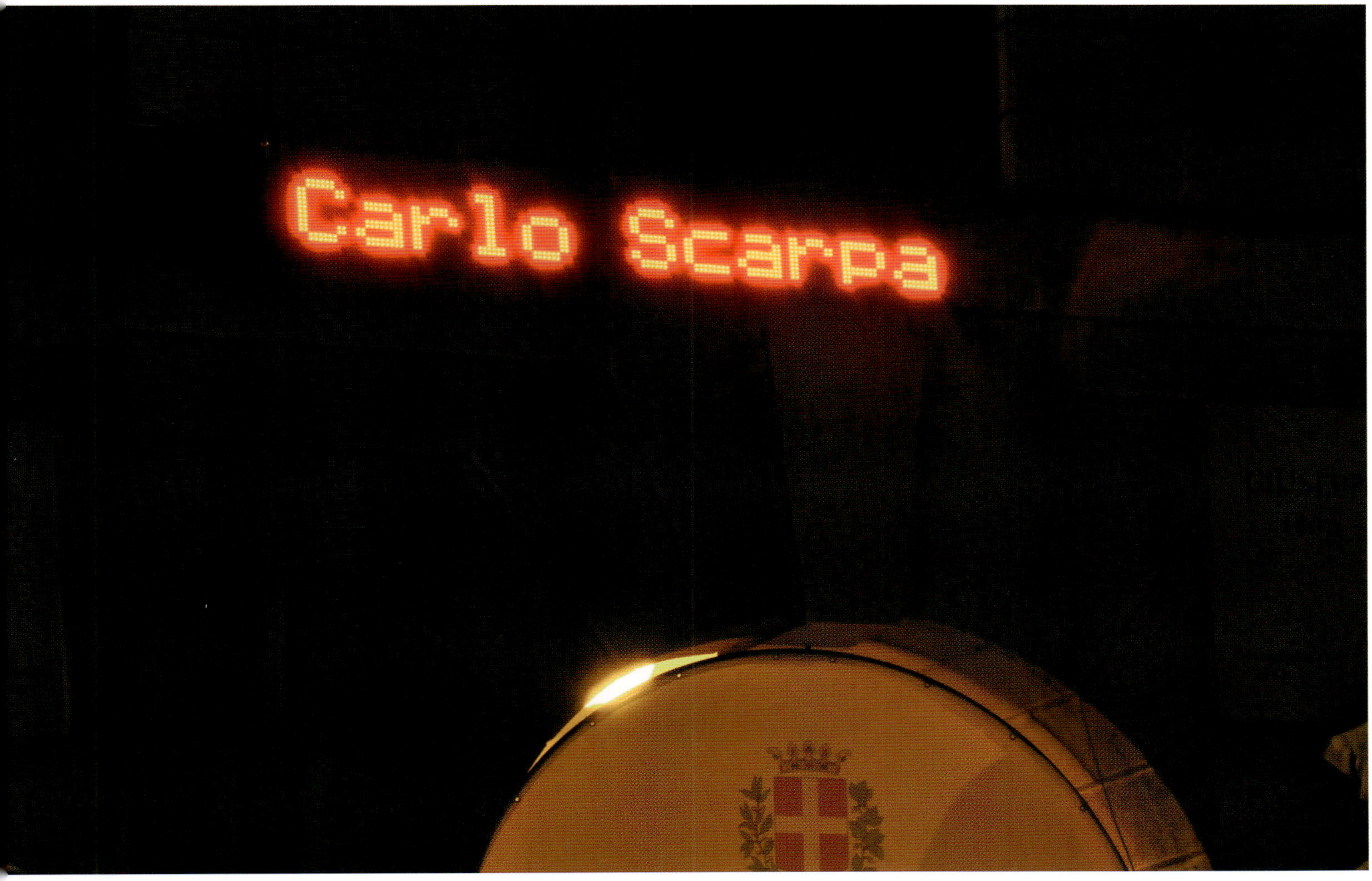

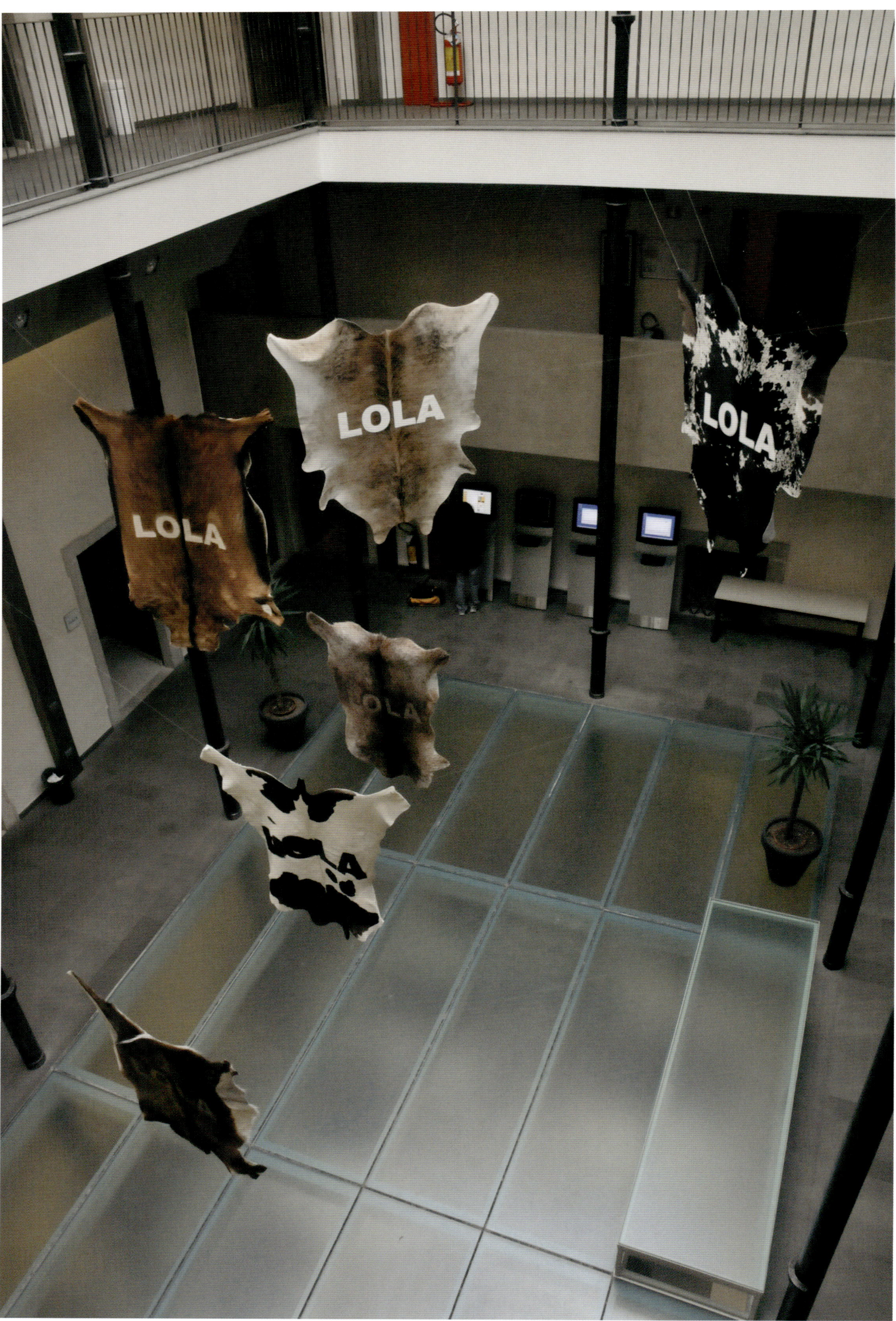
LOLA
LOLA
LOLA
LOLA
LOLA

THE COW LOLA   2010

A single name identifies animals that are very different from each other: Lola. It is the classic name by which, in Italy—as in other nations—cows are called, according to the Western custom of naming pets. This name—here given indiscriminately to wild animals—refers to a scenario of cancelled out species, of a flattened variety, an inexorably standardized nature.

Un solo nome per identificare animali diversissimi tra loro: Lola. È il nome classico con cui in Italia – come in altre nazioni – vengono chiamate le mucche secondo l'usanza occidentale di dare un nome proprio agli animali domestici. Questo nome, che marchia indifferentemente anche animali selvatici, rimanda a uno scenario di specie cancellate, di una varietà appiattita, di una dimensione naturale inesorabilmente standardizzata.

Site-specific installation, 6 hides, cow, calf, antelope, Belgian goat, French goat, shaving, acrylic paint, environmental dimensions
Cognitive Science Faculty, Rovereto
Courtesy the artist and Oredaria Arti Contemporanee, Rome
Installazione site-specific, 6 pellami, mucca, vitello, antilope, capra belga, capra francese, rasatura, colori acrilici, dimensioni ambientali
Facoltà di Scienze Cognitive, Rovereto
Courtesy l'artista e Oredaria Arti Contemporanee, Roma

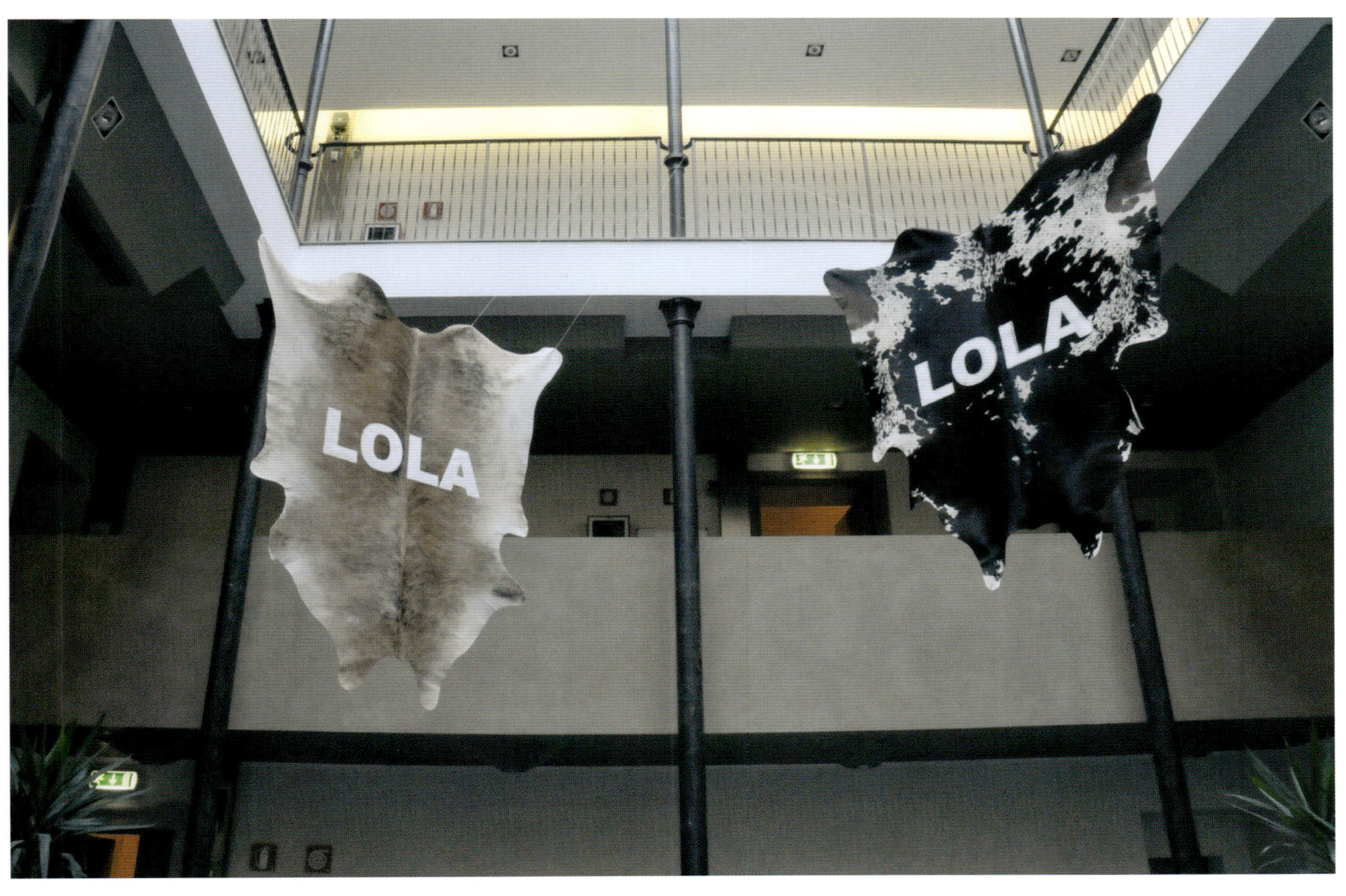

SCINTILLIO E CENERE.
SPARKLING AND ASH   2010

In Taranto, a city polluted by one of the largest steelworks in Europe, the artist asked residents to donate symbolically "sparkling objects against ash," bright things to counter the ashes of pollution. He collected the objects during traveling and standing actions throughout the various neighborhoods of the city and with these disparate items he made a sparkling collective monument, marked by a white flag waving the word *"Cenere"* (Ash).

A Taranto, città inquinata da una delle più grandi acciaierie d'Europa, l'artista ha chiesto agli abitanti di donare simbolicamente "oggetti scintillanti contro la cenere". Ha raccolto gli oggetti durante un'azione itinerante e stanziale attraverso i diversi quartieri della città e con questi oggetti disparati ha realizzato un monumento collettivo scintillante, marcato da una bandiera bianca che sventolava la scritta "Cenere".

Traveling and standing action, collective sparkling monument, environmental dimensions, HD video on Blu-ray disc, 10 min., HD video on Blu-ray disc, 4 min., DV video on Blu-ray disc, 8 min., flag, sewn fabric, 4 x 6 m, flagpole, 12 m
Castello Aragonese, Taranto, Italy
With performative interactions by Valentina Vetturi
Realized with the support of Intramoenia Extra Art
Courtesy the artist, Intramoenia Extra Art, Oredaria Arti Contemporanee, Rome

Azione itinerante e stanziale, monumento collettivo scintillante, dimensioni ambientali, video HD su Blu-ray disc, 10 min., video HD su Blu-ray disc, 4 min., video DV su DVD, 8 min., bandiera, stoffa cucita, 4 x 6 m, asta, 12 m
Castello Aragonese, Taranto, Italia
Con interazioni performative di Valentina Vetturi
Realizzato col supporto di Intramoenia Extra Art
Courtesy l'artista, Intramoenia Extra Art, Oredaria Arti Contemporanee, Roma

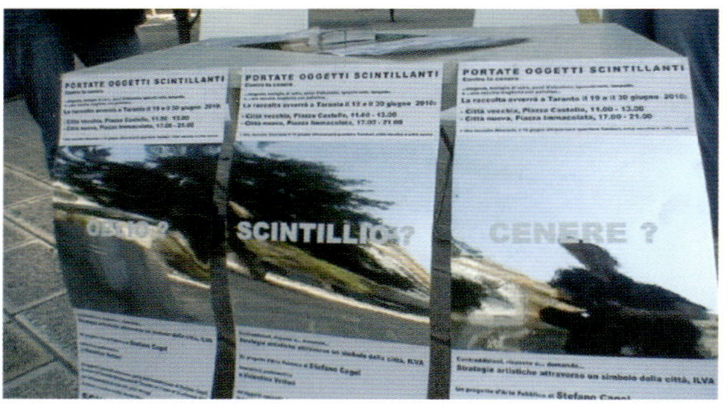

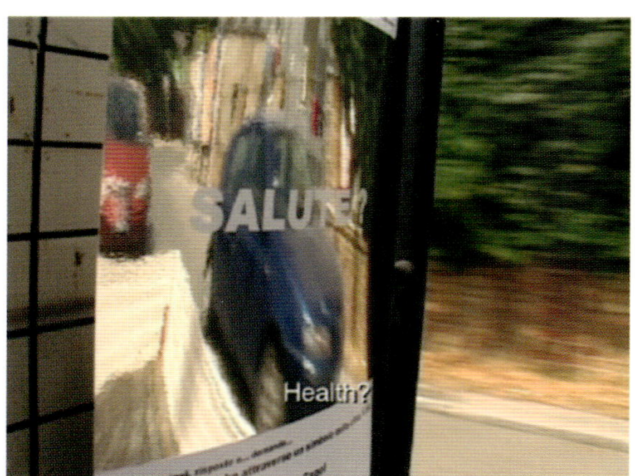

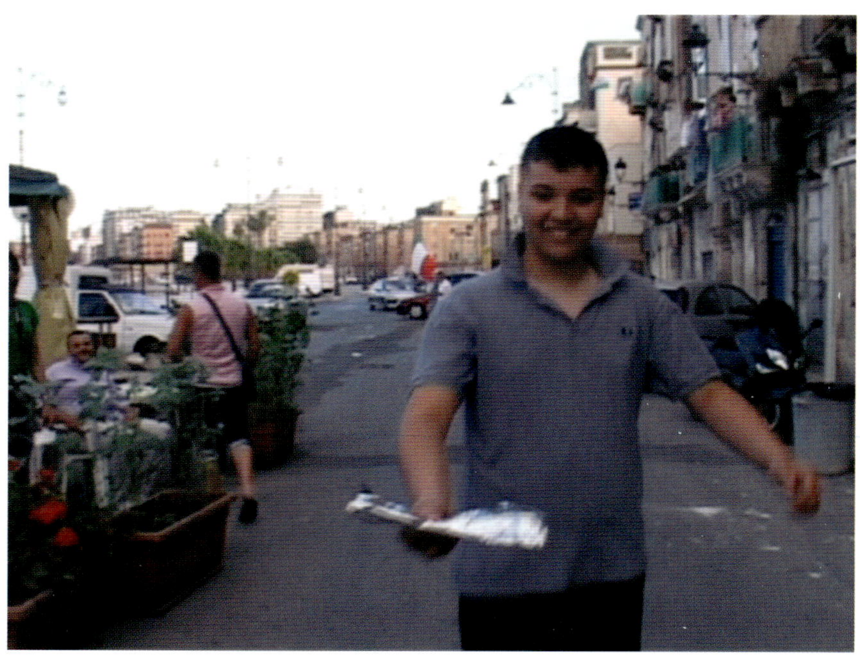

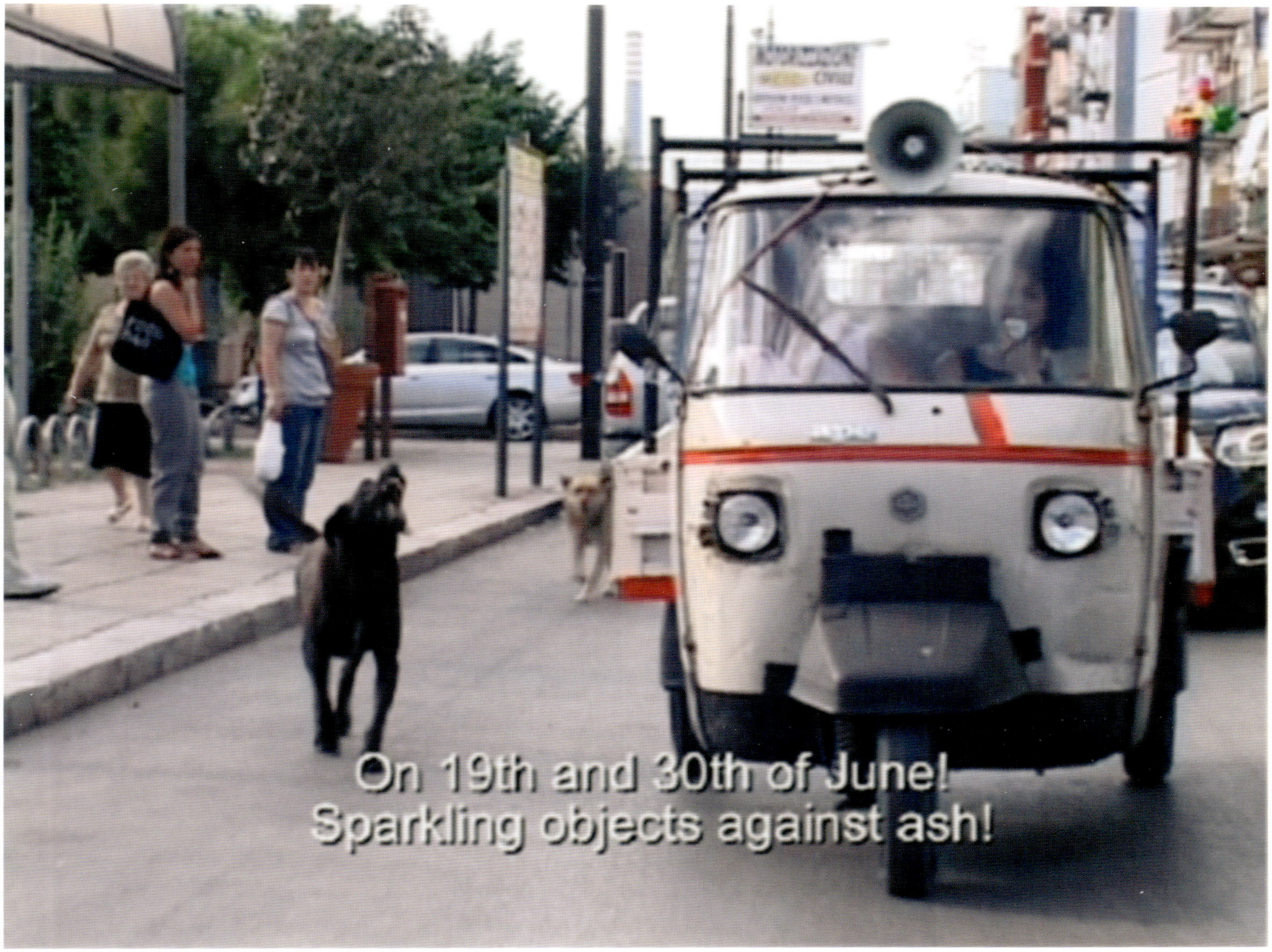

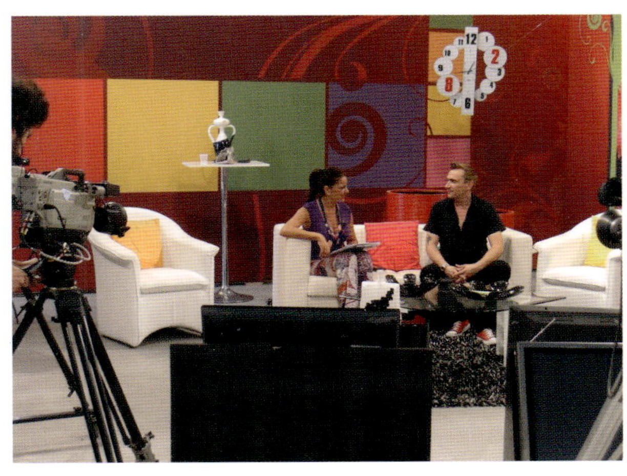

On 19th and 30th of June!
Sparkling objects against ash!

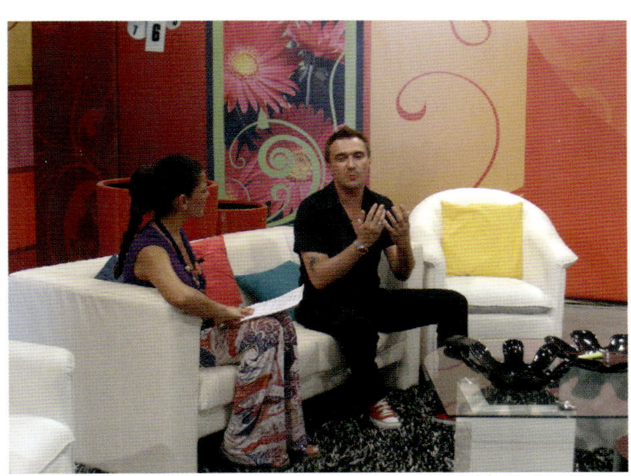

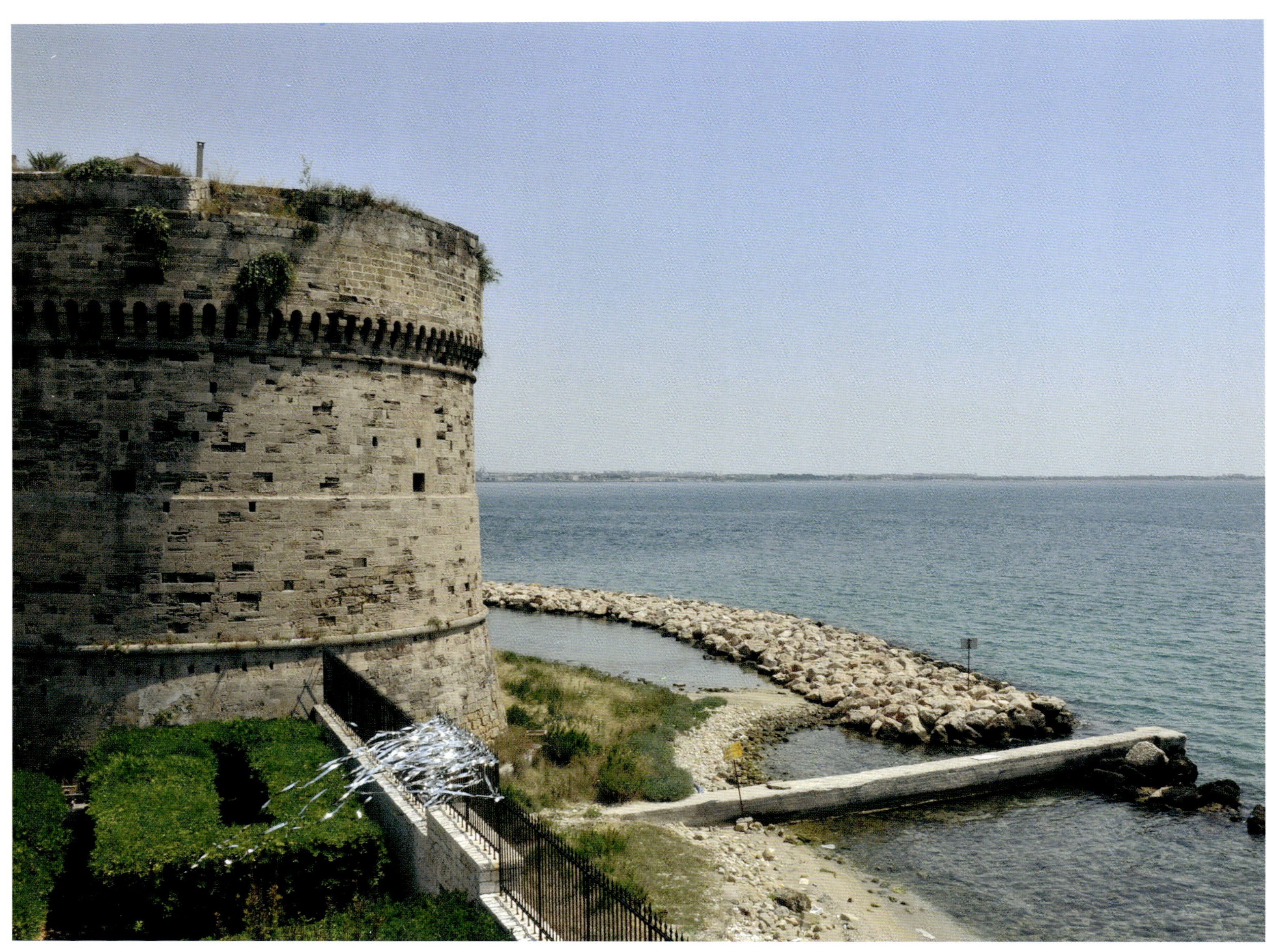

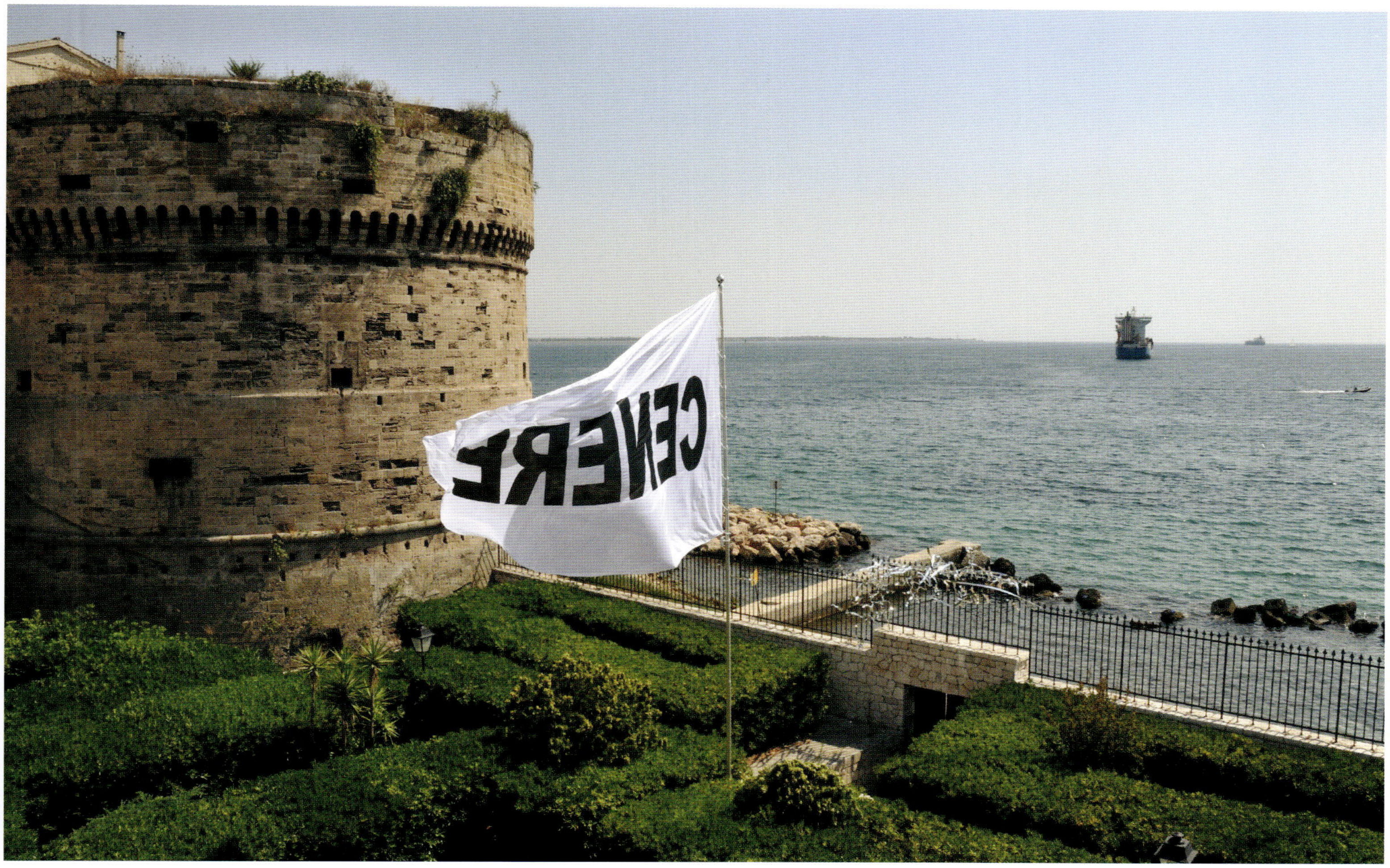

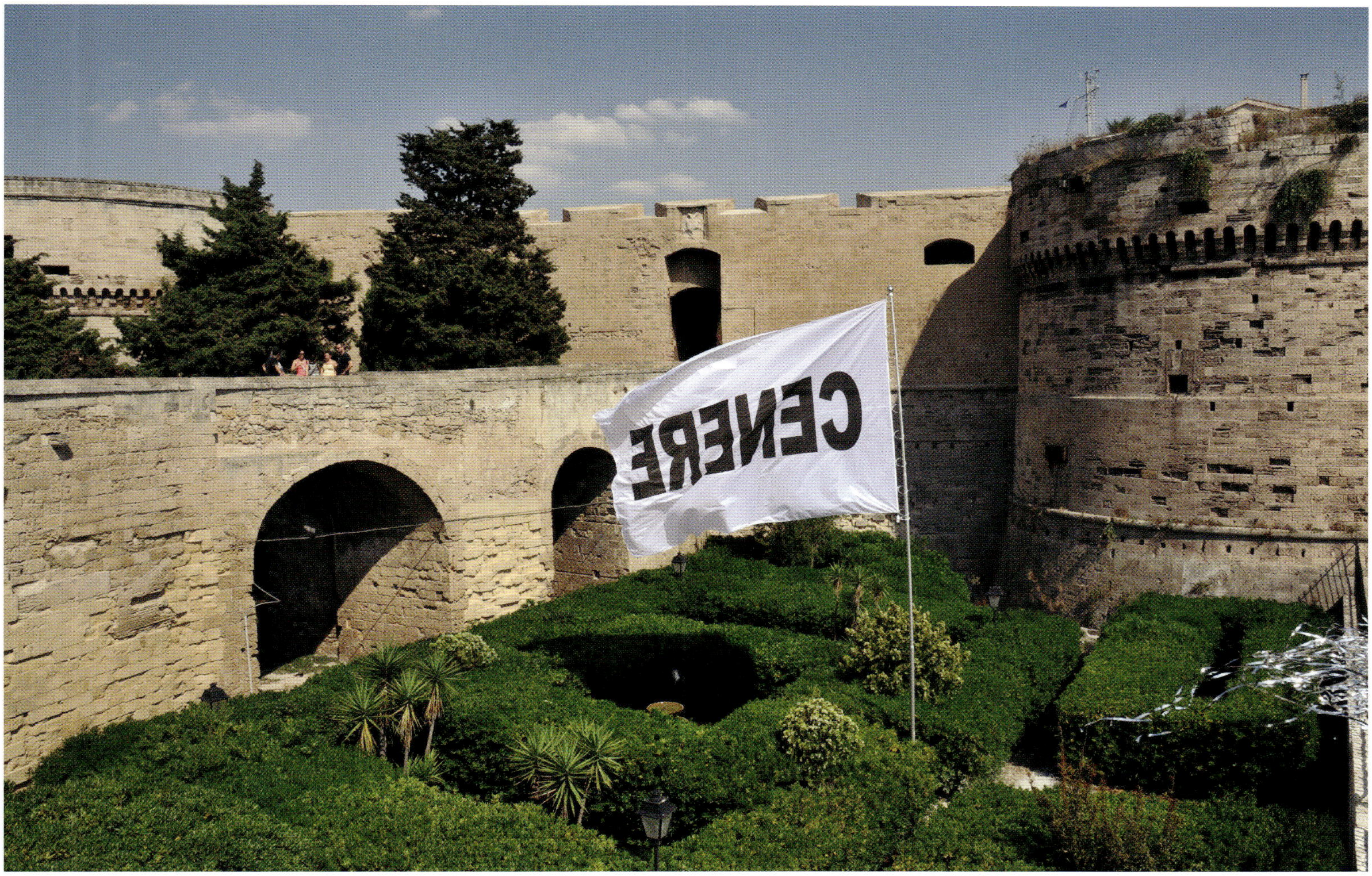

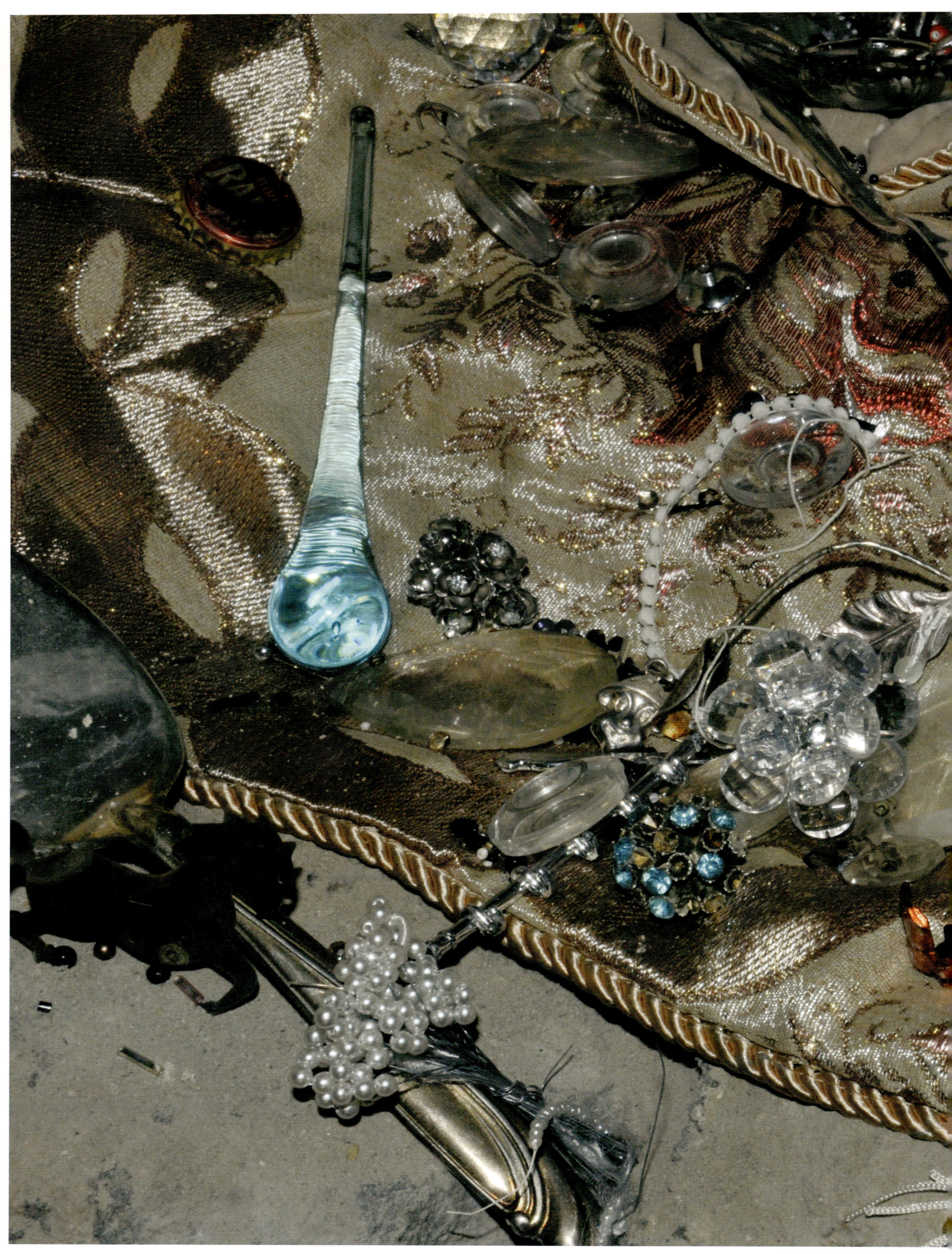

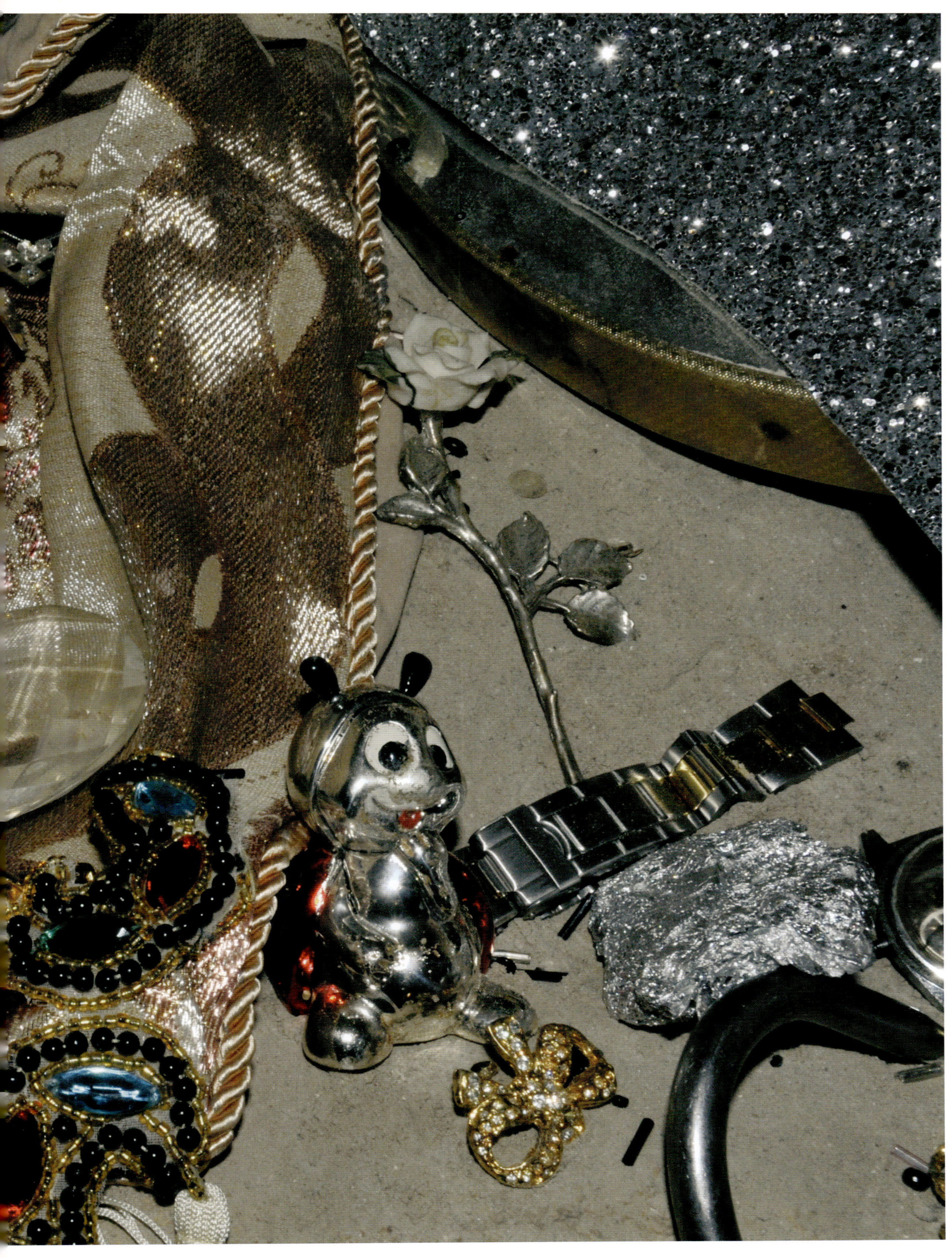

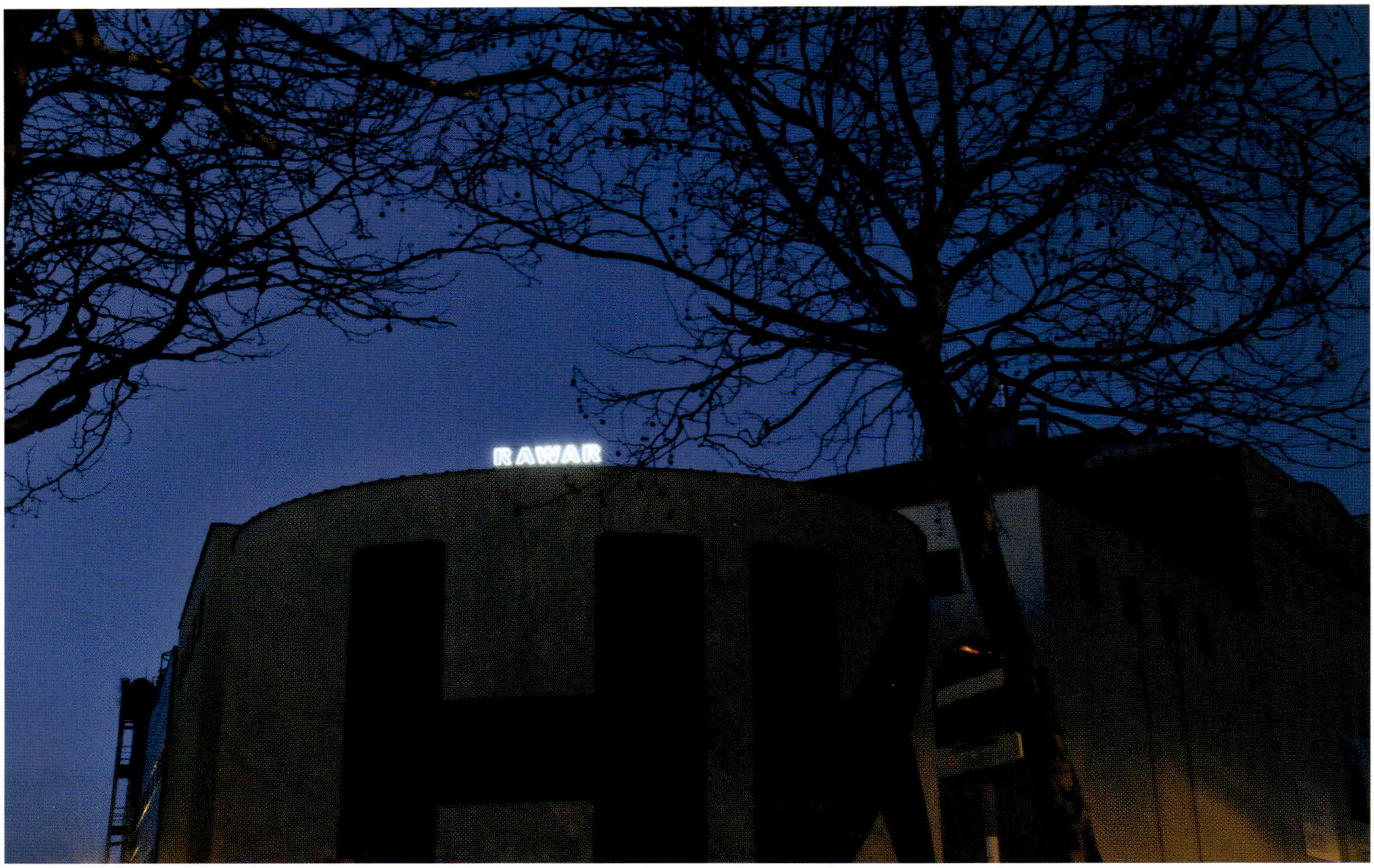

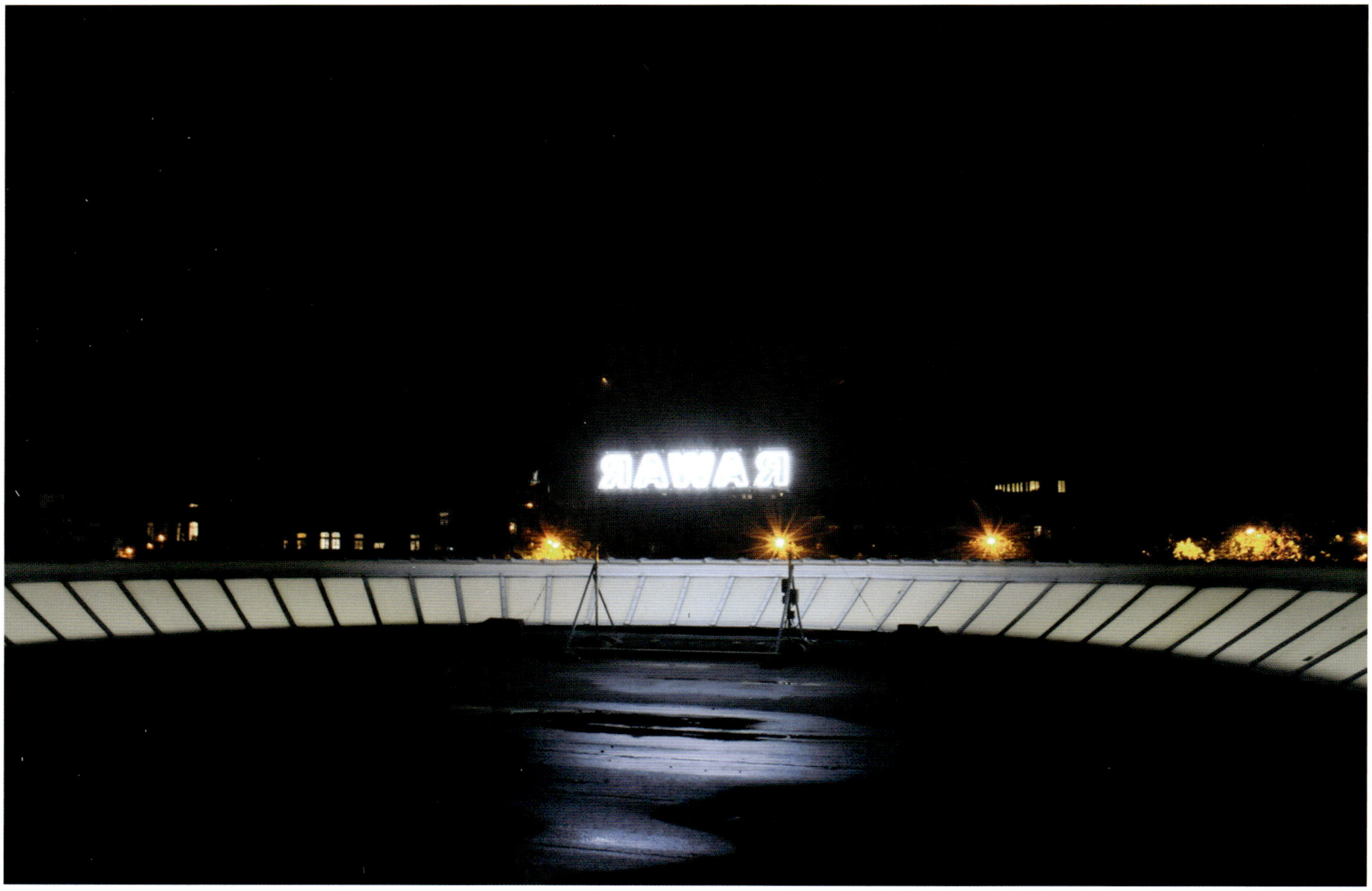

W   2009

A blinking "W" in the center of the writing refers to the Italian symbol that translates the exclamation "*Viva!*," while on the sides the two English words "raw" and "war" are formed. The palindrome word is recalled forty years after Bruce Nauman's neon sign *Raw/War*. Despite the passage of time and in spite of victories and defeats (Nauman was in the middle of the Vietnam War), the conflict shows as inseparable part of our lives.

Una "W" lampeggiante al centro ricorda il simbolo italiano che traduce l'esclamazione "Viva!", mentre ai lati si formano le due parole inglesi "*raw*" (pura) e "*war*" (guerra). Esattamente quarant'anni dopo che Bruce Nauman concepì il suo neon *Raw/War*, è stata richiamata la stessa parola palindrome. Malgrado il passare del tempo e malgrado vittorie e sconfitte (Nauman era in piena guerra del Vietnam), il conflitto si dimostra infatti parte imprescindibile della nostra vita.

Installation, neon, plexiglas, aluminium, 3 blinking sectors, 240 x 240 x 200 cm
Museum van Hedendaagse Kunst Antwerpen (MuHKA), Antwerp, Belgium
Realized with the support of Error One, Antwerp
Courtesy the artist and Error One, Antwerp

Installazione, neon, plexiglas, alluminio, 3 settori di lampeggio, 240 x 240 x 200 cm
Museum van Hedendaagse Kunst Antwerpen (MuHKA), Anversa, Belgio
Realizzato col supporto di Error One, Anversa
Courtesy l'artista e Error One, Anversa

Installation, neon, plexiglas, aluminium, 3 blinking sectors, 240 x 240 x 200 cm
Palazzo Wolkenstein, Studio d'Arte Raffaelli, Trento, Italy
Courtesy the artist and Studio d'Arte Raffaelli, Trento

Installazione, neon, plexiglas, alluminio, 3 settori di lampeggio, 240 x 240 x 200 cm
Palazzo Wolkenstein, Studio d'Arte Raffaelli, Trento, Italia
Courtesy l'artista e Studio d'Arte Raffaelli, Trento

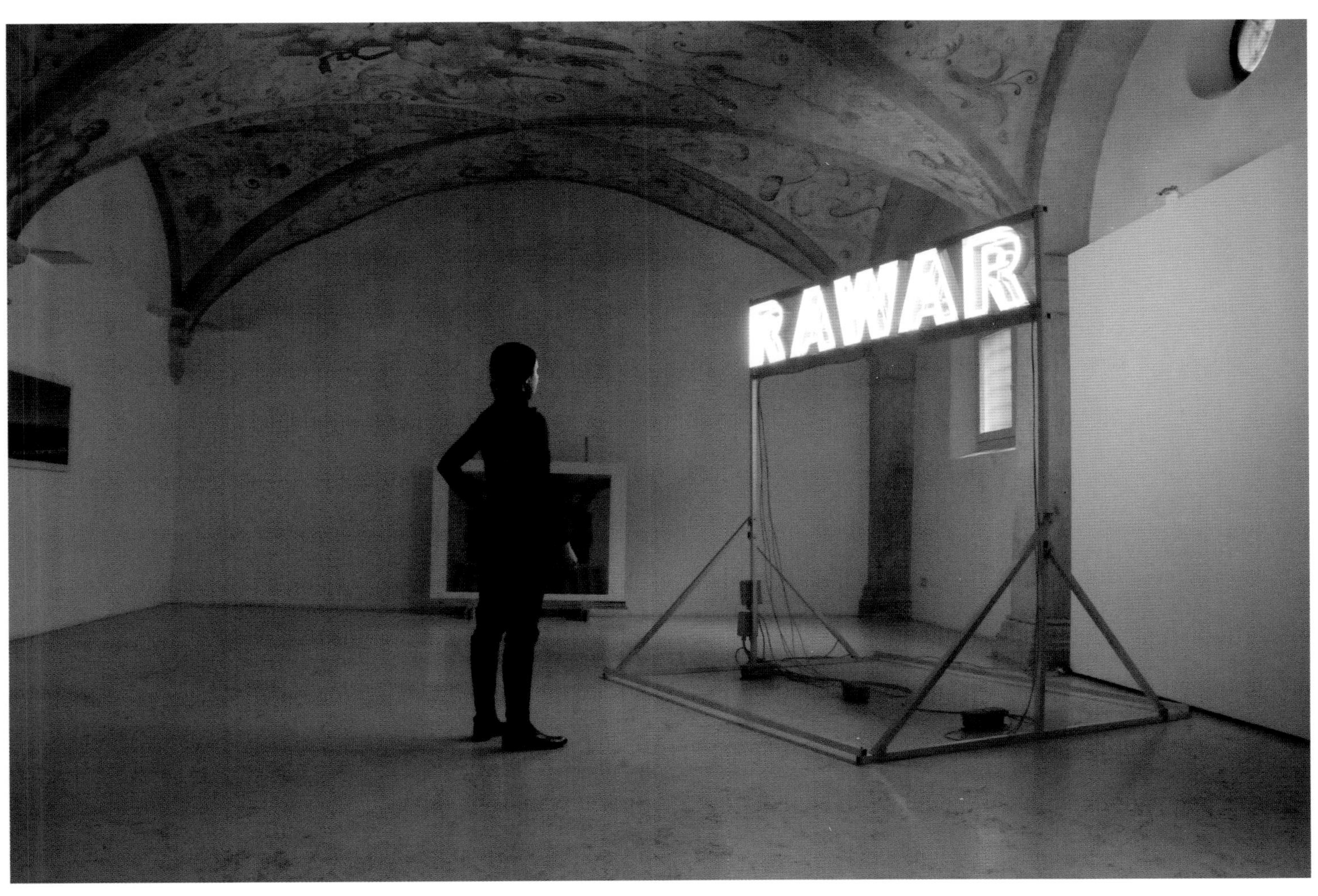

SPAZIO DI SINTESI   2009

In a restored castle, seat of the municipality and the associations of a mountain village, three neon lines suspended at different heights in the large central area reproduce the shape of the three contours of that unique promontory—called Mezalòn—where the entire municipality, made up of different villages, is located. The outside is brought inside in a perfect correspondence between historical unity, geographical unity, and cultural unity.

All'interno di un antico castello restaurato come sede del municipio e delle associazioni di un paese alpino, tre linee di neon sospese a differenti altezze nell'ampia cavità centrale riproducono la forma delle tre curve di livello di quell'unico promontorio – chiamato del Mezalòn – su cui sorge tutto il comune, formato da diversi paesi. L'esterno viene portato all'interno in una perfetta corrispondenza tra unità storica, unità geografica e unità culturale.

Permanent site-specific installation, neon tubes, 3 shades of white, 7 x 5 x 6 m
Castello, Livo, Italy
Courtesy the artist and the Municipality of Livo
Installazione site-specific permanente, tubi al neon, 3 gradazioni di bianco, 7 x 5 x 6 m
Castello, Livo, Italia
Courtesy l'artista e Comune di Livo

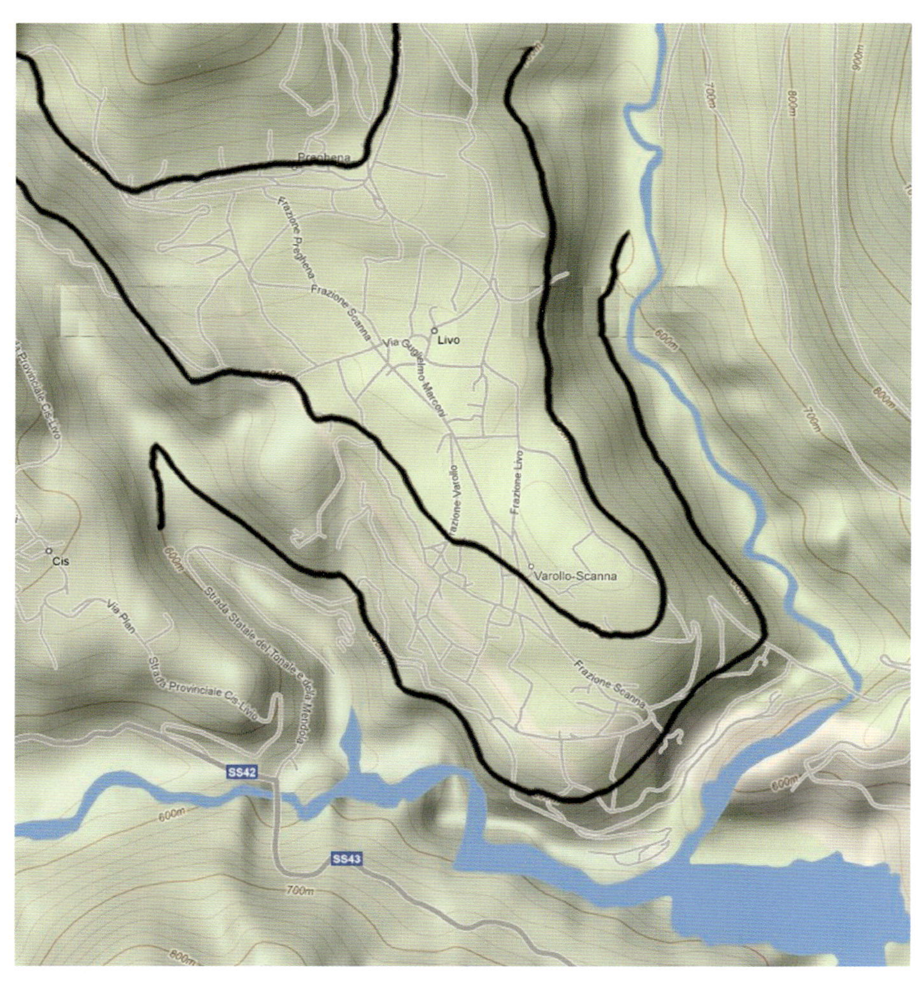

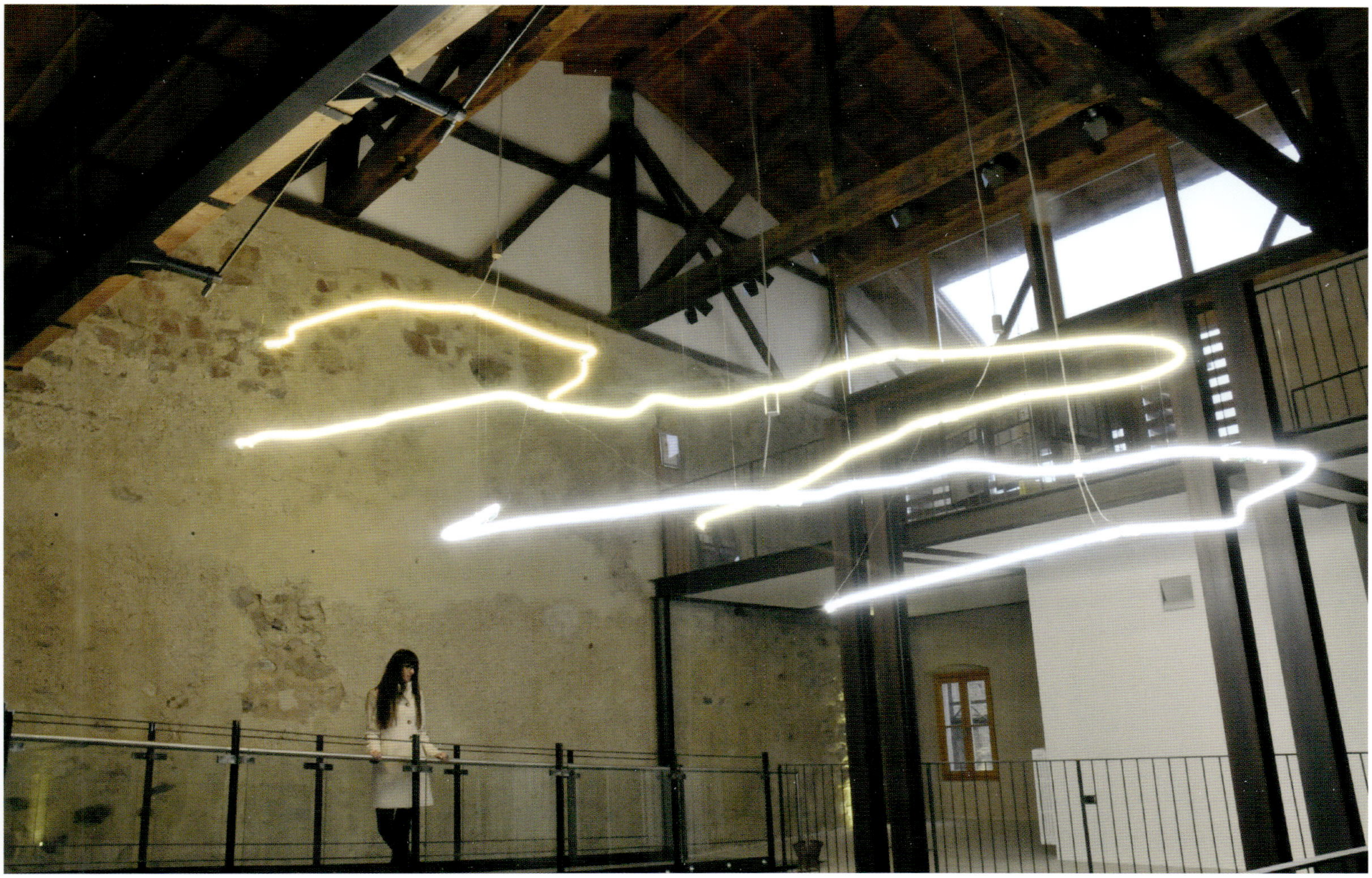

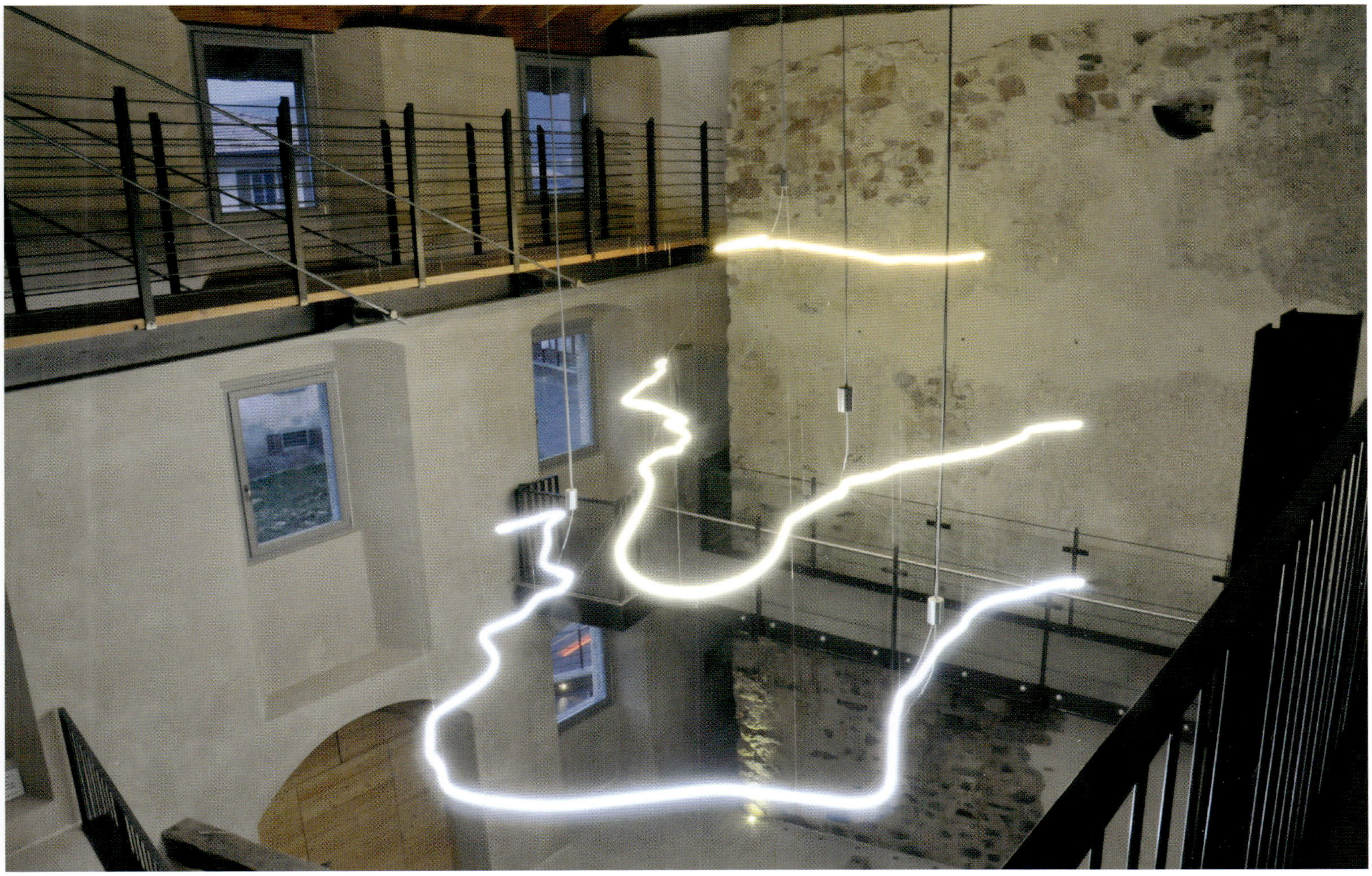

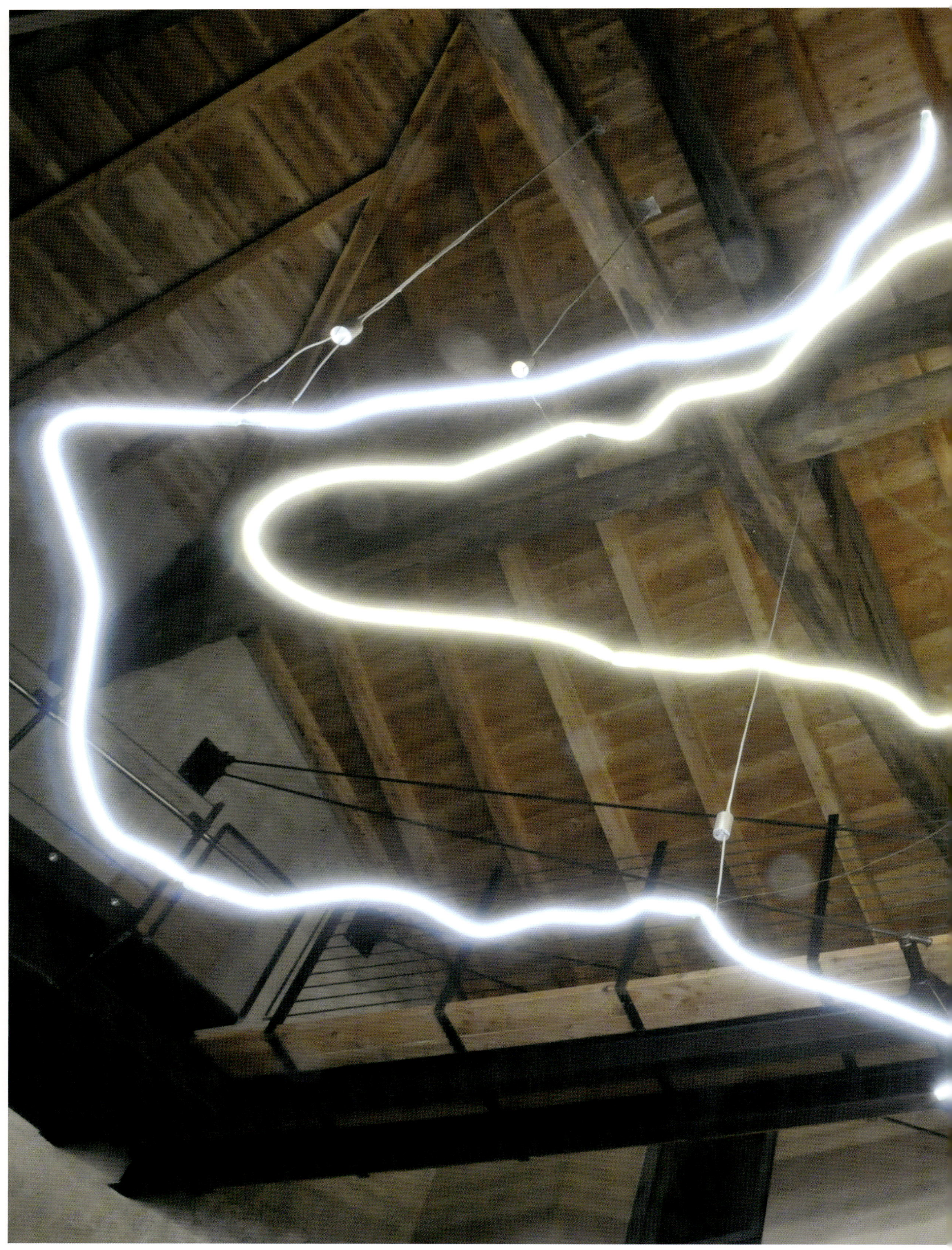

POLITICS. RELIGION
(FLUENTAPHASIA. SCHIZOPHASIA) 2009

Both terms of the title refer to communication disorders, that look appliable also to mass communication system. They are diametrically opposed.
The former describes a person able to build speech, but unable to express meaningful contents through it. While the latter idetifies the ability to connect contents in the right way, but the inability to structure them in correct sentences.

Entrambi i termini del titolo indicano un disturbo comunicativo della persona, che però sembrano essere applicabili anche al sistema della comunicazione di massa. Ma sono diametralmente opposti uno all'altro.
Il primo descrive un individuo capace di costruire un discorso, ma incapace di esprimere contenuti compiuti attraverso di esso. Mentre il secondo identifica la capacità di associare in maniera corretta i contenuti, ma la disabilità nell'articolarli in frasi corrette.

Installation, 2 roadsigns, 25 x 100 cm each , 2 poles, 200 cm each, light box on duratrans, 100 x 150 cm
Courtesy the artist
Installazione, 2 cartelli stradali, 25 x 100 cm cad., 2 aste, 200 cm cad., light box su duratrans, 100 x 150 cm
Courtesy l'artista

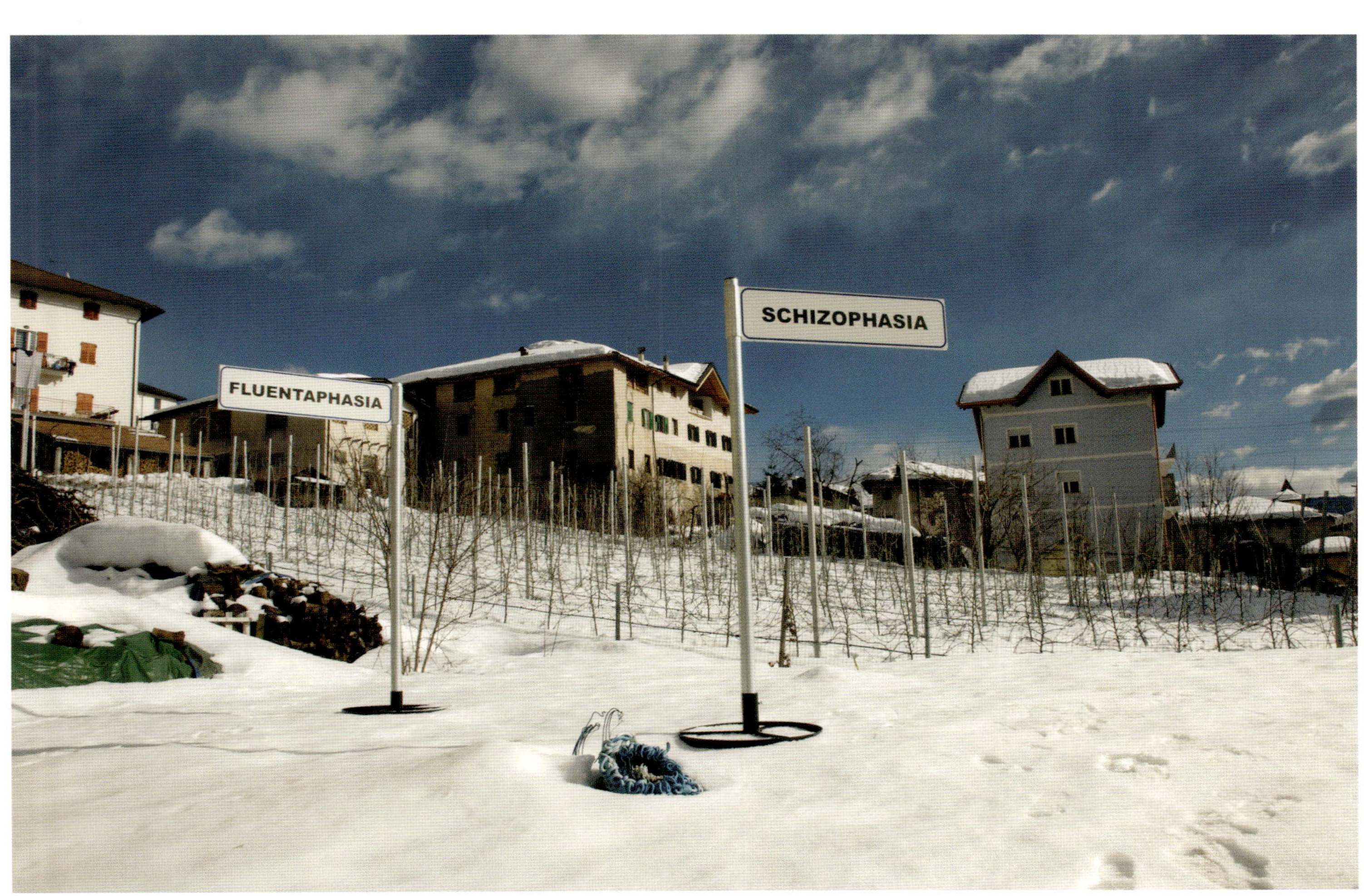

THE COW LOLA   2009

Man, nature, the case, manipulation, poison, a weapon, the need, the superfluous. The protagonists are only inferred, but the outcome—not a happy ending—of this story is sure: Lola, the cow abandoned on the grass, is not sleeping.

L'uomo, la natura, il caso, la manipolazione, un veleno, un'arma, la necessità, il superfluo. I protagonisti sono solo desunti, ma l'esito – non a lieto fine – di questa storia è chiaro: Lola, la mucca abbandonata sull'erba, non sta dormendo.

Rho print on stone, 33 x 40 x 2 cm
Courtesy Hoet Bekaert Gallery, Ghent

Stampa rho su pietra, 33 x 40 x 2 cm
Courtesy Hoet Bekaert Gallery, Ghent

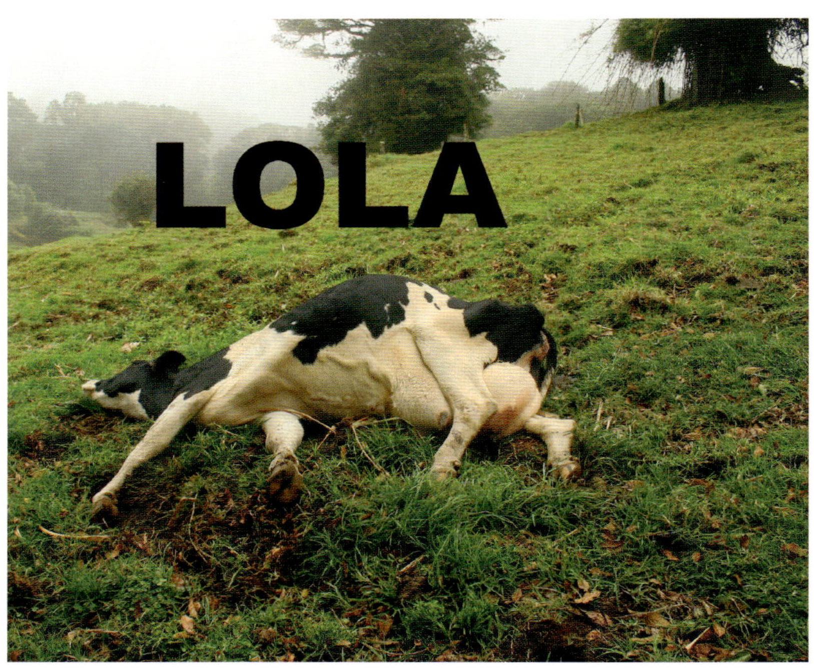

APOTHEOSIS OF LESS   2009

An imperceptible degradation leads the writing "LESS" to disappear at the center of the screen. It is a reference to the idea of crisis, but also to the relativity of this concept: when something negative is lost, it is better.

Un impercettibile degradare porta la scritta "LESS" (meno) a sparire al centro dello schermo. È un riferimento all'idea di crisi, ma anche alla relatività di questo concetto: quando viene meno qualcosa di negativo, è meglio.

DVD video, 4 min. (loop), metal badges, 2 cm
Courtesy the artist

Video DVD, 4 min. (loop), spille metalliche, 2 cm
Courtesy l'artista

LESS   LESS   LESS

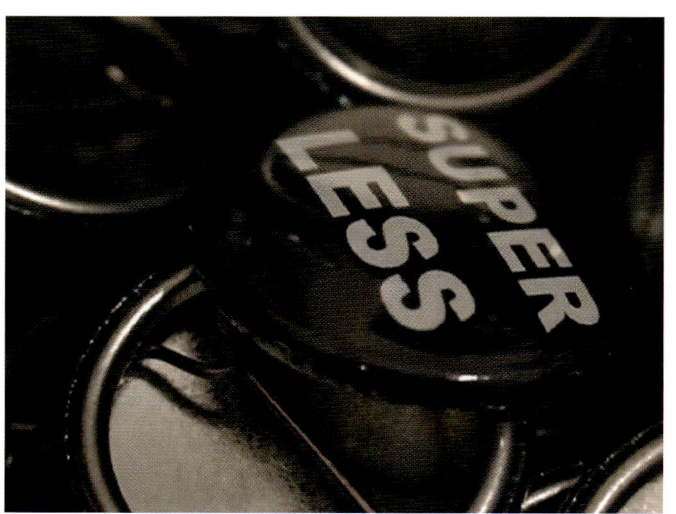

NATIONAL PRIDE. ITALIAN FLU   2009

DVD video, 3 min.
Courtesy the artist / l'artista

Reproposing a catastrophe film of the 1960s titled *Virus,*
the video work isolates the part in which the name of the
pandemic is revealed: it's "Italian flu." After the bird flu that
attracted attention from the media, the revelation of an Italian virus can generate anything but national pride…

Riproponendo un film degli anni Settanta cata-
strofista dal titolo *Virus,* l'opera video isola la
parte in cui viene svelato il nome della pandemia:
Italian Flu (influenza italiana). Dopo l'attenzione
dei media tutta rivolta all'influenza aviaria e alla
minaccia di pandemia, vedere qui protagonista
un virus italiano non può che generare orgoglio
nazionale (national pride)…

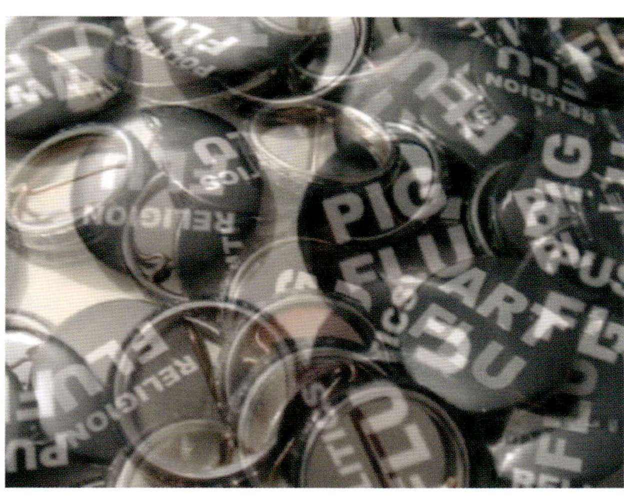

V – C / W

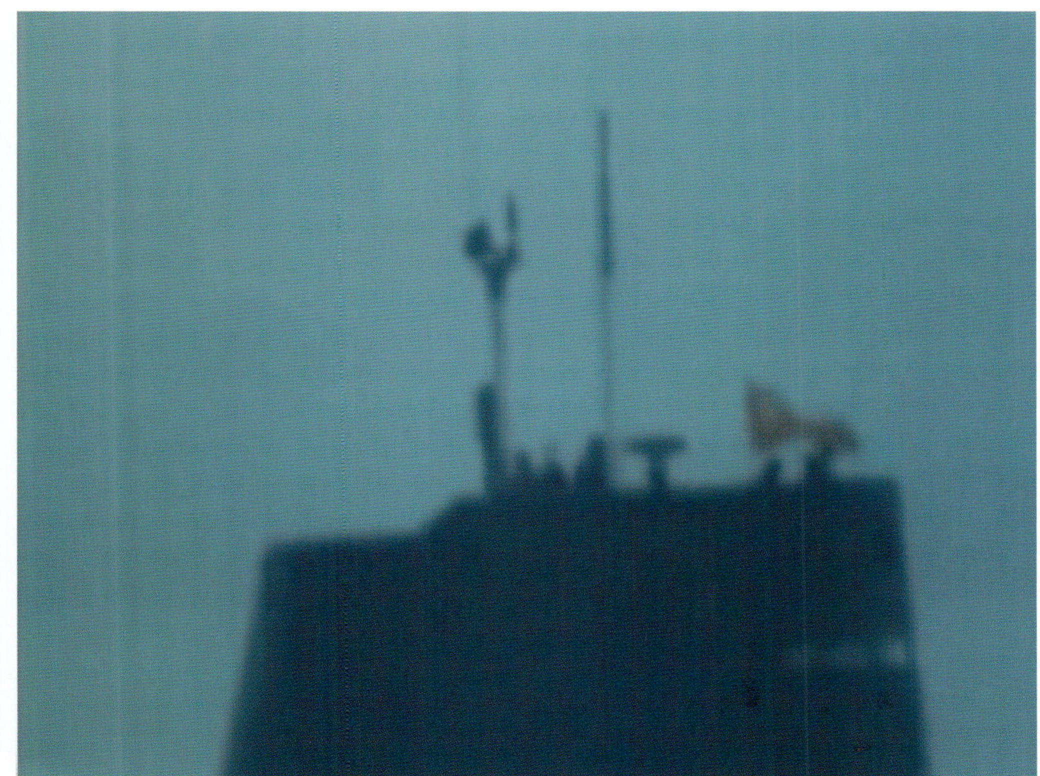

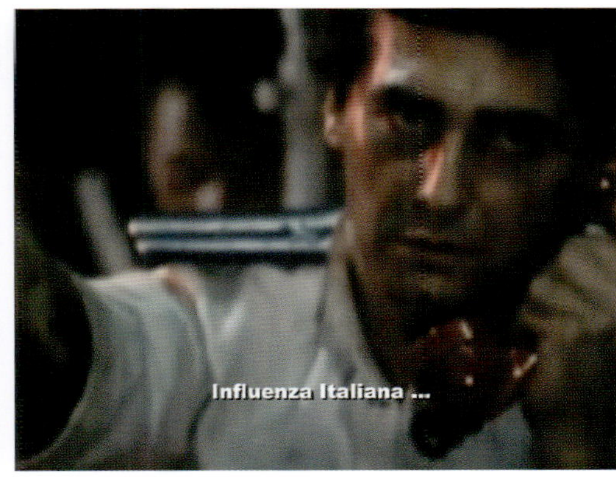

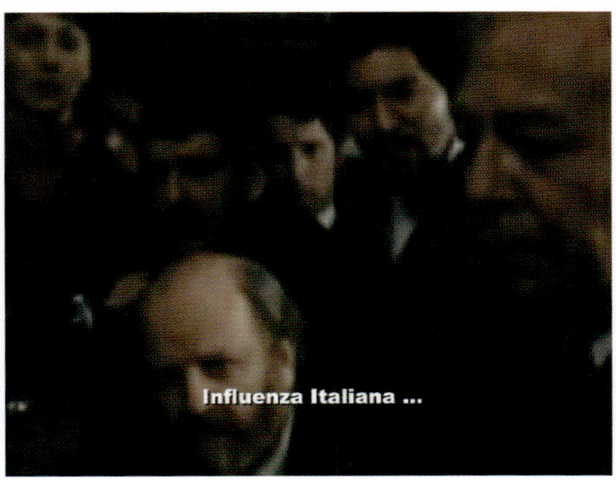

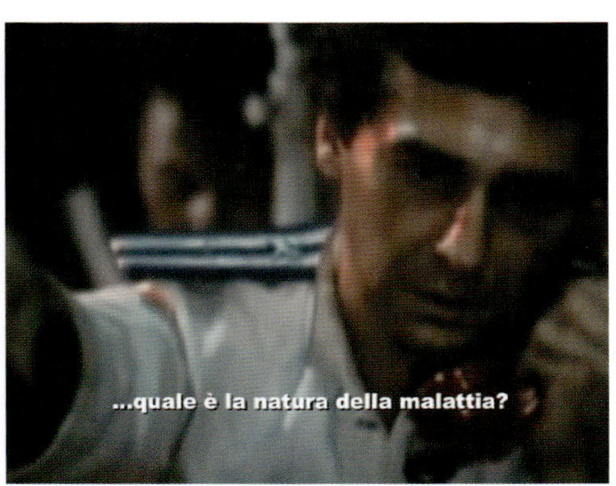

confido diffido
trust distrust
güvenmek güvenmemek
zaufania nieufnosci
confiance méfiance
vertrouwen wantrouwen
vertrauen misstrauen
incredere neincredere
confiar desconfiar

CONFIDO DIFFIDO.
TRUST DISTRUST   2009

A propaganda mechanism repeated two opposite words: trust and distrust. They were transmitted on the road by light and sound signals, encoded in Morse code and translated into some of the many languages spoken in the strongly multiethnic Schaerbeek district in Brussels. It was the national holiday of Belgium, a state internally divided by disagreement between Flemish and Walloons.

Un meccanismo di propaganda ripeteva due parole opposte: confido e diffido. Erano diffuse sulla strada da segnali sonori e luminosi, codificate in codice Morse e tradotte in alcune delle numerose lingue parlate nel quartiere fortemente multietnico di Schaerbeek a Bruxelles. Era il giorno della festa nazionale del Belgio, uno stato internamente diviso dal disaccordo tra fiamminghi e valloni.

Site-specific installation, 2 horn speakers, PA amplifier, CD player, halogen projector, light controller, timer, terms in Morse code and in Italian, Flemish, French, German, Spanish, Arabic, Greek, Polish
The Ever Mass Land by Nadine, Brussels, Belgium
Courtesy the artist

Installazione site-specific, 2 amplificatori a tromba, amplificatore PA, lettore CD, proiettore alogeno, controller luci, temporizzatore, termini in codice Morse e in italiano, fiammingo, francese, tedesco, spagnolo, arabo, greco, polacco
The Ever Mass Land by Nadine, Bruxelles, Belgio
Courtesy l'artista

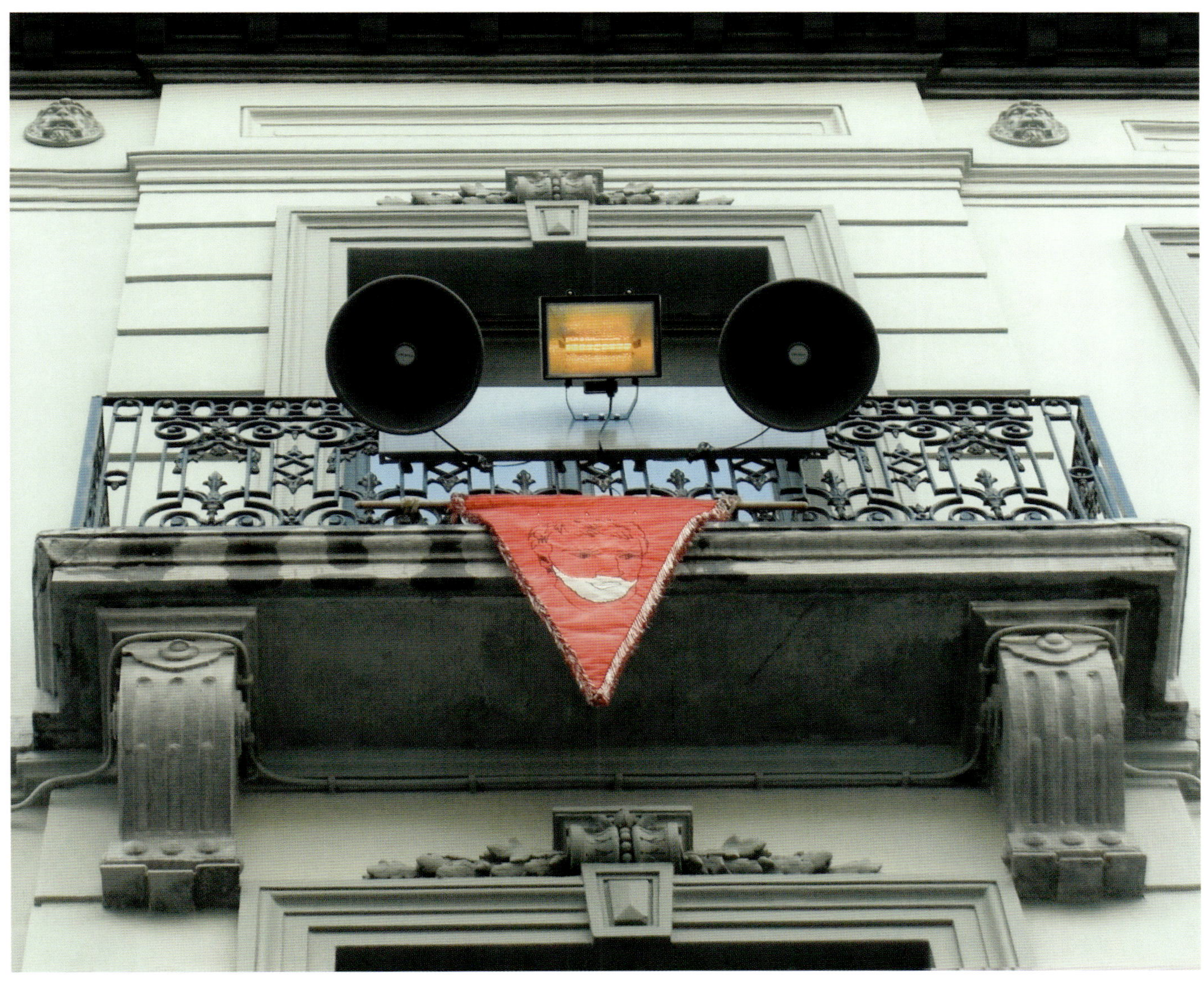

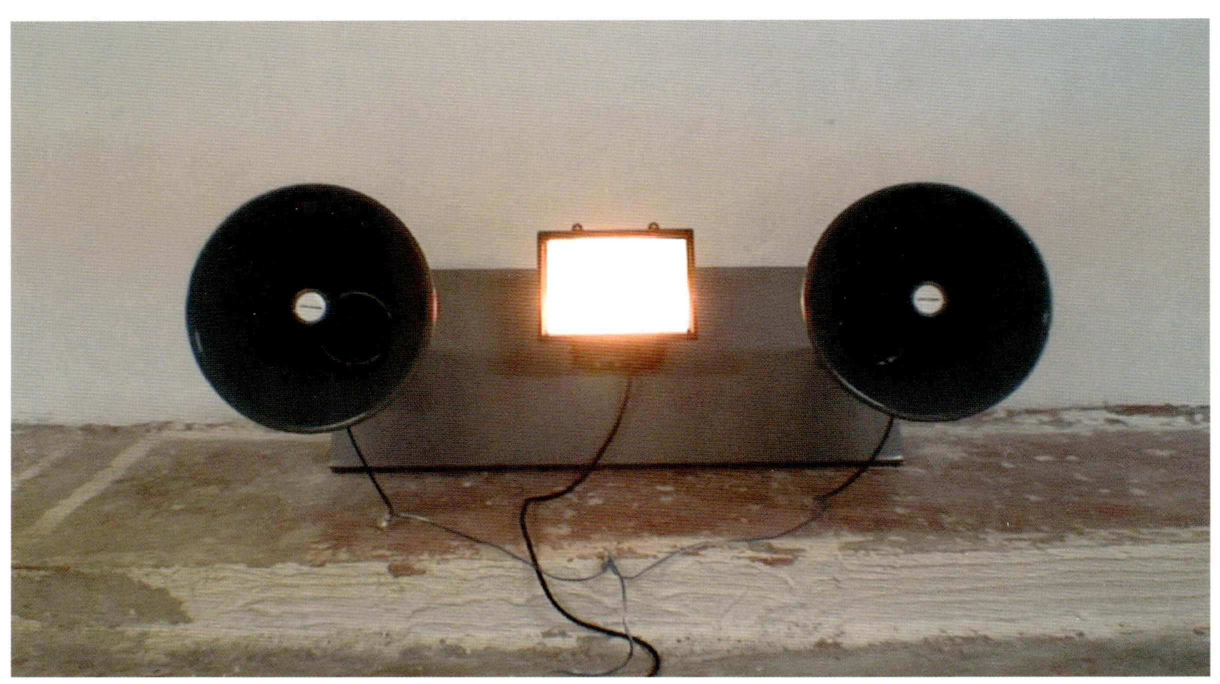

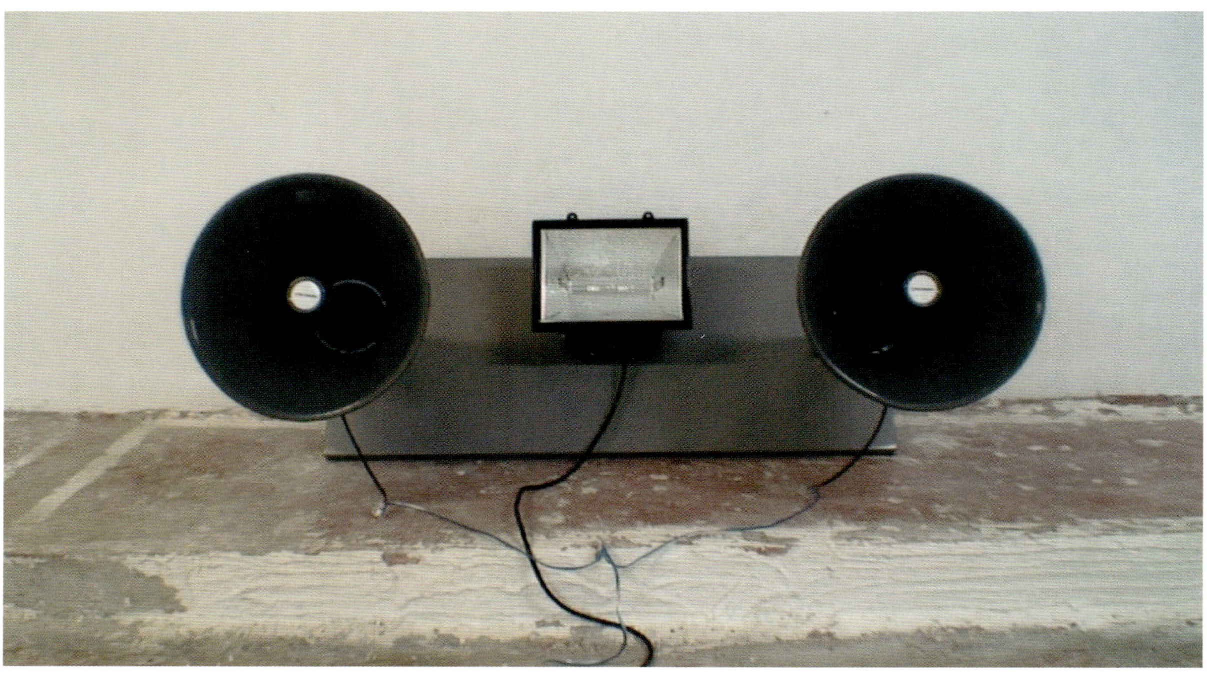

11 SETTEMBRE   2009

A LED display listed different events that occurred on September 11, over time and space, beginning with the battle between Germanic tribes and Roman legions in the Teutoburg forest, through to the artist's birthday and ending with the testing in Russia of the biggest conventional weapon ever. From September 11, a LED display was exhibited contemporaneously in three museums situated along a route that goes from the artist's native region to his studio in Brussels.

Su un led display sono stati elencati differenti eventi avvenuti l'11 settembre attraverso il tempo e lo spazio, iniziando dalla battaglia di Teutoburgo tra tribù germaniche e legioni romane, passando per il compleanno dell'artista e arrivando fino al test in Russia della più grande arma convenzionale di sempre. Un led display è stato esposto in contemporanea dall'11 settembre in tre musei situati lungo un percorso che va dalla regione natale dell'artista al suo studio di Bruxelles.

Installation, LED display, 10 x 110 x 4 cm, moving text in red dots, various languages
Mart – Museum of Modern and Contemporary Art of Trento and Rovereto, Kunstraum Innsbruck, ZKM | Museum of Contemporary Art Karlsruhe
Courtesy the artist, private collection, Collection of Mart – Museum of Modern and Contemporary Art of Trento and Rovereto, Innsbruck, Collection of ZKM | Museum of Contemporary Art Karlsruhe

Installazione, display led, 10 x 110 x 4 cm, testo scorrevole a punti rossi, lingue differenti
Mart – Museo di Arte Moderna e Contemporanea di Trento e Rovereto, Kunstraum Innsbruck, ZKM | Museum of Contemporary Art Karlsruhe
Courtesy l'artista, collezione privata, Collezione Mart – Museo di Arte Moderna e Contemporanea di Trento e Rovereto e Collezione ZKM | Museum of Contemporary Art Karlsruhe

http://www.11settembre.org

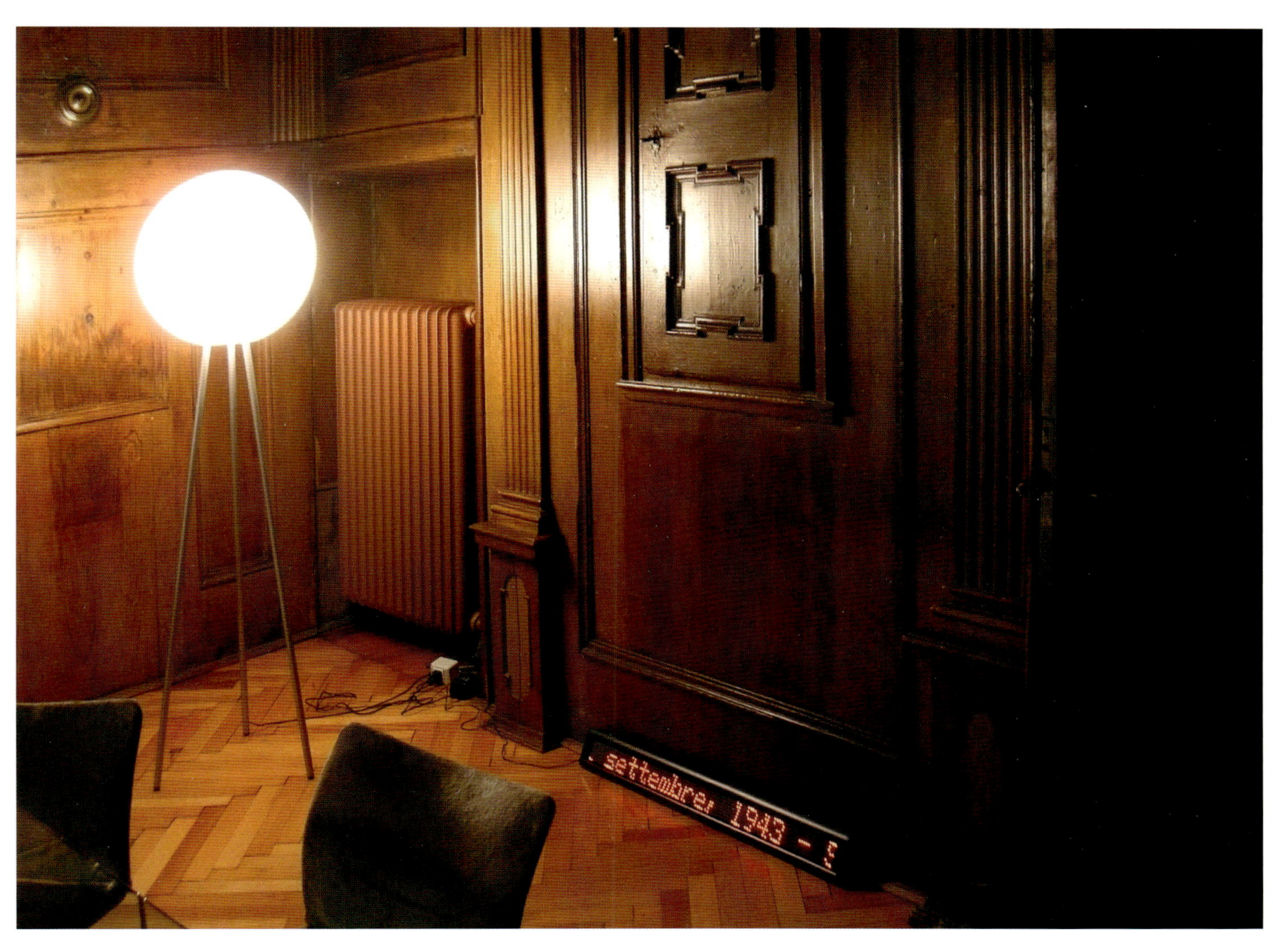

11 SETTEMBRE   SEPTEMBER 11, AD 9 – THE BATTLE OF THE TEUTOBURG FOREST ENDS, WHEN AN ALLIANCE OF GERMANIC TRIBES LED BY ARMINIUS, AMBUSHED AND DESTROYED THREE ROMAN LEGIONS [ ] SEPTEMBER 11, 1185 – ISAAC II ANGELUS KILLS STEPHANUS HAGIOCHRISTOPHORITES AND PLACES ISAAC ON THE THRONE OF THE BYZANTINE EMPIRE [ ] SEPTEMBER 11, 1297 – BATTLE OF STIRLING BRIDGE: SCOTS JOINTLY-LED BY WILLIAM WALLACE AND ANDREW MORAY DEFEAT THE ENGLISH [ ] SEPTEMBER 11, 1541 – SANTIAGO, CHILE, IS DESTROYED BY INDIGENOUS WARRIORS, LEAD BY MICHIMALONKO [ ] SEPTEMBER 11, 1609 – HENRY HUDSON DISCOVERS MANHATTAN ISLAND AND THE NATIVES LIVING THERE [ ] SEPTEMBER 11, 1847 – STEPHEN FOSTER'S WELL-KNOWN SONG "OH! SUSANNA" IS FIRST PERFORMED AT A SALOON IN PITTSBURGH, PENNSYLVANIA [ ] SEPTEMBER 11, 1858 – FIRST ASCENT OF DOM, THE THIRD HIGHEST SUMMIT IN THE ALPS [ ] SEPTEMBER 11, 1903 – BIRTH OF THEODOR ADORNO, GERMAN PHILOSOPHER AND SOCIOLOGIST [ ] SEPTEMBER 11, 1906 – MAHATMA GANDHI COINS THE TERM "SATYAGRAHA" TO CHARACTERIZE THE NON-VIOLENCE MOVEMENT IN SOUTH AFRICA [ ] SEPTEMBER 11, 1919 – U.S. MARINES INVADE HONDURAS [ ] SEPTEMBER 11, 1921 – NAHALAL, THE FIRST MOSHAV IN ISRAEL, IS SETTLED [ ] SEPTEMBER 11, 1922 – THE BRITISH MANDATE OF PALESTINE BEGINS [ ] SEPTEMBER 11, 1926 – AN ASSASSINATION ATTEMPT ON BENITO MUSSOLINI FAILS [ ] SEPTEMBER 11, 1931 – SALVATORE MARANZANO IS MURDERED BY CHARLES LUCIANO'S HITMEN [ ] SEPTEMBER 11, 1937 – BIRTH OF QUEEN PAOLA RUFFO DI CALABRIA OF BELGIUM [ ] SEPTEMBER 11, 1937 – BIRTH OF ROBERT CRIPPEN, AMERICAN ASTRONAUT [ ] SEPTEMBER 11, 1940 – BIRTH OF BRIAN DE PALMA, AMERICAN FILM DIRECTOR [ ] SEPTEMBER 11, 1941 – GROUND IS BROKEN FOR THE CONSTRUCTION OF THE PENTAGON [ ] SEPTEMBER 11, 1942 – BIRTH OF LOLA FALANA, AMERICAN SINGER [ ] SEPTEMBER 11, 1944 – WORLD WAR II: RAF BOMBING RAID ON DARMSTADT AND THE FOLLOWING FIRESTORM KILL 11,500 [ ] SEPTEMBER 11, 1944 – BIRTH OF FREDDY THIELEMANS, MAYOR OF BRUSSELS [ ] SEPTEMBER 11, 1965 – THE 1ST CAVALRY DIVISION OF THE UNITED STATES ARMY ARRIVES IN VIETNAM   [ ] SEPTEMBER 11, 1966 – BIRTH OF PRINCESS AKISHINO, JAPANESE IMPERIAL FAMILY [ ] SEPTEMBER 11, 1969 – BIRTH OF STEFANO CAGOL, ITALIAN CONTEMPORARY ARTIST [ ] SEPTEMBER 11, 1973 – A CIA BACKED COUP IN CHILE HEADED BY GENERAL AUGUSTO PINOCHET TOPPLES THE DEMOCRATICALLY ELECTED PRESIDENT SALVADOR ALLENDE [ ] SEPTEMBER 11, 1973 – DEATH OF SALVADOR ALLENDE, PRESIDENT OF CHILE [ ] SEPTEMBER 11, 1979 – BIRTH OF NATHAN GALE, AMERICAN MURDERER [ ] SEPTEMBER 11, 1980 – VOTERS APPROVE THE PRESENT CONSTITUTION OF CHILE [ ] SEPTEMBER 11, 1992 – HURRICANE INIKI, ONE OF THE MOST DAMAGING HURRICANES IN UNITED STATES HISTORY, DEVASTATES HAWAII [ ] SEPTEMBER 11, 1997 – AFTER A NATIONWIDE REFERENDUM, SCOTLAND VOTES TO ESTABLISH A DEVOLVED PARLIAMENT, WITHIN THE UNITED KINGDOM [ ] SEPTEMBER 11, 2001 – THE SEPTEMBER 11, 2001 ATTACKS TAKE PLACE IN THE UNITED STATES [ ] SEPTEMBER 11, 2007 – RUSSIA TESTS THE LARGEST CONVENTIONAL WEAPON EVER, FOAB: THE FATHER OF ALL BOMBS.

ARMINUS. SEPTEMBER 11   2008

Lambda print, silicone, perspex,
dibond, 75 x 50 cm
Courtesy the artist
   Stampa lambda, silicone,
   perspex, dibond, 75 x 50 cm
   Courtesy l'artista

The Hermannsdenkmal memorial to Arminius' victory in
the Teutoburg Forest. He won three roman legions with a
coalition of Germanic tribes. This is considered a landmark
of the idea of German sense of belonging. The victory happened in 9 a.C. on September 11.
   La statua di Arminio nel nord della Germania,
   noto per aver sconfitto tre legioni romane nella
   battaglia della foresta di Teutoburgo guidando
   una coalizione di tribù germaniche. Questo viene
   considerato il momento di partenza di un'idea di
   Germania. La sua vittoria avvenne nel 9 d.C.,
   l'11 settembre.

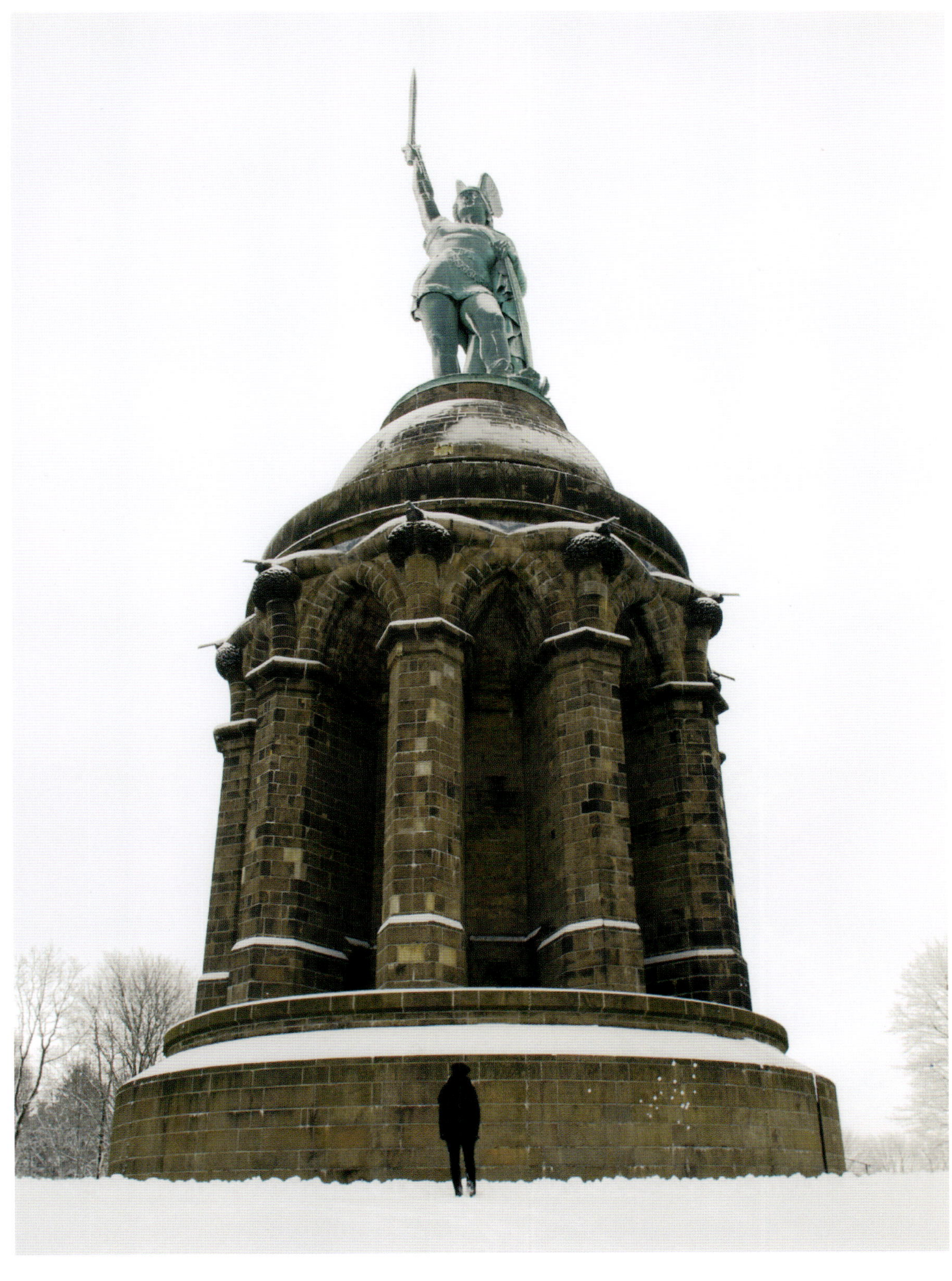

TTTT   2008

Inspired by the Latin phrase quoting Aristotle "*Omne quod movetur ab alio movetur*" (everything that is moved, is moved by something else) and conceived as a reflection on influence and power of one over another, this ephemeral action consists of the act of setting a half-empty bottle on the roof of a car. If the slope of the roof and the force exerted are right, the bottle gives way to an unexpected, prolonged, and independent rhythmic movement.

Ispirata dalla frase latina che cita Aristotele *"Omne quod movetur ab alio movetur"* (tutto quanto è mosso, è mosso da qualcos'altro) e intesa come una riflessione su influenza e potere di una cosa sull'altra, quest'azione effimera consiste nell'atto di appoggiare una bottiglia mezza vuota sul tetto di un'automobile. Se l'inclinazione del tetto e la forza impressa sono giuste, la bottiglia dà il via a un movimento ritmico inaspettato, prolungato e autonomo.

Ephemeral action, 30 sec., 10 year old car (Volkswagen Polo), partially drunk bottle of beer, video documentation, HD video on DVD, 60 sec.
Basel, Switzerland
Courtesy the artist
Azione effimera, 30 sec., auto di 10 anni (Volkswagen Polo), bottiglia di birra in parte bevuta, video di documentazione, video HD su DVD, 60 sec.
Basilea, Svizzera
Courtesy l'artista

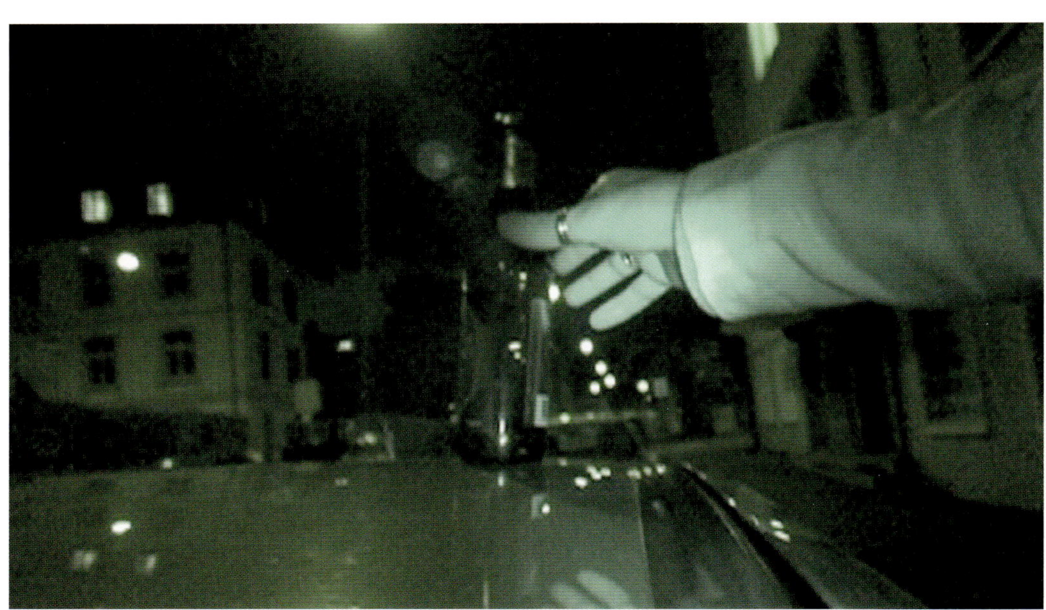

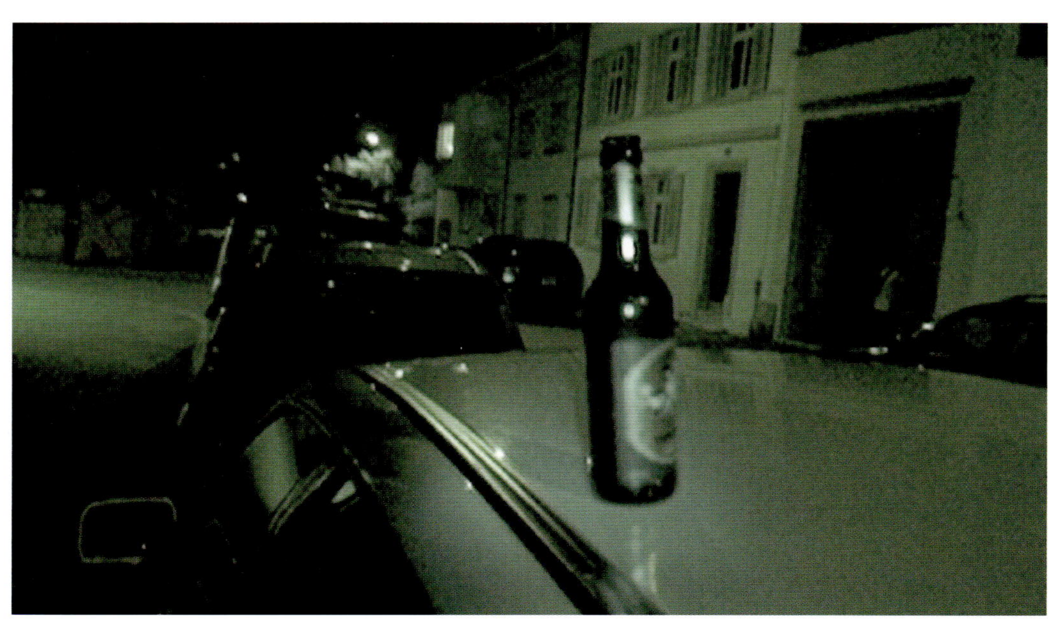

WAR RAW   2008

A flag waved on the island that is at the same time wild and a World Heritage Site defended by UNESCO, but also dotted with old, abandoned, and recent military posts. It was a white flag marked with three letters referring to the English palindrome "war" and "raw"—also used by Bruce Nauman. In Italian the word recalls also *mar*, sea. That ambiguity between extreme nature and the invasiveness of the idea of conflict on the island is also reflected in the flag.

Una bandiera è stata fatta sventolare sull'isola che è al tempo stesso selvaggia e patrimonio dell'umanità difeso dall'Unesco, ma anche costellata da antiche, abbandonate e recenti postazioni militari. È una bandiera bianca marchiata da tre lettere che in inglese rimandano al palindromo "war" e "raw", letteralmente guerra originaria – usato anche da Bruce Nauman. In italiano ricordano visivamente anche la parola "mar", mare. Quell'ambiguità tra estrema naturalità e invasività dell'idea di conflitto propria dell'isola si riflette anche nella bandiera.

Site-specific installation, flag,
sewn fabric, 4 x 6 m
Fortezza Umberto I, Isola
Palmaria, Italy
Realized with the support of
Genius Loci
Courtesy the artist
     Installazione site-specific,
     bandiera, stoffa cucita, 4 x 6 m
     Fortezza Umberto I,
     Isola Palmaria, Italia
     Realizzato col supporto
     di Genius Loci
     Courtesy l'artista

E / H / Sy—F / PA / SS / W

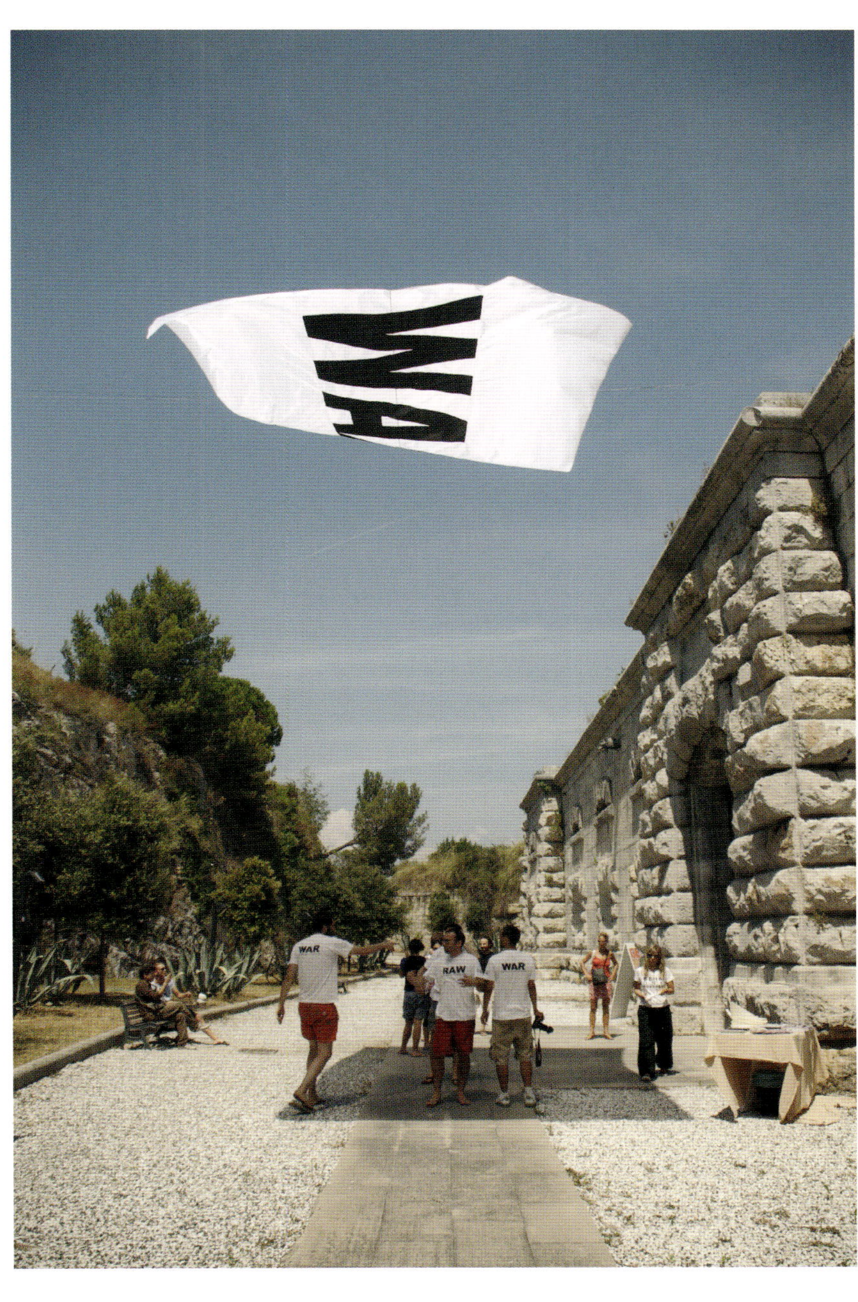

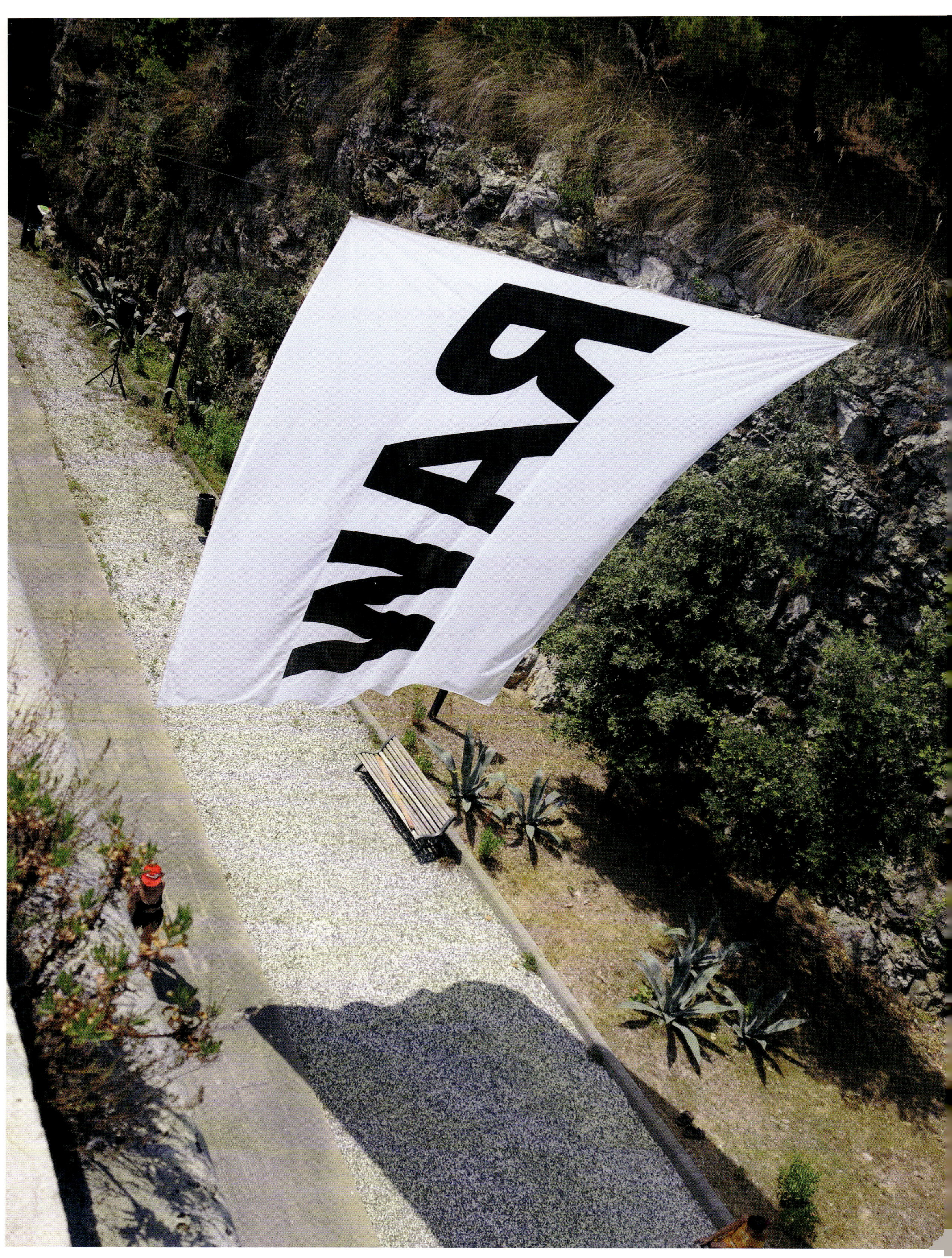
WAR
B

UN-ABLE TO MANAGE
CONFLICTS AND SHOCKS   2008

The installation translates a definition of fragility into a Morse code message. A persistent sound signal transmits it, but it is also communicated by the pulse of psychedelic colored lights—typical of youth subculture. A SOS launched between crisis and sparkling.

L'installazione traduce una definizione della fragilità in un messaggio di codice Morse. A diffonderlo è l'insistenza di un segnale sonoro, ma anche la pulsazione di luci psichedeliche colorate – tipiche delle sub-culture giovaniliste. Un SOS lanciato tra crisi e luccichio.

Audiocassette, 45 minutes of repeatable sound, cassette player, PA amplifier, horn speaker, psychedelic lights, different colors
Hoet Bekaert Gallery, Ghent, Belgium
Courtesy Hoet Bekaert Gallery, Ghent

Cassetta audio, 45 minuti di suono ripetibile, mangiacassette, amplificatore PA, amplificatore a tromba, lampade psichedeliche, diversi colori
Hoet Bekaert Gallery, Ghent, Belgio
Courtesy Hoet Bekaert Gallery, Ghent

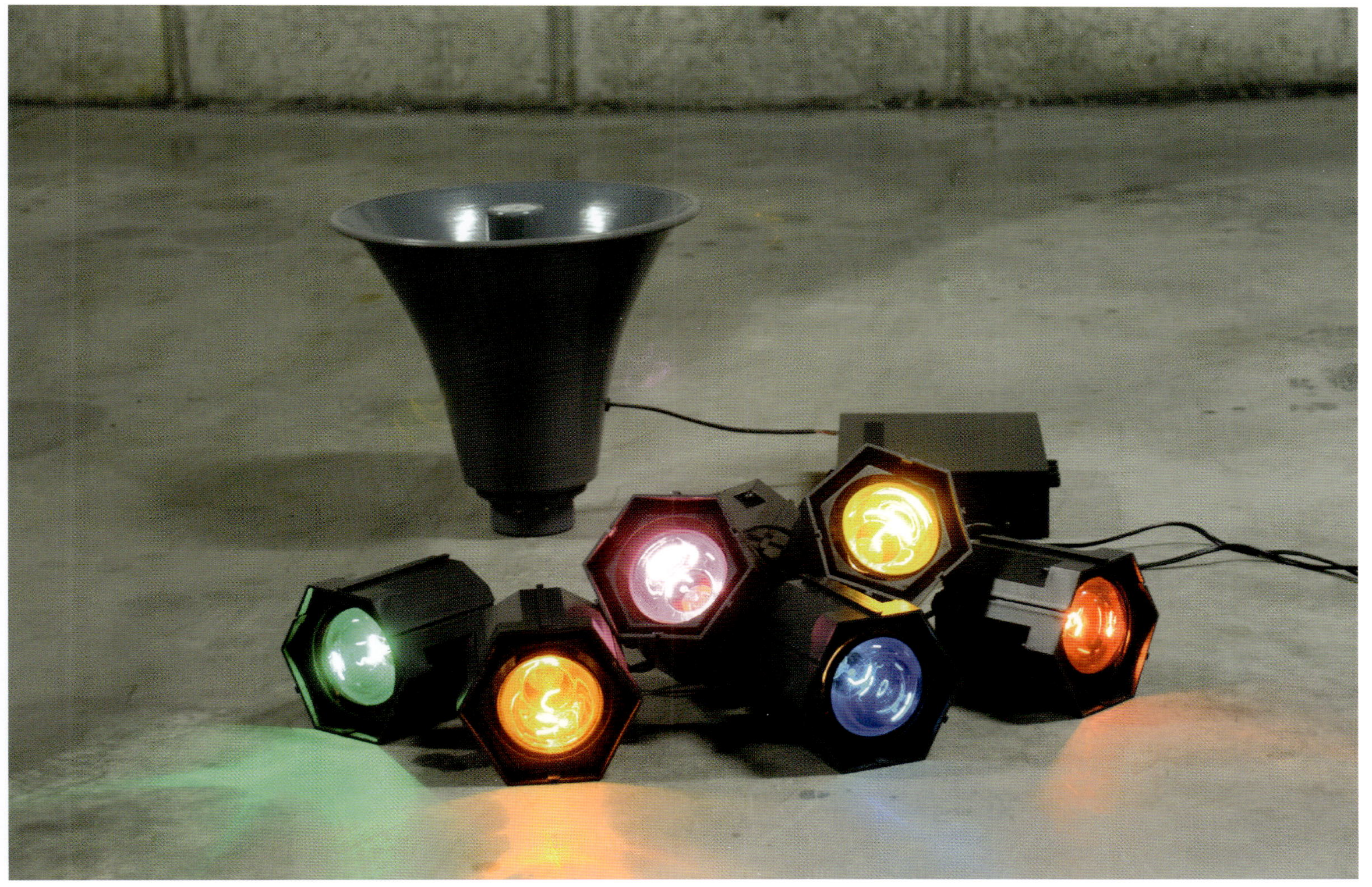

UN-SECRET SIGNALS   2008

On the anniversary of the Prague Spring, Morse code messages of light and sound were spread out all over the city. They translated phrases with definitions of individual and collective liberties, highlighting the incompatibility between the two values. Visible and audible from the center of Prague for a few minutes, a few times a day, they triggered a reflection on permanence, universality, and the contradictory nature of convictions.

Nell'anniversario della Primavera di Praga, sono stati diffusi sopra la città messaggi di codice Morse di luce e di suono. Traducevano frasi con definizioni di libertà individuale e di libertà collettiva che mettono in evidenza l'inconciliabilità tra i due valori. Percepibili dal centro di Praga per pochi minuti, poche volte al giorno, innescavano una riflessione sulla permanenza, l'universalità e la contraddittorietà delle convinzioni.

Public art installation, Morse code message of sound, 3 minutes 3 times a day, Morse code message of light, 3 minutes once a day, 2 horn speakers, halogen projector, 1000 W, metal panel, CD player, PA amplifier, light controller, timer
Petrín Tower, Prague, Czech Republic
Realized with the support of Tina B.
The Prague Contemporary Art Festival
Courtesy the artist and Tina B.
The Prague Contemporary Art Festival

Installazione d'arte pubblica, messaggio in codice Morse di suono, 3 minuti 3 volte al giorno, messaggio in codice Morse di luce, 3 minuti una volta al giorno, 2 amplificatori a tromba, proiettore alogeno, 1000 W, pannello di metallo, CD player, amplificatore PA, light controller, timer
Torre di Petrín, Praga, Repubblica Ceca
Realizzato col supporto di Tina B. The Prague Contemporary Art Festival
Courtesy l'artista e Tina B.
The Prague Contemporary Art Festival

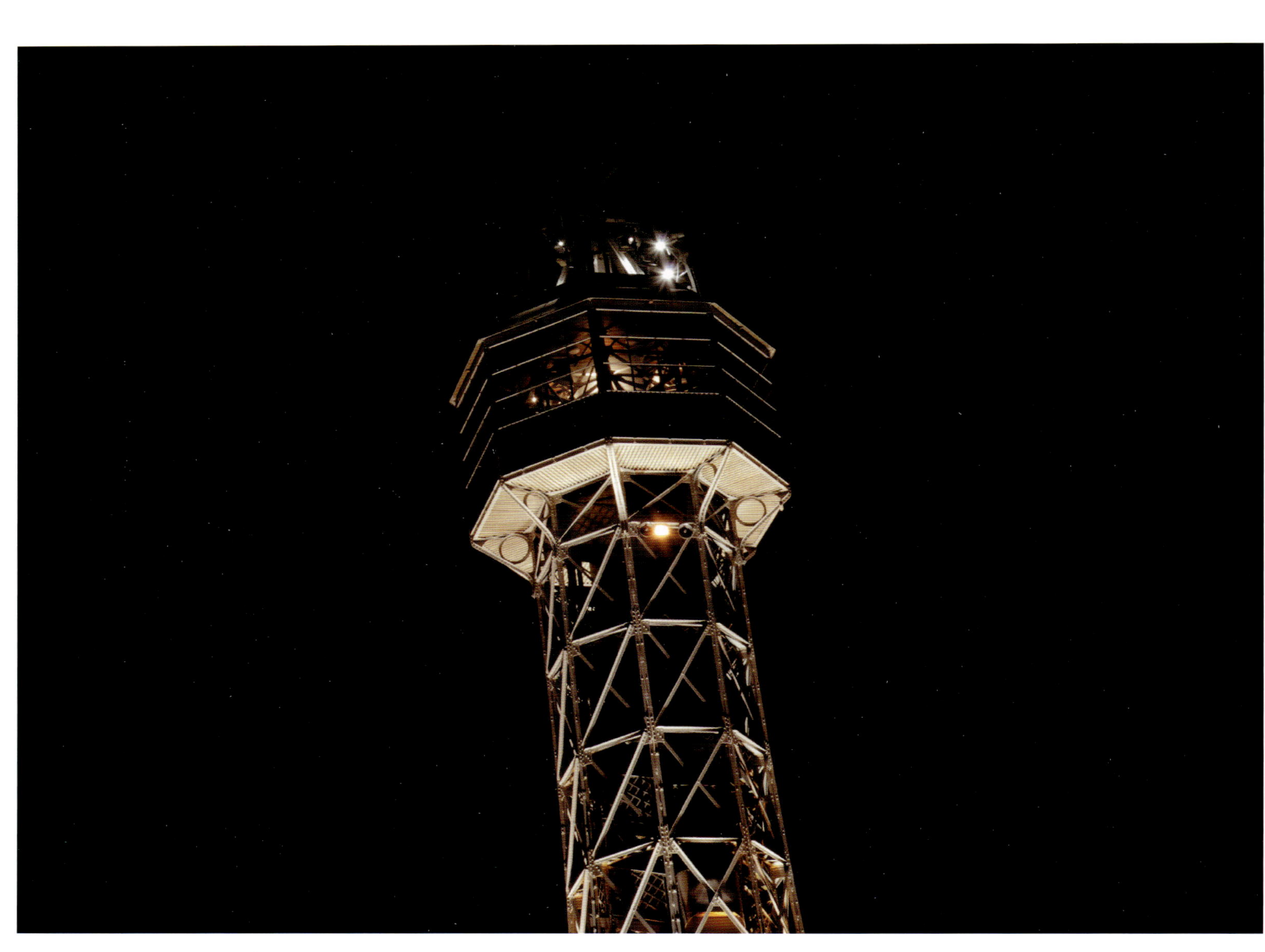

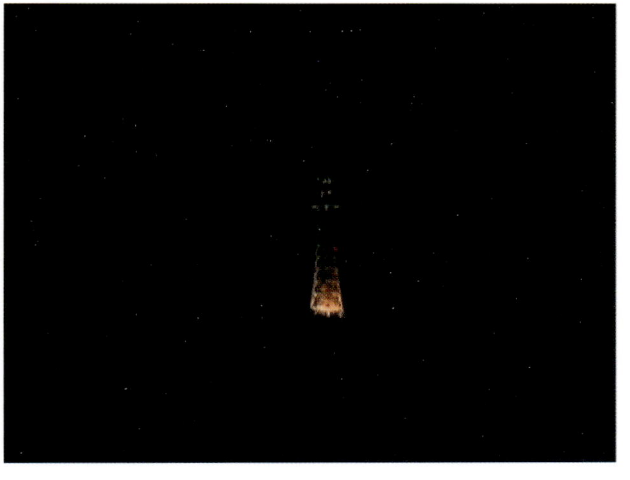

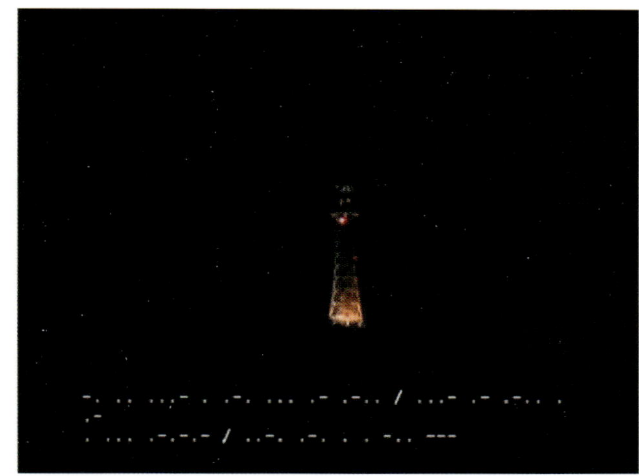

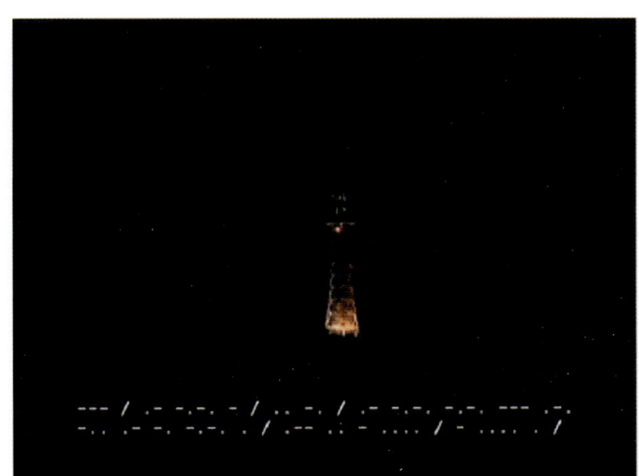

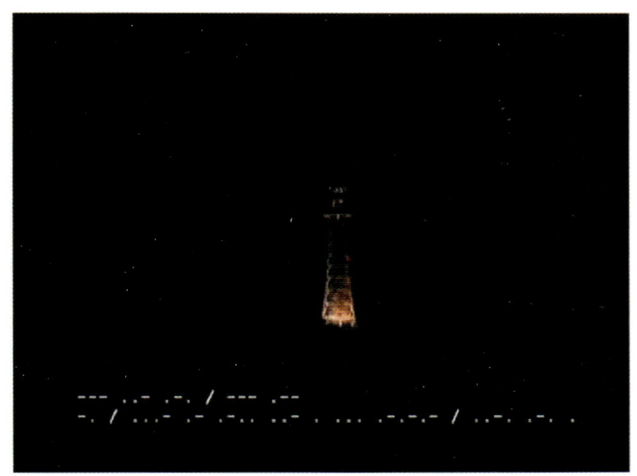

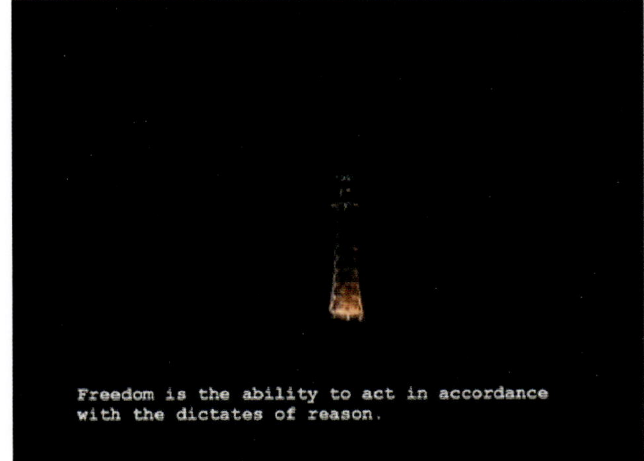

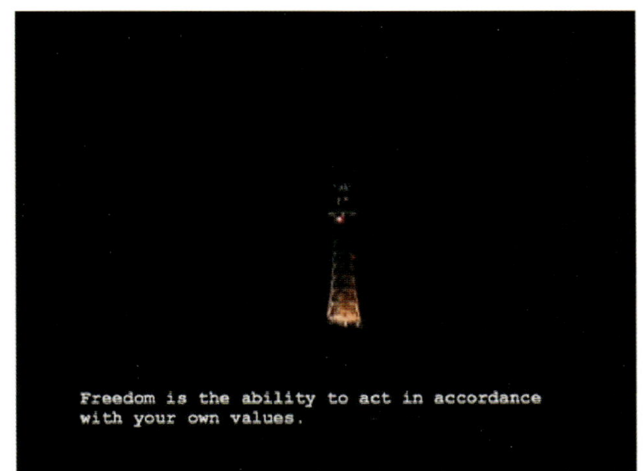
Freedom is the ability to act in accordance
with the dictates of reason.

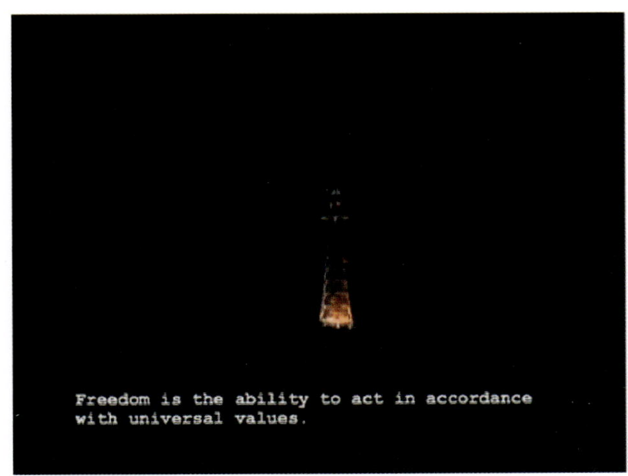
Freedom is the ability to act in accordance
with your own values.

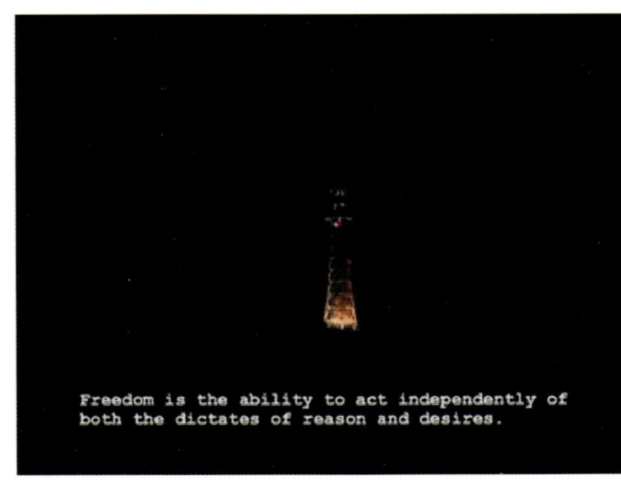
Freedom is the ability to act in accordance
with universal values.

Freedom is the ability to act independently of
both the dictates of reason and desires.

SÜD-TIROL IST NICHT ITALIEN   2008

The image captured the sign in German that warns "South Tyrol is not Italy" placed by a separatist party on the border between Italy and Austria at the Brenner Pass, a national border that separated the Tyrol (which remained Austrian) from South Tyrol (now the Italian Alto Adige) after the First World War. A symbol of boundaries that change and do not coincide with the sense of belonging, of separatism that does not coincide with the current sentiment of the European Union.

An article on *Artnet* talks about controversial boudaries, too, being contaminated by the artwork.

> L'immagine immortala il cartello in tedesco che ammonisce "Il Tirolo del Sud non è Italia" collocato da un partito separatista sul confine tra Italia e Austria al Passo del Brennero, un confine nazionale che dopo la prima guerra mondiale ha separato il Tirolo (rimasto austriaco) e il Tirolo del Sud (divenuto l'italiano Alto Adige). Un simbolo di confini che cambiano e non coincidono con il senso di appartenenza, di separatismi che non coincidono con l'attuale sentimento europeo di unione.
>
> Di controversi confini parla anche un articolo di *Artnet* contaminato dall'opera.

Cover-artwork of the magazine Exibart, issue released on the occasion of Manifesta 7 in Trentino South Tyrol
Courtesy the artist and Exibart

Brian Skar, "Strange Manifestations," *Artnet*, August 21, 2008

Opera-copertina della rivista *Exibart*, numero uscito in occasione di Manifesta 7 in Trentino-Alto Adige Südtirol
Courtesy l'artista e *Exibart*

Brian Skar, "Strange Manifestations", *Artnet*, 21 agosto 2008

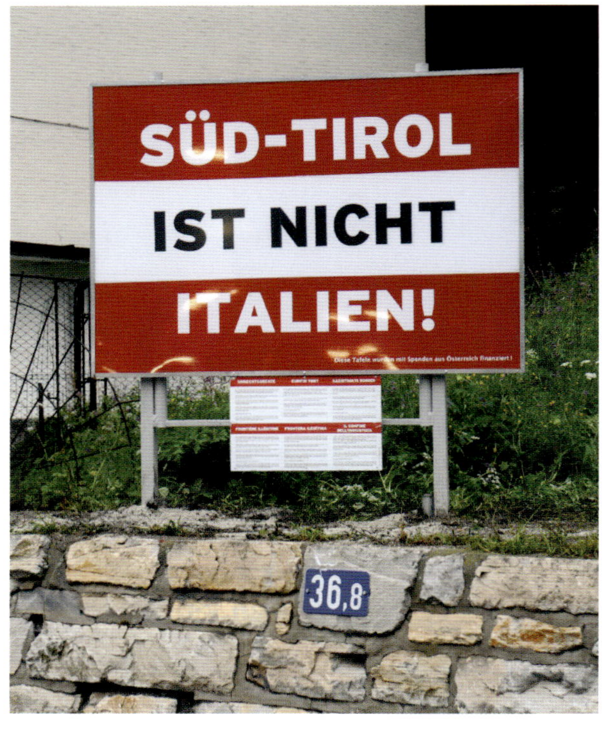

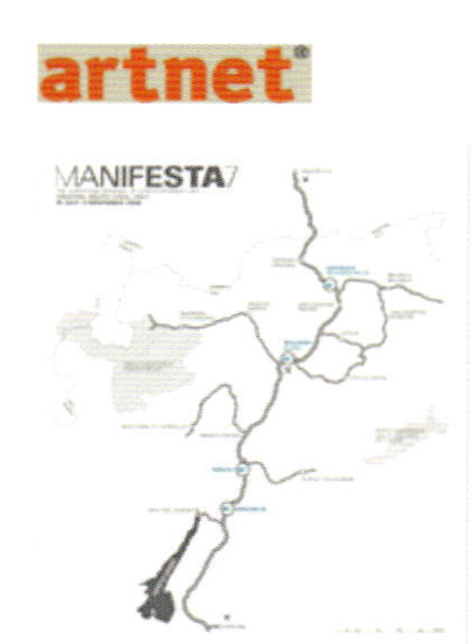

Map of Manifesta 7

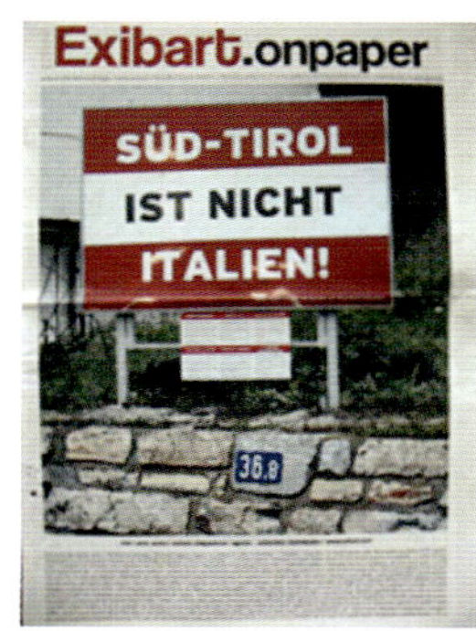

Cover of *Exibart*, with a sign stating "South Tyrol is Not Italy!"

http://www.artnet.com/magazineus/reviews/skar/skar8-21-08.asp?print=1

STRANGE MANIFESTATIONS
by Brian Skar

The seventh edition of **Manifesta**, which runs July 19-Nov. 2, 2008, is the **Voltron** of contemporary art biennials, comprised like that cartoon action hero of several units that combine to form one behemoth exhibition. By far the most ambitious in the series of European biennials put on by the Amsterdam-based **International Manifesta Foundation** (IMF), No. 7 ups the ante by embracing the entire region of Trentino/South Tyrol in northern Italy. It takes place in five major venues in four cities spanning some 80 miles. Indeed, visiting the show requires a real pilgrimage, though the half-hour train rides through northern Italian countryside from one venue to the next are certainly made less tedious by views of the Dolomites, its foothills striated by hillside vineyards.

Founded after the fall of the Iron Curtain, the IMF tends to pitch its tent in European political hotspots: Manifesta 5 took place in San Sebastian in northern Spain, where the Basque terrorist group ETA is still fighting for autonomy. More recently, a planned Manifesta 6 in Nicosia on the Greek/Turkish island of Cyprus was stymied by infighting and political tensions beyond the best intentions of organizers. Art's ability to serve as a band-aid sticking two sides together, apparently, has its limits.

In the case of Trentino/South Tyrol, tensions are at a bit of a lower intensity, but passing through one still gets the sense of the divide in the area. With Manifesta host cities such as Bolzano/Bozen, Fortezza/Franzenzfeste and Trento/Trient -- each pointedly listed with both their linguistic identities -- the region seems suspended like a coin in the air, waiting to land heads or tails. Since annexation by Italy after the First World War, Trentino/South Tyrol has been straddling an unspoken dual allegiance to Italy and Austria. Coinciding with the opening, a local arts paper ran a cover photo of a contentious billboard declaring that "Süd-Tirol ist nicht Italien!"-- that's "South Tyrol is Not Italy!" for English speakers.

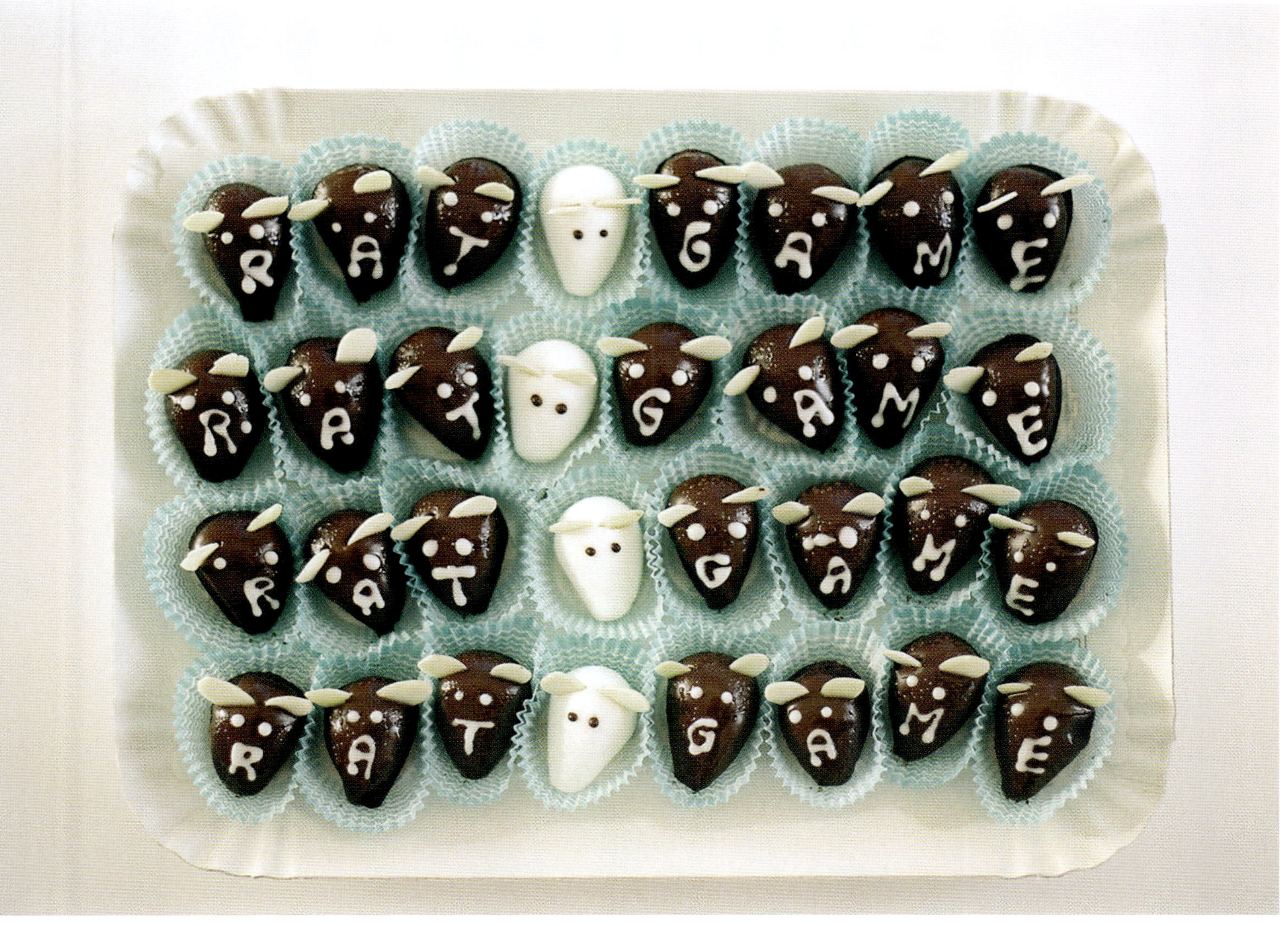

RAT GAME   2008

Sweets that are very misleading. In fact, one of the ingredients in the recipe is unexpected and dangerous: poison. Invisible, odourless, unpredictable, but lethal. It is rat poison in rat-shaped candies.

Cioccolatini quanto mai ingannevoli. Nella loro ricetta enumerano infatti un ingrediente inaspettato e pericoloso: il veleno. Invisibile, inodore, imprevedibile, ma letale. È veleno per topi in dolcetti a forma di topo.

Candies, black and white chocolate, black and white almond paste, shelled almonds, rat poison, cardboard tray, 3 sets of 24 candies each
Courtesy the artist and Priska C. Juschka Fine Art, New York

Dolci, cioccolato bianco e nero, pasta di mandorle bianca e nera, mandorle sgusciate, veleno per topi, vassoio in cartone, 3 set da 24 dolci l'uno
Courtesy l'artista e Priska C. Juschka Fine Art, New York

Stampa lambda, silicone, perspex, 70 x 100 cm
Courtesy the artist and Priska C. Juschka Fine Art, New York

Stampa lambda, silicone, perspex, dibond, 70 x 100 cm
Courtesy l'artista e Priska C. Juschka Fine Art, New York

PROPAGANDIZED
(HOET WITH THREE LETTERS)   2008

The action has been realized for major artists' celebration
as part of the farewell exhibition *Loss of Control* by Jan
Hoet at MARTa Herford. Curator's name was repeated on a
series of badges, creating a sort of propagandistic situation
and declaring the active central role of art in society.

L'azione è stata realizzata in occasione della
celebrazione parte della mostra di addio di Jan
Hoet *Loss of Control* al MARTa Herford. Il nome
dell'artista è stato ripetuto su una serie di spille
creando una sorta di campagna propagandistica e
dichiarando il ruolo centrale attivo dell'arte nella
società.

Action, video DVD, 4 min.
(loop), 1000 metal badges
MARTa Herford, Germany
Courtesy the artist
Azione, video DVD, 4 min.
(loop), 1000 spille metalliche
MARTa Herford, Germania
Courtesy l'artista

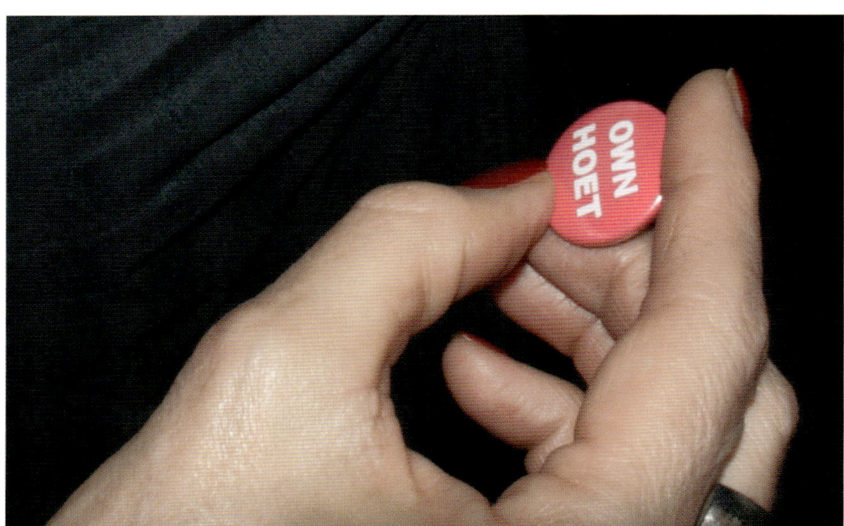

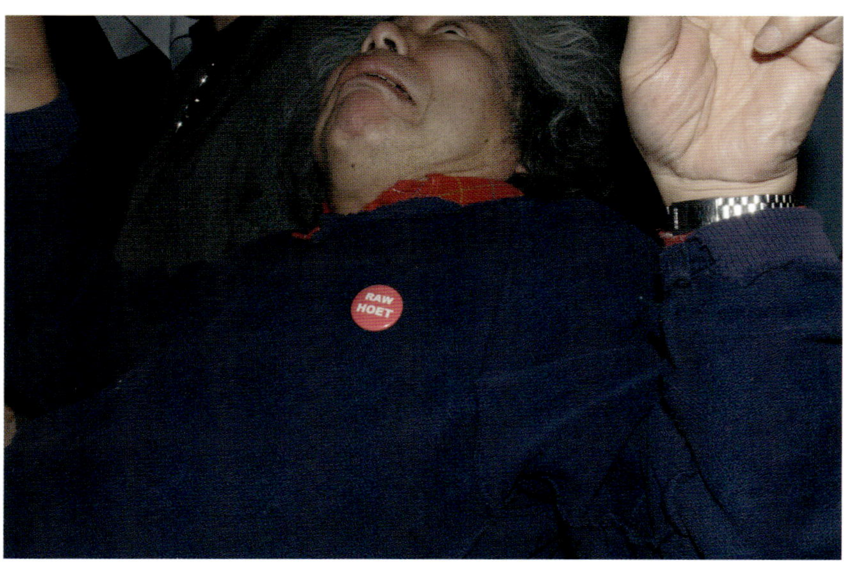

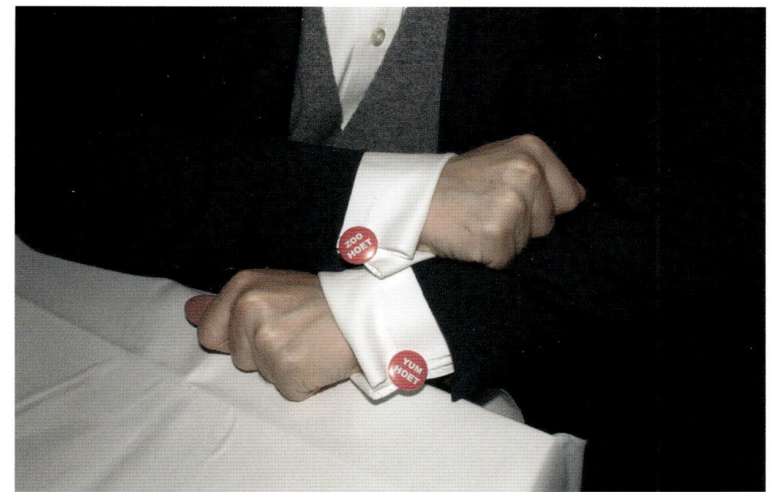

ZOO
HOET
YUM
HOET

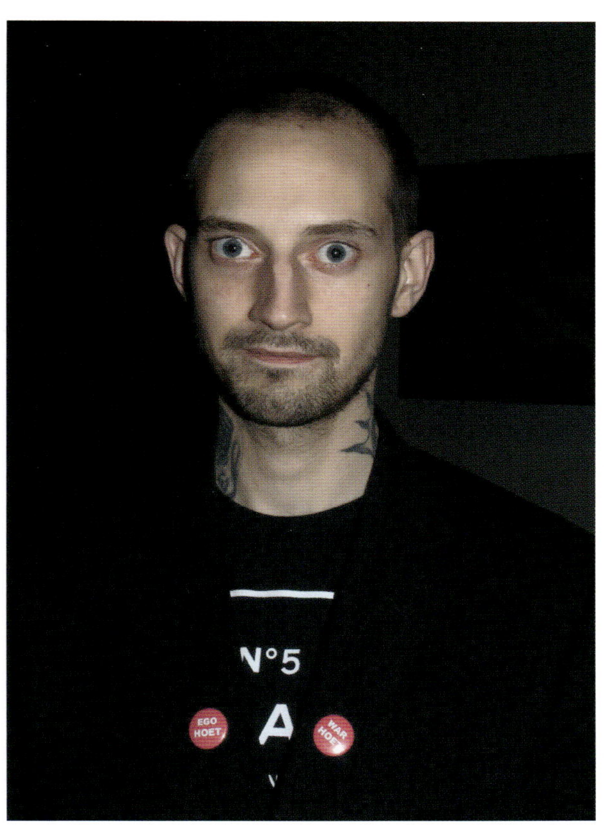

N°5
A
EGO
HOET
WAR
HOET

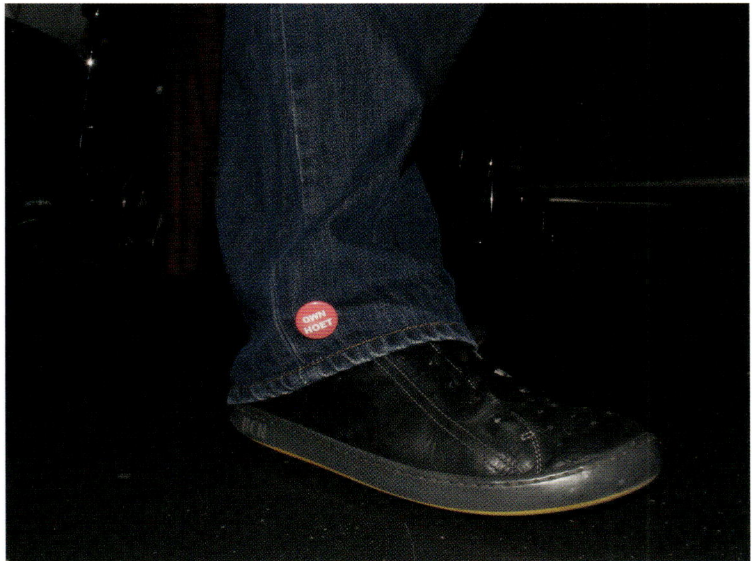

OWN
HOET

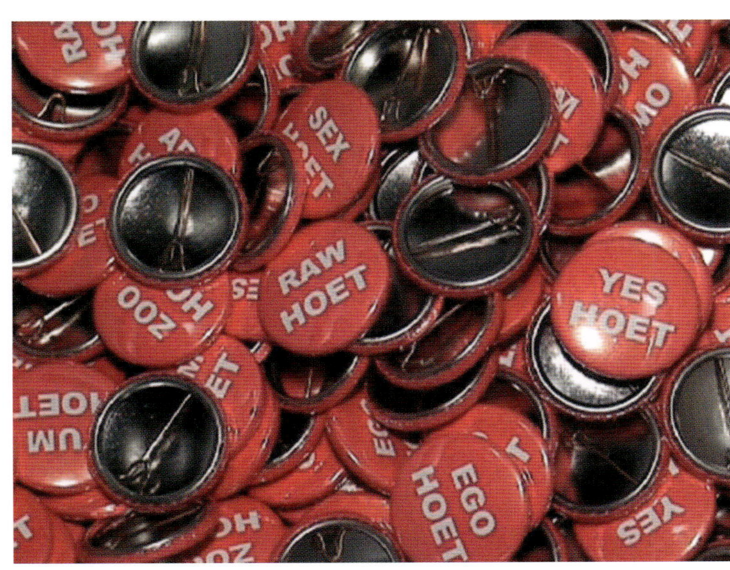

SEX
HOET
RAW
HOET
YES
HOET
ZOO
EGO
HOET

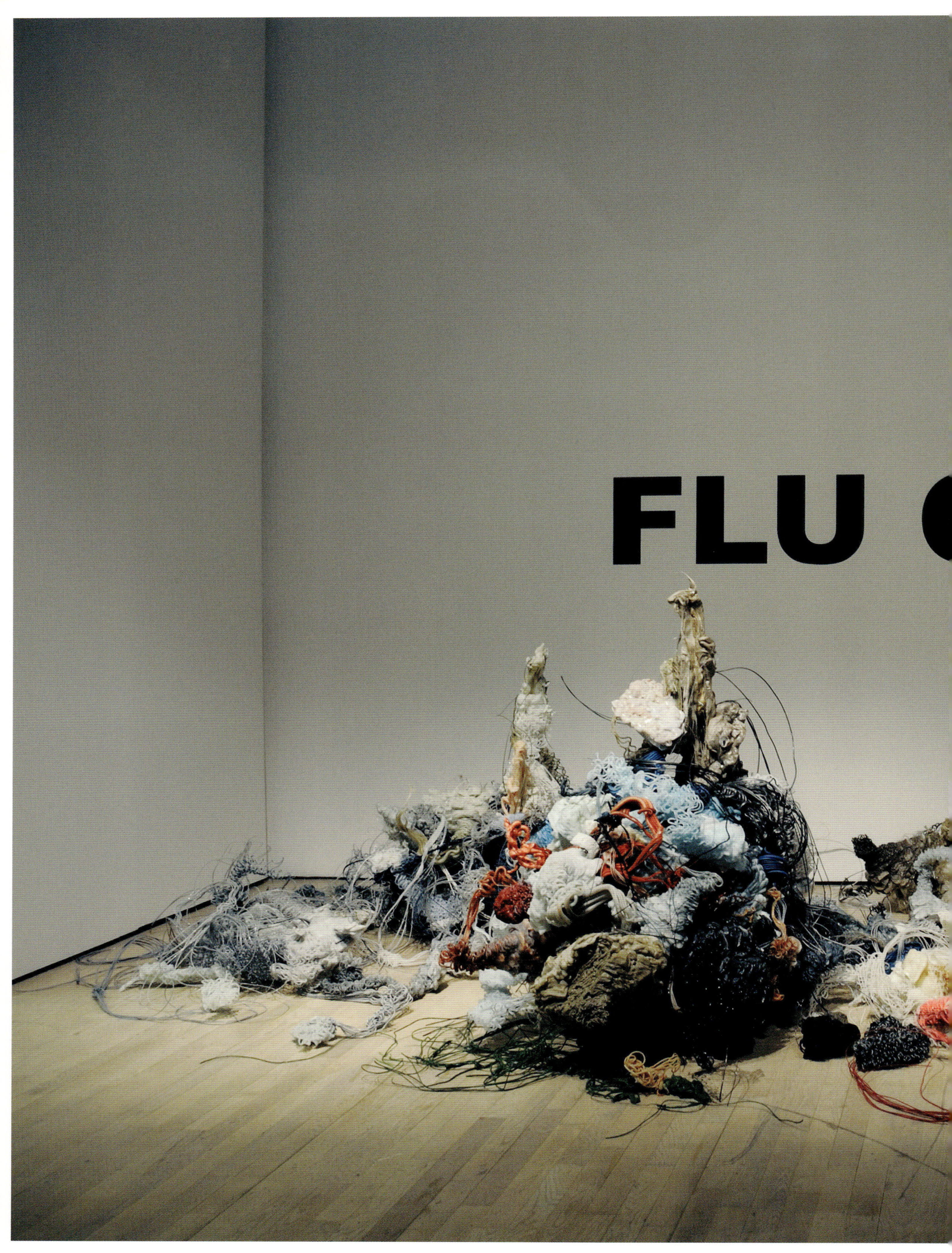
FLU

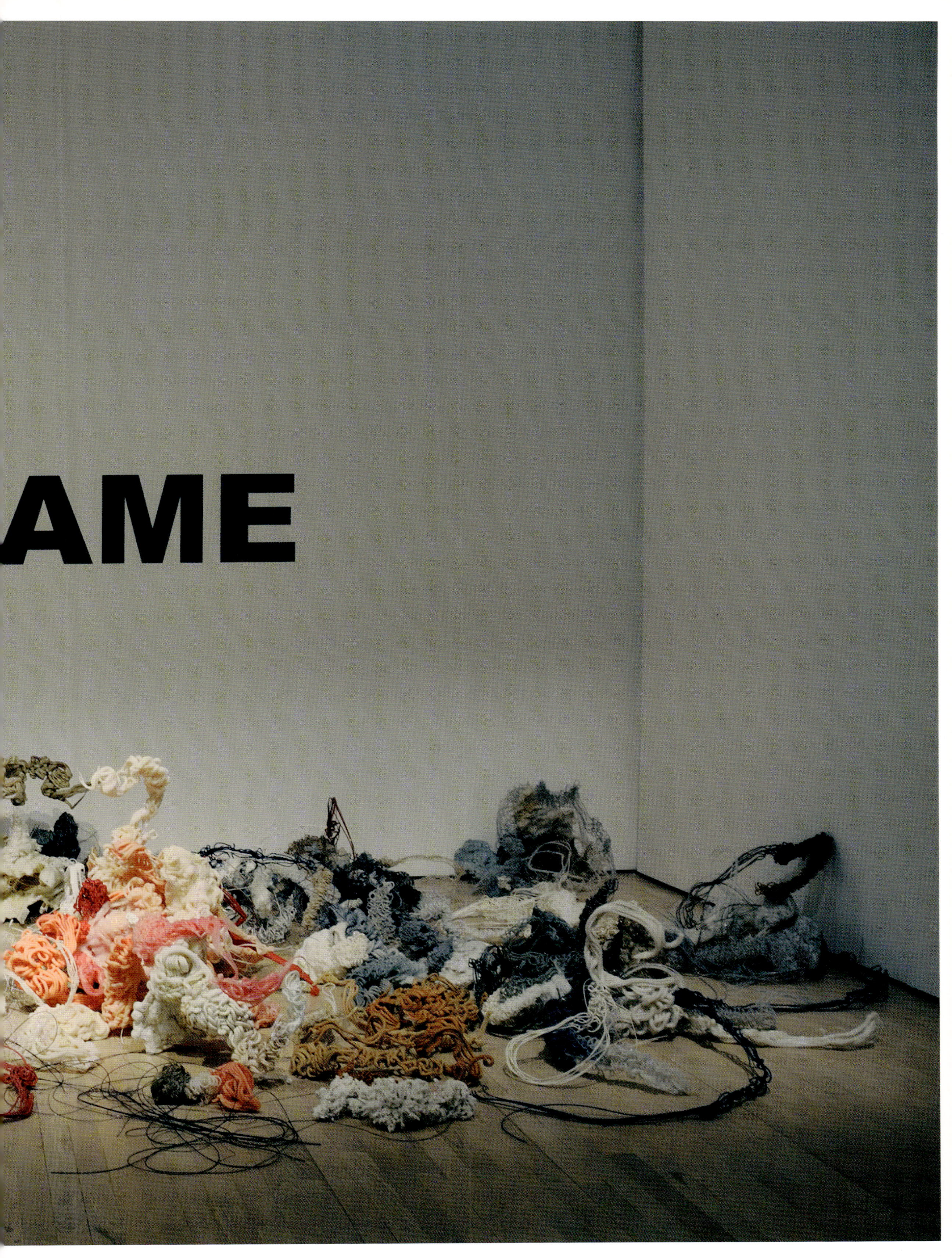

AME

FLU GAME   2008

An articulated series of irregular, rounded, fibrous, and organic shapes extends creating tangles, knots, invasions, exchanges, and gaps. This varying landscape is dominated by the writing "FLU GAME" — which on the contrary is plain in block letters. The abbreviation flu means literally influenza (as physical, viral disease), but can also invoke the idea of mental (psychological) influence…

Un susseguirsi articolato di forme irregolari, arrotondate, filamentose, organiche, si estende creando continui intrecci, innesti, invasioni, cambi, stacchi. Questo paesaggio variabile è sovrastato dalla scritta *"FLU GAME"* – al contrario secca e cubitale. L'abbreviazione *"flu"* significa letteralmente influenza (come disturbo fisico, virale), ma può richiamare anche l'idea di un'influenza mentale (psicologica)…

Installation, scraps of industrial polymers, stickers with writing, environmental dimensions
Mart – Museum of Modern and Contemporary Art of Trento and Rovereto, Italy
On deposit at Mart – Museum of Modern and Contemporary Art of Trento and Rovereto
Courtesy the artist and Mart – Museum of Modern and Contemporary Art of Trento and Rovereto

Installazione, scarti di polimeri industriali, scritta adesiva, dimensioni ambientali
Mart – Museo di Arte Moderna e Contemporanea di Trento e Rovereto, Italia
In deposito a Mart – Museo di Arte Moderna e Contemporanea di Trento e Rovereto
Courtesy l'artista e Mart – Museo di Arte Moderna e Contemporanea di Trento e Rovereto

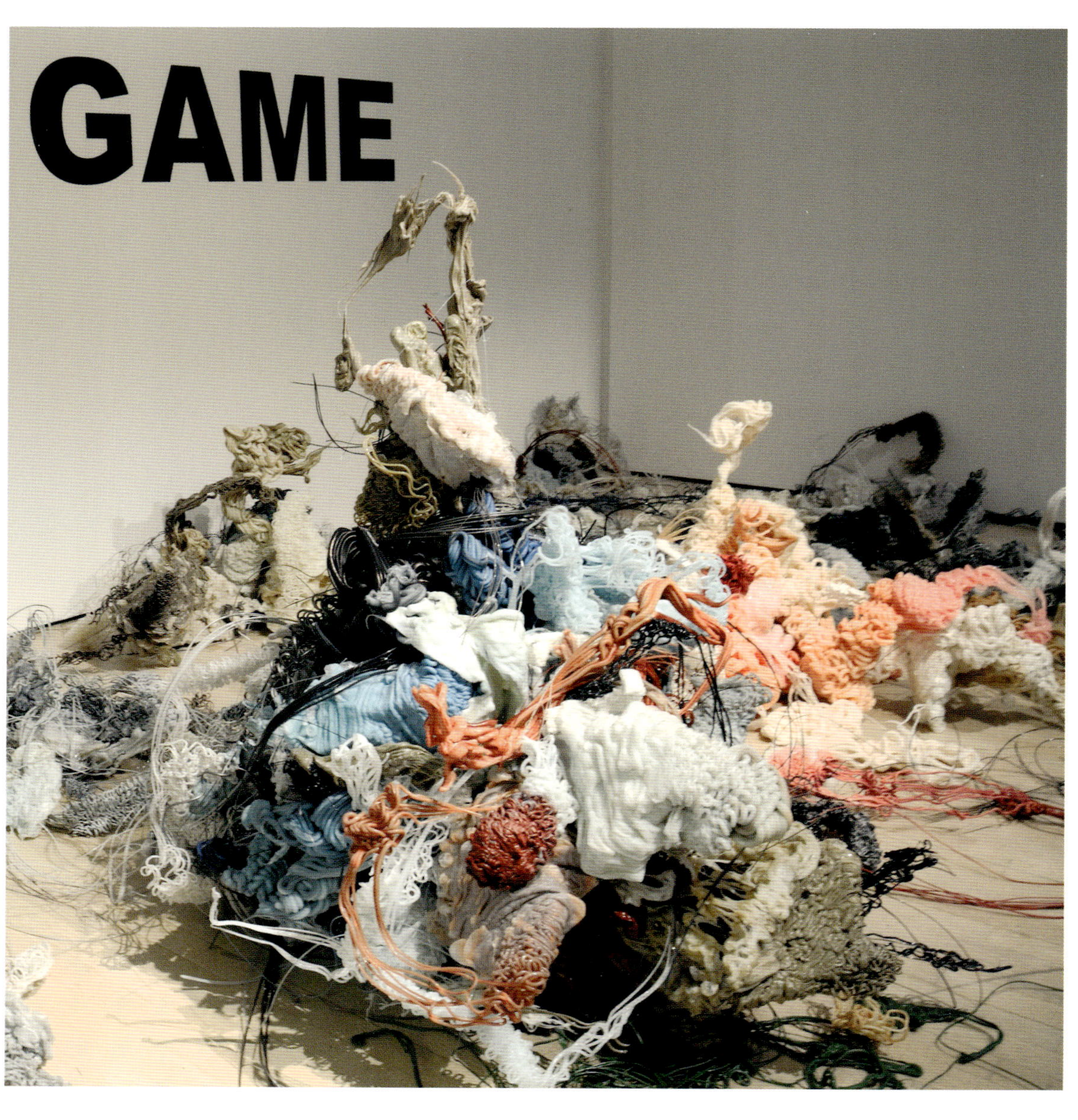

LIGHT DISSOLUTION
(OF THE BORDERS).
DISSOLUZIONE DI LUCE.
AUFLOESUNG IM LICHT   2008

A powerful beacon was placed on the border between Trentino and South Tyrol, a border that does not correspond to the national one and that separates two different cultures, German-speaking and Italian. Moving horizontally from North to South above the city of Trento during the opening week of Manifesta 7, the line of light underlined and, at the same time, canceled out the cultural, political, and mental border.
The light box with the photograph of the installation *Light Dissolution (of the borders). Dissoluzione di luce. Aufloesung im Licht* won the Terna Prize 02 for Contemporary Art.

Un potente faro è stato posizionato al confine tra Trentino e Alto Adige, un confine che non corrisponde con quello nazionale e che separa le due differenti culture, germanofona e italiana. Muovendosi orizzontalmente da nord a sud sopra la città di Trento durante la settimana inaugurale di Manifesta 7, la linea di luce sottolineava e cancellava al tempo stesso il confine culturale, politico e mentale.
Il light box con la fotografia dell'installazione *Light Dissolution (of the borders). Dissoluzione di luce. Aufloesung im Licht* ha vinto il Premio Terna 02 per l'Arte Contemporanea.

Public art installation, beacon, 7000 W, north-south movement of 120 degrees, 3 passages per minute
Collina di Sardagna, Parallel Event, Manifesta 7, Trento, Italy
Realized with the support of the Autonomous Province of Trento
Courtesy the artist

Installazione d'arte pubblica, faro, 7000 W, movimento nord sud di 120 gradi, 3 passaggi al minuto
Collina di Sardagna, Evento parallelo, Manifesta 7, Trento, Italia
Realizzato col supporto di Provincia autonoma di Trento
Courtesy l'artista

Dissoluzione di luce.
Nord – Sud Est
Light box on duratrans, 69 x 143 cm
Courtesy the artist and Studio d'Arte Raffaelli, Trento

Light box su duratrans, 69 x 143 cm
Courtesy l'artista e Studio d'Arte Raffaelli, Trento

Dissoluzione di luce
Light box on duratrans, 100 x 150 cm
Courtesy the artist, Oredaria Arti Contemporanee, Rome and Terna Prize 02 for Contemporary Art, Rome

Light box su duratrans, 100 x 150 cm
Courtesy l'artista, Oredaria Arti Contemporanee, Roma e Collezione Premio Terna 02 per l'Arte Contemporanea

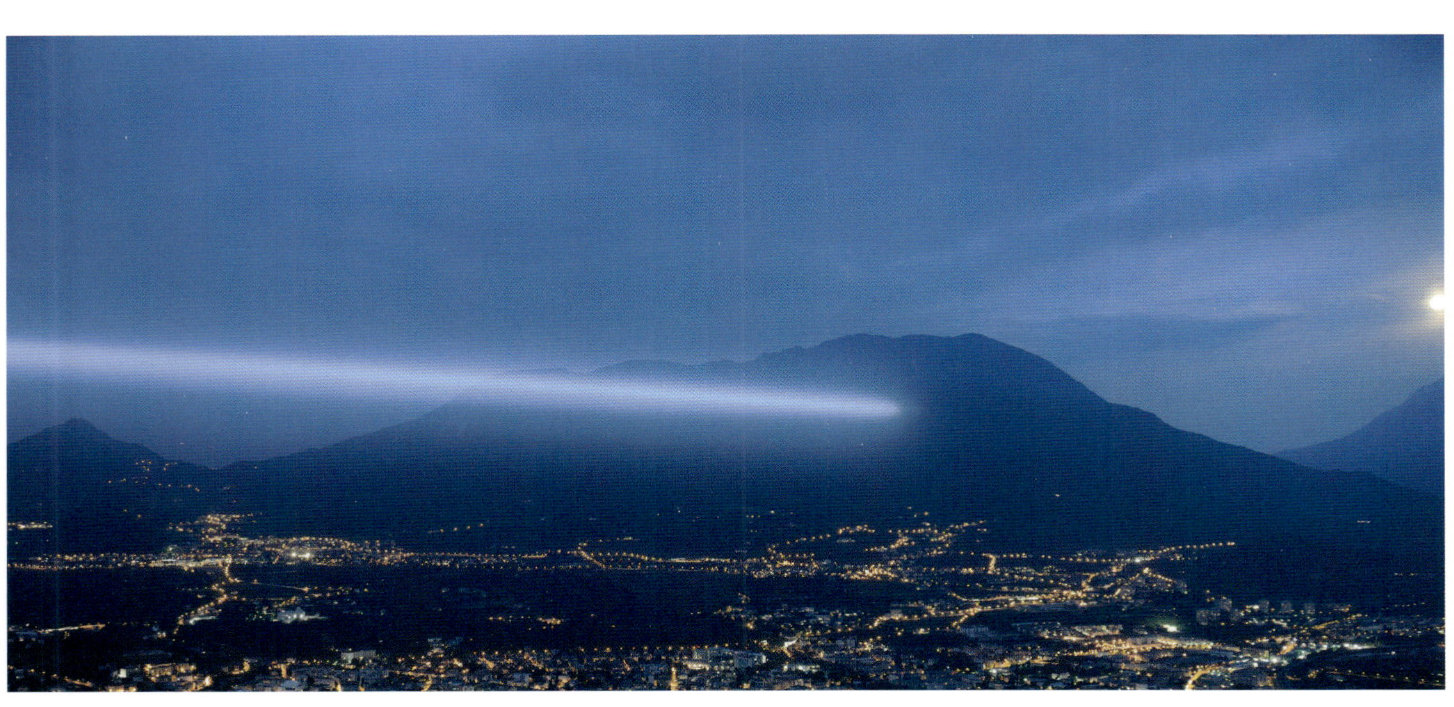

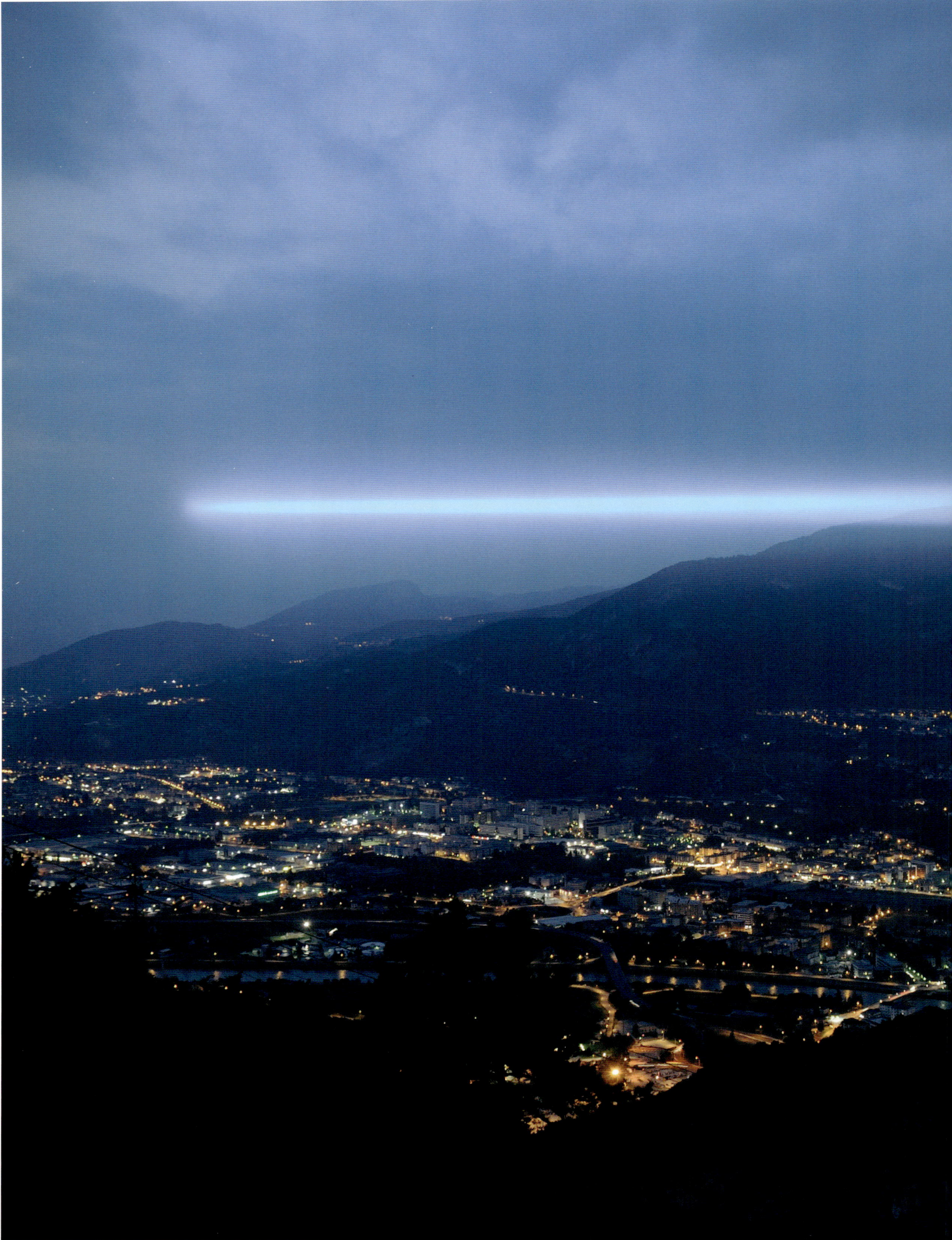

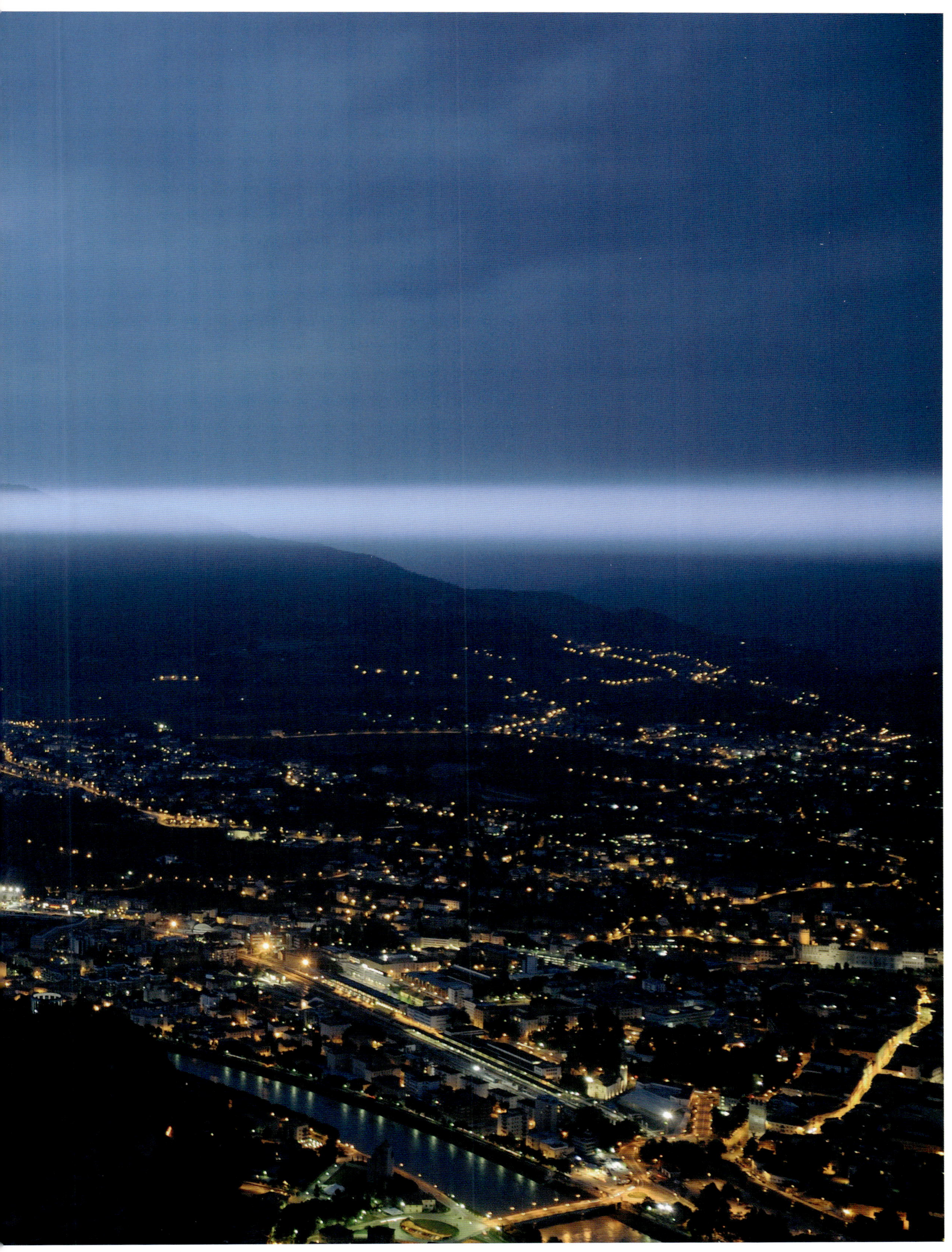

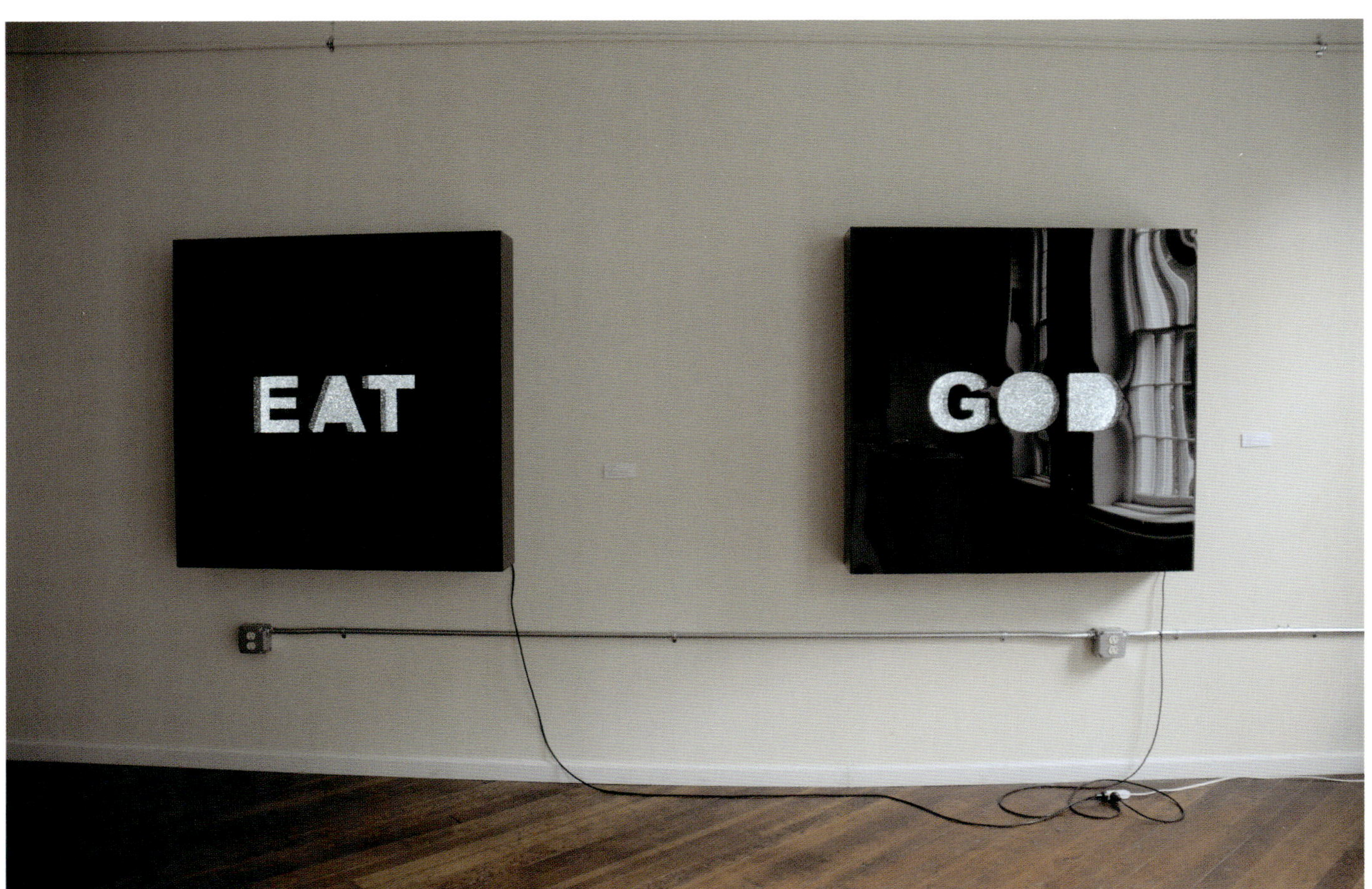
EAT
GOD

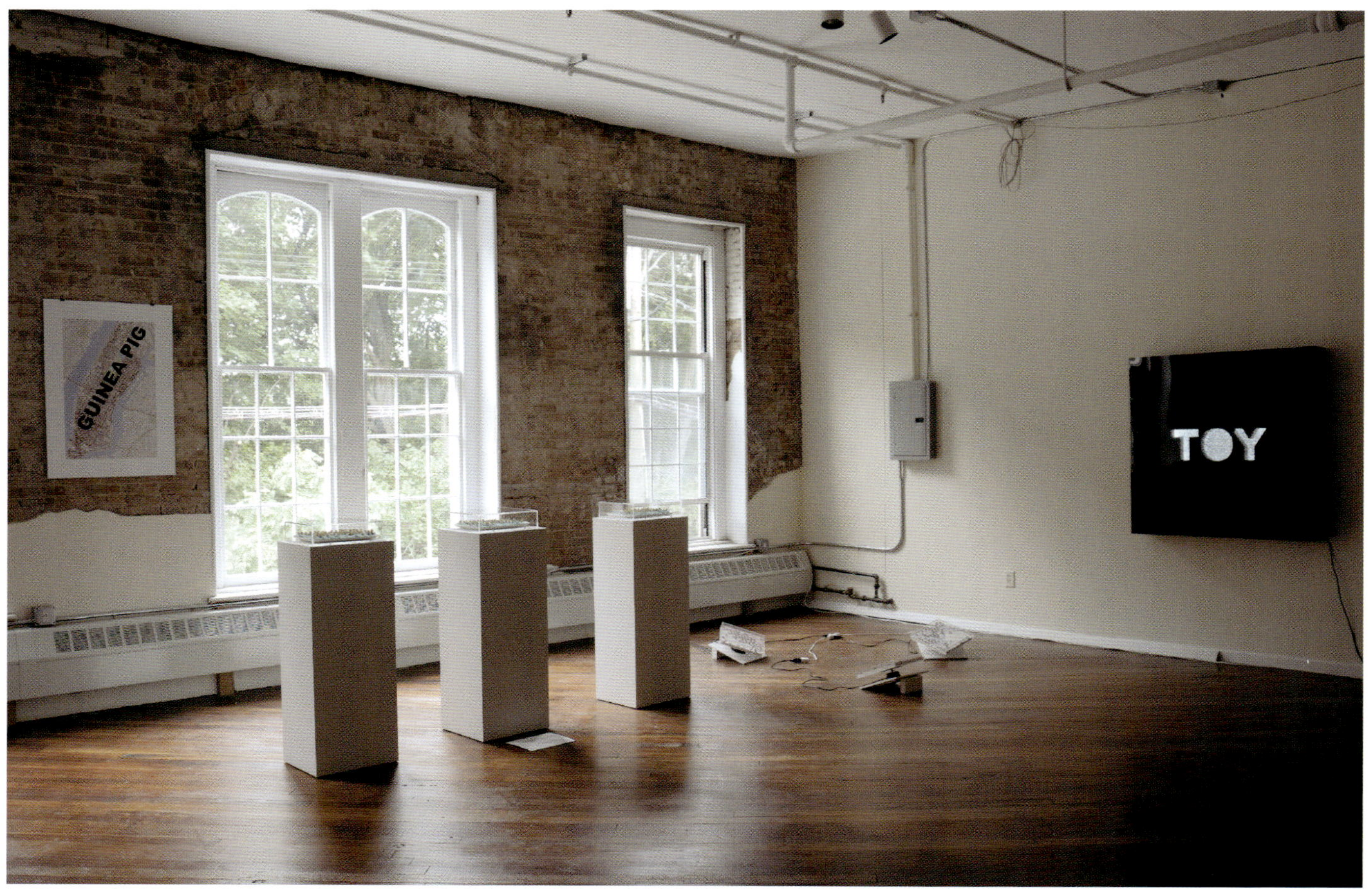
GUINEA PIG
TOY

EAT, GOD, TOY   2008

A trio brings together three fundamental elements of contemporary society. These three concepts—"eat," "god," "toy"—are shown as multifaceted and ambiguously haunting: they shatter and move, reflecting the light that strikes them.

Una triade riunisce tre elementi fondanti della società contemporanea. Questi tre concetti – *"eat", "god", "toy"* (mangiare, Dio, gioco) – sono mostrati come multisfaccettati e ambiguamente ammalianti, fatti di infiniti riflessi che s'infrangono e si muovono, riflettendo la luce che li colpisce.

Plexiglas bent by hand, sequins, dibond, synchronous motor, neon tubes, 120 x 120 x 20 cm each.
HVCCA – Hudson Valley Centre for Contemporary Art, Peekskill
Courtesy Priska C. Juschka Fine Art, New York

Plexiglas piegato a mano, pailettes, dibond, motore sincrono, tubi neon, 120 x 120 x 20 cm cad.
HVCCA – Hudson Valley Centre for Contemporary Art, Peekskill
Courtesy Priska C. Juschka Fine Art, New York

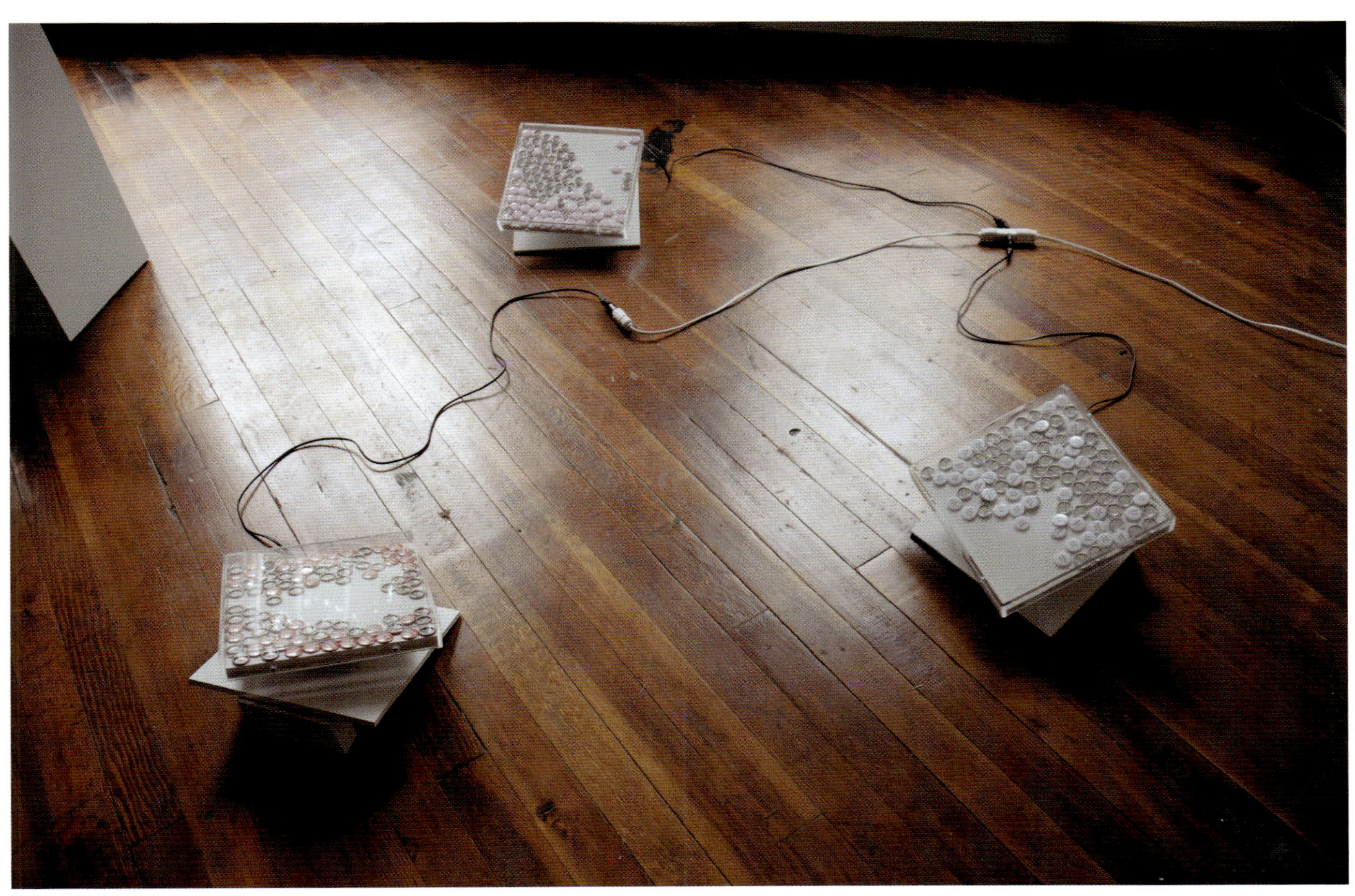

PIG TURN, GAME TURN, FLU TURN 2008

Three lottery wheels rotate and change the combinations of words within them, made of metal badges imprinted with pairs of terms. One lottery is dedicated to the English word "flu" (influenza) coupled with different sources of power of our society—from politics to sex to media. Another to the word "game." The third wheel starts from the Guinea pig—laboratory animal—and suggests other nationalities for the little "pig:" USA, Italy...

> Tre lotterie, ruotando, cambiano la combinazione di parole al loro interno, fatta di spille metalliche con impresse coppie di termini. Una è dedicata al termine inglese *flu* (influenza) accoppiato con diversi poteri della società, dalla politica al sesso, ai media. Un'altra al termine *game* (gioco). La terza ruota parte dalla definizione *Guinea pig* per indicare il porcellino d'India o cavia da laboratorio e ipotizza altre nazionalità del porcellino: USA, Italia...

Installation, plexiglas, forex, synchronous motor, metal pins
Priska C. Juschka Fine Art, New York
Courtesy of Priska C. Juschka Fine Art, New York
> Installazione, plexiglas, forex, motore sincrono, spille metalliche
> Priska C. Juschka Fine Art, New York
> Courtesy Priska C. Juschka Fine Art, New York

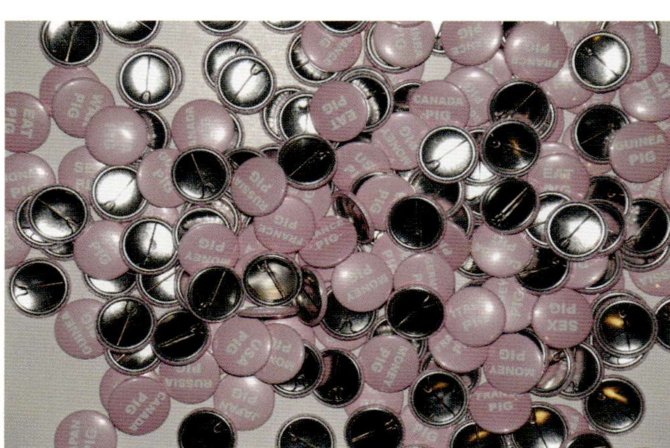

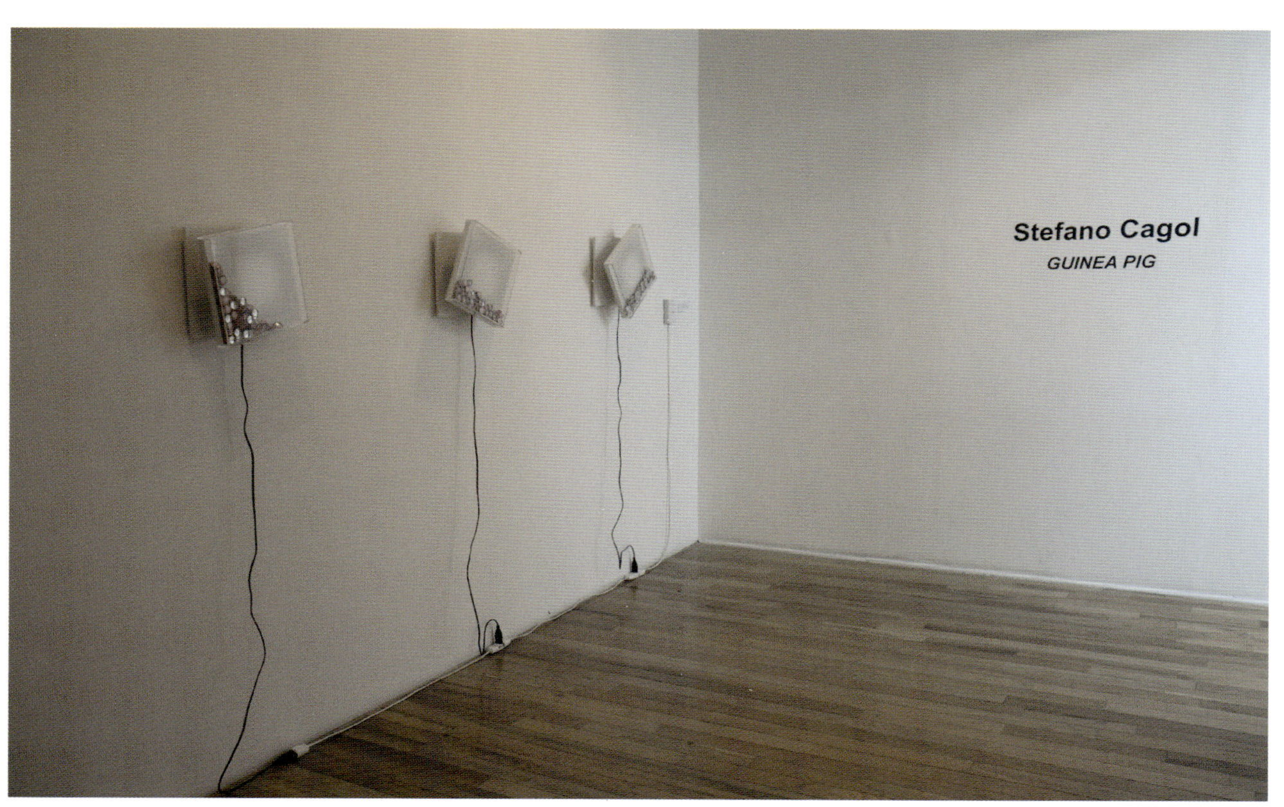

IN ART WE TRUST   2008

The beliefs—religious, political, collective, and personal
—are not unalterable, nor monolithic. The American slogan
par excellence, unchanged for decades and printed on dol-
lars, has been attacked by a symbolic change. Three letters
have been replaced without drawing too much attention,
but completely changing the meaning of the sentence that,
instead of "In God We Trust", states "In Art We Trust."

I credi – religiosi, politici, collettivi, personali –
non sono inalterabili e nemmeno monolitici.
Lo slogan americano per eccellenza, immutato da
decenni e impresso sui dollari, è stato attaccato
da un cambiamento simbolico. Tre lettere sono
state sostituite senza dare troppo nell'occhio, ma
modificando completamente il senso della frase e,
invece che *In God We Trust* (Crediamo in Dio),
si legge *In Art We Trust* (Crediamo nell'arte).

Print on canvas, variable dimensions,
from 43 x 100 cm to 200 x 450 cm
Courtesy the artist and Studio
d'Arte Raffaelli, Trento
Stampa su tela, dimensioni
variabili, da 43 x 100 cm a 200 x
450 cm
Courtesy l'artista e Studio
d'Arte Raffaelli, Trento

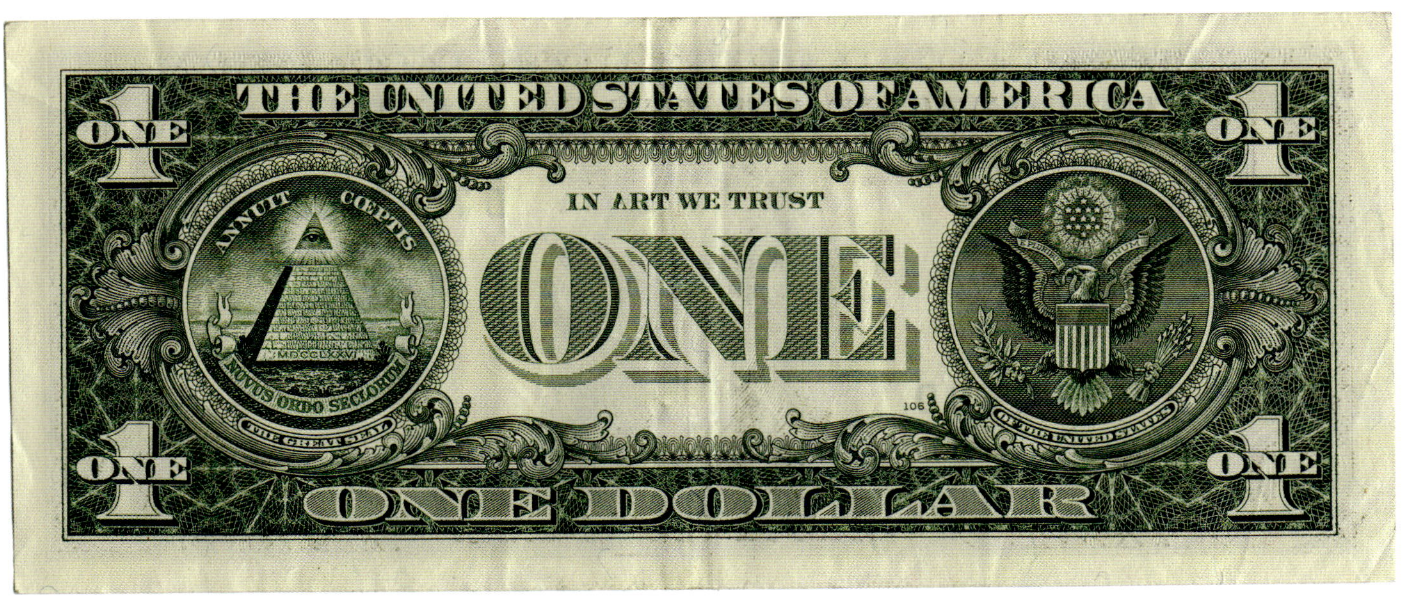

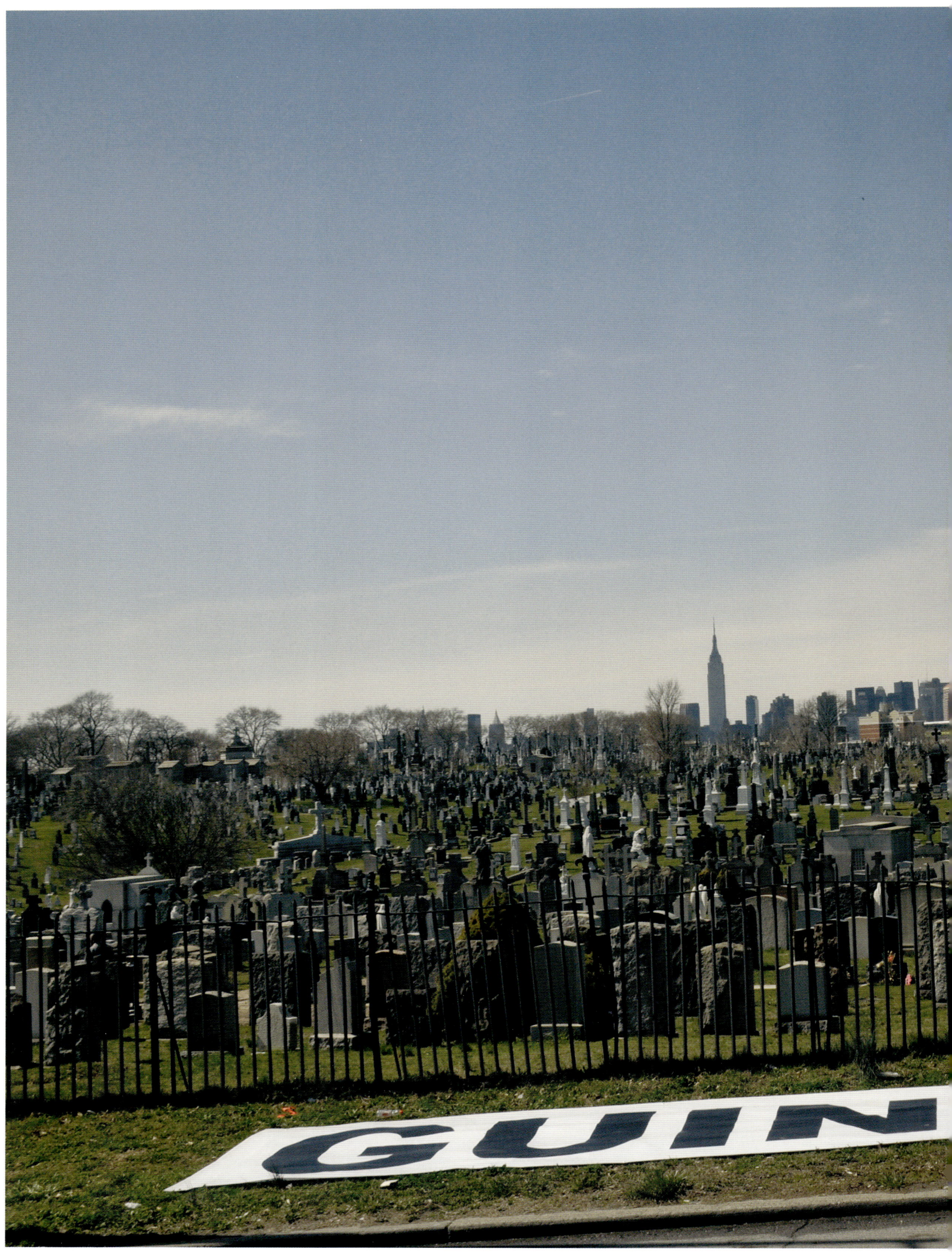
GUIN

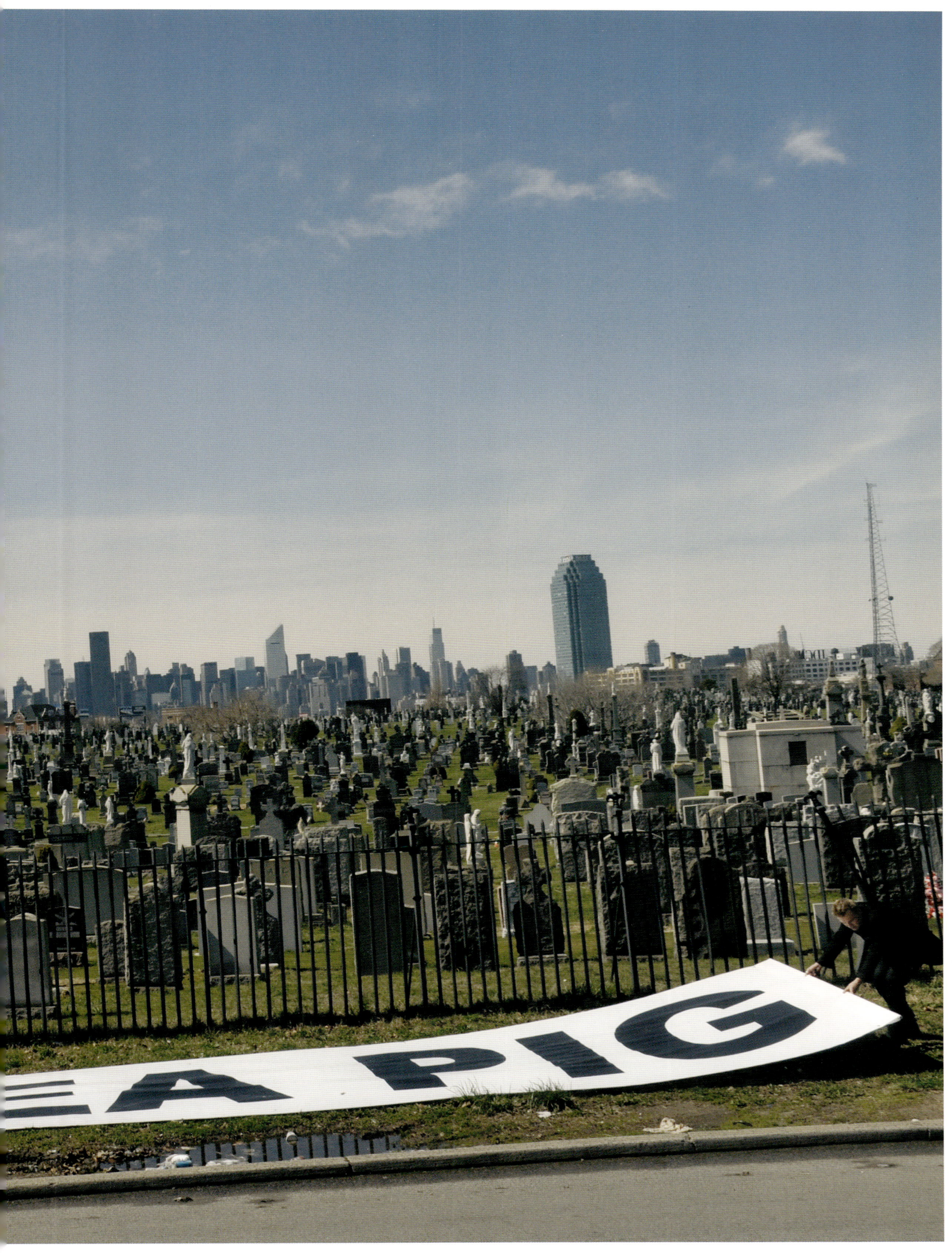

A PIG

GUINEA PIG
R.I.P. REST IN PEACE   2008

Manhattan's silhouette of skyscrapers merges with the high profiles of the tombstones of Calvary Cemetery, one of the oldest in America, while in the foreground an unexpected action takes place: a long banner is unrolled slowly, leaving to the end the sight of the words engraved on its surface. In huge black block letters it says "GUINEA PIG."

L'orizzonte cittadino dei grattacieli di Manhattan si confonde con i profili alti delle lapidi del Calvary Cemetery, uno dei più antichi d'America, mentre in primo piano si svolge un'azione inaspettata: un lungo striscione viene srotolato lentamente, senza lasciar presagire fino alla fine le parole impresse sulla sua superficie. In nero a caratteri cubitali c'è scritto "*GUINEA PIG*", l'inglese per porcellino d'India e cavia da laboratorio.

Lambda print, silicone, perspex, dibond, 90 x 160 cm, video still from HD video on DVD, 5 min. (loop)
Calvary Cemetery, New York, USA
Courtesy the artist and Priska C. Juschka Fine Art, New York

Stampa lambda, silicone, perspex, dibond, 90 x 160 cm, still da video HD su DVD, 5 min. (loop)
Calvary Cemetery, New York, USA
Courtesy l'artista e Priska C. Juschka Fine Art, New York

F / SP / Sv / U – W

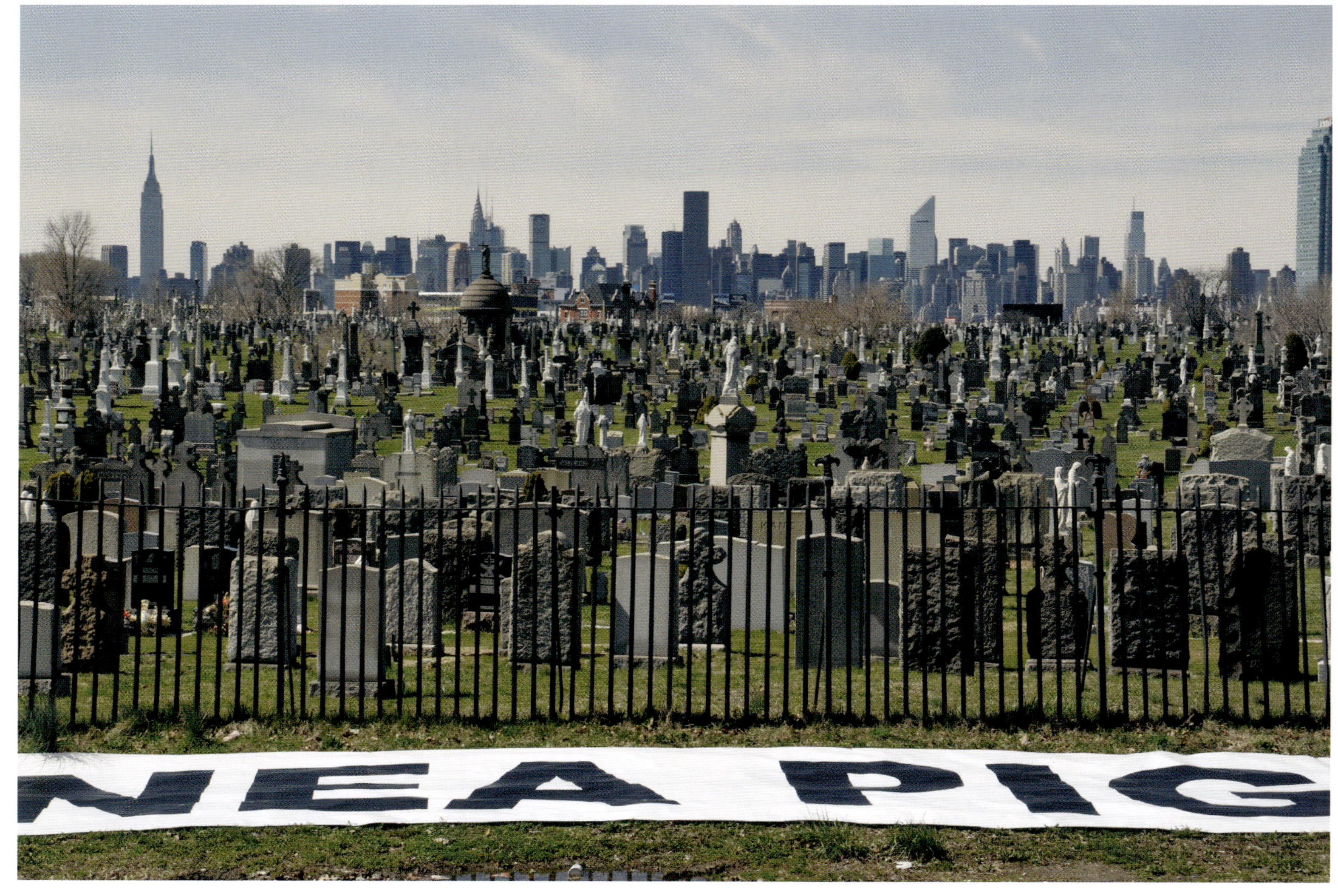

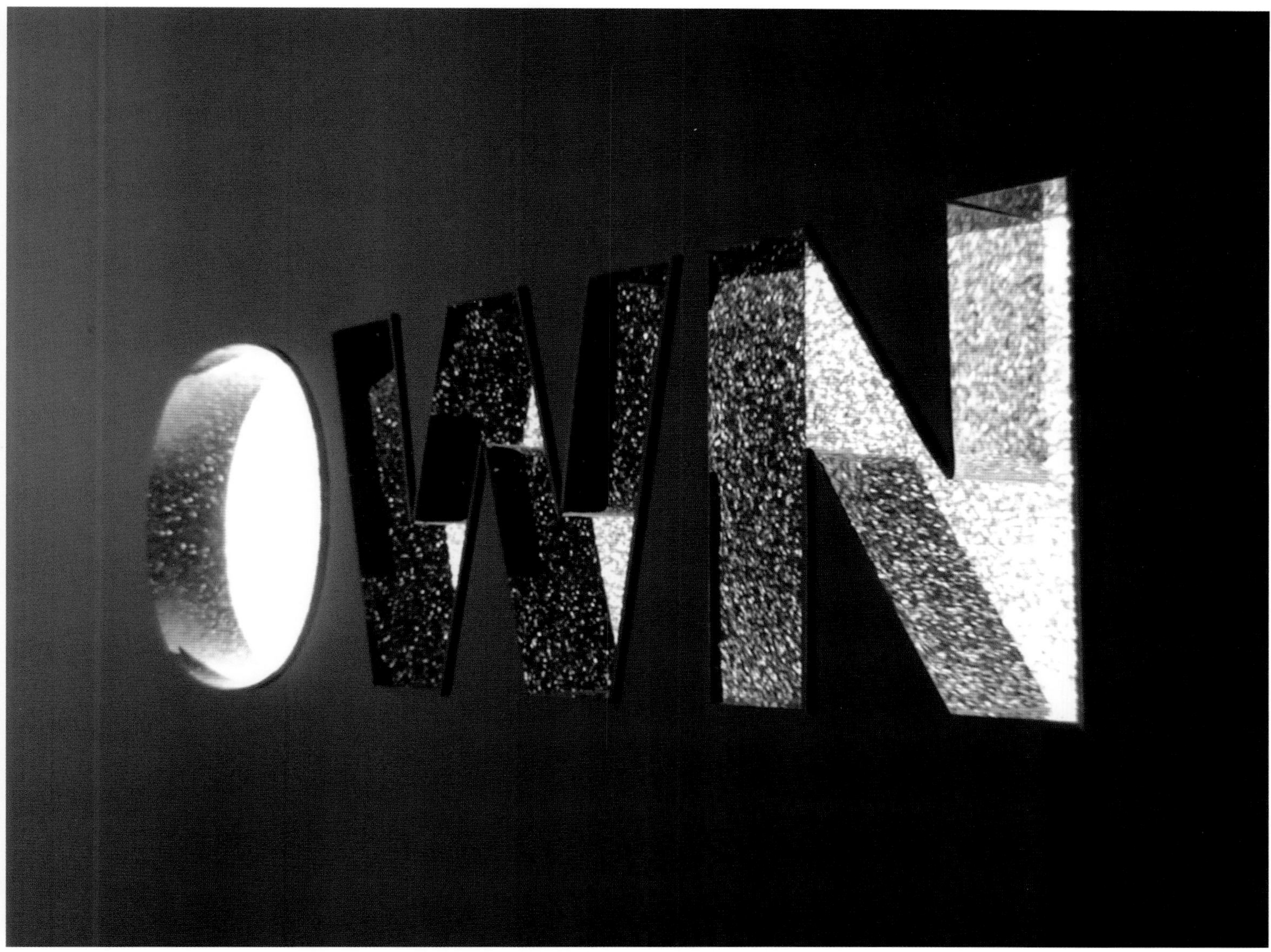

GOD GOLD
OWN SILVER   2008

Symbols and meanings are not granite. Three letters and
the monolithic word they compose are in fact broken up
into infinite reflections that are infringing and moving. The
letters are written by sequins that rotate and are capable of
reflecting the light that hits them.
The first of this series of kinetic artworks was realized for
the Targetti Light Art Award, was awarded on occasion of
its 5th edition (2008) and became part of the Targetti Light
Art Collection.

Simboli e significati non sono granitici. Tre lettere
e la parola monolitica che compongono sono infatti smembrate in infiniti riflessi che s'infrangono e
si muovono. Le lettere sono scritte da una superficie di pailettes fatta ruotare e capace di riflettere
la luce che le colpisce.
La prima della serie di queste opere cinetiche è
stata progettata per il Premio Targetti Light Art,
premiata nella quinta edizione (2008) ed entrata a
far parte della Collezione Targetti Light Art.

OWN silver
Plexiglas bent by hand, sequins,
dibond, synchronous motor, neon
tubes, 120 x 120 x 20 cm
Courtesy private collection
Plexiglas piegato a mano, pailettes, dibond, motore sincrono,
tubi neon, 120 x 120 x 20 cm
Courtesy collezione privata

GOD gold
Plexiglas bent by hand, sequins,
dibond, synchronous motor, neon
tubes, 120 x 120 x 20 cm
Courtesy the artist and Oredaria
Arti Contemporanee, Rome
Plexiglas piegato a mano, pai-
lettes, dibond, motore sincrono,
tubi neon, 120 x 120 x 20 cm
Courtesy l'artista e Oredaria
Arti Contemporanee, Roma

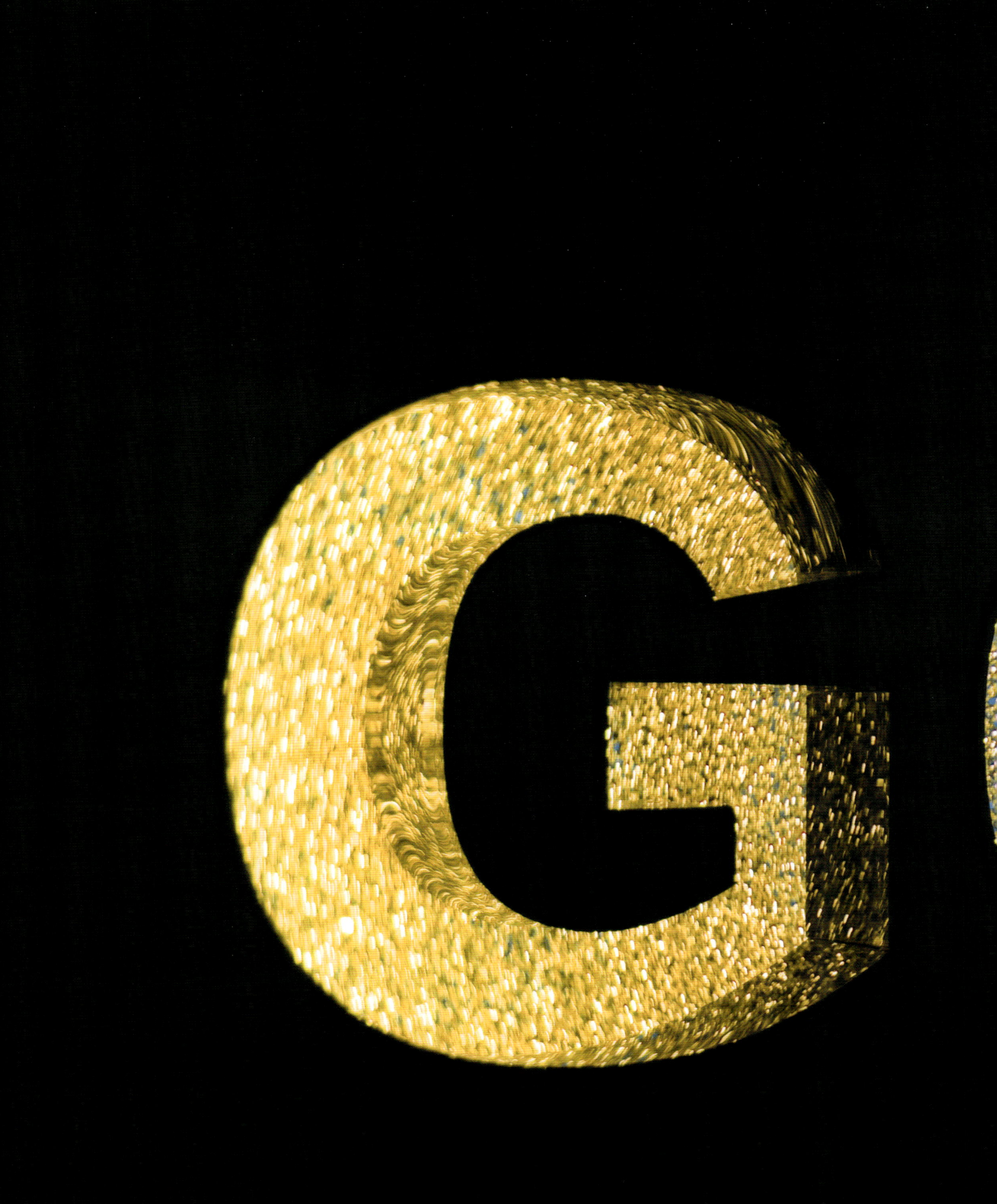

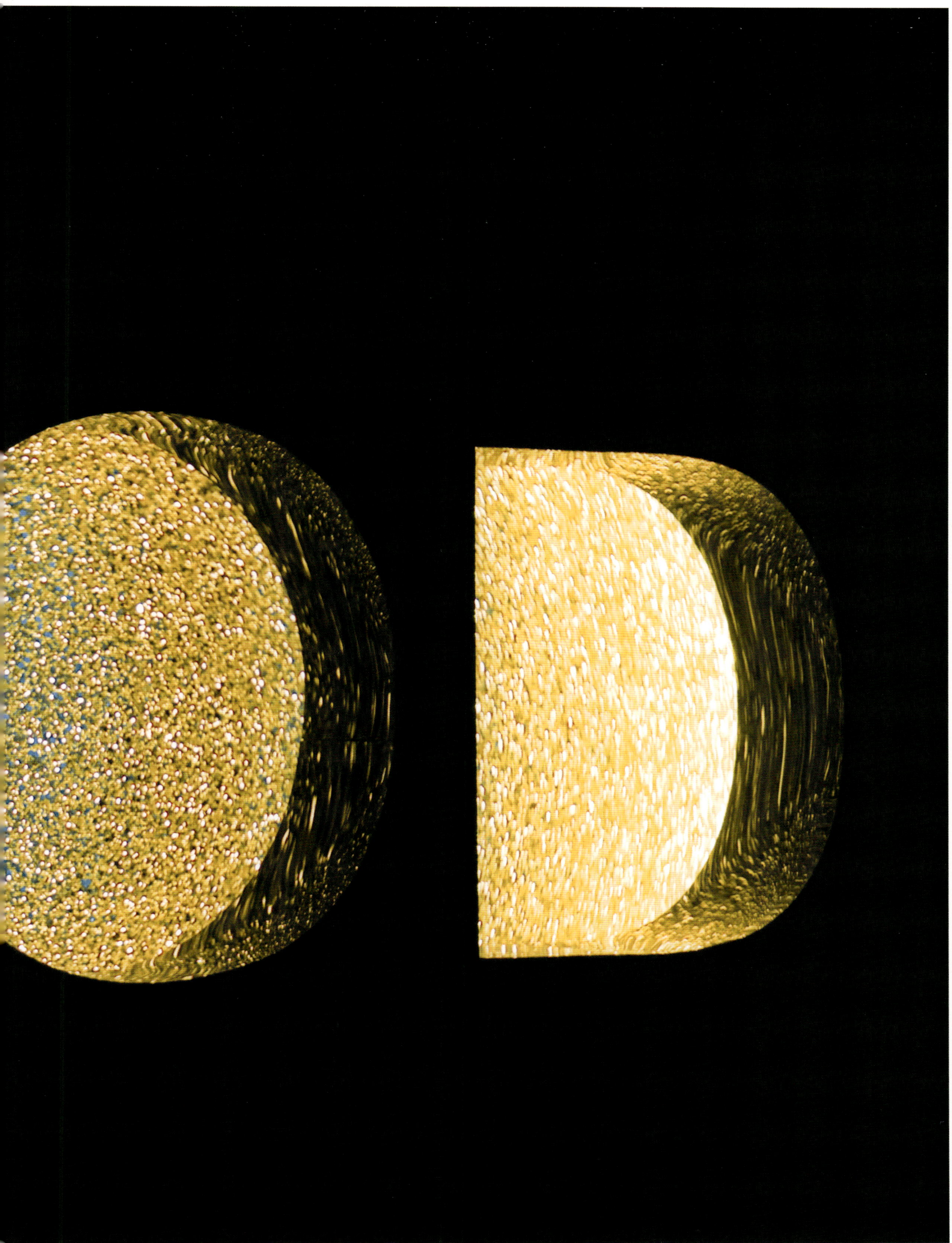

GAME IS LIFE   2008

In the entrance hall of a residential building, residents are greeted by the slogan "GAME IS LIFE" in red block letters. Three chess boards and giant chess pieces placed behind glass showcases, are an invitation to put the slogan into practice, to trigger an unprecedented interaction between the residents, recalling the idea of playing games together in the streets of the past, and encouraging an awareness of time passing.
The project of the installation won the Murri Public Art prize, Bologna Art First 2008.

> In un edificio di edilizia abitativa, nella hall d'ingresso gli abitanti sono accolti dallo slogan a caratteri cubitali "*GAME IS LIFE*", giocare è vita. Quindi tre scacchiere, con le loro pedine giganti riposte dentro vetrine, invitano a mettere in pratica lo slogan, a innescare un'inedita interazione tra gli inquilini, a recuperare l'idea dei giochi comunitari nelle piazze di un tempo, e a stimolare il riacquisto di un trascorrere consapevole del tempo.
> Il progetto dell'installazione ha vinto il premio Murri Public Art a Bologna Art First 2008.

Permanent site-specific installation (simulation), 3 chess boards, colored marble, 3 x 3 m each, giant chess pieces, 70 cm each, writing on the board, marble inlay, 1.5 x 12 m
SA5, Via Marx, Bologna, Italy
Realized by Cooperativa Murri, Bologna
Courtesy the artist and Murri Public Art

> Installazione site-specific permanente (simulazione), 3 scacchiere, marmi policromi, 3 x 3 m cad., pedine giganti, 70 cm cad., scritta a pavimento, intarsio di marmo, 1,5 x 12 m
> SA5, via Marx, Bologna, Italia
> Realizzato da Cooperativa Murri, Bologna
> Courtesy l'artista e Murri Public Art

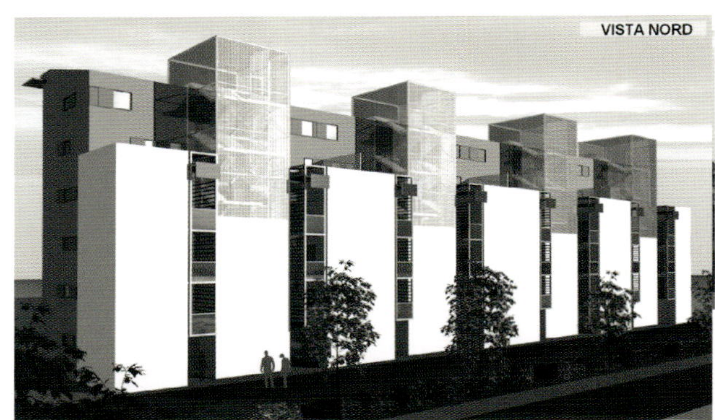

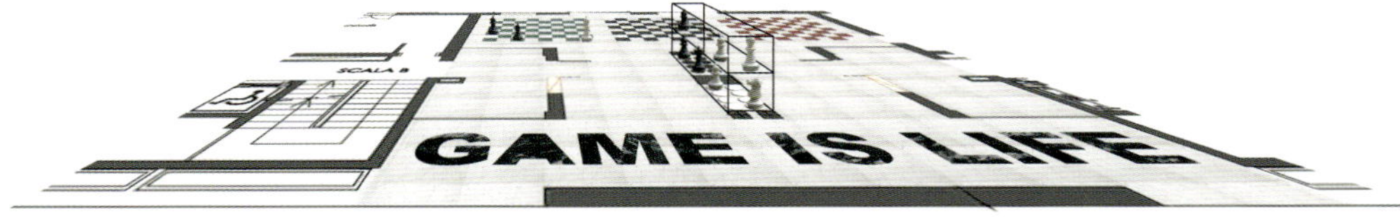
'game is life' by stefano cagol

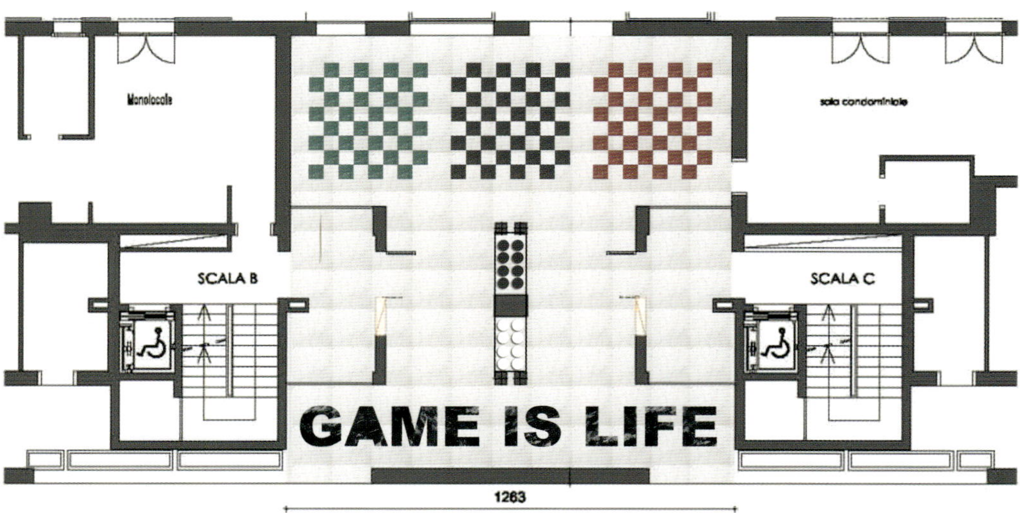

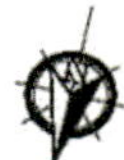
AREA OGGETTO DEL CONCORSO

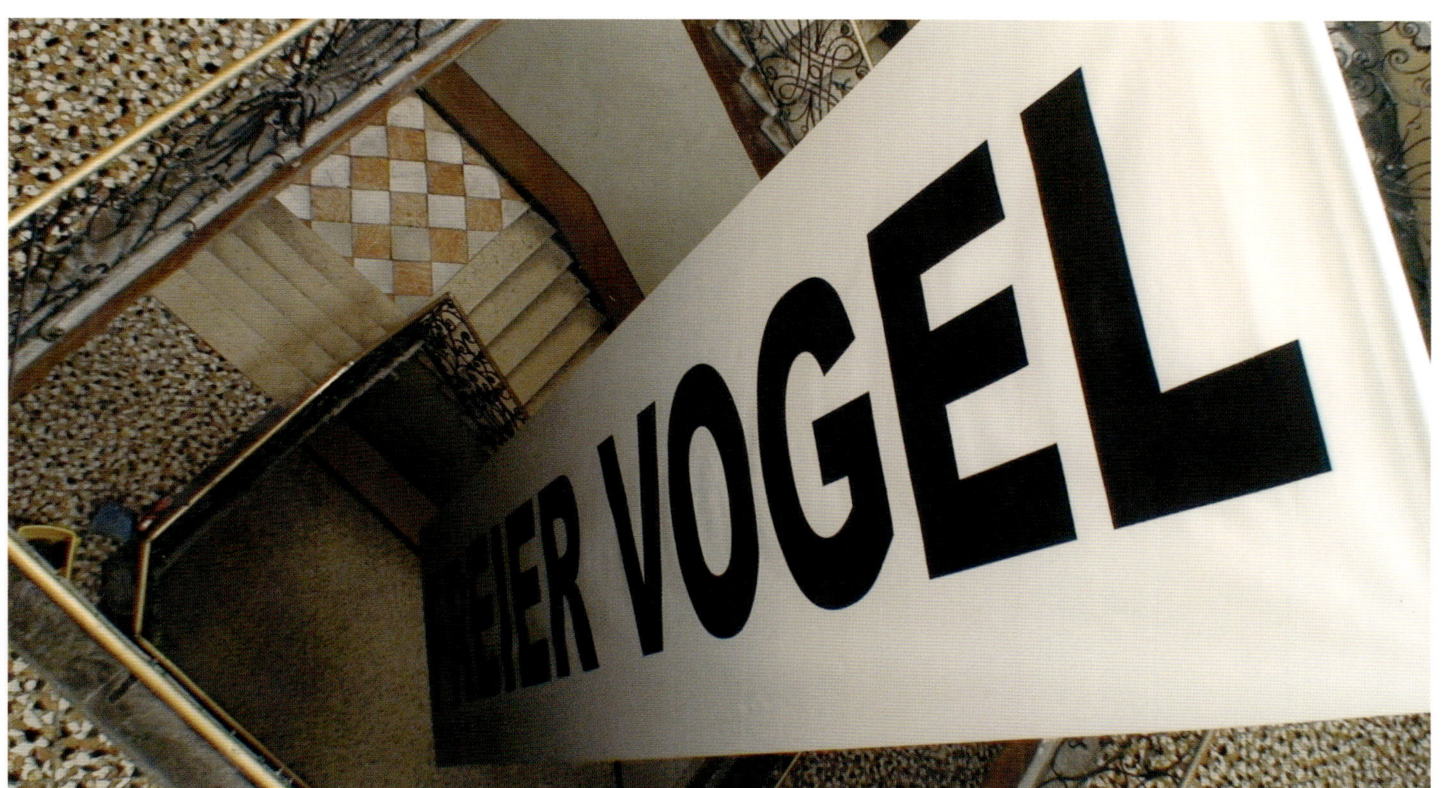

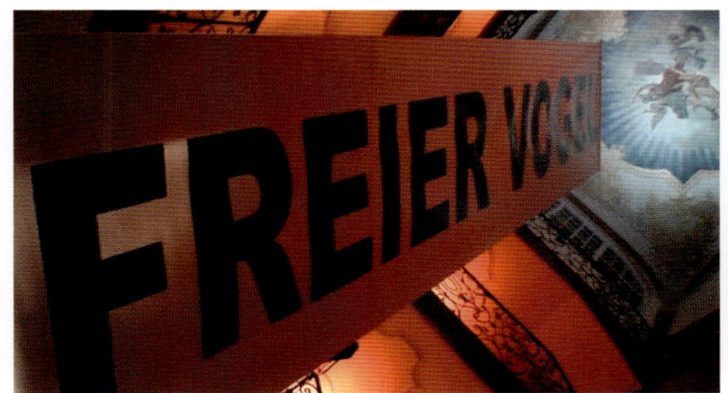

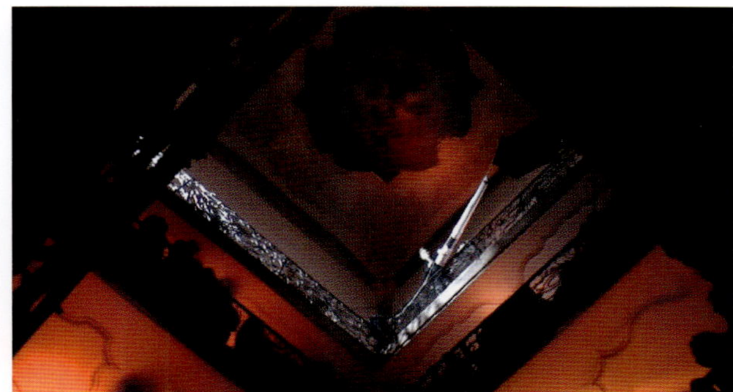

FREIERVOGEL   2008

Under ancient vaults, high and decorated, an inscription in block letters in German was unexpectedly unrolled, on the site of a rigorous private bank, providing an anthem to *madness. Freiervogel* literally means free bird, and madcap, indomitable spirit...

Sotto antiche volte, alte e decorate, è stata srotolata inaspettatamente una scritta a caratteri cubitali in tedesco che, nella sede di una banca privata rigorosa, inneggiava invece alla pazzia. *Freiervogel* significa infatti letteralmente uccello libero, ossia testa matta, spirito indomito...

Performance and site-specific installation, banner, print on PVC, 9 x 1.5 m
Palais Pock, Bolzano, Italy
Courtesy the artist and Prader Bank
Performance e installazione site-specific, banner stampa su PVC, 9 x 1,5 m
Palais Pock, Bolzano, Italia
Courtesy l'artista e Prader Bank

WAR GAME FLAGS   2007

Along the main street of the town of Merano flags were flown, colored by the white and red of the South Tyrol. On each side of each flag a letter was printed to form different words of three characters alternating with a four letter word which was repeated. They were not written in either of the two official languages of the place — German or Italian — but in English: in fact the repeated word 'game' was qualified by diverse terms such as "war," "sex," "lab," "rat," "zoo"…

    Lungo la via principale della città di Merano sono state appese bandierine nei colori bianco e rosso del Tirolo del Sud. Su ogni lato di ogni bandiera era impressa una lettera a formare parole differenti di tre caratteri alternate con una di quattro ripetuta. Non erano nelle due lingue ufficiali del luogo – tedesco e italiano – ma in inglese: la ricorrente parola *"game"* (gioco) veniva infatti caratterizzata da termini disparati come *"war"*, *"sex"*, *"lab"*, *"rat"*, *"zoo"*…

Public art installation, 10 rows of flags, 35 double sided flags, PVC, 29 x 21 cm, 11 words, 1200 metal pins
Via Portici, Merano, Italy
Courtesy the artist and kunst Meran – Merano arte
    Installazione d'arte pubblica, 10 file di bandiere, 35 bandiere bifacciali, PVC, 29 x 21 cm, 11 parole, 1200 spille metalliche via Portici, Merano, Italia
Courtesy l'artista e kunst Meran – Merano arte

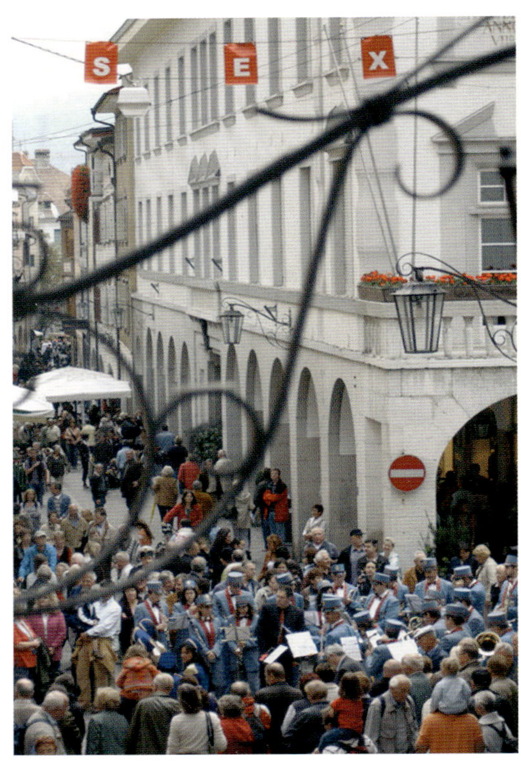

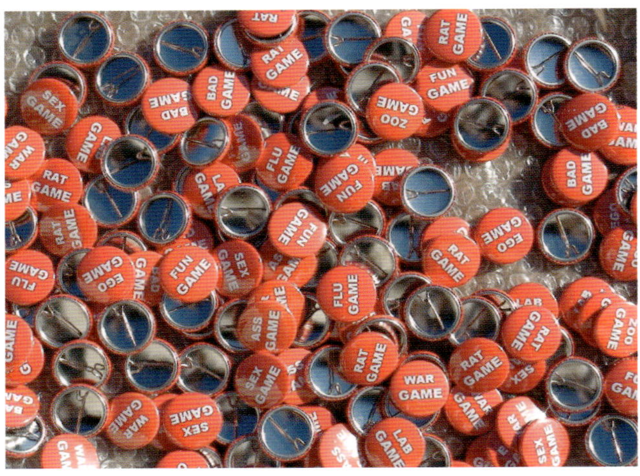

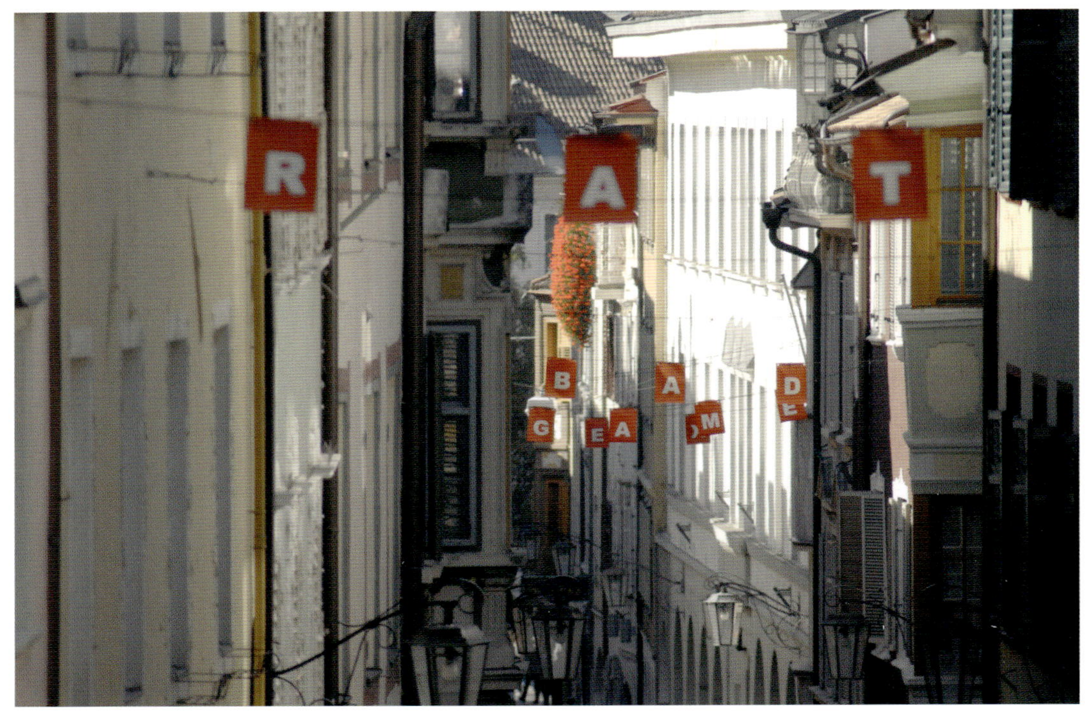

Bo / SP – F / PA / SS / TS W

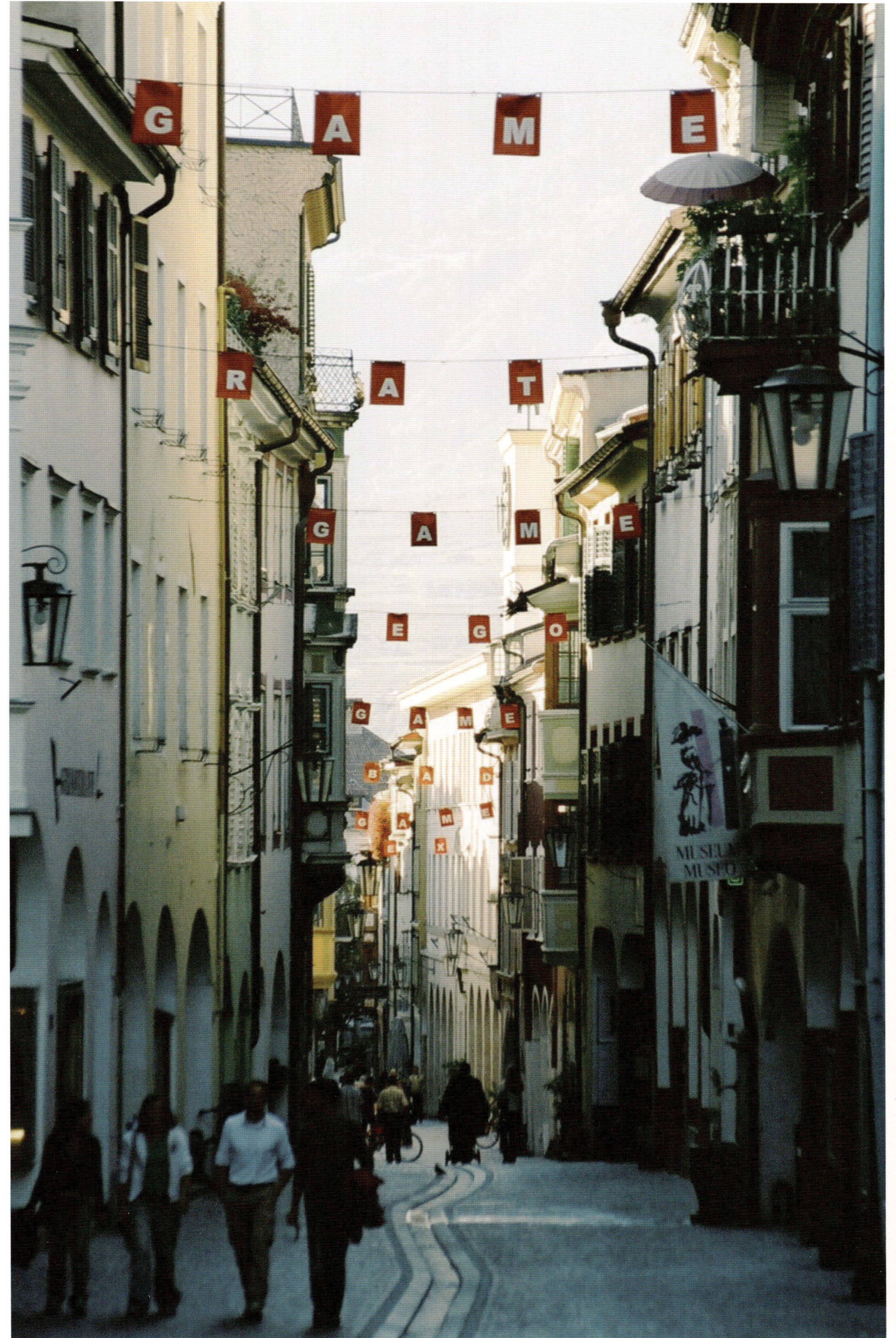
G A M E
R A T
G A M E
E G O
G A M E
B A D E
MUSEUM
MUSEO

PENSI? PENSI!   2007

Two white spheres hovered in the sky between Trento and
Rovereto. The first balloon bears a question that investi-
gates the presence of a mental vitality, the second answers
with an affirmation. The act of questioning turns out to be a
mental exercise in itself. Even if it's moving in the wind…

Due sfere bianche aleggiavano nel cielo fra Trento
e Rovereto. Il primo pallone riporta una domanda
che indaga sulla presenza di una vitalità mentale,
il secondo risponde con un'affermazione. L'atto
stesso dell'interrogarsi risulta quindi essere di
per se stesso un esercizio mentale. Pur nel suo
muoversi al vento…

Public art installation, 2 inflatable
balloons, PVC, 3 m, helium gas, 50 m³,
word stickers, marine cable, 40 m
Calliano, Italy
Realized with the support of Festival
Portobeseno
Courtesy the artist
Installazione d'arte pubblica,
2 palloni gonfiabili, PVC, 3 m,
gas elio, 50 m³, scritte adesive,
cavo nautico, 40 m
Calliano, Italia
Realizzato col supporto
di Festival Portobeseno
Courtesy l'artista

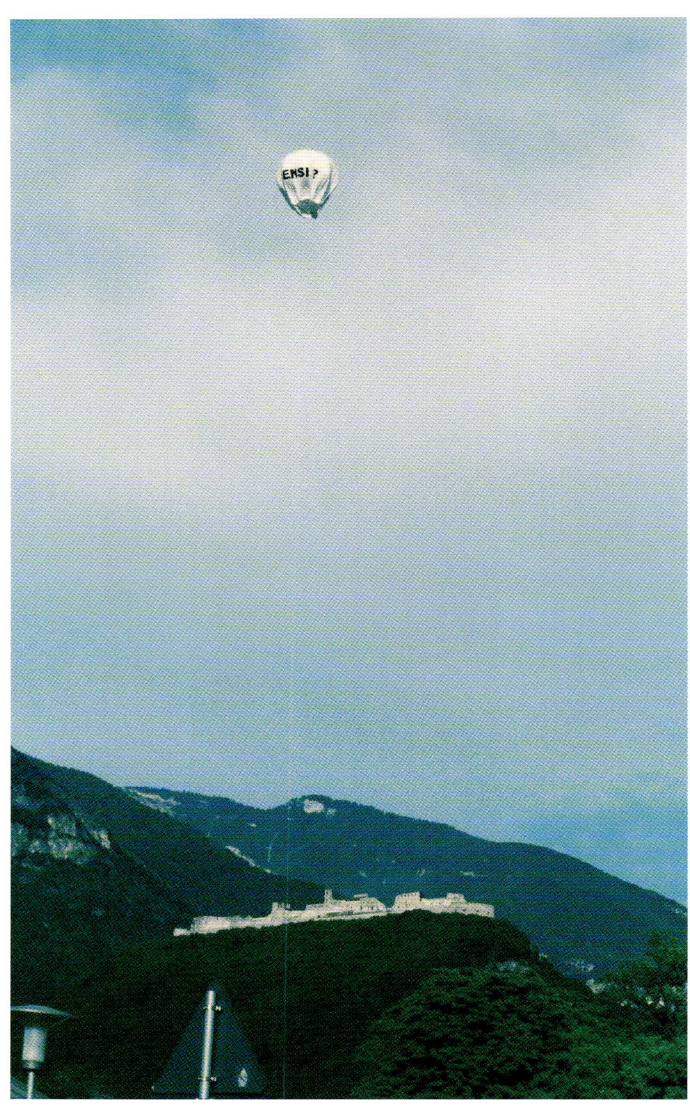

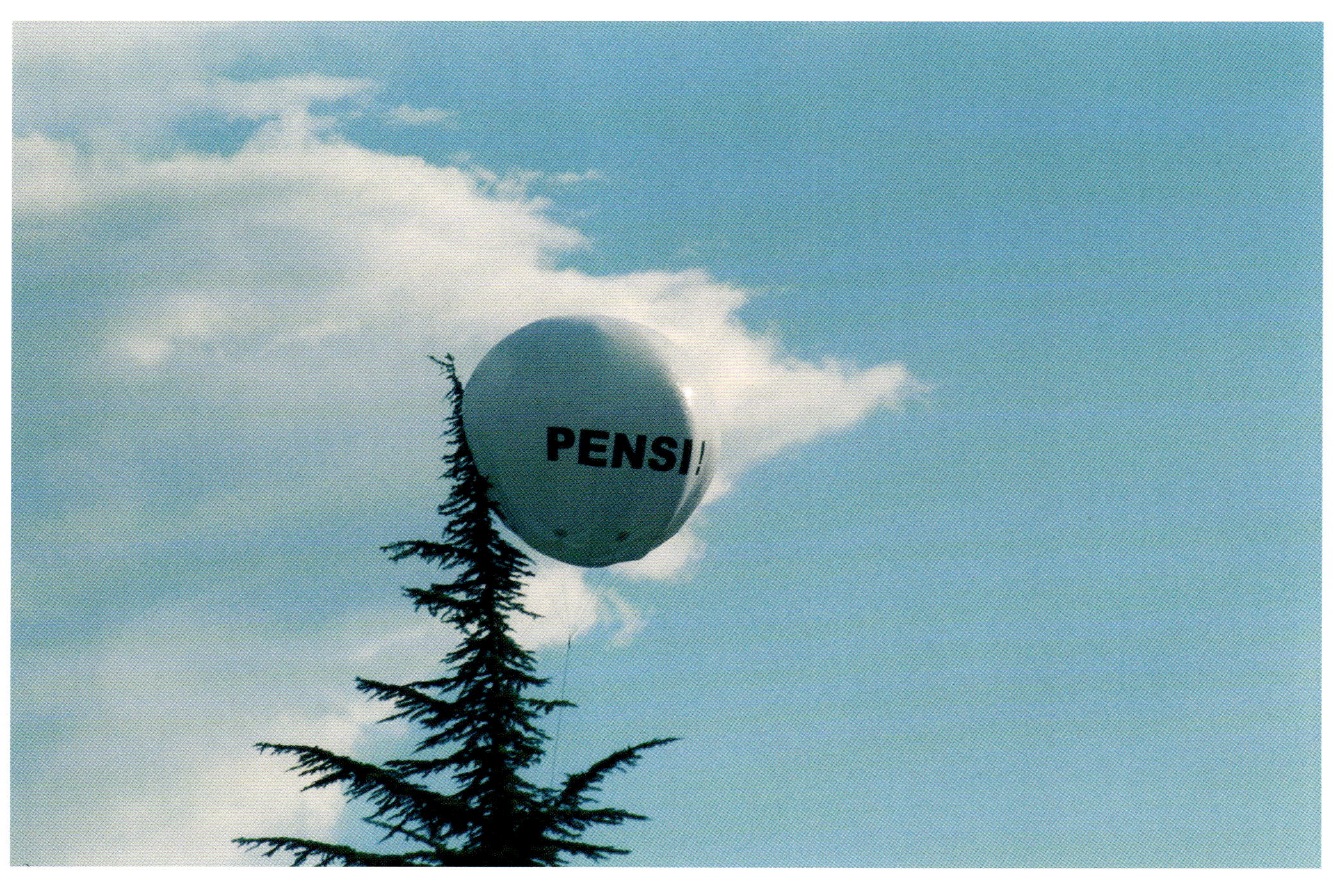

WAR GAME   2007

In the peaceful setting of the historic spa town of Merano, a band broke out with military marches: from the martial march *Alte Kameraden* also used during the Nazi era, to the patriotic American *Washington Post March*, to conclude the series, the ironic choice was *March of the Emperor* from the movie *Star Wars*. The majorettes marched waving colourful pom-poms and national flags. And inside the exhibition space, an inflatable assumed the form of an Uncle Sam, the national symbol of American patriotism and of war propaganda, moving fast when inflated, but for most part of the time lieing on the ground as simulacrum of now empty imperialist aspirations.

Nella tranquilla cornice della storica cittadina termale di Merano, una banda musicale ha fatto irruzione intonando marce militari: dalla marcia marziale *Alte Kameraden* usata anche durante il Nazismo alla marcia patriottica americana *Washington Post March*, per concludere ironicamente con la *Marcia dell'imperatore* del film *Star Wars*. Majorette dal passo cadenzato alternavano nelle loro mani lo sventolio di variopinti pon pon e di bandiere nazionali. E dentro lo spazio espositivo, un gonfiabile aveva le sembianze dell'Uncle Sam, simbolo americano di patriottismo e di propaganda di guerra: in alcuni momenti gonfio e in frenetico movimento, ma per la maggior parte del tempo sgonfio a terra come simulacro di ormai vuote aspirazioni imperialiste.

Performance, marching band, military marches, including *Alte Kameraden, Washington Post March, The High School Cadets, KPN Marsh, Semper Fidelis, Colonel Bogey, Star Wars. The Imperial March,* majorettes, pom-poms, national flags, video documentation, HD video on DVD, 10 min.
Via Portici and kunst Meran – Merano arte, Merano, Italy
Courtesy the artist, kunst Meran – Merano arte

Performance, banda musicale, selezione di marce militari comprendente *Alte Kameraden, Washington Post March, The High School Cadets, KPN Marsh, Semper Fidelis, Colonel Bogey, Star Wars. March of the Emperor,* majorette, pon pon, bandiere nazionali, documentazione video, video HD su DVD, 10 min.
via Portici e kunst Meran – Merano arte, Merano, Italia
Courtesy l'artista, kunst Meran – Merano arte

WAR GAME. Uncle Sam (Made in China)
Dynamic inflatable, sewn and painted fabric, 8 x 5 x 1 m, 2 fans
Courtesy private collection

Gonfiabile dinamico, tessuto cucito e dipinto, 8 x 5 x 1 m, 2 ventole
Courtesy collezione privata

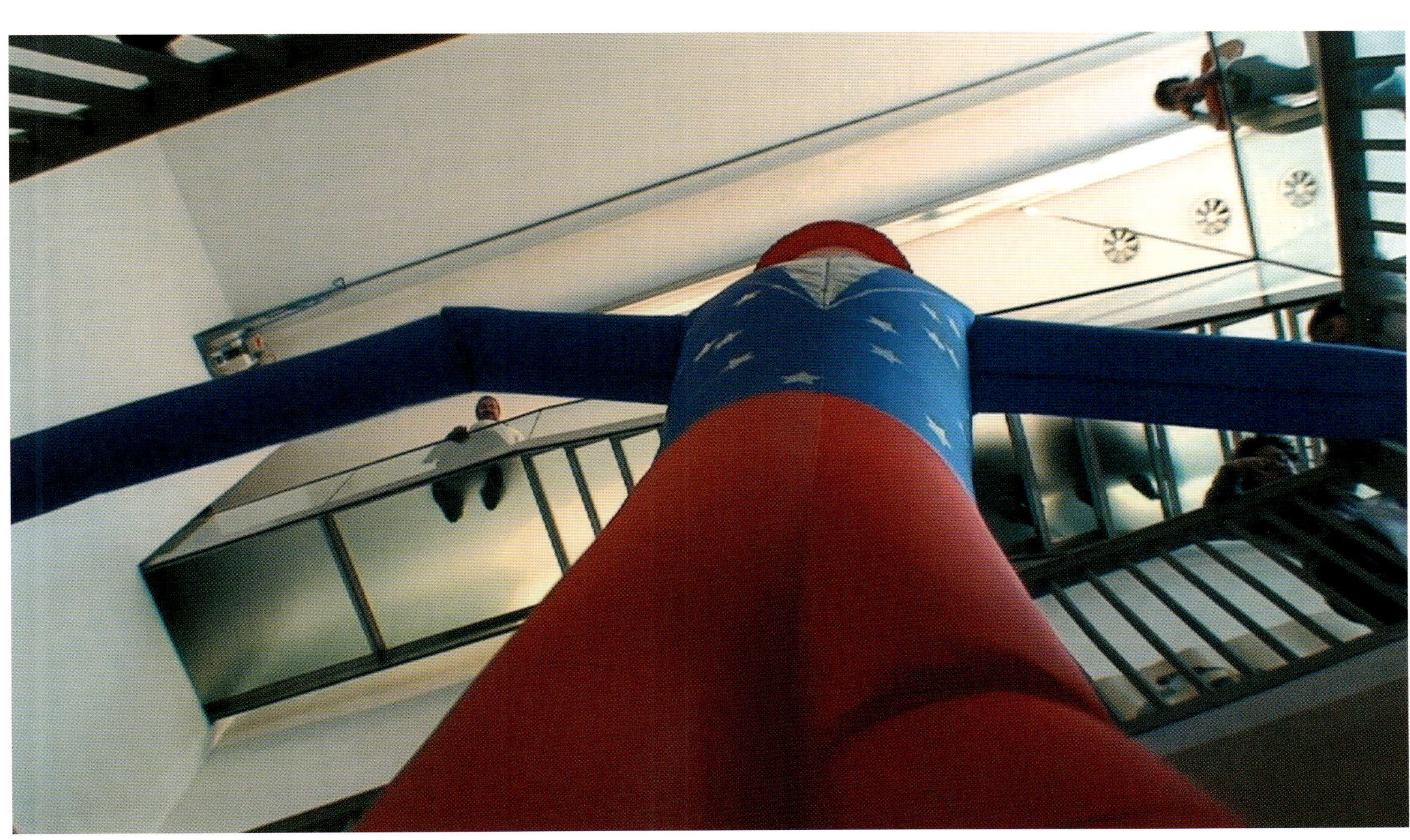

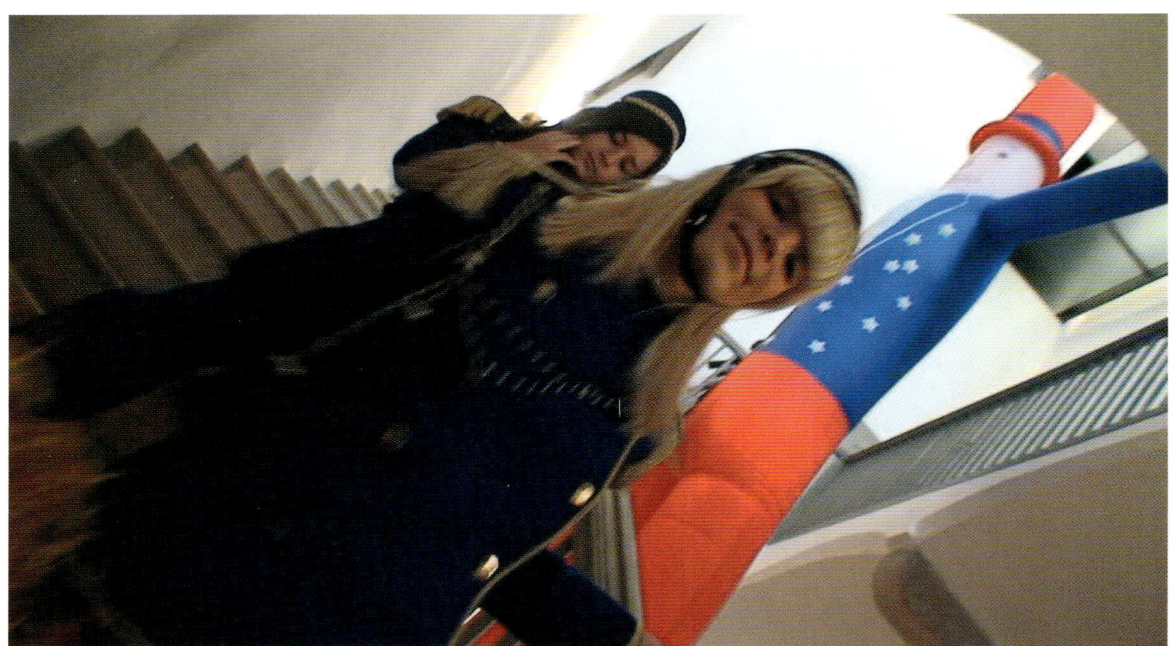

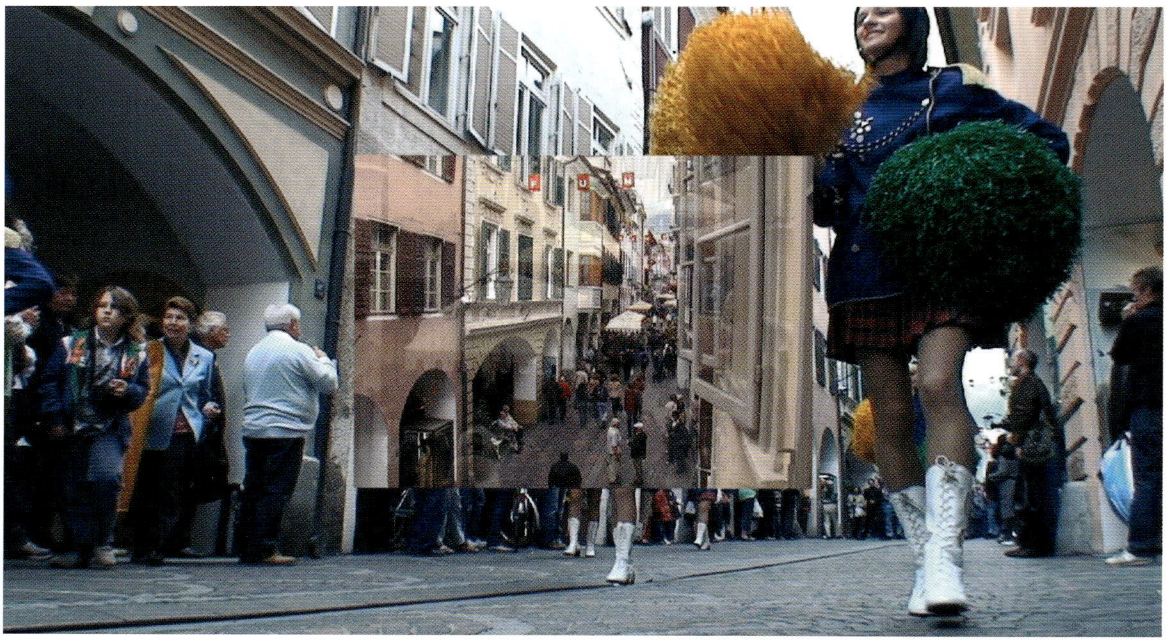

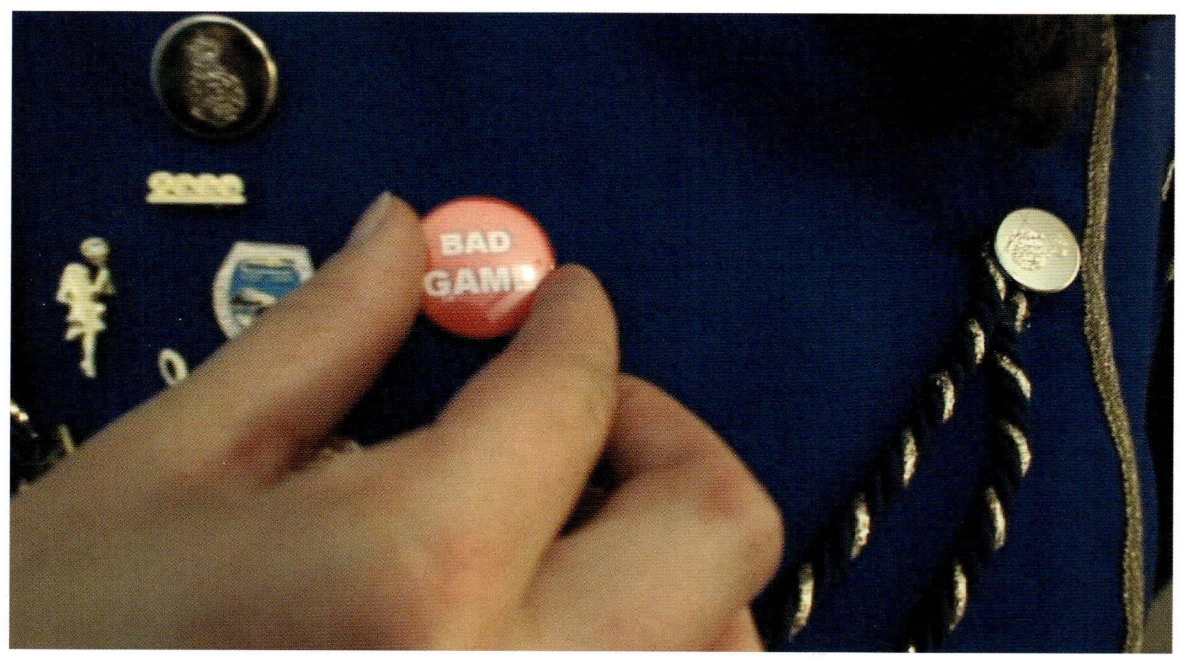
BAD
GAME

HEAD FLU   2007

Two white spheres rose into the sky between Venice and Marghera, the sprawling chemical plant that overlooks the ancient city. One bore the inscription "head" and the other "flu," influenza. The unusual combination unleashes countless interpretations that refer to a new virus that affects the brain or otherwise alludes to the authority of thought: it depends on whether the head is seen as part of the body or the source of thought, if influenza/influence is understood as physical or mental.

Due sfere bianche s'innalzavano nel cielo tra Venezia e Marghera, l'esteso polo chimico sulla terraferma che si affaccia sull'antica città. Uno portava la scritta *"head"*, testa, e l'altro *"flu"*, influenza. L'inedito binomio scatena innumerevoli chiavi di lettura che fanno riferimento a un nuovo virus che colpisce il cervello o al contrario alludono all'autorevolezza del pensiero: dipende se la testa sia vista come parte del corpo oppure origine del pensare, se l'influenza è intesa come fisica o mentale.

Public art installation, 2 inflatable balloons, PVC, 3 m, helium gas, 50 m³, word stickers, marine cable, 20 m, 3500 pins, 10 word combinations, 3 girls, 5000 flyers, HD video on DVD, 7 min.
Tronchetto Island, Special Project, Cornice, Venice, Italy
Courtesy the artist
Installazione d'arte pubblica, 2 palloni gonfiabili, PVC, 3 m, gas elio, 50 m³, scritte adesive, cavo nautico, 20 m, 3500 spille, 10 combinazioni di parole, 3 ragazze, 5000 volantini, video HD su DVD, 7 min.
Isola di Tronchetto, Progetto Speciale, Cornice, Venezia, Italia
Courtesy l'artista

Digitized 35 mm photograph, lambda print, silicone, perspex, dibond, 70 x 100 cm
Courtesy the artist
Fotografia 35 mm digitalizzata, stampa lambda, silicone, perspex, dibond, 70 x 100 cm
Courtesy l'artista

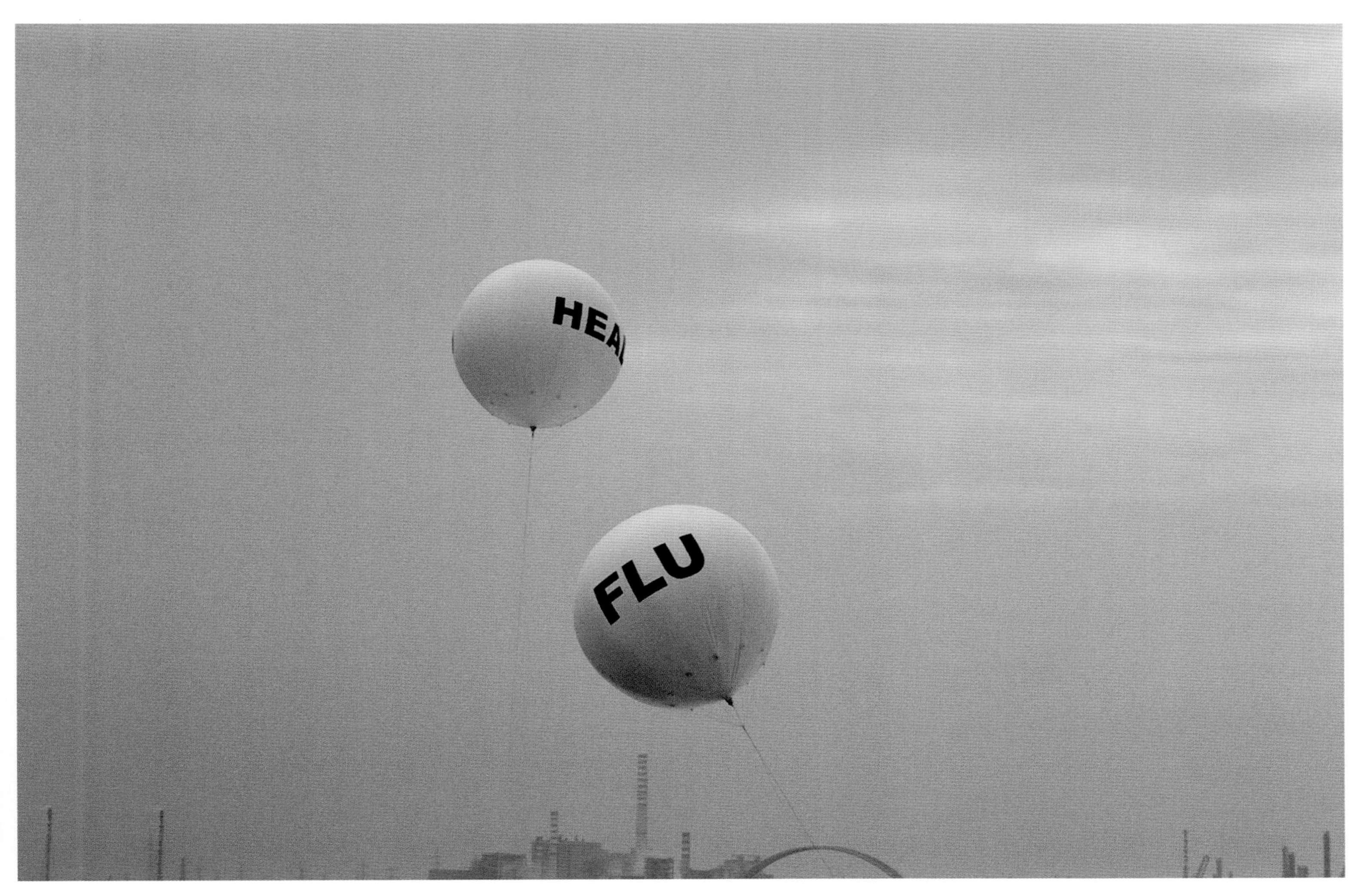

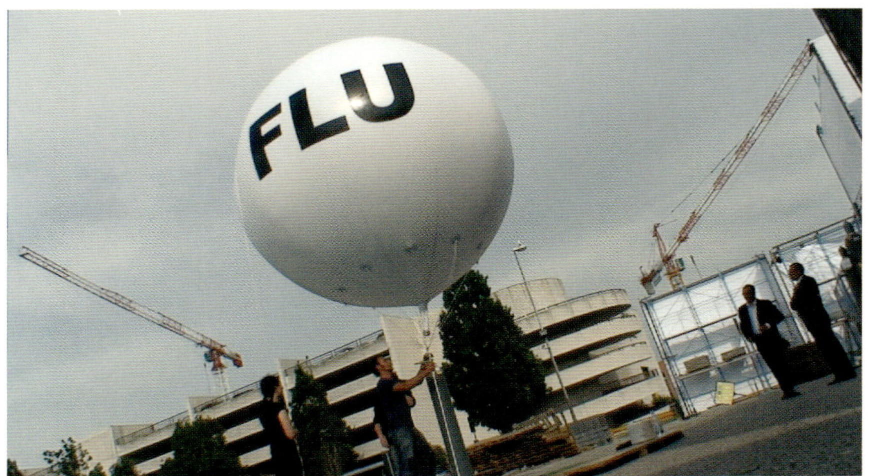
FLU

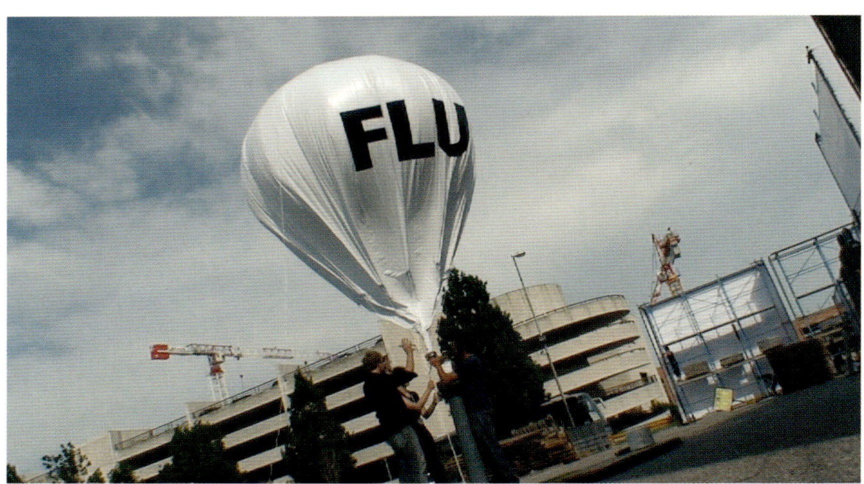
FLU

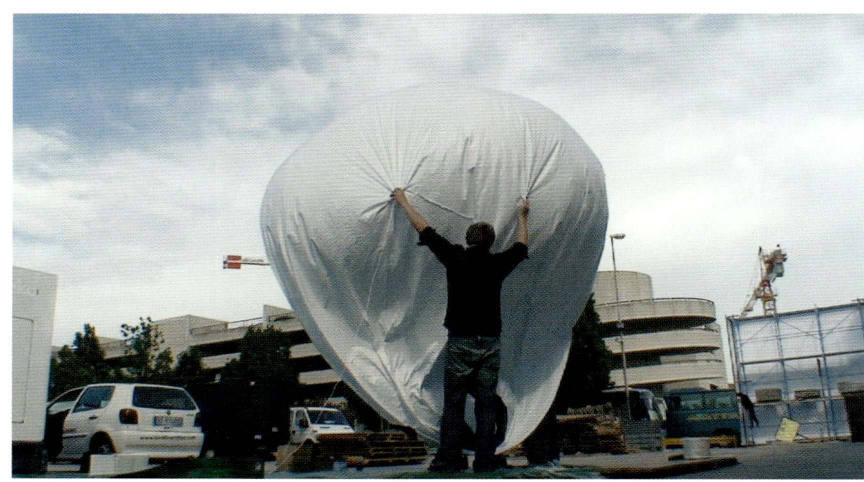

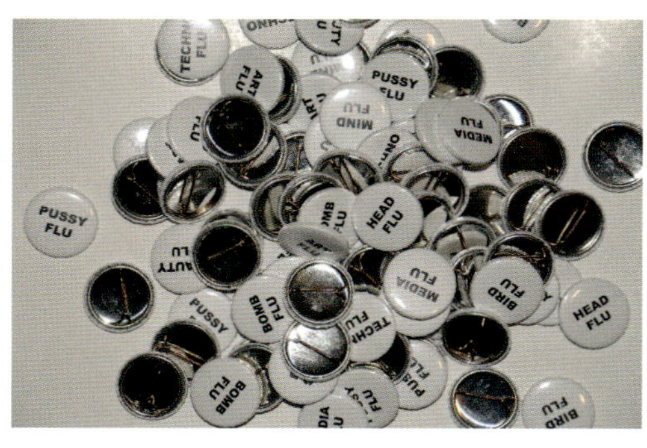
PUSSY FLU
TECHNO FLU
ART FLU
MIND FLU
MEDIA FLU
HEAD FLU
BIRD FLU
BOMB FLU

OVER TWO THOUSAND   2007

The snow is on fire. This oxymoron has been triggered
in the Dolomites of Fanes, without resorting to digital
mechanisms, but questioning the very laws of physics.
The tongues of fire move with sinuous and ever changing
naturalness, touching the ice and the sky, evoking endless
interlacings of extreme opposites: between attraction and
escape, heaven and earth, human presence and nature,
energy and destruction...

La neve è in fiamme. Questo ossimoro è stato
innescato concretamente sulle Dolomiti di Fanes,
senza ricorrere a meccanismi digitali, ma mettendo in discussione le leggi stesse della fisica. Le
lingue di fuoco si muovono quindi con naturalità
sinuosa e sempre diversa, toccando il ghiaccio e il
cielo, evocando infiniti intrecci di estremi opposti:
tra attrazione e fuga, terra e cielo, presenza umana e natura, energia e distruzione...

HD video on Blu-ray Disc,
5 min. (loop)
Dolomites of Fanes, Italy
Realized with the support
Helmut Pizzinini
Courtesy the artist and private
collection
Video HD su Blue Ray Disc,
5 min. (loop)
Dolomiti di Fanes, Italia
Realizzato col supporto
di Helmut Pizzinini
Courtesy l'artista e collezione
privata

Co / E / Sy – L

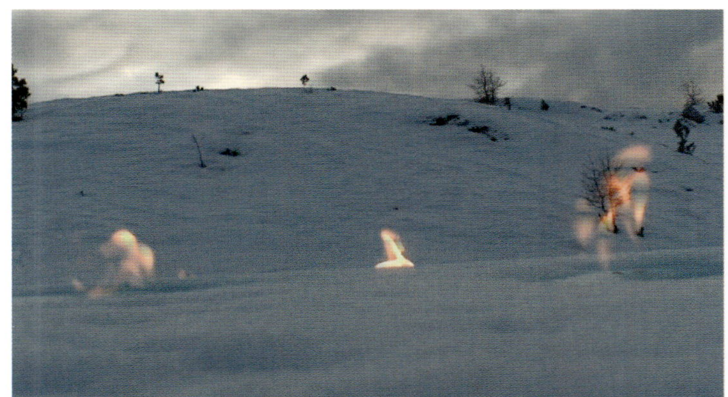
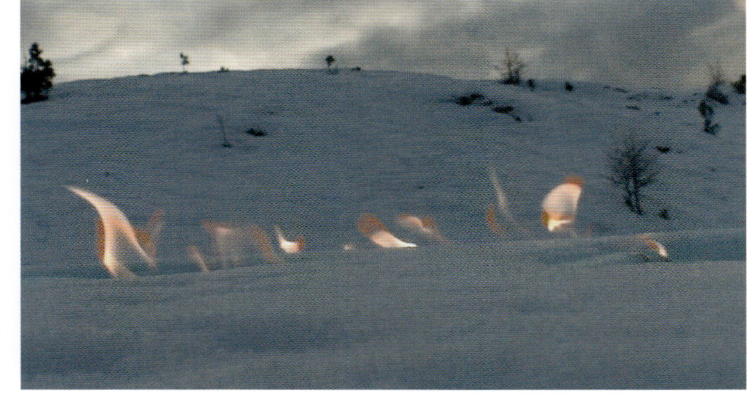
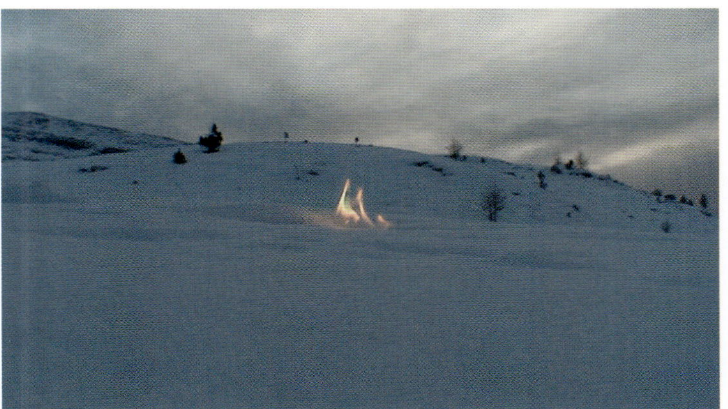
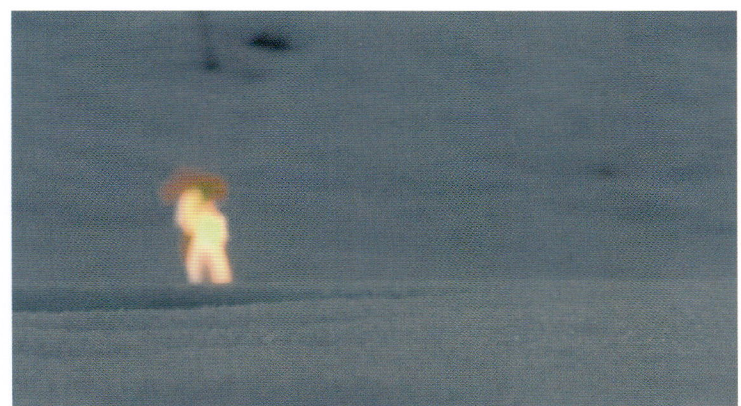

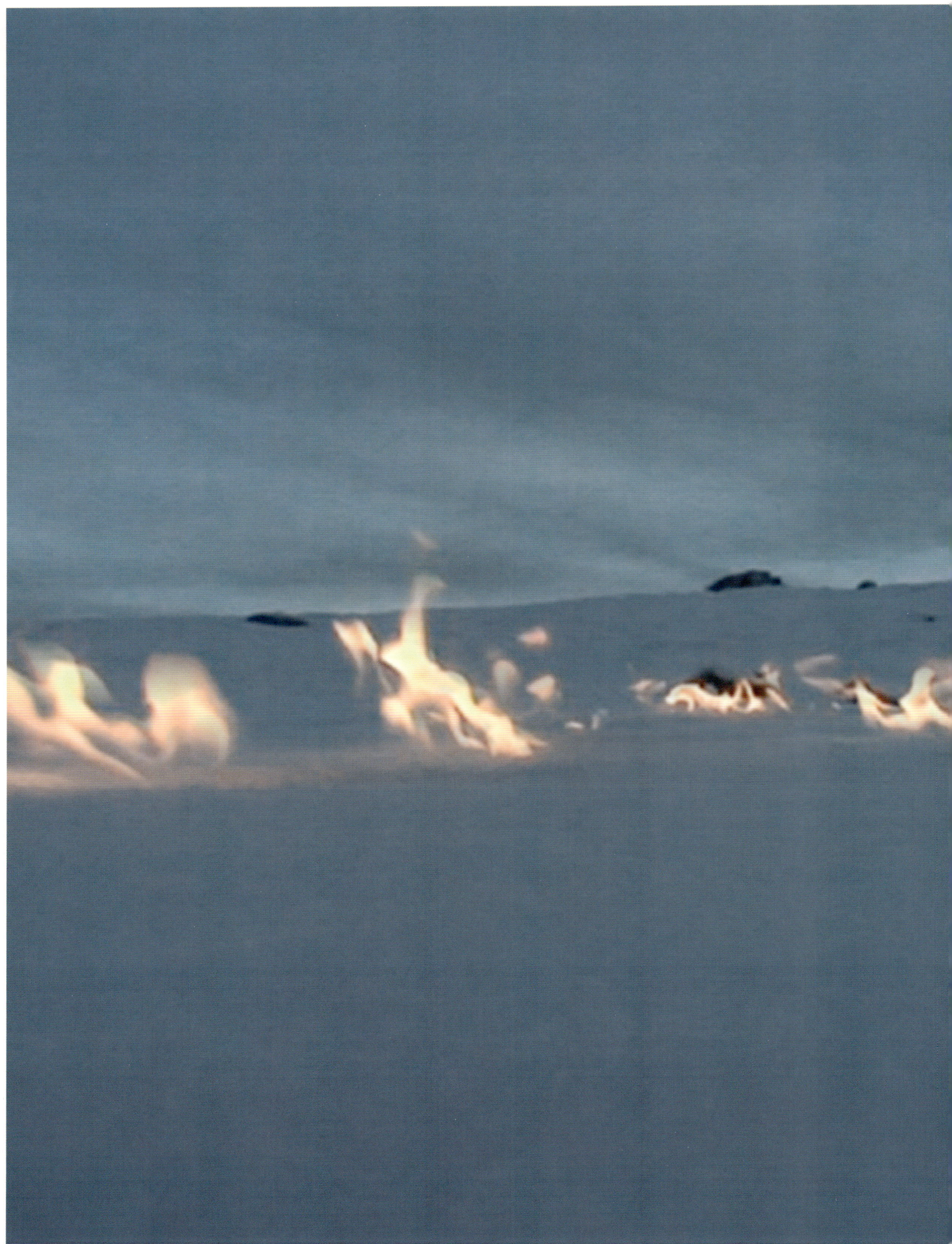

PUBLIC OPINION

Questions between the sacred and the profane, personal and global, socio-political and ecology, beliefs and history, lived life and artistic work… I asked them to some friends of mine that I met and with whom I shared moments throughout my career. Their interventions follow a chronological order going back according to the moment when I met everyone.

***The interviews in English have not been edited so as to respect the intentions of those interviewed and those conducting the interviews.**

Stefano Cagol Dear Alfredo, from '75 to '83 I was not in Italy, but lived in Switzerland. There it happened that some adults, on hearing my name, wondered, with a certain liveliness, if I was a relative of Mara's. I answered: "Mara who?" I am not her relative. We share the same last name and city of origin. She was founder of the Red Brigade, was killed in a shootout in 1975—but I realized that only many years later. Time often does not erase memory, but fosters awareness. In this age of immediacy, is there still time to become aware?

Alfredo Cramerotti From '75 to '83 I lived just in Trento. And I used to cut out newspaper articles that talked about the Red Brigades, partly out of a perverse youthful fascination and partly to understand how things would transform in my and public consciousness over time. Back then, I did not know this. I still have those cut-outs, and even today I still don't know how and whether to use them. Or if it makes sense to use them.

The acquisition of awareness is not —in fact—tied in any unquestionable way to memory. I have no memory of Mara Cagol, the exchange of gunfire that killed her, or even the human, social, political, and judicial processes that went on during the years when the Red Brigades were active. I don't even have memories of the news media, except when they found the body of Aldo Moro in the Renault 4 car. But I cut out the newspaper articles, and I still have them. So, somehow, my consciousness was and is on guard, although my memories are almost nil.

In this age of immediacy we explore ever wider yet shallower horizons. We connect the most diverse and scattered events, but less sympathetic. Though perhaps these connections gain more meaning finally, over the arc of a lifetime. The ways of acquiring awareness change, as do the ways of acquiring knowledge. To answer your question directly: I think so, there will still be time and space to develop consciousness and foster awareness. Only perhaps in different ways, and not properly manifested now.

SC Black swans amazed those who saw them for the first time. But now we're used to a much deeper knowledge of reality, more extensive and within reach. What can inspire astonishment?

AC A black swan would surprise me though. The wonder, the other side of curiosity, does not depend on what we see, hear, and feel, but by how we feel towards ourselves and the world. It's an internal factor, not external. It's an approach to life, not a fact to be observed. The extensive knowledge we absorb each day through education, information, social relationships, play, work or (little) art, provides so a more detailed version of reality, but this is like grains of sand slipping through your fingers, to use a poetic metaphor. I don't believe in the ordinary / extra-ordinary dichotomy, I believe in the coexistence of both the perceptions: it depends on us and our position.

SC SWITCH! Tell me about a place that is particularly dear to you.

AC I'll tell you about a place that I particularly hated, which for the purpose of your question is just as much interesting. Indeed, more than one. Let's begin with a mountain retreat in which I lied to everyone about having had sex with one of the girls (we had only kissed). A ferry on which I spent a night in the cold because I had only bought a ticket for the "deck." The office of a giant retail company where I worked as a surveyor for eight years, where in order to get ahead I did things that I wouldn't confess even to myself. The changing room and showers of a soccer field near the river's edge, where there was a constant layer of mud on the floor. An apartment where I lived, with my young son, with a concrete floor for months because we didn't have the money to finish the heating system (I'm omitting the details). The call center of a "research institute," with cosmic blue carpet, where for ten hours a day I chased after employees' names and job titles (I know it sounds interesting, but I assure you that I still feel the waves of disgust). A hotel room where I woke up in the morning full of fleabites, even if they had changed the sheets in my presence. I'll stop here. As you say,

I met Luba in November 2010 in Kirkenes, Norway , where I was invited as artist in residence from Pikene på Broen.

I met Raúl at White Box in New York in July 2010.

Stefano, time often does not erase the memory, but fosters awareness.

Alfredo Cramerotti, writer, curator and artist. Senior Curator at QUAD Derby, Editor at Intellect Books, Bristol and Chicago, and Co-curator of Manifesta 8.

invisible, because I can hide myself behind them when needed.

Luba Kuzovnikova, Art Director at Pikene på Broen, Norway.

Stefano Cagol Dear Luba,
so many flags. Among my childhood drawings there were always so many flags. They were a stratification: real or unreal, influenced by the media and television: geometries, the hammer and sickle, stars and stripes, swastikas and rampant lions. Metaphorically, are there "flags" that represent you?

Luba Kuzovnikova Either a flag with the logo of Pikene på Broen or an empty transparent flag. The collective Pikene på Broen (girls on the bridge) which I am part of now has made my life like a non-stop project, so its flag would definitely represent me.
Otherwise an empty transparent flag is very tempting into assuming it as a guidance. Not really as *tabula rasa*, but as a possibility to start from scratch every now and then.

SC The idea of state, democracy, independence, and justice are never the same for everyone: maybe are just a state of mind?

LK True! I have learnt recently that in Norwegian one can reply "*Uavhenging og uavhenging, Fru Blom*" (there's independent and independent, Miss Blom) meaning exactly this—that the same notion may vary in different contexts. A state of mind? Yeah, a state of mind allowing for different interpretations of these basics . . . as long as these different interpretations do not result in casualties.

SC SWITCH! What is your favorite item of clothing?

LK My fur coats and hats. Firstly, because I live in the Arctic now, and they keep me warm. Secondly, they make me visible when needed, because they all look somehow special. Thirdly, they make me

Stefano Cagol Dear Raúl,
the "borders", which make themselves felt, are at the same time like a line of light: impossible to hold in your hands. What boundaries would you dim, wipe out?

Raúl Zamudio Borders, yes I know of these very well. I was born in Tijuana, Mexico though I grew up in a white, middle class suburb of San Diego, California and very soon realized that I was other; but this dilemma was also a reality in Mexico, too; for I was never considered Mexican by Mexicans. It is a love/hate relationship with both beasts. This dialectic nonetheless engendered what Homi Bhabha calls "Third Space", an in-between register of neither this nor that, but a kind of rhizome identity that is liberating: a sense of self that is mutable, fluid, contingent and dynamic. You asked what border I would do away with if possible? When a geo-political fence is destroyed, another takes its place; free your mind, and your body will follow leaving nationality in the latrine of human social evolution discarded into the dustbin of history. Use your passport, don't let it use you.

SC Irretrievable, irreversible, with no precedent. Crisis situations are announced with insistence, while the masses suffer unaware and unable to act. How and who can react and be an active part in what happens?

RZ Inexplicable, unexplainable, and senseless destruction and death—and here I am referring to the phenomenon of natural disaster—may not always be something only ascribable by the superstitious to an act of god. The Sichuan earthquake, for example, was beyond human control, but it was the shoddy building structure, whose building codes were consciously overlooked for profit, that was the social tsunami that washed away thousands and thousands of children to their deaths.

 Shane came to my studio during the *Open Studios* at International Studio & Curatorial Program (ISCP), New York, in May 2010.

Regarding crises situations that first and foremost originate in the geo-politics of the contemporary historical moment, we are never powerless, but only are rendered to appear so. Uprisings in Egypt and across the so-called Middle East reinforce what recalls the graffiti of '68: "Barricades close the street, but open the way."

SC SWITCH! What is your favorite tree?

RZ The Sago palm tree. The flour of the Sago tree was the main staple of the pre-European Asmat of Irian Jaya. The large incision created for extracting the precious flour, symbolically became the tree's "vagina" and would be "inseminated" with beetle eggs. Soon, the eggs would turn to larva and harvested for consumption.

The famous Asmat Bisj pole was originally carved from the Sago tree; the Bisj pole preceded acts of ritual violence on traditional neighboring villages which often resulted in death. For the Asmat, the Sago palm tree is concomitantly the *eros / thanatos*, the libido and the death drive, of the arborous world.

Raúl Zamudio, curator, art critic, art historian, New York. Co-curator of *City without walls* at Liverpool Biennial 2010 and Co-curator of Beijing 798 Biennale 2009.

**SC Dear Shane,
in reality-shows, the deserving person isn't saved and the wrong person isn't eliminated, but the choice goes beyond rational and balanced assessments of values. Has this mechanism also taken over in real life? Has it always been a part of it?**

Shane Brennan **We have always been prone to making choices that defy reason. This is definitely not limited to reality television, and in fact these programs may highlight something that is prevalent, if not inherent, in human behavior: the tendency for emotion and ulterior motives to outweigh rationality.**

SC Colonial empires, colonies, slavery and exploitation. Today, how do you think power is exercised?

SB Power will continue to be exercised in many ways, not the least of which is through force, exploitation, and exclusion. But today it also permeates, perhaps more subtly, the many systems we use to live and navigate in the world, from the industrial food complex to the Internet.

SC SWITCH! How many times a day do you usually look at yourself in the mirror?

SB Twice. Once in the morning and once in the evening, usually without thinking. It's a good visual reminder of how the day has affected me.

Shane Brennan, Assistant Curator, Creative Time, New York.

**SC Dear Kari,
I arrived the first time in New York by Greyhound bus, traveling at night from Toronto, where I was studying. It was amazing to feel the excitement of seeing the outline of the Twin Towers in the dawn mist on the horizon.**

New York is a magic pot that has often cooked fantastic things. Here we all feel like New Yorkers! A reason? Or perhaps it is a myth?

Kari Conte **I heard many times that it only takes seven days in New York City to feel like a true New Yorker. I know this sounds like a cliché, but it's one of the only great cities that finds where you came from irrelevant in relation to what you are able to achieve.**

Despite the fact that New York City becks and calls to financial capital more than ever, and franchised chain stores and tasteless condos have replaced mom and pop shops and artist lofts, I believe that it is still a magnetic and magical place that attracts some of the most interesting and driven people in the world.

As a born and bred New Yorker, I've often wished that this wasn't the city that I was raised in—as the moment that you describe, Stefano, of seeing New York City for the first time is one that I've often envied.

SC The great ideologies are crumbling one by one. The contemporary world is looking for new

I met Kari in May 2010 in New York at International Studio & Curatorial Program (ISCP), where I was artist in residence.

I met Nicola in New York during Armory show week in March 2010.

stimuli. Difficult nowadays to have a belief and convictions of granite. The future?

KC Yes you are right, the world is changing very fast and we are witnessing the fall of dictators one by one in Northern Africa and the Middle East. However, it seems to me that there is also a persistence of certain ideologies, attitudes and values, namely characterized by the logic of market economy and neo-liberalism. On the one hand we are witnessing the legitimate demands of the Arab people for democracy, equality, and respect; and on the other hand, the Western world seems to be in certain form of stagnation, a cynical mode. Yet for the future, perhaps we have to look more closely at the people who are changing their future. I feel that this is extremely inspiring. Of course, the nature of the change is very important. In order to have a change in the "right" direction one has to collaborate, exchange and have an active engagement with any part of the world. We are more connected than ever.

SC SWITCH! Are you interested in poetry? Would you recommend a poet to me?

KC I have to admit that I am not very immersed in poetry. The only poem that I know by heart is Robert Frost's *Nothing Gold Can Stay* from 1923, which so perfectly expresses the transience of life through an evocative account of the changing of seasons.

Kari Conte, Program Director, International Studio & Curatorial Program (ISCP), New York.

SC Dear Nicola,
we often refer to places: the city where an agreement was signed, the favorite place, the natural landscape featuring in a memory, the architectural skyline that identifies one metropolis rather than another… And time?

Nicola Trezzi **Dear Stefano,**
I think our society is much more tied to time than to space. History is made up of far more dates than places and reality is structured as a straight (or circular) stream which is the time on a clock. If you look at the history of art, this situation is even more evident. Although visual art—the work of art—is an exquisitely spatial experience, its history is told in a linear fashion, year after year. Fortunately, this system is deteriorating increasingly because, starting with *Pavillon du Réalisme* by Courbet (the omission of the date is not random!), art history can be recounted according to the space, the exhibition space. In this way, art, and in parallel, reality, becomes a galaxy where it is possible to move by building personal geographies—we think of Benjamin's *flâneur, of* Debord's *Derive* and *Rizoma* by Deleuze, and Guattari, and finally, of the reality of the Internet—that all deny the dictatorship of time to create a purely spatial experience. In other words, the dictatorship of "philology" must be accompanied by a new way of seeing how to use "phenomenology" as the main tool (a term to be interpreted in etymological terms, not exclusive to Husserl).

SC Living today is very heavy, anchored to reality, weighted down by materiality. Is there room for the transcendent? In what way?

NT More than ever I think today we can achieve transcendence and free ourselves of materiality, and perhaps this is due to my work as an editor, where everything happens via e-mail in an absolutely anti-material manner. To be more "universal," I don't think it's a coincidence that the end of *Empire*, a book written by Michael Hardt and Toni Negri and considered the apocalypse of globalization (the Bible is *No Logo* by Naomi Klein), sees the authors conclude with this passage: "Once again in postmodernity we find ourselves in Francis's situation, posing against the misery of power the joy of being. This is a revolution that no power will control [. . .]. This is the irrepressible lightness and joy of being communist." I totally agree, perhaps because I spent sixteen years of my life in the Scouts (AGESCI) where St. Francis—together with the adventurous St. George and the globalized St. Paul—are the foundation of everyday spirituality and the lifestyle of the "successful" citizen.

    I met Andreas on September 11 2009 at ZKM in Karlsruhe, where he presented my installation *11 settembre*.

I invited Francesco to my project *BOOOM. FLU POWER FLU* in Brussels in April 2009.

SC SWITCH! Your typical day?

NT Over the past three years I have spent my life landing in one place after another (New York, Milan, Prague, Cluj, Tel Aviv) knowing the exact number of days I would be staying. I never travelled with a one-way ticket: always return. This is to tell you that for me, there is no typical day.

Nicola Trezzi, U.S. Editor, *Flash Art International*, New York/Milan.

SC Dear Andreas,
I realized my graduation thesis at the Accademia di Brera in Milan about the research developed by Fortunato Depero in advertising, graphic design, and advertising architecture.
    Depero was the only futurist to work in the metropolis par excellence of the twentieth century: New York City. He came from my region on the border between Italy and the German-speaking area: Melotti also came from here. Better the border or the center? Better to have peace or friction?

Andreas F. Beitin Due to the fact that my zodiac sign is Gemini I love to be in metropolis as well as in the nature or in the countryside.
    I really need from time to time the quietness and insularity of nature, a kind of escape from the terror of daily life communication, but I can't imagine to live in the countryside. I need the supply of all the cultural activities in a metropolis but also the hassle with it.
    For an artist the tension between border and center could be really quite productive, but for developing and creating innovative artworks on society, politics and what ever it's rather useful to live in a metropolis.

SC I was born in September: the 11th. The fate of the individual is interwoven with the collective. In difficult times the sense of belonging and sharing is strengthened, amplified, broadened. What elements determine a sense of belonging today?

AFB Currently most of all web-communities—like Facebook etc.—even if they are often only pseudo-communities. But also the feeling to effect something together: one of the best examples we have seen these days in Tunisia and Egypt. This shift from virtual to real power inspires the people and strengthens the feeling of belonging together. One can only hope that this idea of shifting the structures of dictatorial states will continue!

SC SWITCH! A car, the one of your dreams? Or would you rather walk?

AFB No emissions, no costs, very comfortable, everywhere available, and full of books!

Andreas F. Beitin, Head of Department, ZKM | Museum of Contemporary Art Karlsruhe.

SC Dear Francesco,
in the past I happened to see the movie *Il deserto dei Tartari* (The Desert of the Tartars) dozens of times. Or I happened to listen to a loop, driving, of the same song—Depeche Mode maybe—for kilometers and kilometers. Have you ever been obsessed by something?

Francesco Bernardelli I don't think I've ever had a particular attraction for obsessive forms or trends (except perhaps for a period of curious attraction, years ago, for so-called "minimalist" music… perhaps an opportunity for a perfect "therapy" in homeopathic doses…, but even the thought of a possible obsession can in itself be a fawning and iterated obsession.
    Although a large part of contemporary artistic production—especially in the more recent decades and despite the very different trends and manifestations—has often expressed similar orientations and inclinations (and how can we forget the most interesting and fascinating cases in which a collection and study has substantiated its characteristics and methods—it's enough to remember a person like Harald Szeemann with a full-blown activity in that regard…, I think that male and female artists have indeed other needs and desires, as critics or scholars do… Approaches or ways of

operation/working that know (or just try to know) how to do without the typical compulsive drive of obsession.

In some ways, the desire to orient one's own work along lines of research, of excavation (or rediscovery) or of progressive new "discoveries"—as well as through fortuitous events or circumstances favored by specific circumstances—represents an attractive alternative to those trends that definitely have (and have had) often much greater visibility, for obvious reasons of a real and true repertoire that materializes and accumulates over the passage of time, but that, with increasing frequency too, risks concentrating the work (artistic/critical/analytical) on and relegating it to a virtually unlimited number of variations on few (if not single) issues.

A certain charm emerges—traditionally inherited from centuries of customs (practical, behavioral, psychological)—which, transposed to work methods refined to a collector's taste, brings with it all those elements that are part and whole of the cataloguing, archiving, etc… They are forms of the systemization (also very subjective) of knowledge—or of the different territories touched by various forms of knowledge—but marked by conditioning, if not binding grids, which all together contribute to the creation of a parallel reality—a world, if not a universe (in the most uncontrollable cases)—where all aspects and features that belong to the liveliness and unpredictability of life itself are inscribed, fixed, and reorganized in closed systems, often self-referential (and even self-sufficient…) where the exception—the *unicum*, *hapax*—can be considered only in relation/reaction to the regulatory classificatory guidelines that they will inevitably create. Perhaps it is the recourse to (or the indulgence in) "obsessive" operating tracts/modes that can only originate and maintain the increasingly vast and rigid scaffolding, like a new Tower of Babel, leading only to a more exponential loss of meaning. There remains the movement, the dizzying thrust, which seems to be self-nourished by practices that (like *forma mentis*) transform even the slightest trace of free will into a sort of "surrender," of capitulation to the compul-

sion to repeat, to accumulate, to add—perhaps images well suited to the particular conditions in which we find ourselves at the start of the new millennium, but certainly distant from a need for a more organic life and growth to which, at the same time, we often aspire.

SC Mix, mix…

FB Two terms, a great concept… or, better, a need: not just a thought—an aspiration—even a dream.

I think the chances for mixing, like materializing on this earth, are still only (and luckily…) in their infancy. As for the fears, doubts, misconceptions and so on… the strength and the need, that every one of us feels in trying to question everything, to start from zero and experiment, basically are nothing more than signs in themselves of the vital impulse which leads us forward. So, mix and remix, where and whenever possible… but always supported by full optimism!

SC SWITCH! Better to relax in the countryside or be stressed out in the city?

FB Finally, however, faced with a similar *aut aut* (the choice between countryside and city), I would opt for the "openness" of the sea (and when possible… of the ocean); stress or relaxation, then, don't seem to belong to specific environmental contexts, but rather to psychological and mental scenarios that vary from (human) case to case…

Francesco Bernardelli, independent curator, Turin.

SC Dear Kamila,
I've always had a good relationship with technology. It became my favorite medium right from the start and out of choice I do most of my multimedia operations alone. But for coffee, I prefer the Italian classic Moka coffee maker.

Thanks to technology and media, we have never been so united. Despite this fact, new divisions are always growing…

Kamila Wielebska Yes, that's true. Technology and media bring us together, they make us stay closer to each other, especially thanks to the Internet. Even when we're thousands kilometres away from each other we can talk, we can even see our faces. But actually this new situation is not so simple and easy.

Firstly, we are only a small group out of the whole population of the world who use new technology such as the Net. So it is a kind of division…

And there is also the dark side of these boons. Technology creates an artificial, virtual reality for us. Things, such as cars and elevators and all the rest which is supposed to improve the quality of our lives, separate us from the world and from our own bodies. We don't feel physical effort, any distance, the connection with the ground, air, the directions of the world any more… No real connection with other people. We have no time for it because we are sitting alone with our laptops and trying to communicate with the whole world, with other people who are also sitting somewhere alone with their laptops…

I don't drink coffee. I like tea. But I also like to drink it sometimes in a nice human company and to chat with someone face to face.

SC The media know how to be honest and straightforward tools, but they can also be easily bent to persuade the masses, to conviction, to the spread of ideals and the induction of specific reactions. They are the ideal means of propaganda…

KW Yes, of course. It is quite well described by the philosophers from Frankfurt School who escaped from Nazi Germany to the United States of America. Theodor W. Adorno in the late 1940s wrote about the similarities between the persuasion of publicity and totalitarian propaganda.

Media belong to those who have power—it means the money creates the truth. So, perhaps, it is the best thing about the Internet—the idea of the creation of independent media.

Of course, unless you are in China where the Internet is under governmental control!

SC SWITCH! Is there a popular saying that you remember or you hear often?

KW Well, in Poland, where I was born, there is quite a popular phrase, namely: *"Do wszystkiego można się przyzwyczaić"* (one can get accustomed to anything).

Why is it so popular in this country? Everything here is not so good: the weather, the government, even history wasn't particularly kind to us. How to behave in such a harsh environment? People have to become accustomed to all of it. Indeed. But personally I prefer the English saying: "Always look at the bright side of life." In a way it means the same.

Kamila Wielebska, art critic, curator and Editor of *InterTekst*, published by Laznia Centre of Contemporary Art, Gdansk.

SC Dear Veit,
I often travel by plane, sometimes by train, but often I have to travel by car. I drive to reach Trento, Bozen and Merano from the village in Val di Non in the middle of Alps where I stay when I'm in Italy: in any case I prefer to go through a couple of high mountain passes, full of curves, than taking the highway. I avoid long stretches of the highway even when I go to Brussels. It's the way I prefer to travel.

Veit Loers Ambassador of the flying thoughts, you're always travelling somewhere in the world. Good for you! I, on the other hand, like to stay in Belluno, take walks with our dog, not travel by car around the curves. Walking is better. And seeing the beauty of the white snow of the Dolomites.

SC I am convinced that both fear and pleasure give a jolt of adrenaline…

VL The *Vogelgrippe* (bird flu) has passed. Today we have Tripoli. And some Italians too—this time it's not Berlusconi—who live near us and who still continue to hunt and eat birds, as I read several months ago in the *Corriere delle Alpi*.

I met Achille in June 2008 at Mart where I participated in his exhibition *Eurasia. Geographic cross-overs in art*.

I met Blanca in New York in 2008.

SC **SWITCH! What did you do and what are you doing?**

VL **I recently wrote about the hermetic art. I just pruned the vines. Now I have to leave for Berlin to take care of the… *schräge Vögel*, the strange birds, of the art scene.**

Veit Loers, Director, Kunstraum Innsbruck. Former Director of Museum Abteiberg, Mönchengladbach and former Artistic Director of Fridericianum, Kassel.

SC **Dear Achille,**
information sharing to the extreme reached by the media does not correspond to a share of responsibility for what happens on a large scale…

Achille Bonito Oliva **In a universe governed by technological development, for sure art is the only activity that can still produce surprises and puncture the collective inattention. Art is a manual thought and so it's the result of personal responsibility of its author, forcing the viewer to do the same: a responsible contemplation.**

SC **Shall we look at what already happened or go beyond?**

ABO **If art—in its creative process—consists in "forgetting by heart" its initial impetus, certainly critics work to restore an historical memory not only of the work, but also of its context.**
In this sense, art—in the general situation of crisis of our system—can massage the atrophied muscle of collective sensibility, atrophied by artificiality of television and by web prosthesis. So the art develops new processes of knowledge, because it is an alarm system that wakes up the faded consciousness, removes the opportunistic behavior and breaks social immobility provoked by an education resulting from a Catholic Counter-Reformation religion, *una religione catto-controriformista*.

SC **SWITCH! What's the city, the trip or the place in your heart?**

ABO **A place that is particularly dear to me is Stromboli, where metaphorically I at-**
tend my university through a relation with a constantly active volcano that has forced me to a perpetual state of wellness and confrontation with nature, fundamental and preparatory for everything I did later.
In fact I'm the only one who has provided a body to critics taking it away from the side position of its role and giving it a frontal position—healthily hostile—towards the artist, that remains my most intimate enemy.

Achille Bonito Oliva, Italian art critic. Curator of *Contemporanea*, *Aperto 80*, *Avanguardia transavanguardia*, *Minimalia*, among others, and Director of 45th Venice Biennale.

SC **Dear Blanca,**
in Norway I went on an expedition - 25 degrees Celsius: it was a struggle keeping the camcorder and camera from freezing. Our belief is that the planet is all in our hands and we forget the intensity and power that nature can have.

Blanca de la Torre **Well, I guess we are in front of the traditional dichotomy man versus nature. I suppose that belief of control over nature or even superiority to it is leading us somehow to the destruction of our planet, or even I should say to our own destruction. Actually it is a good lesson to man's arrogance when some natural disasters happen and demonstrate us that there are some things that can escape to our control: things like the volcano in Iceland, for instance, which paralyzed the air traffic for days… Maybe we should just remember Albert Einstein words: "Look deep into nature, and then you will understand everything better"…**

SC **Have you ever been in an extreme work situation? If it has never happened to you, would it grab you?**

BdlT **When you have real passion for your work you can sometimes be in extreme situations and you are not aware of it until time afterwards. At the moment you just think about getting the best out of the project. Everytime I am involved in an intense project I sleep very little, eat very badly and some other typical stressful stuff.**

Actually I usually get sick after I finish.

One situation that comes to my mind: I remember in Singapore, trying to find some aluminum for a very specific installation, I had to go alone to some industrial area, in the outskirts, there were only men speaking Chinese, nobody could understand me, it was bloody hot and I couldn't even ask for a glass of water. Another time in London, we were installing and I walked up to a high scaffolding because there was something very urgent to fix… and when I was up I forgot that… I suffer vertigo… a huge vertigo, so I wasn't able to get down… Just stupid small things like that, nothing like a dangerous expedition or anything like that…

SC SWITCH! Which geometric shape do you prefer or which one attracts you the most?

BdlT Ummm… PYRAMID. On the one hand because I have always been fascinated by Egyptian art in the Ancient Kingdom, but also because of all the mystic and symbolical power that it contains.

Blanca de la Torre, Curator, ARTIUM–Museum of Contemporary Art, Vitoria-Gasteiz, Spain.

SC Dear Esther,
I've just returned from Kirkenes, above the Arctic Circle, in the far north of Norway, on the border with Russia. The charm of the North . . .

Esther Lu I know Kirkenes only by Wikipedia and my imagination. According to this entry in the Wikipedia, the Øvre Pasvik National Park, located around 100 KM south to Kirkenes is where the three time zones meet. This piece of information just blows me away with the fact that, in theory, all the time zones are supposed to be overlapped in the North Pole, whether in its pale summer day light, or under the twilight of its long starry winter. Therefore, as the axis of the Earth's rotation, the North Pole could be at any time of a day in relation to other places.

Once I come to such realization, the charm of the North seems to be even more bewildering: veiled with the icy white ex-

tension, it becomes a vacuum of spacetime, the black hole in my mind.

SC I pushed myself to the edge of the fjords between the sea and a dark snowy expanse, where the tide rose and fell. Where is the edge?

EL The edge is where the sounds fall into silence.

SC SWITCH! What is your favorite dish?

EL My favorite dish is sushi. They are extremely wild by ingredients, their origins and flavors, and on the other hand, totally reserved to a cultural heritage at the same time. They are served in a ritual manner, according to the season, to the location, to the chef, and to one's appetite and company in a rather complex context. In fact each piece of sushi is made as a unique experience that can't be duplicated or reproduced. Some experiences simply take root in the memory.

Esther Lu, independent curator, Taipei.

SC Dear Trevor,
I have some images in mind—of the by now classic *Blade Runner* or of the more recent *Code 46*—where the center is represented by Asian cities and the spoken language is a pidgin language, meaning a simplified language that mixes terms from different languages. What do you think about this?

Trevor Smith Cultural change is driven by trade, exchange, and translation so it is no wonder images of Asian cities haunt the imaginary of Western cinema. The United States' relatively recent concern regarding imbalance of trade with Asia in general and China in particular is but the latest chapter in a story that has gone on for a very long time.

The huge volumes involved in contemporary trade don't so much bring about cultural homogenization, but an erosion of differences connected to national boundaries and a strengthening of bonds around communities of practice and patterns of consumption.

Languages are evolutionary and stay alive through the absorption of influences from other languages. The global economic trade, and polyglot cultural exchanges of our times that are imagined by filmmakers will no doubt be limned for clues by the philologists of the future.

SC Reality has always fascinated me. Reality that has been, but also reality that will be and that could be…

TS Those who obsess about history are condemned to repeat it. I've always found in fiction a more evocative approximation of the kaleidoscopic potential of daily life than I find in history books. Art and culture are in a constant process of becoming and history books are often too definitive, too concerned with chasing down meanings that necessarily resist such foreclosure.

SC SWITCH! What kind of pizza do you usually order?

TS It matters little what kind as long as it is (hopefully) well made and (definitely) eaten in good company.

Trevor Smith, inaugural Curator of Contemporary Art at the Peabody Essex Museum, Salem. Curator of 3rd Singapore Biennale.

of 90km/h, or being in an environment of complete silence or just making intense love.

SC As a child I was unconsciously fascinated by the controversial and mythical aura surrounding the wars and conflicts touted by the media. I drew plenty of battles. Who are the good? And who are the bad?

CB War is only a killing machine without moral. When I was child I was fascinated by the Wild West and more precisely by cowboys and Indians. The only conflict I ever had was that I had always a hard time choosing on which side I preferred to stay. I often went for the Native Americans as they were more mysterious, lived with the nature and were certainly in my eyes more colorful, while the cowboys where more corrupt and wanted only to occupy land. As a child I lived in this fantasy and didn't want to see that also the Indians where cruel (for justice?). To be brief, in conflicts there is neither good nor bad: only dead.

SC SWITCH! Describe me your favorite recipe and tell me why it's your favorite.

CB My favorite recipe is to live as I just enjoy, in good as much in bad days, living.

Cis Bierinckx, Artistic Director, Beursschouwburg kunstencentrum, Brussels.

SC Dear Cis,
as you know, when I'm in Italy I have a "retreat" in my hometown, in Trentino South Tyrol. From the windows I see the Alps, a lake, the sky clear and the most magical moment is the dawn, when the snow capped mountains are illuminated by the sun, while the lights of the night are still on. What gives you a sense of freedom?

Cis Bierinckx Freedom contains so much complexity and can be a burden at the same time. What one understands under freedom depends so much from given situation and circumstances. Freedom gets too often misinterpreted; for that reason it is hard for me to give you the right answer about what gives me a sense of freedom. Feeling small on the top of a hill, maybe, or racing downhill with my race bike on a speed

SC Dear June,
returning from Switzerland, at age fourteen, I had a period of intense loneliness with long walks in the mountains. Alone with my dog. At one point there was a turning point: I started staying more and more together with other people. What is the role of the individual within the current collective life?

June Yap Every meeting is a moment for self-reflection, but there are those that change the course of your life so drastically you can barely remember which way you were headed or imagine what else it could have been before it happened. It may have been unintentional, sometimes even a mistake, a misreading on your part, which is not all bad, some are distinctly happy surprises that keep returning. It probably helps when you stop anticipating and planning… Individuals I think are best met as such.

SC Value is a term for which to strive. When there is loss of values, it would then correspond to a quieting of the strain, of tension…

JY I think quietening is a value worth striving for.

SC SWITCH! Mountain or sea? Island or dry land?

JY It would seem banal to say that they imply each other—mountain and sea, island and inland. But they do, and so the act of choosing doesn't quite extinguish the other, or the desire for the other. The choice I think that can be made is to decide to move between the two, neither fearing nor forgetting the other.

June Yap, independent curator, Singapore. Curator of Singapore Pavillion at 54th International Art Exhibition of the Venice Biennale.

SC Dear Stefan,
As a child I had a guinea pig. In Italy, this animal comes from India. Even in France they are convinced that it comes from the same place and they call it *Cochon d'Inde*. Many however bring guinea pigs in by sea, but nobody dares guess as to their departure point: they call it pig of the sea in Polish (*winka morska*) and in Swedish (*marsvin*). But I believe it has the same name in German: I think you call it *Meerschweinchen*. Is that correct?

In North America, they have always considered it to be a pig (even though it is actually a rodent!), But from Guinea: Guinea pig.

What nationality were the animals that were part of your life?

Stefan Bidner Austrian.

SC Tests on guinea pigs are often cruel, lethal. But the end is our future well-being: new moisturizers, shampoos, hair removal creams… Have you ever felt like a guinea pig in a laboratory?

SB Yes, because life is (a) PIG!

SC SWITCH! Couch, chair, hammock or car seat?

SB I like the idea to "hang loose" between two firm anchor points and the hammock is often seen as symbol of easy living!

Stefan Bidner, independent curator, Innsbruck. Former Curator of 20er Haus, Belvedere, Wien and former Director of Kunstraum Innsbruck.

SC Dear David,
in my life, as in my career, the facts have always followed in a chain and as a consequence of others. Casual encounters, specific choices, fate… and in general I have always tried to be very independent. How much do you believe in fate? In one's own abilities? And how much does the "system" govern us?

David Elliott Fate is like the cards you are dealt with at birth. They are significant but not finally decisive. One's will and abilities can improve your hand but our earliest experiences are strong and sometimes we have to work very hard to change. To which "system" do you refer "fate," "karma," "ideology," "politics"? The more unaware you are of them, the stronger they are; the greater your consciousness of their potential power, the stronger you are. Many people embrace servitude, others are repelled by it.

SC In Italian language, the terms coincide, but in English we distinguish between the physical condition, called influenza, and the mental condition, called influence: between the effect of power and that of the disease. Which one is more dangerous?

DE Power (influence) should be a tool with which to achieve something better than already exists but, as an end in itself, it corrupts the individual and is invariably pernicious in its "influence." In this way influence can be like a malign virus.
A Flu Epidemic may sometimes leave many people dead, but this virus, unlike the other form of influence (absolute power for its own sake) shows no paranoia and has no pretension other than its own survival.

SC **SWITCH! Which period of history fascinates you the most?**

DE **The present! It is in a constant state of newly becoming that is strongly and unpredictably influenced by what has gone before.**

David Elliott, museum curator and writer. Artistic Director of 17th Biennale of Sydney, former founder Director of Istanbul Modern and of Mori Art Museum, Tokyo.

SC **Dear Giacinto,**
in *El sueño de los héroes* (The Dream of heroes) by Bioy Casares, there is the idea of the impossibility of repeating the actions that have already been completed. If it is not possible to reenact legendary events, how can a heroic event take place?

Giacinto Di Pientrantonio **Today we live in an anti-heroic time and at the most, it is the artists who are able to bring the figure of the hero back into play.**

SC **I preferred motorcycles for a few years: I rode a Kawasaki Z400, I had no car, nor did I want to get a license. What are the traits of a modern knight?**

GDP **The artist?**

SC **SWITCH! Your favorite myth?**

GDP **Boooh!**

Giacinto Di Pietrantonio, Director, GAMeC– Galleria d'Arte Moderna e Contemporanea, Bergamo.

SC **Dear Pier Luigi,**
One day long ago—I was very young, three years old—I left the living room and went quietly into my parents' bedroom, took my mom's lipstick and began to trace a series of broken lines that rose upward on the wall, in a pattern of steps.
Caught in the act, I remember feeling strongly that I had done something naughty. They scolded me and asked me what I was trying to do: I said they were "the stairs to heaven." What do you think of these interesting visions that children sometimes reveal?

Pier Luigi Tazzi **More than a vision, unless you're referring to the ladder that appeared to Jacob in a dream, yours seems like a fanciful excuse aimed at confusing proper parental anger. But I may be wrong. You were in good faith and had, in anticipation of your artistic vocation, created a relationship between your mother's lipstick and the mystical ladder of the Jewish tradition.**

SC **The importance of popular belief and superstition: what is your point of view?**

PLT **I do not believe that popular beliefs and superstitions are entirely similar. Personally, I am fascinated by folk beliefs when they do not directly and viciously interfere with my life, and of the ones I am emotionally involved with. Superstition anyhow is always a limit, mostly negative, and must be fought in all its forms. However, I must confess that my fear of some numbers, or some signs, carries some weight in my personal superstitious hysteria. .**

SC **SWITCH! An ice cream? Or a burrito?**

PLT **What is a burrito?**

Pier Luigi Tazzi, critic and curator. Co-director of Documenta IX in Kassel, Co-curator of *Wounds* at Moderna Museet Stockholm, and of *Happyness* at Mori Art Museum in Tokyo.

SC **Dear Micaela,**
as you know I am from Trentino South Tyrol, between the Alps and not far from Austria. Not so long ago my grandfather was a soldier of the Austro-Hungarian Empire, to which my region belonged. The boundaries change…

Micaela Giovannotti **A colossal change not only in history books, but for your grandfather's generation and those immediately following. My grandfather, on the other hand, fought in the Italian army in Albania and there was never an encounter in which he didn't remind us of that famous piece of shrapnel stuck in his elbow. They were both part of a generation, engaged on different fronts, in defending old and new boundaries.**
In contemporary Western democracies, boundaries and diversity are shaped primarily on mental and cultural levels.

Could Europe or the European sentiment perhaps be more solid because the administrative boundaries have been weakened?

The element of language, inescapably, also defines boundaries. It plays a separatist or unifying role, depending on the situation.

The regions on the border, like that of Trentino South Tyrol, reveal in a chameleon-like way, their geopolitical appearances, depending on the interlocutor.

It is interesting to note how, in your work, the linguistic element plays a prominent role and how your choice favours English, which in art can be universally used for transcending borders. In various works, through the direct and laconic form of the slogan, the linguistic expression reaches more or less playful provocation of the current practice of divulgation and obsessive communication. For example, the sound and light installation that we presented together on the telecommunications tower in Prague using Morse code in the forms of both light and sound, was intended to break down the compartmentalized boundaries of contemporary art, by insinuating itself into the everyday life of the city's residents.

SC There is a phrase of the American, James Russell Lowell, which in Italy has become so commonplace that we've lost track of its origins. This is the sentence: "Only the dead and the stupid never change opinion." What do you think of it? Have you ever changed your mind?

MG I agree. And of course it happens that I sometimes change my mind. Usually, however, I do it consciously. Both in theory and in practice, I consider the various alternatives. I follow the logical steps that eventually reveal the process of evaluating to be more interesting than the result in itself.

SC SWITCH! How are your shoes?

MG They are Made in Italy. Eloquent and nonchalant. They are made of leather or suede, very pleasant to the touch. Sympathetic with my feet but without compromise!

Micaela Giovannotti, independent curator and critic, New York.

SC Dear Bruce,
I am Italian, but often—unfortunately—I've had occasion to be ashamed of my origins. Sometimes the choices, ideas, hypocrisy, selfishness, and the dramatic absurdity of men become unbearable and unjustifiable.

R. Bruce Elder You assert that you are prone to a type of hypocrisy, selfishness and dramatic display that are of a characteristically Italian sort. Let me say, first, that I haven't seen evidence that you are any more given to such behaviour than we ordinarily expect of our associates. Humans are given to hypocrisy, selfishness and dramatic display when they feel the security of their selves threatened—and Goodness only knows how precarious the life of an artist is. So I should think that you should take some consolation in having restrained yourself from excessive indulgence in the discreditable behaviours that the life you have chosen often encourages.

You might consider that we are living in the wake of the period when capital provided a wage sufficient to ensure that labour would be reliably available for exploitation by capital. While it is surely true that globalization has had the effect of reducing security of income across the "developed world," the hope that one might achieve such security still lingers amongst those who live in Europe and North America, so recent is the time when the possibility of actually attaining it was ushered off stage. I doubt that there has ever been an era when reality lived up to our expectations, but rarely has the difference expectation and fact been so pronounced. Could anyone expect that human beings who experience so great a discrepancy between the hopes they harbour and the reality they actually live in would be of a serene disposition?

I would that your self-image has been affected adversely by the tribulations of your generation, who grew up at time when there were too few jobs to go around and so when discouragement result from the loss of their "employability capital" rose dramatically.

Perhaps, too, you have allowed yourself to indulge in the fantasy that your current head of state represents the typical

Bruce was my academic supervisor in 1997-1998 at Ryerson University in Toronto where I have done a postdoctoral fellowship in video art.

Italian male. Identification is a fascinating mental mechanism. But it can generate ideas that do not match reality.

SC Can we believe we are independent? The influences and cultural affiliations seem unavoidable …

RBE I believe our subjective formation is a product of the objective conditions (including the biological determinants) of our existence. There are real variations in the objective conditions of our existence, and so of course there are differences amongst the mentalities of different national groups. Nonetheless it is easy to exaggerate these difference, impelled by what Freud characterized as the narcissism of small differences. The differences amongst national groups are actually very small (and the differences amongst nations on the European and American continents even smaller). Our objective conditions are overwhelmingly alike, our subjective differences trifling. We all need love, we all crave attention, we all need others who look at us and respond by affirming out being—I believe that in traditional Italian families, mothers did a great job of providing that sort of prosthetic for the self. And, let's face it, we all respond negatively when we are threatened.

We can think about the issue even more profitably in historical terms—and yes, I believe mentality is very much an historical phenomenon. Consider how similar the music of all baroque composers is, and how many features baroque music has in common with baroque painting or baroque literature. Perhaps more to the point, consider how very little difference there is between the works of an eccentric baroque composer such as Heinrich Biber and those of a terrifically talented baroque composer of a more conservative disposition (e.g., Georg Philipp Telemann—I will take him as an example even despite his fondness for "new work" in the mixed style)—or how little difference there is between the works of an outrageously brilliant German classical composer like Wolfgang Amadeus Mozart and those of a merely very good Italian classical composer like Antonio Salieri. Then, after thinking about how very little there is between the works of each of those pairs of composers united by the historical period to which they belong, consider, by way of comparison, how extraordinary is the difference between, say, the works of Georg Philipp Telemann and those a relatively conservative composer of recent times (say, Aaron Copland). After considering that, who could doubt that we are the products of our times. Not even a genius, for example Johann Sebastian Bach (possibly the greatest artist the West has produced), could escape being a baroque composer.

But the real question is whether mentality historical/situational through and through. I don't believe it is. I believe there is a core in human being that is universal, beyond the reach of time, history and change. This super-temporal element in human being is of utmost importance. I must believe there is an unchangeable, uncorruptible element in human being—without that belief, I would succumb to despair. And what else could explain the fact that I can read poems written in the Middle Kingdom or in Greece two and half millennia ago, and be moved to weep? This unchangeable, uncorruptible, super-temporal element is an image of the Divine. For many centuries, it was called the "soul."

SC SWITCH! Which geometric shape do you prefer or which one attracts you the most? And why?

RBE My favorite planet is Mercury. It is my favorite partly because it is a telluric planet—indeed, likely an iron planet. Who would favour one of the gas giants? Yes, Mercury is protean: we use the word "mercurial" to characterize a person of changeable temperment. The element that mythology associated with the god Mercury is quicksilver, a element that glistens like silver and is the only metal that is liquid at ordinary temperatures (often the memory of handling quicksilver as a young child comes back to me unbidden). The Assyrians referred to the planet Mercury as "the jumping planet." Its changeability led early Greeks to mistake it as being two

planets, one of which they named Apollo
(to refer to its appearance in the morning)
and the other they named Hermes (to refer
to its appearance in the evening).

The planet moves across the sky
faster than any other planet (which was the
reason why the Romans named the planet
after the god Mercury): in mythology, the
god Mercury was eloquent, shrew, and
swift. Mercury was also a thief—a thief of
a particular sort. The great classics schol-
ar (and psychoanalytic theorist) Norman
O. Brown dedicated a book, *Hermes the
Thief*, to the study of the *Homeric Hymn
to Hermes* (Hermes was the Greek precur-
sor of the Roman Mercury). Hermes, he
notes, was a god associated with magic,
a tribal Trickster (and in this way was
like an artist). Brown argued further (and
in my view, convincingly) for a Marxist
reading of that puzzling work, contending
that Hermes rose to prominence as Greek
society was undergoing change, with a
professional artisan class challenging the
prominence of the aristocracy—Hermes
represented "appropriation through cun-
ning," the Trickster who by took what
belonged to others by intelligent subter-
fuge. So he came to stand for the artisan's
appropriating what had belonged to the
artistocracy.

Despite mercury's characteristic
celerity, it has a solid iron core. These are
good reasons for wanting to emulate Mercury. And heck, Mercury got to run around
bare-naked all the time.

R. Bruce Elder, filmmaker and writer, Toronto. Ryerson
Research Chair Director of the Graduate Program
in Communication and Culture, Ryerson University,
Toronto.

PUBLIC OPINION

Domande tra sacro e profano, personale
e globale, socio-politica ed ecologia, credi
e storia, vita vissuta e lavoro artistico...
Le ho poste ad alcuni degli amici che ho
incontrato e con cui ho condiviso momenti
del mio percorso. I loro interventi seguono
un ordine cronologico, andando indietro nel
tempo secondo il momento in cui ho incontrato ognuno.

Stefano Cagol   Caro Alfredo,
dal '75 all'83 non ero in Italia, ma abitavo in
Svizzera. Lì mi capitava che degli adulti, dopo
aver sentito il mio cognome, mi chiedessero con
un certo animo se ero parente di Mara. Io ri-
spondevo: "Mara chi?". Non sono suo parente,
condividiamo il cognome e la città di provenienza. Era stata fondatrice delle Brigate Rosse,
uccisa in un conflitto a fuoco nel 1975 – ma lo
capii solo molti anni dopo.

Il tempo spesso non cancella la memoria, ma favorisce la consapevolezza. Nell'epoca
dell'immediatezza, c'è ancora tempo per acquisire coscienza?

Alfredo Cramerotti   Dal '75 all'83 io abitavo
proprio a Trento. E ritagliavo articoli di
giornale che parlavano delle Brigate Rosse,
un po' per perversa fascinazione giovanile,
un po' per capire, nel tempo, come le cose
si trasformassero nella coscienza mia e
pubblica. Ma questo non lo sapevo allora.
Quei cut-out li ho ancora, e tutt'ora non so
come e se usarli. O se ha senso usarli.

L'acquisizione di coscienza – *awareness* – non è infatti legata in maniera indi-
scutibile alla memoria. Io non ho memoria
di Mara Cagol, dello scontro a fuoco che
l'ha uccisa, e nemmeno tanto del processo
umano, sociale, politico e giudiziario che
sono stati gli anni in cui le Brigate Rosse
erano attive. Non ho nemmeno memoria
mediatica, eccetto che per quando trovaro-
no il cadavere di Aldo Moro nella Renault
4. Ma ritagliavo gli articoli di giornale, e li
ho ancora. Quindi, in qualche maniera, la
mia consapevolezza era ed è rimasta all'er-
ta, nonostante i miei ricordi siano quasi
nulli.

Nell'era dell'immediatezza esploria-
mo orizzonti più vasti, ma meno profondi.
Colleghiamo fenomeni più diversi e disper-
si, ma meno coinvolgenti. Ma forse queste
connessioni alla lunga sono più ricche di
significato, nell'arco di una vita. Le modalità dell'acquisizione di coscienza cambiano,
come cambiano le modalità dell'acquisizione di conoscenza. Per rispondere direttamente alla tua domanda: io credo di sì, che
ci sarà ancora tempo, e spazio, per acquisire coscienza e favorire la consapevolezza.
Solo magari con modalità diverse, e non
propriamente manifeste ora.

SC I cigni neri stupirono chi li vide per la prima
volta. Ora invece siamo abituati a una conoscenza della realtà sempre più approfondita, più
estesa e a portata di mano. Cosa può suscitare
stupore?

AC Un cigno nero mi stupirebbe comunque.
Lo stupore, l'altra faccia della curiosità,
non dipende da cosa vediamo, sentiamo e
percepiamo ma dal come ci poniamo nei
confronti di noi stessi e del mondo. È un
fattore interno, non esterno. È un approccio alla vita, non un fatto da osservare.
La vasta conoscenza che assorbiamo ogni
giorno tramite educazione, giornalismo,
relazioni sociali, gioco, lavoro o (poca)
arte, ci fornisce una versione più approfondita della realtà, ma comunque questa
è come dei granelli di sabbia che sfuggono
tra le dita, per usare una metafora poeti-
ca. Non credo nella dicotomia ordinario /
extra ordinario, credo nella coesistenza di
entrambe le percezioni; dipende da noi e da
come ci poniamo.

SC SWITCH! Mi racconti di un luogo che ti è
particolarmente caro?

AC Ti racconto di un luogo che ho particolarmente odiato, il che, per lo scopo della
tua domanda, è altrettanto interessante.
Anzi, più di uno. Cominciamo con un rifugio
di montagna in cui mentii a tutti raccontan-
do di aver fatto sesso con una delle ragazze
(ci eravamo solo baciati). Un traghetto su
cui ho passato una notte al freddo per aver
fatto il biglietto solo di "passaggio ponte".
L'ufficio di una mega azienda di *retail* in cui
ho lavorato come geometra per otto anni,
nei quali per andare avanti ho fatto cose
che non confesserei neanche a me stesso.
Lo spogliatoio e le docce di un campetto
di calcio in riva al fiume, in cui c'era un
costante strato di fango sul pavimento. Un
appartamento in cui ho abitato, con mio
figlio piccolo, con il pavimento di cemento
per mesi perché non avevamo i soldi per
finire l'impianto di riscaldamento (tralascio
i dettagli). Il call centre di un "istituto di
ricerca", con moquette azzurro cosmico, in
cui per dieci ore al giorno rincorrevo nomi e
job title di dipendenti (lo so che suona interessante, ma assicuro che provo tuttora moti

di disgusto). Una camera d'albergo in cui mi sono svegliato la mattina pieno di punture di pulci, e avevano anche cambiato le lenzuola in mia presenza. Mi fermo qui. Come dici tu, Stefano, il tempo spesso non cancella la memoria, ma favorisce la consapevolezza.

Alfredo Cramerotti, scrittore, curatore e artista. Curatore Senior in QUAD Derby, Editor in Intellect Books, Bristol e Chicago, e Co-curatore di Manifesta 8.

SC Cara Luba,
Tante bandiere. Tra i miei disegni d'infanzia c'erano sempre tante bandiere. Erano una stratificazione: vere o irreali, influenzate dai media e dalla televisione: geometrie, falce e martello, stelle e strisce, croci uncinate e leoni rampanti. Metaforicamente esistono delle "bandiere" che ti rappresentano?

Luba Kuzovnikova Una bandiera col logo di Pikene på Broen oppure una bandiera vuota trasparente.

Il collettivo Pikene på Broen (ragazze sul ponte), del quale faccio parte in questo momento, ha infatti reso la mia vita come un progetto non stop, quindi la sua bandiera indubbiamente mi rappresenta.

Altrimenti una bandiera vuota trasparente è molto allettante da essere presa come orientamento. Non proprio come una *tabula rasa*, ma come la possibilità di ricominciare da zero ogni tanto.

SC L'idea di stato, la democrazia, l'indipendenza e la giustizia non sono mai uguali per tutti: forse sono solo uno stato della mente?

LK Vero! Ho appreso di recente che in norvegese si può rispondere "*Uavhenging og uavhenging, Fru Blom*" (c'è indipendente e indipendente, signora Blom), volendo dire esattamente la stessa cosa: che la stessa nozione può cambiare in contesti differenti. Uno stato d'animo? Sì, uno stato d'animo che consente diverse interpretazioni di questi principi fondamentali… fintanto che queste diverse interpretazioni non provocano vittime.

SC SWITCH! Quale è il capo d'abbigliamento che preferisci?

LK Le mie pellicce e i miei cappelli.
In primo luogo, perché ora vivo all'Artico e mi tengono caldo.

In secondo luogo, mi rendono visibile quando è necessario, perché tutti sono – in un modo o nell'altro – speciali.
In terzo luogo, mi rendono invisibile, perché mi posso nascondere dietro di loro quando necessario.

Luba Kuzovnikova, Direttore artistico, Pikene på Broen, Norvegia.

SC Caro Raúl,
i "confini", che tanto fanno sentire la loro presenza, sono al tempo stesso come una linea di luce: impossibili da stringere tra le mani. Quali confini oscureresti, cancelleresti?

Raúl Zamudio Confini, sì io li conosco molto bene. Sono nato a Tijuana, in Messico, anche se sono cresciuto in un sobborgo bianco della classe media di San Diego, in California, e ben presto mi sono reso conto di essere diverso; ma questo dilemma era una realtà anche in Messico, perché non sono mai stato considerato messicano da messicani. Si tratta di un amore/odio con entrambe le bestie. Questa dialettica comunque ha generato quello che Homi Bhabha chiama "Terzo Spazio", un registro intermedio non di uno né dell'altro, ma una sorta di identità rizoma che è liberatoria: un senso di sé che è mutevole, fluido, contingente e dinamico.

Mi hai chiesto quale confine tirerei via se possibile? Quando una recinzione geopolitica è distrutta, un'altra prende il suo posto; libera la tua mente e il tuo corpo seguirà, lasciando la nazionalità nella latrina dell'evoluzione sociale umana scartata nella pattumiera della storia. Usa il tuo passaporto, non permettere che ti usi.

SC Irrimediabili, irreversibili, senza paragoni. Le situazioni di crisi sono annunciate dai media e dai politici con insistenza, mentre le masse subiscono inconsapevoli e incapaci di agire. In che modo e chi può essere parte attiva nel reagire e nel contrastare in modo critico quanto avviene?

RZ Inesplicabile, inspiegabile e insensata distruzione e morte – e qui mi riferisco al fenomeno delle calamità naturali – non possono essere sempre qualcosa che il superstizioso può riferire a un atto di dio. Il terremoto del Sichuan, per esempio, è qualcosa al di là del controllo umano, ma è stato il sistema edilizio scadente, i cui standard costruttivi sono stati volutamente trascurati per il profitto, a costituire lo tsunami sociale che ha spazzato via migliaia e migliaia di bambini verso la loro morte.

Riguardo alle situazioni di crisi che prima di tutto hanno origine nella geopolitica del momento storico attuale, noi non siamo mai impotenti, ma solo fatti apparire tali. Le rivolte in Egitto e in tutto il cosiddetto Medio Oriente ribadiscono quanto ricorda lo slogan del '68: "Le barricate chiudono la strada, ma aprono la via".

SC SWITCH! Qual è il tuo albero preferito?

RZ La palma Sago. La farina dell'albero Sago era il principale alimento delle popolazioni pre-europee Asmat di Irian Jaya. La grande incisione realizzata per estrarre la preziosa farina simbolicamente diventava la "vagina" dell'albero e veniva "inseminata" da uova di scarafaggio. Ben presto le uova si trasformavano in larve e venivano raccolte per essere mangiate.

Il famoso palo Bisj degli Asmat era originariamente scolpito da un albero Sago; il palo Bisj precedeva le azioni di violenza rituale su villaggi vicini, azioni che spesso finivano con la morte. Per gli Asmat la palma Sago è contemporaneamente *eros* e *thanatos*, la libido e la pulsione di morte, del mondo arboreo.

Raúl Zamudio, curatore, critico, storico dell'arte, New York. Co-curatore di *City without walls* alla Liverpool Biennial 2010 e Co-curatore della Beijing 798 Biennale 2009.

SC Caro Shane,
nei *reality show* non viene salvato il meritevole ed eliminato chi è nel torto, ma la scelta esula da valutazioni razionali ed equilibri di valori. Questo meccanismo ha preso il sopravvento anche nel reale? Ne ha sempre fatto parte?

Shane Brennan Siamo sempre stati inclini a fare scelte che sfuggono a qualsiasi tentati-

vo di trovarne una ragione. Questo sicuramente non si limita solo alla televisione dei *reality*, e infatti questi programmi probabilmente mettono in luce qualcosa che è prevalente, anzi essenziale nel comportamento umano: il fatto che superficialità e secondi fini hanno la tendenza ad avere maggior peso della razionalità.

SC Imperi coloniali, colonie, schiavismo, sfruttamento. Oggi come reputi venga esercitato il potere?

SB Il potere continuerà ad essere esercitato in molti modi, non ultimi con la forza, lo sfruttamento e l'esclusione. Ma oggi il potere permea, forse più sottilmente, anche i numerosi sistemi del mondo in cui siamo soliti vivere e navigare, dalla catena del cibo industriale a Internet.

SC SWITCH! Di solito quante volte al giorno ti guardi allo specchio?

SB Due volte. Una volta al mattino e una alla sera, di solito senza pensare. Questo mi ricorda visivamente come la giornata si è ripercossa su di me.

Shane Brennan, Assistente curatore, Creative Time, New York.

SC Cara Kari,
sono arrivato la prima volta a New York in autobus con il Greyhound, viaggiando di notte da Toronto, dove stavo studiando. È stata incredibile l'emozione di scorgere all'orizzonte il profilo delle Twin Towers nella bruma dell'alba.

New York è una pentola magica che spesso ha cucinato cose fantastiche. Lì ci sentiamo tutti newyorchesi! A ragione? O forse è un mito?

Kari Conte Ho sentito dire molte volte che bastano sette giorni a New York per sentirsi un vero newyorchese. So che questo suona come un cliché, ma è una delle poche grandi città che trova irrilevante il luogo da dove arrivi in relazione a quanto sei in grado di raggiungere.

Nonostante il fatto che New York City è più che mai a disposizione del capitale finanziario, e catene di negozi in franchising e condomini insulsi hanno sostituito i nego-

Ho conosciuto Kari nel maggio 2010 a New York all'International Studio & Curatorial Program (ISCP), dove ero *artist in residence*.

zietti di quartiere e i loft degli artisti, credo che sia ancora un posto magico e magnetico capace di attirare alcune delle persone più interessanti e dinamiche del mondo.

Essendo nata e cresciuta a New York, ho spesso desiderato che non fosse questa la città in cui stavo vivendo: ad esempio il momento in cui tu, Stefano, mi descrivi di aver visto la città di New York per la prima volta è una di quelle cose che ho spesso invidiato.

SC Le grandi ideologie si stanno sgretolando una ad una. La contemporaneità sta cercando nuovi stimoli. Difficile al giorno d'oggi avere un credo e convinzioni granitiche. Il futuro?

KC Sì, hai ragione, il mondo sta cambiando molto velocemente e si assiste alla caduta dei dittatori uno ad uno in Nord Africa e in Medio Oriente. Tuttavia, mi sembra che ci sia anche una persistenza di certe ideologie, atteggiamenti e valori, caratterizzati dalla logica dell'economia di mercato e dal neoliberalismo. Da un lato stiamo assistendo alle legittime richieste del popolo arabo di democrazia, uguaglianza e rispetto, e dall'altro il mondo occidentale sembra essere in una certa situazione di stagnazione, in una condizione cinica. Ma per il futuro forse dobbiamo guardare più da vicino le persone che stanno cambiando il loro futuro. Sento che questo è estremamente stimolante.

Certo, la natura del cambiamento è molto importante. Per avere un cambiamento in quella "giusta" direzione bisogna collaborare, interagire e assumere un impegno attivo nei confronti di qualsiasi parte del mondo. Ora siamo più legati che mai.

SC SWITCH! T'interessa la poesia? Mi consigli un poeta?

KC Devo ammettere che non sono molto immersa nella poesia. L'unica poesia che so a memoria è di Robert Frost *Nothing Gold Can Stay* del 1923, che così bene esprime la caducità della vita attraverso un suggestivo racconto del cambio di stagione.

Kari Conte, Program Director, International Studio & Curatorial Program (ISCP), New York.

SC Caro Nicola,
si fa spesso riferimento a luoghi: città dove è stato siglato un accordo, il posto preferito, il paesaggio naturale protagonista di un ricordo, il profilo architettonico che identifica una metropoli piuttosto che un'altra... E il tempo?

Nicola Trezzi Caro Stefano,
penso che la nostra società sia molto più legata a una dimensione temporale piuttosto che spaziale. La storia è fatta molto più di date che di luoghi e la realtà è strutturata secondo un flusso rettilineo (o circolare) che è poi quello del tempo, dell'orologio. Se guardi la storia dell'arte questa situazione è ancora più evidente. Sebbene l'arte visiva – l'opera d'arte – sia un'esperienza squisitamente spaziale, ancora la sua storia ci viene raccontata in maniera lineare, anno dopo anno. Per fortuna questo sistema sta sempre più deteriorandosi poiché a partire dal Pavillon du Réalisme di Courbet (l'omissione della data non è casuale!), la storia dell'arte può essere raccontata secondo lo spazio, lo spazio della mostra. In questo modo l'arte, e in parallelo la realtà, diventa una galassia dove è possibile muoversi costruendo geografie personali – pensiamo al *flâneur* di Benjamin, alla *Derive* di Debord al Rizoma di Deleuze e Guattari e infine alla realtà di Internet – che negano la dittatura del tempo per dar vita a un'esperienza puramente spaziale. In altre parole alla dittatura della "filologia" bisogna affiancare un nuovo modo di vedere che usa come strumento principale la "fenomenologia" (termine da leggere in termini etimologici e non esclusivamente legato a Husserl).

SC Il vivere oggi è quanto mai pesante, ancorato al reale, zavorrato dalla materialità. C'è posto per il trascendente? In che modo?

NT Più che mai penso che oggi sia possibile raggiungere la trascendenza e liberarsi della materialità, e forse questo è dovuto al mio lavoro di redattore, dove tutto accade tramite e-mail in maniera assolutamente anti-materica. Per essere più "universale" trovo non sia un caso che la fine di *Impero*, libro scritto da Michael Hardt e Toni Negri e considerato l'apocalisse della globalizzazione (la bibbia è *No Logo* di Naomi Klein), vede gli autori concludere con questo passaggio: "Nell'epoca postmoderna ci ritroviamo nella situazione di San Francesco che alla miseria del potere contrapponeva la gioia dell'essere. È una rivoluzione che nessun potere potrà controllare … In ciò consiste l'irreprimibile chiarezza e l'irreprimibile gioia di essere comunista." Io mi trovo completamente d'accordo, forse perché ho passato sedici anni della mia vita in un'associazione scoutistica (AGESCI) dove San Francesco – insieme all'avventuroso San Giorgio e al globalizzato San Paolo – costituisce il fondamento della spiritualità quotidiana e dello stile di vita del cittadino "di successo".

SC SWITCH! La tua giornata tipo?

NT Negli ultimi tre anni ho passato la mia vita ad atterrare da un posto all'altro (New York, Milano, Praga, Cluj, Tel Aviv) sapendo il numero esatto di giorni in cui sarei rimasto. Non ho mai viaggiato con un biglietto sola andata: sempre andata e ritorno. Questo per dirti che non esiste per me una giornata tipo.

Nicola Trezzi, U.S. Editor, "Flash Art International", New York/Milano.

SC Caro Andreas,
ho realizzato la mia tesi all'Accademia di Brera a Milano sulla ricerca che Fortunato Depero ha sviluppato nei campi della pubblicità, della grafica e dell'architettura pubblicitaria.

Depero è stato l'unico futurista a lavorare nella metropoli per antonomasia del Novecento: New York City. Era originario della mia regione di confine tra l'Italia e l'area germanofona: da qui arrivava anche Melotti. Meglio il confine o meglio il centro? Meglio la tranquillità o la frizione?

Andreas F. Beitin Essendo del segno zodiacale dei Gemelli, amo stare sia in grandi città che in mezzo alla natura o in campagna.

Di tanto in tanto ho davvero bisogno della quiete e dell'isolamento della natura, una specie di fuga dal terrore della comunicazione della vita quotidiana, ma non riesco a immaginare di vivere in campagna. Ho bisogno di tutte le attività culturali di una metropoli, ma anche di tutte le sue scocciature. Per un artista la tensione fra confine e centro può essere molto produttiva, ma per progettare e realizzare opere innovative sulla società, sulla politica e sul resto è più utile vivere in una grande città.

SC Come ben ricordi sono nato in settembre: l'11. Il destino del singolo s'intreccia con quello collettivo. Nei momenti difficili il senso di appartenenza e condivisione si rafforza, si amplifica, si allarga. Quali elementi determinano oggi il senso di appartenenza?

AFB Al momento soprattutto le *web-communities* – come Facebook – anche se spesso sono solo pseudo-comunità. Ma anche la sensazione di realizzare qualcosa insieme: uno degli esempi migliori l'abbiamo visto in questi giorni in Tunisia e in Egitto. Questo spostamento dal potere virtuale a quello reale ispira le persone e rafforza il senso di appartenenza. Si può solo sperare che questa idea di cambiare la struttura degli stati dittatoriali vada avanti!

SC SWITCH! Un'automobile, quella dei tuoi sogni? O preferisci camminare?

AFB Zero emissioni, zero costi, molto comoda, disponibile ovunque, e con tanti libri!

Andreas F. Beitin, Capo Dipartimento, ZKM | Museum of Contemporary Art Karlsruhe.

SC Caro Francesco,
in passato mi è capitato di rivedere per decine di volte il film *Il deserto dei Tartari*. Oppure mi è capitato di ascoltare a loop, guidando, la medesima canzone – magari dei Depeche Mode – per chilometri e chilometri. C'è mai stato qualcosa che ti ha ossessionato?

Francesco Bernardelli Non credo d'aver mai avuto particolare attrazione per forme o tendenze ossessive (eccezione fatta forse per un periodo di curiosa attrazione, anni fa, per le musiche cosiddette "minimaliste"… forse occasione per una perfetta "terapia" a dosi omeopatiche…), ma anche solo il pensiero di un'ossessione possibile è di per sé forma di strisciante e iterata ossessione. Seppur larga parte della produzione arti-

Francesco ha partecipato al mio progetto *BOOOM. FLU POWER FLU* a Bruxelles nell'aprile 2009.

stica contemporanea – soprattutto lungo i decenni più recenti e pur in tendenze e manifestazioni molto diverse fra loro – abbia spesso manifestato orientamenti e inclinazioni simili (e come dimenticare poi i casi più interessanti e fascinosi in cui un'opera di raccolta e studio ne ha sostanziato caratteri e modalità – basti solo ricordare una personalità come Harald Szeemann con un'attività a tutto campo proprio a tal riguardo dedicata...), credo che esistano in realtà altre esigenze e desideri da parte sia degli artisti e delle artiste, così come dei critici o degli studiosi... Approcci o modi di operare/lavorare che sappiano (o anche solo cerchino di) fare a meno della pulsione coattiva tipica dell'ossessione. In qualche maniera, il voler orientare il proprio lavoro secondo assi di ricerca, anche di scavo (o riscoperta) oppure di progressiva nuova "scoperta" – così come anche tramite casi fortuiti o circostanze favorite da precise circostanze – rappresenta un'alternativa interessante a quelle tendenze che certo hanno (e hanno avuto) giocoforza spesso maggiore visibilità, per le evidenti ragioni di un vero e proprio repertorio che viene a materializzarsi e ad accumularsi nello scorrere del tempo, ma che, anche con frequenza crescente, rischiano viceversa di relegare e concentrare il lavoro (artistico/critico/analitico) a una serie virtualmente illimitata di variazioni su pochi (se non unici) temi.

Emerge certo un fascino – tradizionalmente ereditato da secoli di consuetudini (pratiche, comportamentali, psicologiche) – che, trasposto su modi di lavoro affini al gusto collezionistico, porta con sé tutto quell'insieme di elementi che sono parte e tutto della catalogazione, dell'archiviazione ecc... Forme di sistematizzazione (anche molto soggettive) del sapere – o dei territori differenti che i vari saperi toccano – ma segnate da griglie condizionanti, quando non costrittive, che contribuiscono tutte assieme alla creazione di una realtà parallela – un mondo, se non un universo (nei casi più incontenibili) – dove tutti gli aspetti e le caratteristiche che appartengono alla vivacità e imprevedibilità della vita stessa vengono inscritte, fissate e riorganizzate in sistemi chiusi, spesso autoreferenziali (e perfino autosufficienti...), dove l'eccezione, l'*unicum*, l'*hapax*, possono essere contemplati solo in relazione/reazione alle linee normative, classificatorie che inevitabilmente si creano. E forse proprio il ricorrere (o l'indulgere) a tratti/modalità operative "ossessive" non può che originare e mantenere un'impalcatura sempre più vasta e rigida che, quasi novella torre di Babele, arriva a condurre solo più a un'esponenziale perdita di senso. Resta il movimento, la spinta vorticosa, che sembra auto-alimentarsi di una prassi che (quale *forma mentis*) trasforma ogni pur pallida traccia di libero arbitrio in una sorta di "resa", di capitolazione alla coazione a ripetere, ad accumulare, ad aggiungere – forse immagini ben consone alle particolari condizioni in cui ci troviamo a vivere in questo inizio di nuovo millennio, ma certo ben distanti da un'esigenza di vita e crescita più organica alla quale al medesimo tempo spesso aspiriamo.

SC Mescolare, mescolanza...

FB Due termini, un gran concetto... o meglio un'esigenza, non soltanto un pensiero – un'aspirazione – perfino un sogno.

Penso che le occasioni di mescolanza, così come materializzatesi su questa terra, siano solo (e per fortuna...) ancora agli inizi. Per quanto possano esistere timori, dubbi, *misconceptions* e via enumerando... la forza e l'esigenza che ognuno/a di noi prova nel rimettere tutto in discussione, a riazzerare e a sperimentare, non siano in fondo che segni stessi della spinta vitale che ci porta avanti. Dunque, mescolare e rimescolare, dove e ogniqualvolta sia possibile... ma sempre sorretti da pieno ottimismo!

SC SWITCH! Meglio rilassati in campagna o stressati in città? E perché?

FB Da ultimo, invece, posti di fronte a un *aut aut* simile (se in campagna o in città), opterei per le "aperture" del mare (e quando possibile... dell'oceano); stress o relax, poi, non mi sembrano appartenere a specifici contesti ambientali quanto piuttosto a scenari psicologici e mentali variabili da caso (umano) a caso...

Francesco Bernardelli, curatore indipendente, Torino.

SC Cara Kamila,
ho sempre avuto un buon rapporto con la tecnologia. È divenuta il mio medium prediletto fin dall'inizio e per mia scelta realizzo da solo la maggioranza delle mie operazioni multimediali. Ma per il caffè preferisco la classica moka. Come reputi il confronto fra tradizione e tecnologia? E come ne vedi il futuro?

Kamila Wielebska Sì, è vero. Tecnologia e media ci fanno stare insieme, ci fanno stare più vicini gli uni agli altri, soprattutto grazie a Internet. Anche quando siamo a migliaia di chilometri di distanza gli uni dagli altri possiamo parlare, possiamo anche guardarci in faccia. Ma in realtà questa nuova situazione non è poi così semplice e facile.

In primo luogo, siamo solo un piccolo gruppo di tutta la popolazione del mondo a usare le nuove tecnologie come la Rete. Quindi questa è già una sorta di divisione…

E poi c'è anche il lato oscuro di questa manna. La tecnologia crea per noi una realtà virtuale, artificiale. Cose come le automobili e gli ascensori e tutto il resto che dovrebbe migliorare la qualità della nostra vita, in verità, ci separano dal mondo e dai nostri stessi corpi. Non sentiamo più lo sforzo fisico, nessuna distanza, nessun contatto col suolo, con l'aria, niente più senso dell'orientamento… Nessuna relazione reale con altre persone. Non abbiamo tempo per questo, perché siamo seduti da soli con i nostri computer portatili cercando di comunicare con il mondo intero, con altre persone che sono anch'esse sedute da qualche parte da sole con i loro computer portatili…

Io non bevo caffè. Mi piace il tè. Ma mi piace anche berlo a volte in bella compagnia, chiacchierando con qualcuno faccia a faccia.

SC I media sanno essere strumenti onesti e diretti, ma possono anche essere facilmente piegati al fine della persuasione della massa, della convinzione, della diffusione di ideali e dell'induzione a specifiche reazioni. Sono ideali mezzi di propaganda…

KW Sì, certo. È abbastanza ben descritto dai filosofi dalla Scuola di Francoforte che sono fuggiti dalla Germania nazista verso gli Stati Uniti. Theodor W. Adorno alla fine degli anni Quaranta ha scritto sulle analogie tra la persuasione della pubblicità e della propaganda totalitaria.

I media appartengono a chi ha il potere: questo significa che è il denaro a creare la verità.

Quindi, forse, questa è la cosa migliore di Internet: l'idea della realizzazione di mezzi di comunicazione indipendenti.

Naturalmente, se non si è in Cina dove Internet è sotto il controllo del governo!

SC SWITCH! C'è un detto popolare che ricordi o che senti spesso?

KW Beh, in Polonia, dove sono nata, c'è una frase popolare abbastanza, vale a dire: *"Do wszystkiego można się przyzwyczaić"* (ci si può abituare a qualsiasi cosa).

Perché è così popolare in questo paese? Tutto qui non è poi così bello: il tempo, il governo, anche la storia non è stata particolarmente clemente con noi. Come comportarsi in un ambiente così duro? La gente deve abituarsi a tutto. Infatti.

Ma personalmente preferisco il detto inglese: *"Always look at the bright side of life"* (guarda sempre il lato positivo della vita).

In un certo senso vuol dire la stessa cosa.

Kamila Wielebska, critica, curatrice e Editor di "Inter-Tekst", pubblicato dal Laznia Centre of Contemporary Art, Gdansk.

SC Caro Veit,
viaggio spesso in aereo, altre volte in treno, ma molte volte devo spostarmi anche in macchina. Guido per raggiungere Trento, Bolzano o Merano dal paesino della Val di Non in mezzo alle Alpi dove sto quando sono in Italia: in ogni caso preferisco attraversare un paio di alti passi montani, pieni di curve, invece di prendere l'autostrada. Evito per lunghi tratti l'autostrada anche quando vado a Bruxelles. È il modo di viaggiare che preferisco.

Veit Loers Ambasciatore dei pensieri volanti, sei sempre in giro per il mondo. Bene per te! A me invece piace restare nel bellunese, fare passeggiate col nostro cane, non con la macchina lungo le curve. A piedi è meglio. E vedere la bellezza delle Dolomiti bianche di neve.

SC Sono convinto che paura e piacere diano entrambe una scossa di adrenalina...

VL La *Vogelgrippe* (l'influenza aviaria) è passata. Oggi abbiamo Tripoli. E anche alcuni italiani – questa volta non è Berlusconi – che abitano vicino a noi e che non hanno smesso di cacciare e mangiare uccelli, come ho letto alcuni mesi fa sul *Corriere delle Alpi*.

SC SWITCH! Cosa hai fatto e cosa vuoi fare?

VL Ho scritto recentemente sull'arte ermetica. Ho appena potato le viti. Ora devo partire per Berlino... ad occuparmi degli *schräge Vögel*, gli strani uccelli, della scena dell'arte.

Veit Loers, Direttore, Kunstraum Innsbruck. Già Direttore del Museum Abteiberg di Mönchengladbach e Direttore artistico del Fridericianum di Kassel.

SC Caro Achille,
all'estrema condivisione dell'informazione raggiunta dai media non corrisponde una condivisione delle responsabilità di quello che avviene su larga scala...

Achille Bonito Oliva Sicuramente l'arte in un universo regolato dallo sviluppo tecnologico, è l'unica attività che può produrre ancora sorprese e bucare la disattenzione collettiva. L'arte è un pensiero manuale e per questo riporta tutto alla responsabilità individuale del suo artefice e costringe dunque nello stesso ruolo lo spettatore: una contemplazione responsabile.

SC Guardare a quanto è avvenuto o cercare di andare oltre?

ABO Se l'arte, nel suo processo creativo, è dimenticare a memoria la propria spinta iniziale, sicuramente la critica serve a ristabilire la memoria storica non soltanto dell'opera ma anche del suo contesto.

In questo senso l'arte, data la crisi generale del nostro sistema, serve a massaggiare il muscolo atrofizzato della sensi-

bilità collettiva, atrofizzato dalla spettacolarità televisiva e dalla protesi telematica. Dunque l'arte sviluppa nuovi processi di conoscenza, perché è un sistema d'allarme che risveglia la coscienza appassita, cancella l'opportunismo di ogni comportamento e buca l'immobilismo sociale dovuto a un'educazione proveniente da una religione catto-controriformista.

SC SWITCH! Il viaggio, la città o il luogo della tua vita?

ABO Un luogo che mi è particolarmente caro resta Stromboli, dove metaforicamente ho fatto la mia università attraverso un rapporto con il vulcano sempre attivo che mi ha costretto a un perenne benessere di stato fisico e di confronto con la natura, fondamentale e propedeutico per tutto quello che ho fatto dopo.

Infatti sono l'unico che ha dato corpo alla critica sottraendola alla lateralità del suo ruolo e dandole una frontalità sanamente conflittuale con l'artista, che resta comunque il mio nemico più intimo.

Achille Bonito Oliva, critico d'arte italiano. Curatore, tra il resto, di *Contemporanea*, *Aperto 80*, *Avanguardia transavanguardia*, *Minimalia* e Direttore della 45. Biennale di Venezia.

SC Cara Blanca,
in Norvegia andavo in spedizione a -25 gradi Celsius: una lotta per non far ghiacciare videocamera e macchina fotografica. La nostra convinzione è che il pianeta sia tutto nelle nostre mani e ci si dimentica dell'intensità e della forza che la natura può avere.

Blanca de la Torre Beh, mi sa che ci troviamo di fronte alla tradizionale dicotomia "uomo contro natura". Suppongo che la presunzione di controllare la natura, o addirittura di esserle superiori, ci stia portando verso la distruzione del pianeta, o forse dovrei dire alla nostra stessa distruzione. È davvero una buona lezione all'arroganza umana quando accade un disastro naturale e ci dimostra che ci sono cose che sfuggono al nostro controllo: cose come il vulcano islandese, per esempio, che ha paralizzato il traffico aereo per giorni e giorni... Forse dovremmo solo ricordare le parole di Albert Einstein: "Osserva bene la natura, e poi capirai meglio ogni cosa"...

SC Hai mai vissuto una situazione estrema di lavoro? Se non ti è mai capitato, ti affascinerebbe?

BdlT Quando si ha una vera passione per il proprio lavoro ci si può talvolta trovare in situazioni estreme di cui non si è consapevoli fino a quando sono passate. In quel momento si pensa solo a come trarre il meglio dal progetto. Ogni volta che mi trovo coinvolta in un progetto intenso, dormo pochissimo, mangio malissimo e ho altri atteggiamenti del genere tipici della persona stressata. Anzi, di solito appena concluso il progetto mi ammalo proprio.

Una situazione estrema che mi viene in mente: ricordo che a Singapore, cercando dell'alluminio per un'installazione molto specifica, dovetti andare da sola in un'area industriale, in periferia, dove c'erano solo uomini, che parlavano solo cinese: nessuno mi poteva capire, faceva un caldo infernale e non potevo nemmeno chiedere un bicchiere d'acqua. Un'altra volta, a Londra, stavamo allestendo un'installazione e salii su un'alta impalcatura perché c'era qualcosa di urgentissimo da mettere a posto... e quando mi ritrovai lassù mi dimenticai che... soffro di vertigini... vertigini fortissime, tanto che non riuscivo più a scendere... Solo piccole cose così, non cose tipo una spedizione pericolosa, niente del genere...

SC SWITCH! Quale forma geometrica preferisci o ti attrae di più? E perché?

BdlT Ummm... PIRAMIDE. Penso da una parte perché ho sempre subito il fascino dell'arte egizia dell'Antico Regno, ma anche per via di tutta la potenza mistica e simbolica che contiene.

Blanca de la Torre, Curatore, ARTIUM–Museum of Contemporary Art di Vitoria-Gasteiz, Spagna.

SC Cara Esther,
sono appena tornato da Kirkenes, oltre il Circolo Polare Artico, nell'estremo nord della Norvegia, al confine con la Russia. Il fascino del Nord...

Esther Lu Conosco Kirkenes solo attraverso Wikipedia e attraverso la mia immaginazione. Secondo la voce di Wikipedia, il Parco nazionale Øvre Pasvik, situato a circa 100 km a sud di Kirkenes, è il punto in cui s'incontrano i tre fusi orari. Quest'informazione mi ha rapita perché si suppone che, in teoria, tutti i fusi orari si sovrappongano al Polo Nord, nella pallida luce diurna della sua estate o nel crepuscolo del suo lungo inverno stellato. Come asse della rotazione terrestre, il Polo Nord in ogni momento del giorno sarebbe quindi in rapporto con gli altri luoghi.

Una volta che ho realizzato questo, il fascino del Nord mi è sembrato ancor più stupefacente: nascosto da una distesa bianca come il ghiaccio, risulta essere un vuoto nello spazio-tempo. Il buco nero nella mia mente.

SC Mi sono spinto nei fiordi fino al limite tra il mare e una distesa buia innevata, dove saliva e scendeva la marea. Dove sono i confini?

EL Il margine è dove i rumori finiscono nel silenzio.

SC SWITCH! Il tuo piatto preferito qual è?

EL Il mio piatto preferito è il sushi. È estremamente selvaggio per quanto riguarda gli ingredienti, le loro origini e il loro sapore, ma al tempo stesso è strettamente legato a fattori culturali. Viene servito in modo rituale, a seconda della stagione, del luogo, del cuoco, dell'appetito e della compagnia del fruitore, secondo regole piuttosto complesse. Ogni pezzo è infatti pensato come un'esperienza unica che non si può ripetere.

Ci sono esperienze che semplicemente hanno le proprie radici nella memoria.

Esther Lu, curatrice indipendente, Taipei.

SC Caro Trevor,
ho in mente alcune immagini, ormai classiche, di *Blade Runner* o del più recente *Codice 46*, dove il centro è rappresentato da città asiatiche e la lingua parlata è un linguaggio *pidgin*, ossia un linguaggio semplificato che mescola termini di lingue diverse. Cosa ne pensi?

Trevor Smith **Il cambiamento culturale è spinto dal commercio, dagli scambi e dagli spostamenti, quindi non c'è da stupirsi che le immagini di città asiatiche abitino l'immaginario del cinema occidentale. E le preoccupazioni – relativamente recenti – degli Stati Uniti sul passivo della bilancia commerciale con l'Asia in generale e la Cina in particolare non sono che l'ultimo capitolo di una storia che va avanti da moltissimo tempo.**

Gli enormi volumi degli scambi commerciali di oggi non portano con sé tanto l'omogeneizzazione culturale quanto un'erosione delle differenze legate ai confini nazionali e un rafforzamento dei legami intorno ad abitudini e modelli di consumo comuni.

Le lingue sono evolutive e restano vive attraverso l'assorbimento di influenze da altre lingue. I legami economici globali e le interazioni culturali poliglotte del nostro tempo, trasposte in immagini dai registi, verranno studiate senza dubbio dai filologi del futuro alla ricerca di indicazioni.

SC **La realtà mi ha sempre affascinato. La realtà già avvenuta, ma anche quella che sarà e che potrebbe essere…**

TS **Chi è ossessionato dalla storia è condannato a ripeterla. Ho sempre trovato nella narrativa – non nei libri di storia – una più evocativa approssimazione delle potenzialità caleidoscopiche della vita quotidiana. L'arte e la cultura sono in costante divenire, mentre i libri di storia sono spesso troppo definitivi, troppo impegnati a rincorrere significati che inevitabilmente resistono a questa preclusione.**

SC **SWITCH! Che pizza sei solito ordinare?**

TS **Importa poco, purché sia (si spera) ben fatta e (assolutamente) mangiata in buona compagnia.**

Trevor Smith, Curatore inaugurale d'Arte Contemporanea, Peabody Essex Museum, Salem. Curatore della 3. Biennale di Singapore.

SC **Caro Cis,** come sai, quando sono in Italia ho un *buen retiro* nella mia regione natale, in Trentino-Alto Adige Südtirol. Dalle finestre vedo le Alpi, un lago, il cielo chiaro e il momento più magico è l'alba, quando le cime delle montagne innevate sono illuminate dal sole, mentre sono ancora accese le luci della notte. Cosa ti fa provare un senso di libertà?

Cis Bierinckx **La libertà ha in sé un'enorme complessità e nello stesso tempo può essere un peso. Quello che uno intende come libertà dipende moltissimo da determinate condizioni e circostanze. La libertà spesso viene male interpretata: ecco perché per me è difficile darti la risposta giusta su quello che mi dà un senso di libertà.**

Sentirmi piccolo in cima a una collina, forse, o correre in discesa a 90 km orari con la mia bici da corsa, o trovarmi in un silenzio assoluto o semplicemente fare intensamente l'amore.

SC **Da bambino ho subito il fascino controverso, mitizzato e inconsapevole verso le guerre e i conflitti propagandati dai media. Giocavo con i soldatini e disegnavo battaglie. Chi sono i buoni? E chi i cattivi?**

CB **La guerra è solo una macchina assassina priva di morale. Da piccolo ero affascinato dal selvaggio West, più precisamente da indiani e cowboy. L'unico dilemma mai avuto era che mi riusciva sempre difficile scegliere da quale parte stare. Spesso sceglievo i nativi americani perché erano più misteriosi, vivevano nella natura e ai miei occhi erano senza dubbio più eccitanti, mentre i cowboy erano più corrotti e volevano solo appropriarsi della terra. Da bambino vivevo in questa fantasia e non volevo accettare che anche gli indiani fossero crudeli (per la giustizia?). In poche parole, nei conflitti non ci sono buoni o cattivi: solo morti.**

SC **SWITCH! Descrivimi la tua ricetta preferita e dimmi perché lo è.**

CB **La mia ricetta preferita è vivere, perché mi piace proprio, nei giorni buoni come nei cattivi, vivere.**

Cis Bierinckx, Direttore artistico, Beursschouwburg kunstencentrum, Bruxelles.

SC **Cara June,
tornato dalla Svizzera, a quattordici anni, ho
avuto un periodo di intensa solitudine con lunghe camminate in montagna. Da solo con il mio
cane. A un certo punto c'è stata una svolta: ho
iniziato a essere sempre più in mezzo agli altri.
Che ruolo assume il singolo all'interno dell'attuale vivere collettivo?**

June Yap **Ogni incontro rappresenta un momento di riflessione personale, ma alcuni
possono cambiare il corso della tua vita
così drasticamente che poi a malapena sei
capace di ricordare dov'eri diretto prima
che ciò accadesse o di immaginare come
sarebbero andate le cose se ciò non fosse
avvenuto. Potrebbe essere stato involontario, a volte anche un errore, un fraintendimento da parte tua, che non è affatto male:
alcuni incontri sono decisamente sorprese
felici che continuano a ripresentarsi. Probabilmente aiuta quando smetti di fare piani e previsioni… Penso che il miglior modo
di fare un incontro sia questo.**

SC **Il valore è inteso come un termine a cui tendere. Alla perdita di valori quindi corrisponderebbe un acquietarsi della tensione…**

JY **Penso che fare silenzio sia un valore per
il quale vale la pena sforzarsi.**

SC **SWITCH! Mare o monti? Isola o terraferma?**

JY **Sembrerebbe banale dire che ognuno
implica l'altro: la montagna e il mare, l'isola e l'entroterra. Ma è così. Quindi l'atto
di scegliere non esclude l'alternativa, o il
desiderio di essa. La scelta che si può fare,
io penso, è quella di decidere di muoversi
fra i due opposti, non temendo né dimenticando l'altro.**

June Yap, curatrice indipendente, Singapore. Curatore
del Padiglione di Singapore alla 54. Mostra Internazionale d'Arte – la Biennale di Venezia.

SC **Caro Stefan,
da piccolo avevo un porcellino d'India. In Italia la
provenienza di questo animale è l'India. Anche in
Francia sono convinti che arrivi dallo stesso posto
e l'hanno chiamato Cochon d'Inde. In molti invece fanno arrivare il maialino dal mare, ma non**

viene azzardato il posto da dove è partito: lo chiamano infatti maialino di mare in polacco (winka
morska) e in svedese (marsvin). Ma credo che
abbia lo stesso nome anche in tedesco: mi sembra
voi lo chiamate Meerschweinchen. Giusto?
In America lo considerano sempre un maiale (anche se in realtà è un roditore!), ma della
Guinea: Guninea pig.
Di che nazionalità erano gli animali che
hanno fatto parte della tua vita?**

Stefan Bidner **Austriaci.**

SC **I test sulle cavie sono spesso crudeli, letali.
Ma il fine è il nostro futuro benessere: nuove creme idratanti, shampoo, creme depilatorie…
Ti sei mai sentito una cavia da laboratorio?**

SB **Sì, perché la vita è (un) *PIG*!**

SC **SWITCH! *Couch*, sedia, amaca o il sedile
dell'auto?**

SB **Mi piace l'idea di "appendersi dondolante" tra due punti fermi e poi l'amaca è
spesso vista come simbolo di vita facile!**

Stefan Bidner, curatore indipendente, Innsbruck. Già
Direttore di Kunstraum Innsbruck e Curatore di 20er
Haus, Belvedere, Vienna.

SC **Caro David,
nella mia vita, come nella mia carriera, i fatti si
sono sempre succeduti uno concatenato e conseguente agli altri. Incontri casuali, scelte precise, destino… e in generale ho cercato di essere
sempre molto indipendente. Quanto credi nel
destino? Nelle proprie capacità? E quanto invece
il "sistema" ci governa?**

David Elliott **Il destino è come le carte che ti
vengono date in sorte alla nascita. Sono
importanti, ma alla fine non decisive. La
volontà e le capacità possono migliorare la tua mano, ma le nostre primissime
esperienze sono forti e a volte dobbiamo
lavorare molto duro per cambiare. A quale
"sistema" associ "destino", "karma", "ideologia", "politica"? Più ne sei inconsapevole, più queste cose sono forti; più consapevolezza hai della loro potenziale influenza,
più forte sei tu. Molte persone abbracciano
l'asservimento, ad altre fa ribrezzo.**

SC In italiano i termini coincidono, invece in inglese si distingue tra condizione fisica, chiamata *influenza*, e condizione mentale, chiamata *influence*: tra l'effetto del potere e quello della malattia. Quale dei due è più pericoloso?

DE Il potere (l'influenza) dovrebbe essere uno strumento per realizzare qualcosa di meglio di ciò che esiste già, ma se è fine a se stesso corrompe l'individuo e ha una "influenza" inevitabilmente nociva. In questo senso, l'influenza può essere come un virus maligno. Un'epidemia di influenza può a volte uccidere molte persone, ma questo virus, a differenza dell'altra influenza (il potere assoluto fine a se stesso), non mostra paranoia e non ha altra pretesa che quella della propria sopravvivenza.

SC SWITCH! Quale periodo storico ti affascina di più?

DE Il presente! È in uno stato continuo di trasformazione che è influenzato in modo forte e imprevedibile da quello che è già successo in precedenza.

David Elliott è curatore di museo e scrittore. Direttore artistico della 17. Biennale di Sydney, e già Direttore fondatore di Istanbul Modern e del Mori Art Museum, Tokyo.

SC Caro Giacinto,
nel *Sogno degli eroi* di Bioy Casares viene a galla l'idea dell'impossibilità di ripetere le azioni che sono già state compiute. Se non è pensabile rimettere in scena eventi mitici, come si può dare vita a un fare eroico?

Giacinto Di Pientrantonio **Oggi viviamo in un tempo antieroico e al massimo sono gli artisti a poter rimettere in gioco la figura dell'eroe.

SC Ho preferito la motocicletta per alcuni anni: guidavo una Kawasaki Z400, non avevo l'automobile, né avevo voluto conseguire la patente. Qual è la fisionomia di un cavaliere contemporaneo?

GDP L'artista?

SC SWITCH! Il tuo mito preferito? Perché?

GDP Boooh !

Giacinto Di Pietrantonio, Direttore, GAMeC–Galleria d'Arte Moderna e Contemporanea di Bergamo.

SC Caro Pier Luigi,
un giorno lontano – ero molto piccolo, penso avessi tre anni – mi allontanai dal soggiorno per entrare silenziosamente nella stanza dei miei genitori, presi un rossetto di mia mamma e iniziai a tracciare sul muro una serie di linee spezzate che salivano verso l'alto, disegnando una scala.
Colto sul fatto, ricordo fortemente quella sensazione di aver combinato una marachella. Quindi mi sgridarono e mi chiesero cosa avessi voluto fare: io risposi che erano "le scale per il paradiso". Cosa pensi di queste visioni interessanti che a volte i bambini rivelano?

Pier Luigi Tazzi **Più che una visione, a meno che tu non ti riferissi alla scala apparsa in sogno a Giacobbe, la tua mi sembra essere stata una fantasiosa scusa atta a confondere la giusta arrabbiatura parentale. Ma forse mi sbaglio, tu eri in buona fede e avevi, anticipando la tua vocazione artistica, messo in relazione il rossetto materno e la scala mistica della tradizione giudaica.

SC L'importanza delle credenze popolari e della superstizione: qual è il tuo punto di vista?

PLT Non penso che credenze popolari e superstizione siano del tutto assimilabili. Personalmente sono affascinato dalle credenze popolari quando queste non interferiscano direttamente e perniciosamente con la mia vita e con quella di coloro a cui sono emozionalmente legato. La superstizione invece costituisce sempre un limite, perlopiù negativo, e dovrebbe essere combattuta in tutte le sue forme. Tuttavia devo confessare che ha un certo peso nella mia isteria il timore superstizioso di certi numeri o di certi segni.

SC SWITCH! Un gelato? O un burrito?

PLT Che cos'è un burrito?

Pier Luigi Tazzi, critico e curatore. Co-direttore di Documenta IX a Kassel, Co-curatore di *Wounds* al Moderna Museet di Stoccolma e di *Happyness* al Mori Art Museum di Tokyo.

SC Cara Micaela,
come sai, vengo dal Trentino, tra le Alpi e non lontano dall'Austria. In tempi non lontani mio nonno è stato un soldato dell'impero austro-ungarico, di cui faceva parte la stessa regione. I confini cambiano…

Micaela Giovannotti **Un cambiamento colossale non solo sui libri di storia, ma per la generazione del nonno e di quelle immediatamente successive. Mio nonno invece ha combattuto nell'esercito italiano in Albania e non c'è stato incontro in cui non ci abbia ricordato della famosa scheggia di granata conficcata nel gomito. Entrambe facevano parte di una generazione impegnata su fronti diversi, a difendere vecchi e nuovi confini.**

Nelle democrazie occidentali contemporanee confini e diversità si delineano soprattutto a livello mentale e culturale. L'Europa o il sentimento europeo sono forse più solidi perché i confini amministrativi sono stati indeboliti?

Anche l'elemento linguistico, imprescindibilmente, marca confini. Svolgendo un ruolo separatista e unificatore, a seconda dei casi.

Le regioni a confine, come quella del Trentino-Alto Adige, possono camaleonticamente rivelare la loro appartenenza geopolitica, a seconda dell'interlocutore.

È interessante rilevare come nel tuo lavoro l'elemento linguistico assuma un ruolo prominente e come la tua scelta, però, privilegi la lingua inglese che nell'arte può essere universalmente utilizzata per travalicare confini. Nella forma diretta e laconica dello slogan presente in varie opere, l'espressione linguistica giunge a una provocazione, più o meno giocosa, nei confronti della divulgazione e della comunicazione ossessiva di oggigiorno. Con l'installazione presentata insieme sulla torre delle telecomunicazioni di Praga, che si avvaleva del linguaggio Morse sia in forma luminosa che sonora, l'intento era anche quello di abbattere i confini ridotti dell'arte contemporanea, tramite l'intromissione nella quotidianità dei residenti.

SC C'è una frase dell'americano James Russell Lowell che in Italia è talmente divenuta di uso

comune, da far perdere le tracce delle proprie origini. Si tratta della frase: "Solo i morti e gli stupidi non cambiano mai opinione". Che ne pensi? Cambi mai opinione?

MG **Concordo. E certamente mi capita di cambiare opinione. Di solito, però, lo faccio coscientemente. Sia nella teoria che nella pratica considero le varie alternative, seguo passaggi logici che alla fine rivelano più interessante il processo di valutazione del risultato in sé e per sé.**

SC SWITCH! Come sono le tue scarpe?

MG **Sono Made in Italy. Eloquenti e disinvolte. Sono di pelle o camoscio, molto piacevoli al tatto. Solidali con i piedi ma senza scendere a compromessi!**

Micaela Giovannotti, curatrice indipendente e critica, New York.

SC Caro Bruce,
sono italiano, ma spesso – purtroppo – mi è capitato di dovermi vergognare della mia provenienza. A volte le scelte, le idee, l'ipocrisia, l'egoismo e la drammatica ridicolaggine degli uomini diventano insostenibili e ingiustificabili.

R. Bruce Elder **Dichiari di essere incline a un certo tipo di ipocrisia, di egoismo e di melodrammaticità in quanto sono atteggiamenti propri in maniera specifica degli italiani. Lascia che ti dica, prima di tutto, che nulla fa sembrare te più volto degli altri nostri colleghi a un comportamento di questo genere. Gli esseri umani tutti tendono all'ipocrisia, all'egoismo e alla melodrammaticità quando sentono minacciata la sicurezza del proprio io (e Dio solo sa quanto è incerta la vita di un artista). Quindi penserei che dovresti invece trovare un po' di consolazione nel pensiero di esserti trattenuto da un eccessivo lasciarti andare ai comportamenti scriteriati che la vita da te scelta spesso incoraggia.**

Potresti prendere in considerazione il fatto che viviamo nel momento immediatamente successivo a quando il capitale forniva salari sufficienti a far sì che il lavoro fosse chiaramente disponibile per lo

Bruce è stato mio academic supervisor nel 1997-1998 alla Ryerson University di Toronto dove ero con una borsa di studio post dottorato in video arte.

sfruttamento da parte del capitale. Mentre da una parte è certamente vero che la globalizzazione ha avuto l'effetto di ridurre la sicurezza del reddito in tutto il "mondo sviluppato", dall'altra la speranza di acquisire nuovamente tale sicurezza permane in Europa e in Nord America, essendo tanto recente il momento in cui la possibilità di ottenerla davvero è uscita di scena. Dubito che ci sia mai stata un'epoca in cui la realtà sia stata all'altezza delle nostre aspettative, ma raramente la differenza fra aspettativa e realtà è stata tanto pronunciata. Chi si sarebbe potuto aspettare che gli esseri umani di fronte a una discrepanza così grande tra le speranze nutrite e la realtà effettiva avrebbero manifestato una disposizione d'animo così serena?

Direi che l'immagine che hai di te stesso è stata influenzata negativamente dalle tribolazioni della tua generazione, cresciuta in un momento in cui non c'era abbastanza lavoro per tutti e in cui, quindi, lo scoraggiamento derivato dalla perdita del loro "capitale di occupazionabilità" è cresciuto in modo drammatico.

Forse ti sei anche lasciato andare alla convinzione che il vostro attuale capo del governo rappresenti il tipico uomo italiano. L'identificazione è un meccanismo mentale affascinante. Ma può generare idee che non corrispondono alla realtà.

[SC] Possiamo pensare di essere indipendenti? Le influenze e le appartenenze culturali sembrano imprescindibili…

[RBE] Sono convinto che la nostra formazione soggettiva sia il prodotto delle condizioni oggettive (comprese le determinanti biologiche) della nostra esistenza. Ci sono variazioni reali nelle condizioni oggettive della nostra esistenza, e quindi ovviamente ci sono differenze fra la mentalità di gruppi nazionali diversi. Tuttavia è facile esagerare queste differenze, spinti da ciò che Freud chiamava il narcisismo delle piccole differenze. Le differenze tra gruppi nazionali sono in realtà molto piccole (e quelle fra nazioni nel continente europeo e in quello americano sono anche minori). Le nostre condizioni oggettive sono in grandissima parte simili, le nostre differenze soggettive insignificanti. Tutti abbiamo bisogno di amore, tutti cerchiamo disperatamente attenzione, tutti abbiamo bisogno di altri che ci guardino e confermino il nostro essere; credo che nelle famiglie tradizionali italiane le madri abbiano fatto un lavoro egregio nel fornire questa sorta di protesi al sé. E, ammettiamolo, tutti reagiamo in modo negativo quando siamo minacciati.

Questa tematica può essere affrontata in modo anche più proficuo in termini storici; e, sì, credo che la mentalità sia in gran parte un fenomeno storico. Consideriamo quanto è simile la musica di tutti i compositori barocchi, e quanti tratti abbia in comune la musica barocca con la pittura barocca o con la letteratura barocca. In modo forse anche più pertinente, consideriamo quanto sono piccole le differenze fra le opere di un compositore barocco eccentrico come Heinrich Biber e quelle di un compositore estremamente talentuoso con un temperamento più conservatore (per esempio Georg Philipp Teleman – lo prendo come esempio nonostante il suo gusto per il cosiddetto "stile misto"), oppure fra le opere di un compositore tedesco classico dal talento esorbitante come Wolfgang Amadeus Mozart e quelle di un italiano, che era semplicemente un ottimo compositore, come Antonio Salieri. Dopo aver pensato a quant'è piccola la distanza fra le opere di ciascuna di queste coppie di compositori uniti dallo stesso periodo storico, consideriamo invece come pietra di paragone quant'è forte la differenza tra le opere di Georg Philipp Telemann e quelle di un compositore relativamente conservatore di epoca recente (Aaron Copland, per dirne uno). A questo punto, chi può dubitare che siamo il prodotto del nostro tempo? Neanche un genio, per esempio Johann Sebastian Bach (forse l'artista più grande che l'Occidente abbia mai prodotto), può sfuggire al fatto di essere un compositore barocco.

Ma la vera domanda è se la mentalità sia e sia sempre stata solamente un fatto storico o dettato dalle situazioni. Io non lo credo. Io credo che ci sia nell'animo umano un nucleo universale, che trascende il tempo, la storia e il cambiamento. Nell'essere umano questo fattore sovra-temporale è di enorme importanza. Io devo credere che ci sia un elemento immutabile, incorruttibile nell'essere umano: se non avessi questa convinzione, cederei alla disperazione. E cos'altro potrebbe spiegare il fatto che io possa leggere poesie scritte nel Medio Regno o in Grecia duemilacinquecento anni fa e commuovermi fino alle lacrime? Questo elemento immutabile, incorruttibile, sovra-temporale è un'immagine del Divino. Per molti secoli, è stato chiamato "anima".

SC SWITCH! Il pianeta che in qualche modo ti affascina di più? E perché?

RBE Il mio pianeta preferito è Mercurio. Lo preferisco perché è un pianeta roccioso; effettivamente un pianeta quasi di ferro. Chi preferirebbe uno dei giganti gassosi? Eh sì, Mercurio è mutevole e usiamo il termine "mercuriale" per descrivere una persona di temperamento volubile. L'elemento che la mitologia associa a questo pianeta è infatti il mercurio, detto anche argento vivo perché brilla come l'argento ed è l'unico metallo che a temperatura ambiente è liquido (spesso mi torna in mente il ricordo di me da bambino che gioco col mercurio del termometro rotto). Gli Assiri si riferivano al pianeta Mercurio appunto come al "pianeta che salta". La sua mutevolezza portò invece i primi Greci a scambiarlo per due pianeti distinti, uno dei quali venne chiamato Apollo (perché compariva al mattino) e l'altro Ermes (perché invece compariva alla sera).

Questo pianeta si muove nel cielo più veloce di ogni altro e questo spiega perché i Romani gli diedero il nome del dio Mercurio. Nella mitologia, questo dio era eloquente, astuto e veloce. Mercurio era anche ladro, un ladro particolare. Il grande classicista (e teorico della psicanalisi) Norman O. Brown ha dedicato un libro, *Hermes the Thief* (Ermes il ladro), allo studio dell'*Inno omerico a Ermes* (Ermes era il precursore greco della divinità chiamata Mercurio dai Romani). Ermes, osserva Brown, era un dio associato alla magia, un truffatore tribale (e in questo senso era come un artista). Brown sostiene inoltre (e, a mio parere, in modo convincente) una lettura marxista di quell'opera enigmatica,

affermando che Ermes acquisì importanza mano a mano che la società greca subiva una trasformazione, con un ceto artigiano professionista che sfidava il predominio dell'aristocrazia: Ermes rappresentava il "furto con destrezza", il truffatore che si appropriava dei beni altrui con astuti stratagemmi. In questo modo finì per rappresentare l'artigiano che faceva suo ciò che un tempo apparteneva all'aristocrazia.

Nonostante la velocità che lo caratterizza, Mercurio possiede un nucleo di solido ferro: ottime ragioni per desiderare di emulare Mercurio. E, diavolo, Mercurio se ne andava sempre in giro tutto nudo!

R. Bruce Elder, filmmaker e scrittore, Toronto. Research Chair Director del Graduate Program in Communication and Culture alla Ryerson University, Toronto.

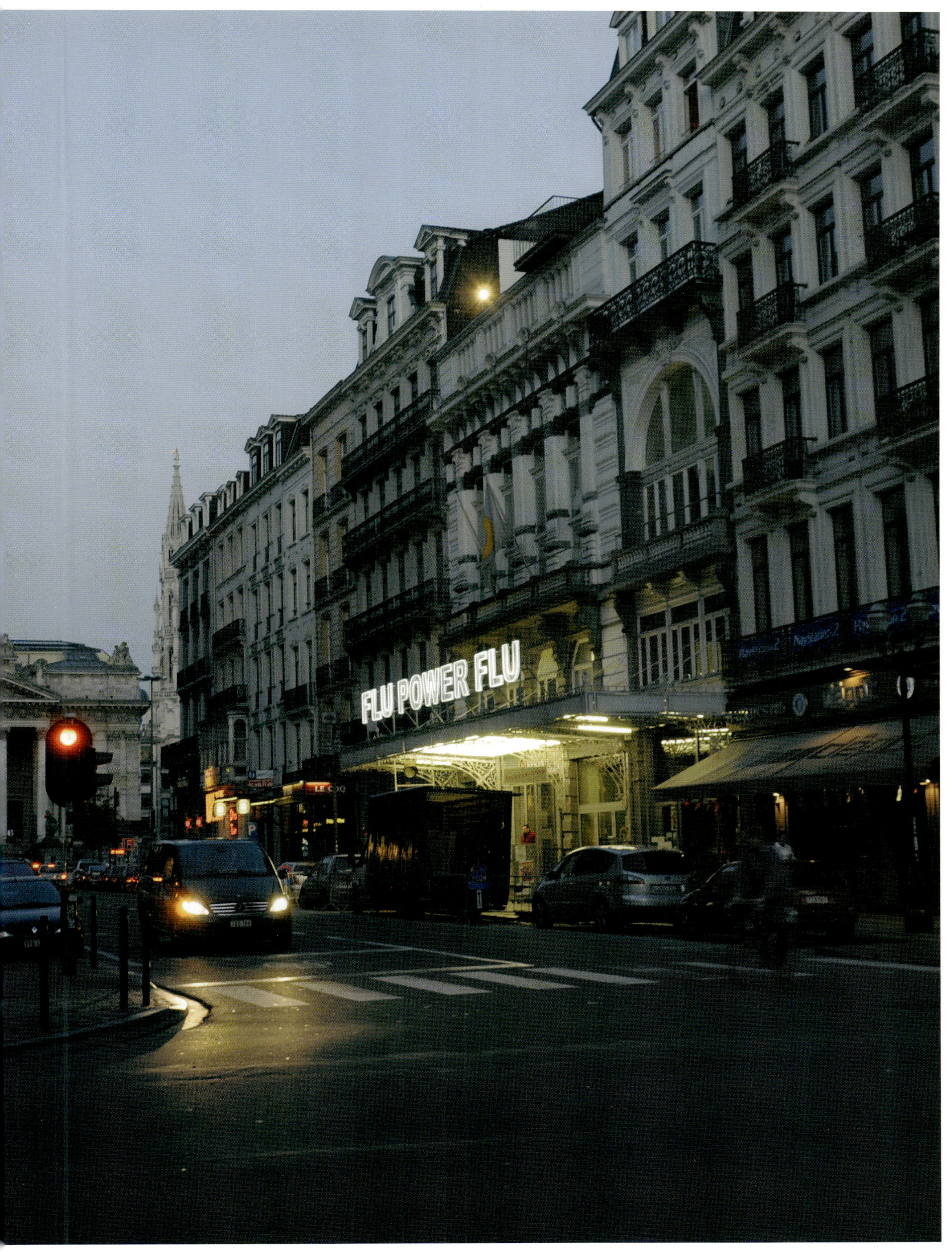

FLU POWER FLU

FLU POWER FLU   2007

A large neon sign slowly alternates combinations of the words *FLU POWER FLU, FLU FLU,* and *POWER*. The slogans start with nonsense to trigger a reflection on the ideas of authority and influence/influenza. They do this by blinking from the façade of a Flemish cultural center.

Una scritta al neon di elevate dimensioni alterna lentamente le combinazioni di parole *FLU POWER FLU, FLU FLU* e *POWER*. Sono slogan che partono dal *non-sense* per innescare una riflessione sulle idee di autorità e di influenza. Lo fanno lampeggiando sulla facciata di un centro culturale fiammingo.

Semi-permanent site-specific installation, neon tubes, 3 blinking phases of 5 seconds each, Plexiglas, aluminum structure, 1.5 x 12.5 m
Beursschouwburg kunstencentrum, Brussels, Belgium
Courtesy the artist and Beursschouwburg kunstencentrum, Brussels

Installazione site-specific semi-permanente, tubi al neon, 3 fasi di lampeggio di 5 sec. cad., plexiglas, struttura in alluminio, 1,5 x 12,5 m
Beursschouwburg kunstencentrum, Bruxelles, Belgio
Courtesy l'artista e Beursschouwburg kunstencentrum, Bruxelles

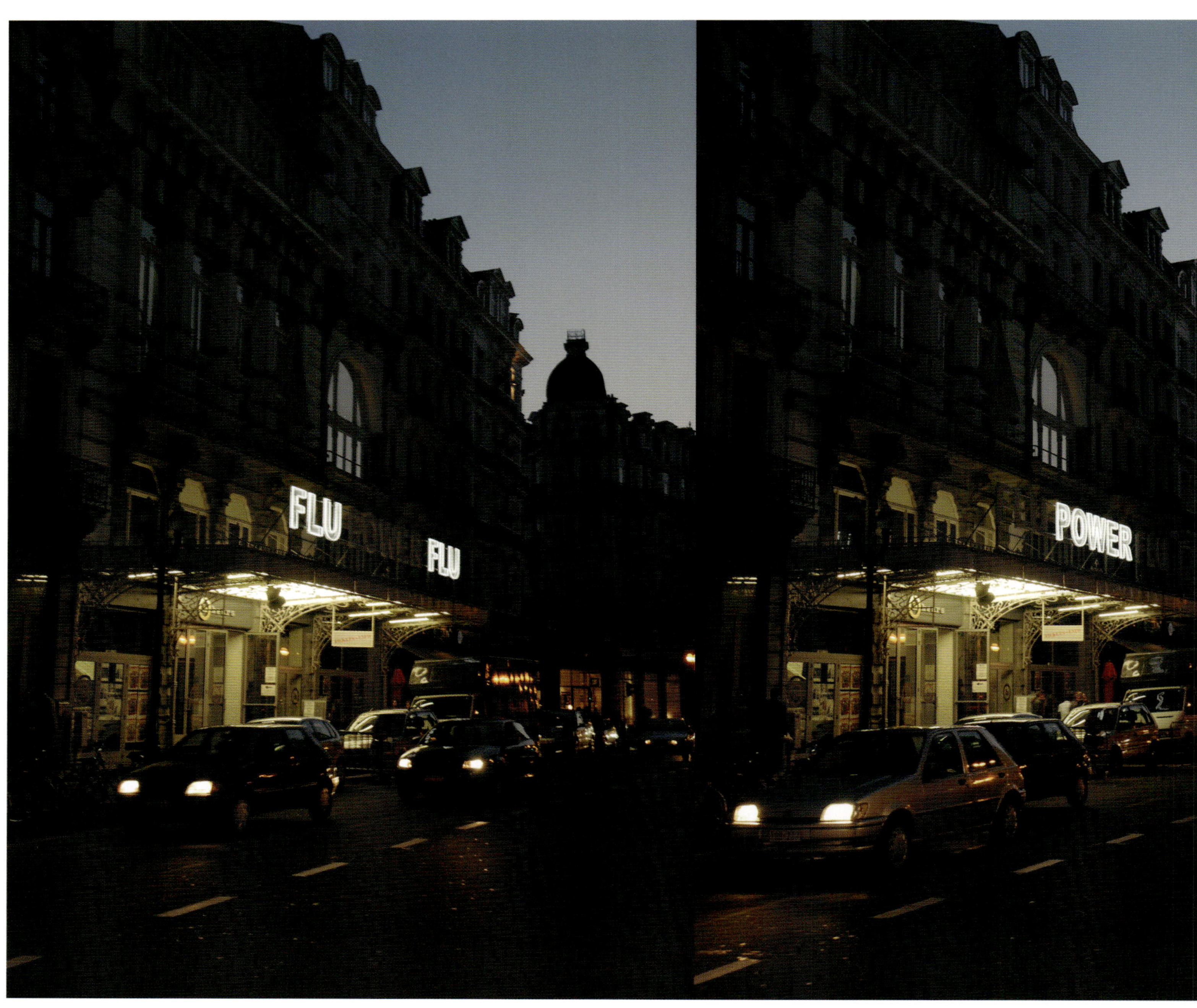

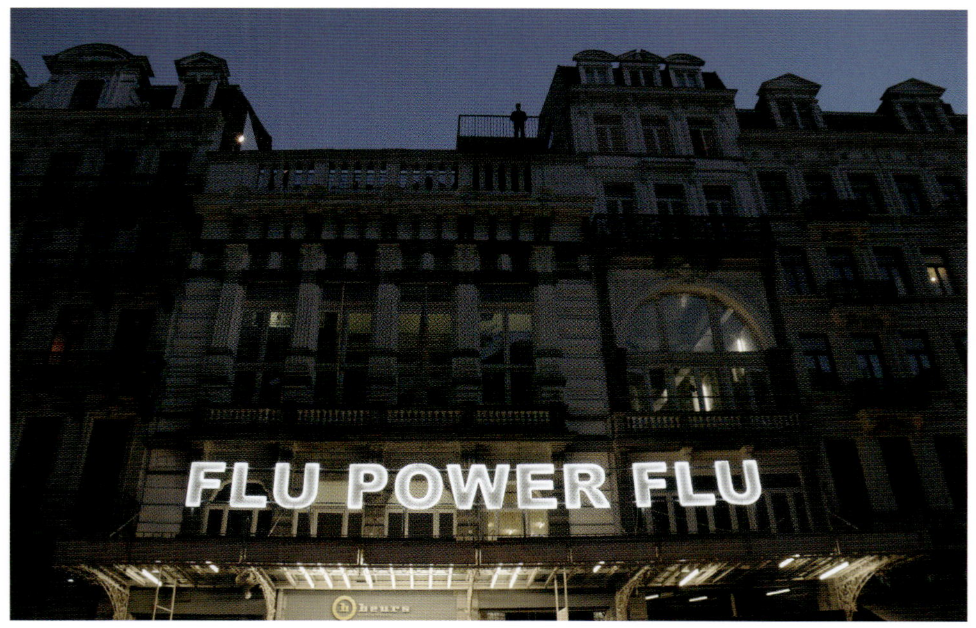
FLU POWER FLU

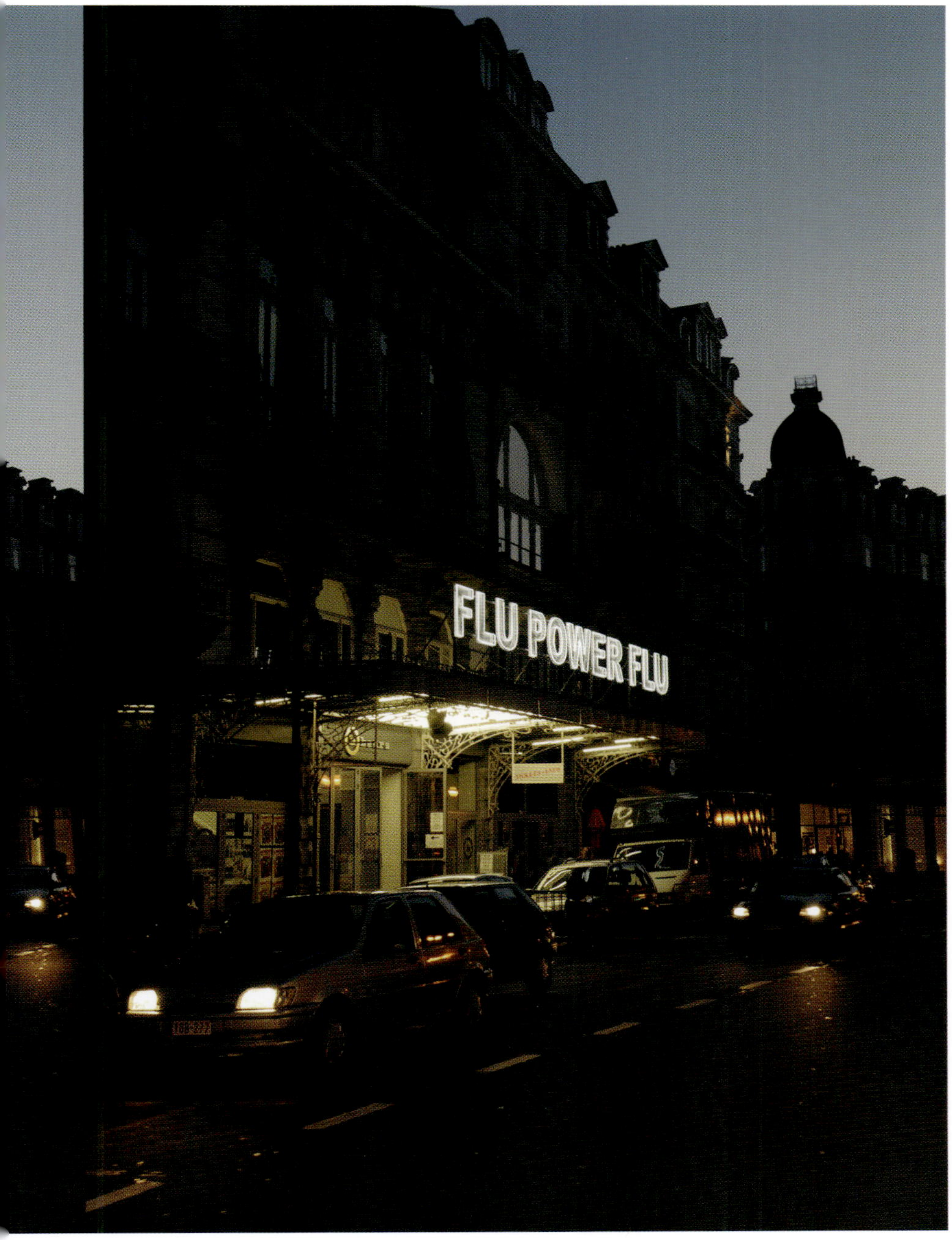

FLU POWER FLU

FLAGS   2007

Shadows moving frenetically on immobile ancient walls. What looks like a digital overlapping, is the shooting of a Tuscan summer noon, where time seems to stand still and where the shadows of clothes hanging in the sun refer instead to the waving of flags.

Ombre che si muovono freneticamente su immobili muri antichi. Quella che appare come una sovrapposizione digitale, è la ripresa di un mezzogiorno estivo toscano dove il tempo sembra essersi fermato e dove le ombre di panni stesi al sole rimandano invece allo sventolio di bandiere.

HD video on DVD, 4 min. (loop)
Bibbona, Italy
Courtesy the artist, Municipality of Bibbona and private collection
Video HD su DVD, 4 min. (loop)
Bibbona, Italia
Courtesy l'artista, Comune di Bibbona e collezione privata

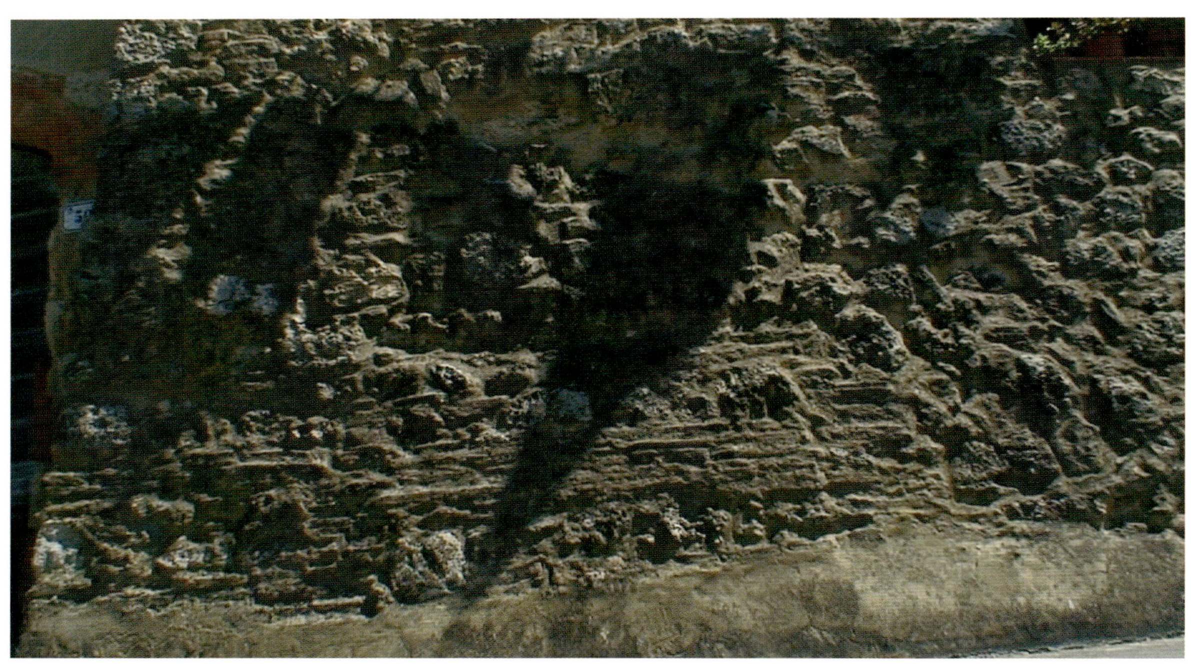

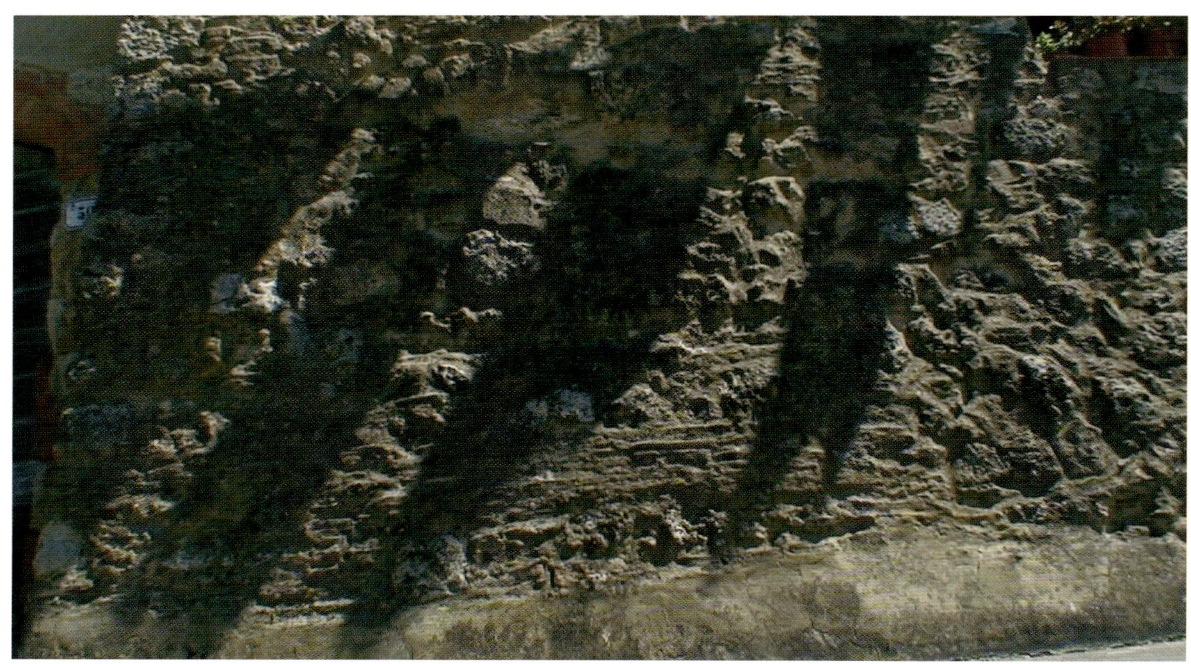

COMBINATIONS GAME   2007

As conclusion of a workshop dedicated to the use of words in visual expression, the kids — between 9 and 14 years — held a spontaneous performance in the main square of the city. They carried signs they had prepared with individual gigantic letters and moved freely, creating forms, simple and compound words, but also meaningless phonetic sequences.

A conclusione di un workshop dedicato all'uso delle parole nell'espressione visiva, i ragazzi – di un'età compresa tra i 9 e i 14 anni – hanno improvvisato una performance spontanea nella piazza principale della città. Imbracciavano i cartelli con le singole lettere giganti da loro preparate e si muovevano dando vita liberamente a forme, a parole semplici e composte, ma anche a sequenze fonetiche prive di significato.

Workshop and spontaneous action, 17 students, 17 letters, cardboard, paper, 100 x 40 cm
Museion – Museum of Modern and Contemporary Art of Bolzano and piazza Walther, Bolzano, Italy
Courtesy the artist and Museion – Museum of Modern and Contemporary Art of Bolzano

Workshop e azione spontanea, 17 allievi, 17 lettere, cartone, cartoncino, 100 x 40 cm
Museion – Museo d'Arte Moderna e Contemporanea di Bolzano e piazza Walther, Bolzano, Italia
Courtesy l'artista e Museion – Museo d'Arte Moderna e Contemporanea di Bolzano

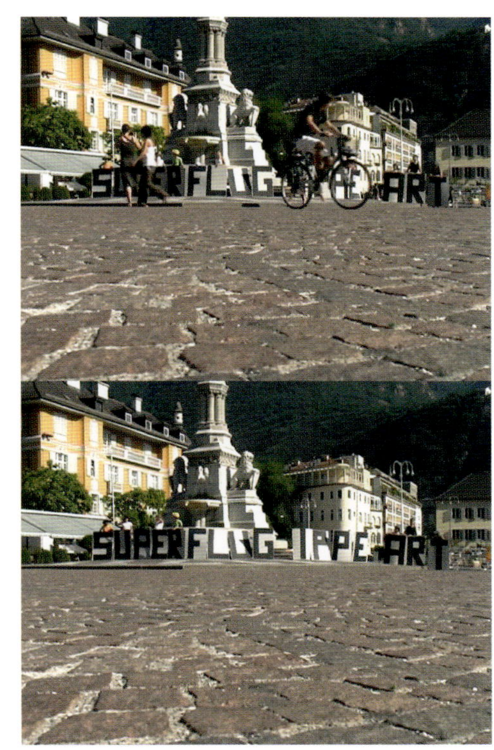

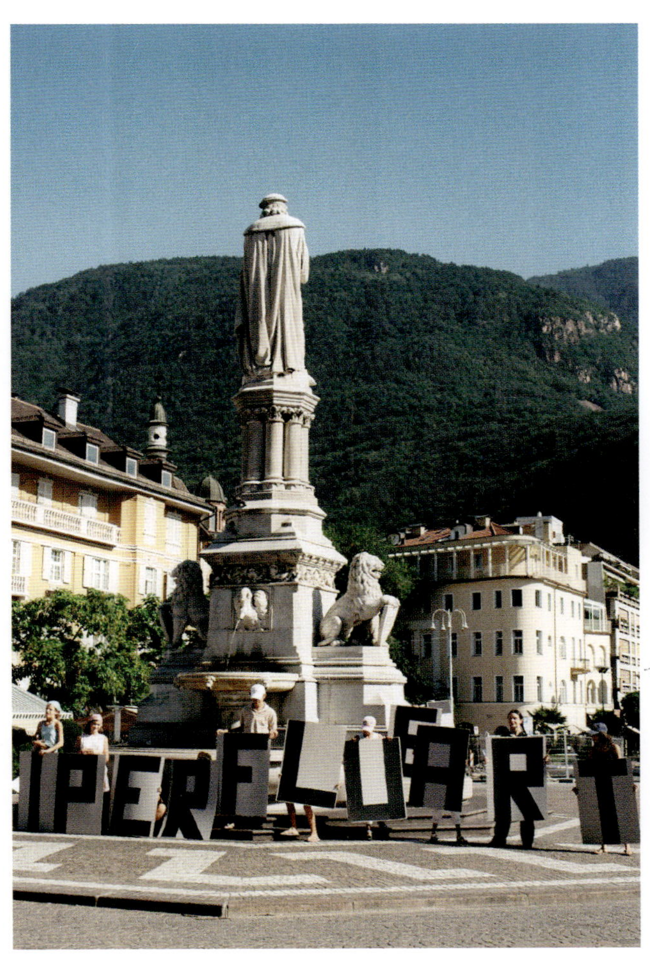

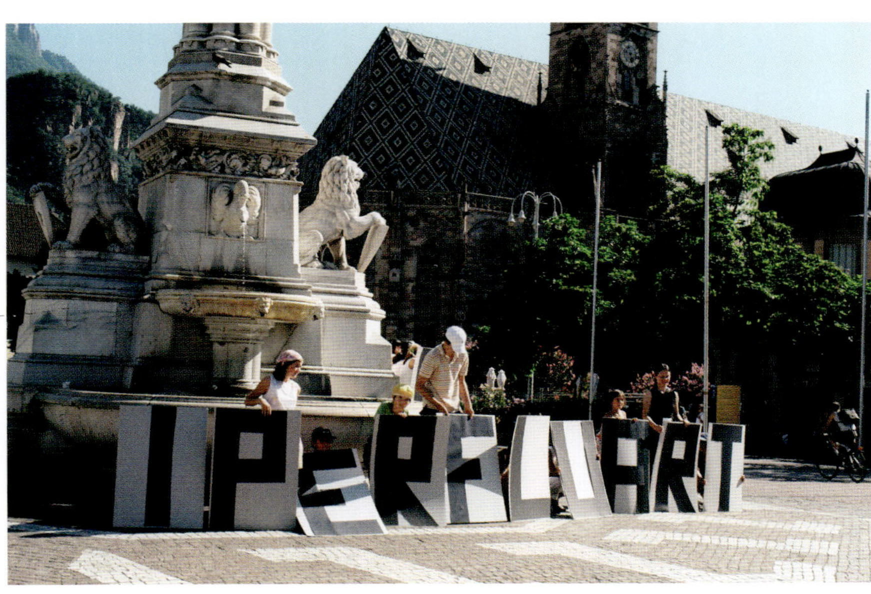

TIME INFLUENCE. CHESS FLU   2007

In a park in a working class district of Bolzano, a chess board triggers a confrontation between the two languages spoken in the German-speaking city, Italianized under fascism. Terms related to the concept of the passage of time are engraved in Italian and German on the board, where visitors of the park—from the youngest to the eldest—love to play with the giant pawn entrusted to the local chess club or move around freely.

All'interno di un parco in una zona popolare di Bolzano, una scacchiera innesca un confronto tra le due lingue parlate nella città germanofona, italianizzata durante il fascismo. Termini legati al concetto del passare del tempo sono infatti incisi in italiano e in tedesco sulla piattaforma, su cui i fruitori del parco – dai più piccoli agli anziani – amano giocare usando le pedine giganti affidate al locale Circolo degli scacchi o muoversi liberamente.

Site-specific permanent installation, 8 x 8 m, chess board, light and dark granite tiles, engraved and painted writings, in German and in Italian, giant pawn, PVC, 70 cm each.
Parco Mignone, Bolzano, Italy
Realized with the support of
Josef Dalle Nogare
Courtesy the artist and the
Municipality of Bolzano

Installazione site-specific permanente, scacchiera, 8 x 8 m, piastre in granito chiaro e scuro, scritte scolpite e dipinte, in tedesco e in italiano, pedine giganti, PVC, 70 cm cad.
Parco Mignone, Bolzano, Italia
Realizzato col supporto di
Josef Dalle Nogare
Courtesy l'artista e Comune di Bolzano

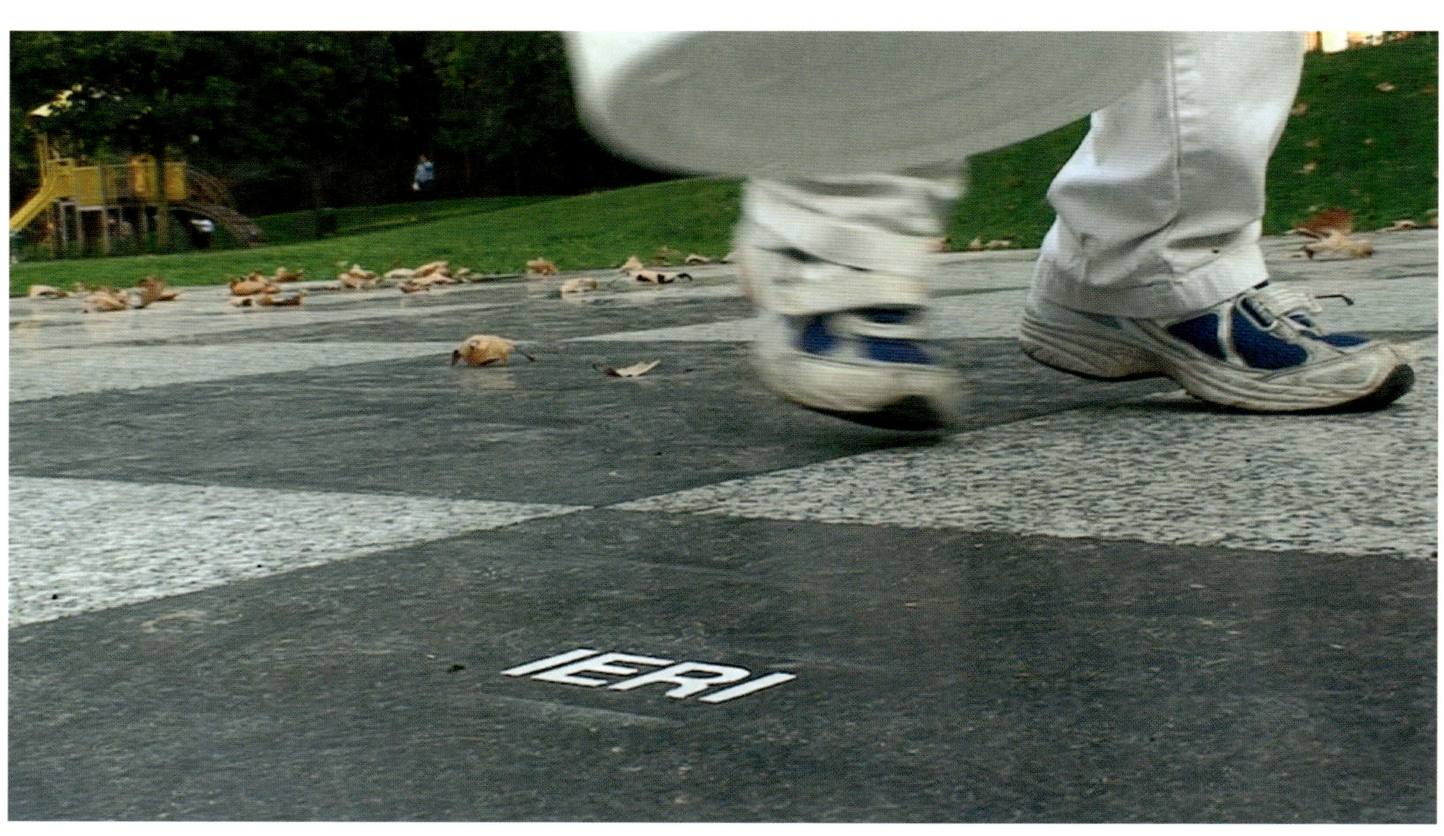

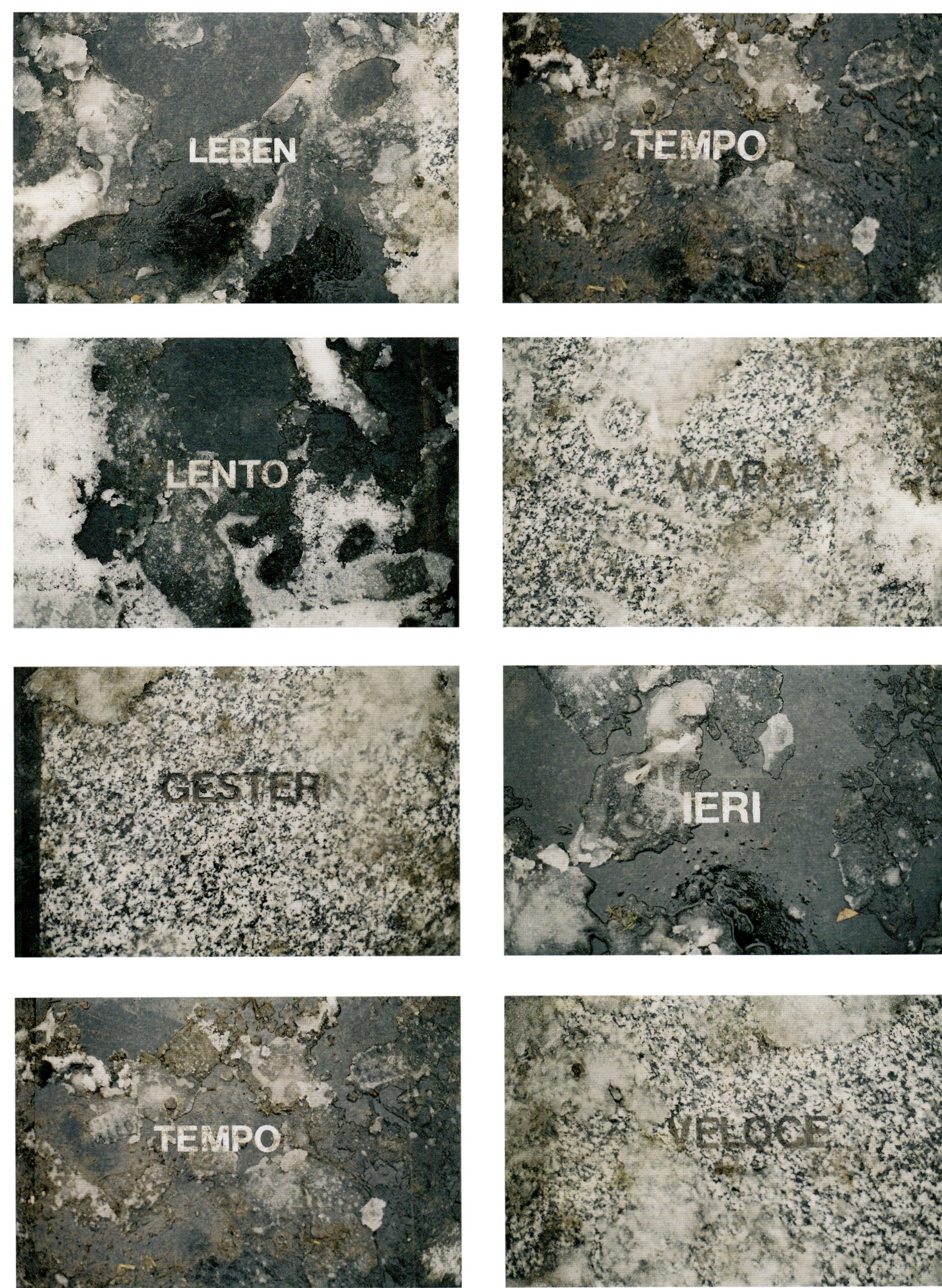
LEBEN
TEMPO
LENTO
WAR
GESTER
IERI
TEMPO
VELOCE

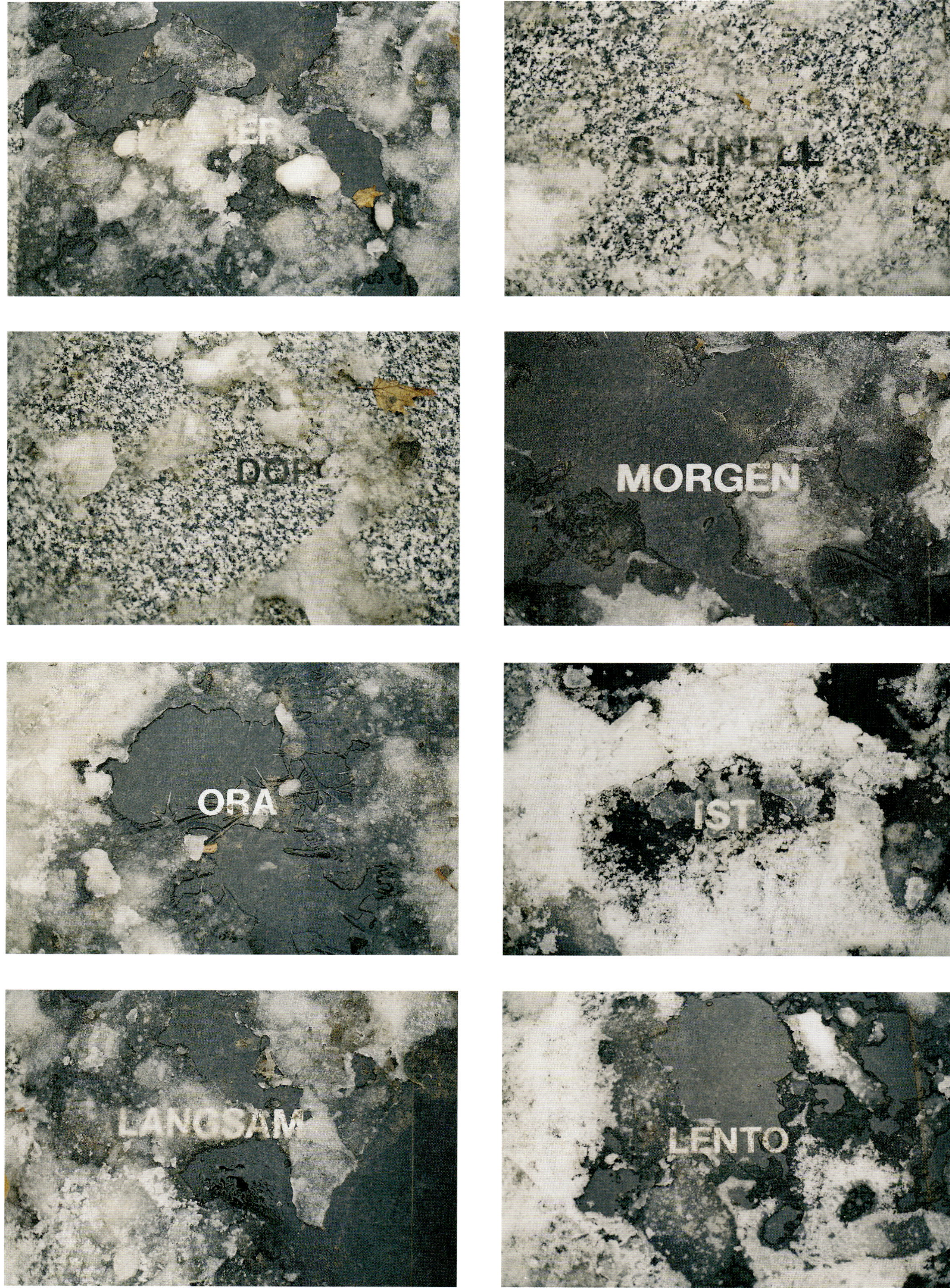
IER
SCHNELL
DOH
MORGEN
ORA
IST
LANGSAM
LENTO

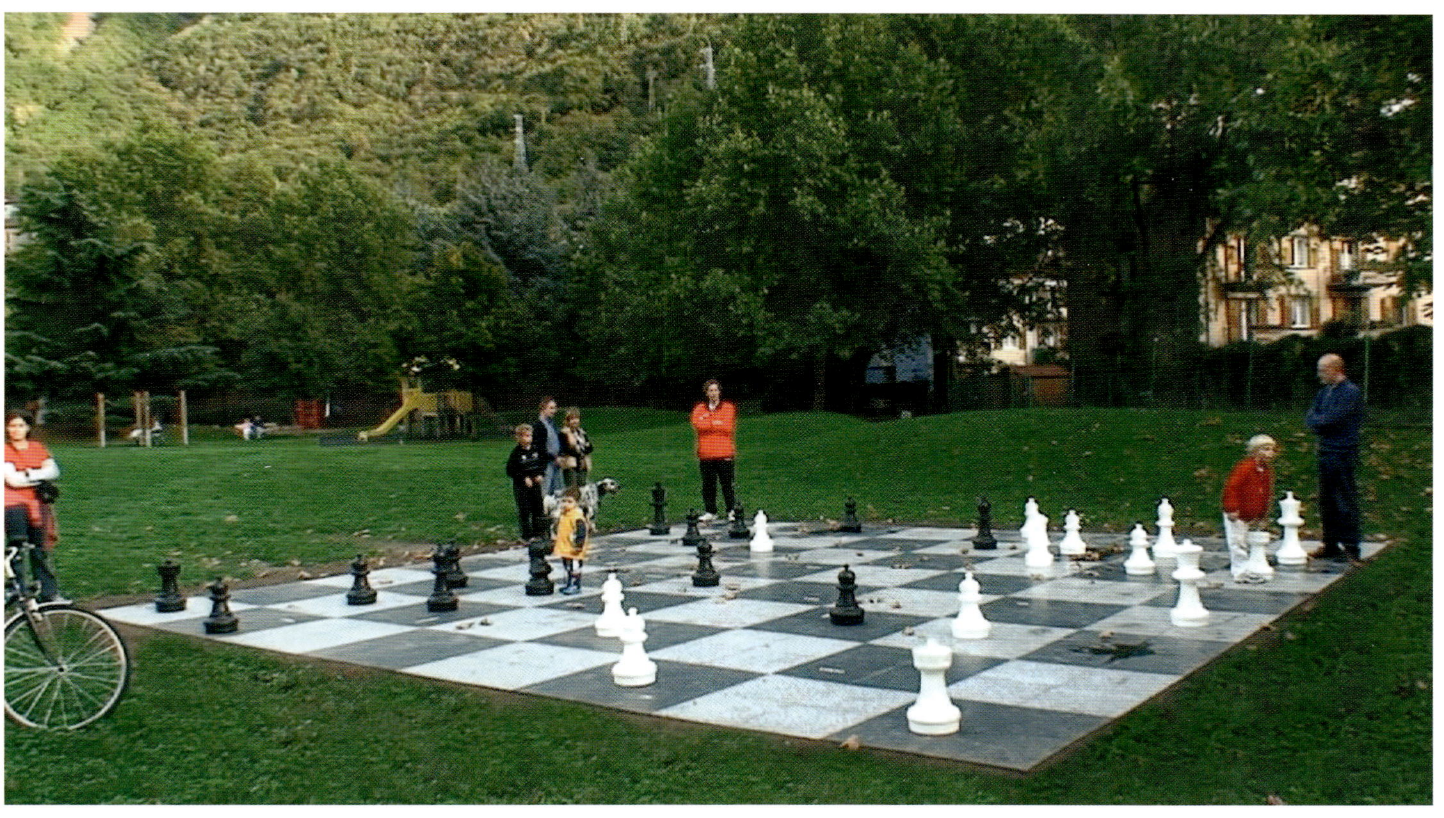

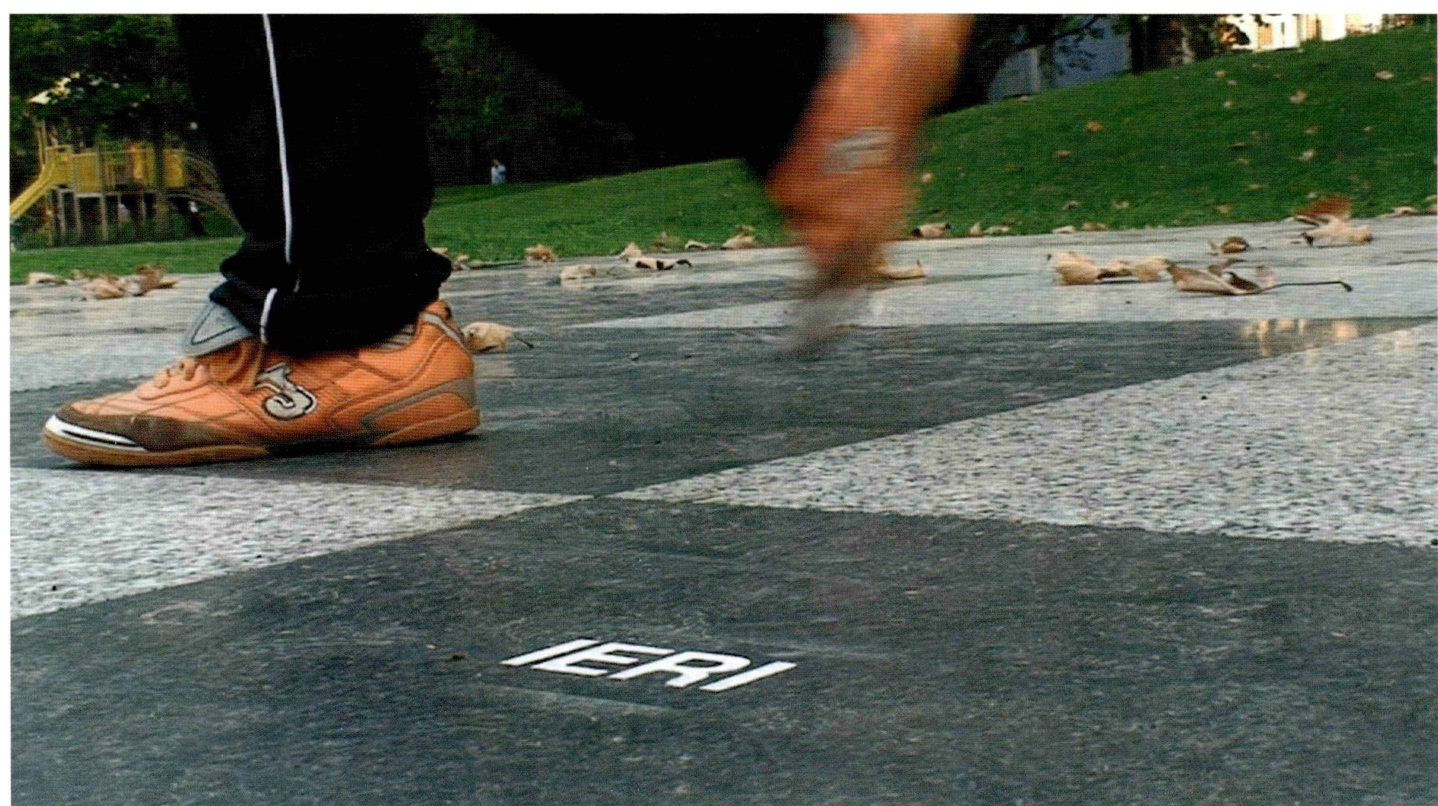
IERI

BRUSSELS TRILOGY:
WAR GAME, MANIFESTA,
FLU POWER FLU   2007

The video series is a diary of events—unexpected, but wide-ranging—happened around the installation *FLU POWER FLU* in the days of preparation at the Flemish cultural centre in Brussels. The site and the installation represent a landmark in front of the stock exchange building in the centre of the capital of the European Union. The events are an orderly political demonstration, a spontaneous parade on skates and a feminine march that is something between ironic and military.

La serie di video è un diario di eventi – inaspettati, ma di ampia portata – accaduti attorno all'installazione *FLU POWER FLU* nei giorni di allestimento presso il centro culturale fiammingo di Bruxelles. Un luogo e un'installazione site-specific che si affermano così come landmark, come un punto chiave di fronte al palazzo della borsa, nel centro della capitale europea. Gli eventi sono un'ordinata manifestazione politica, una spontanea parata sui pattini e una marcia tra l'ironico e il militare.

HD video on DVD, 6 min. each (loop)
Beursschouwburg kunstencentrum,
Brussels, Belgium
Courtesy the artist and Beurs-
schouwburg kunstencentrum,
Brussels

Video HD su DVD,
6 min. cad. (loop)
Beursschouwburg kunsten-
centrum, Bruxelles, Belgio
Courtesy l'artista e Beursschouwburg kunstencentrum,
Bruxelles

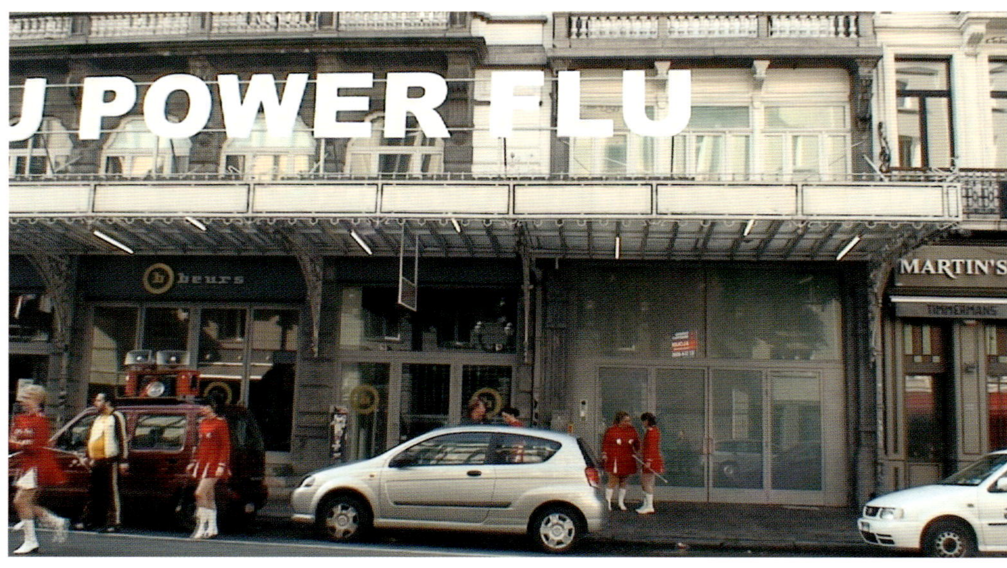

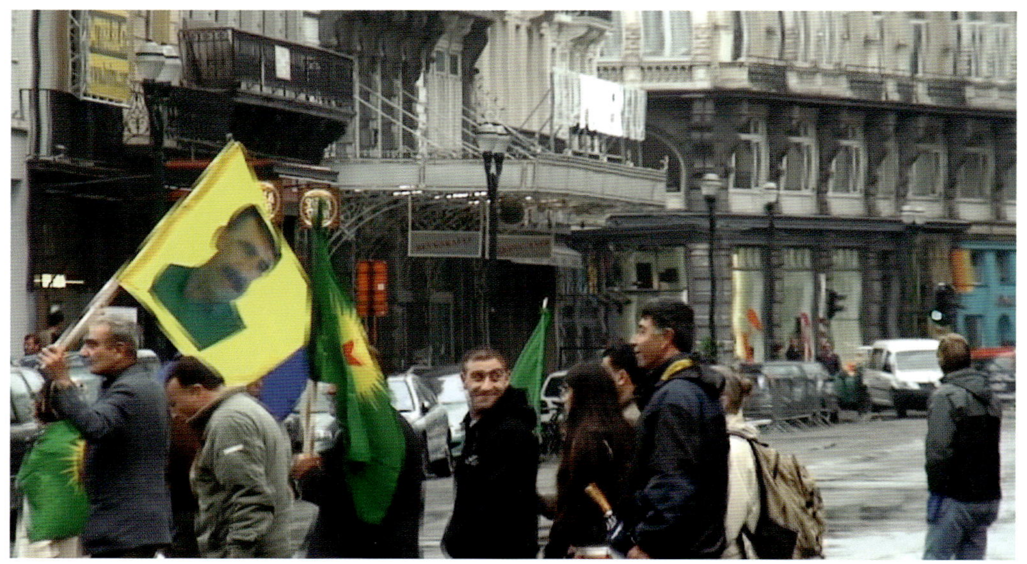

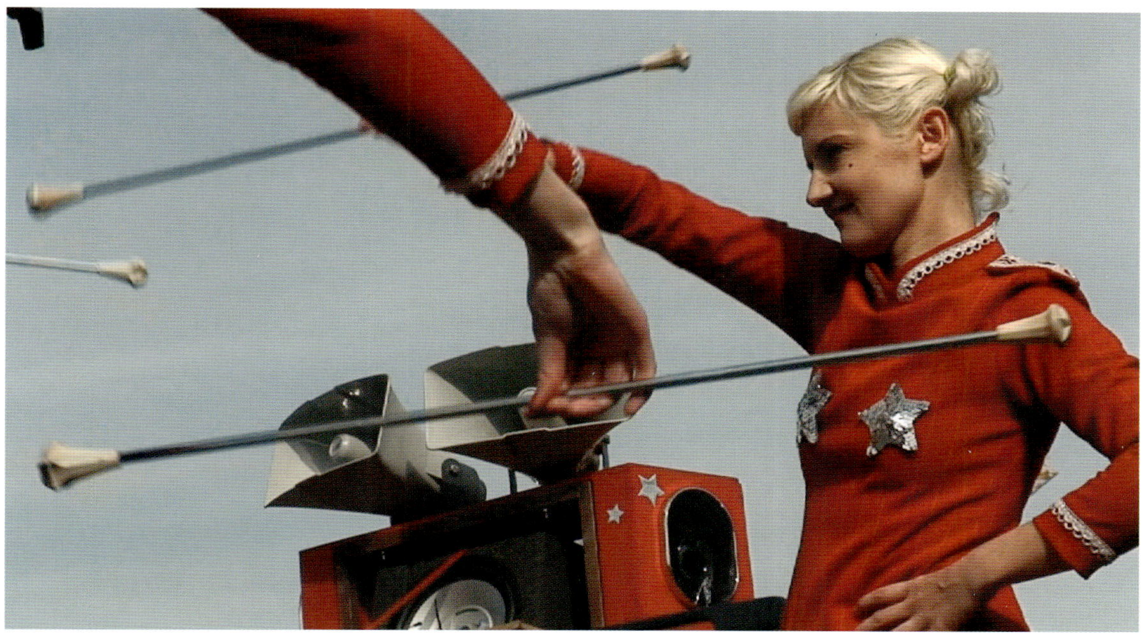

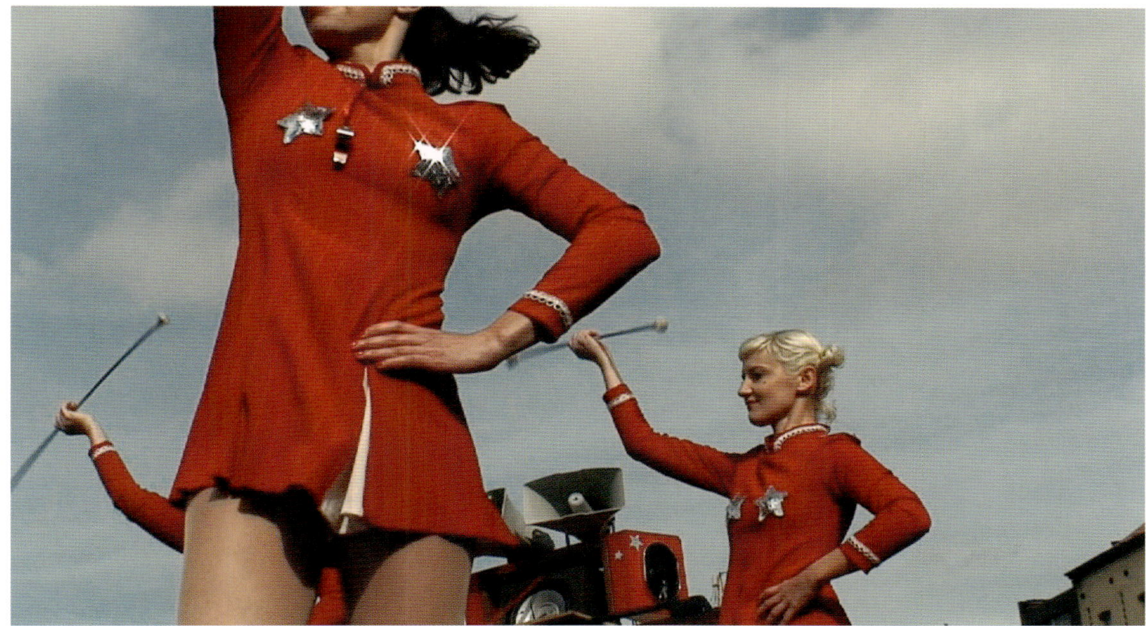

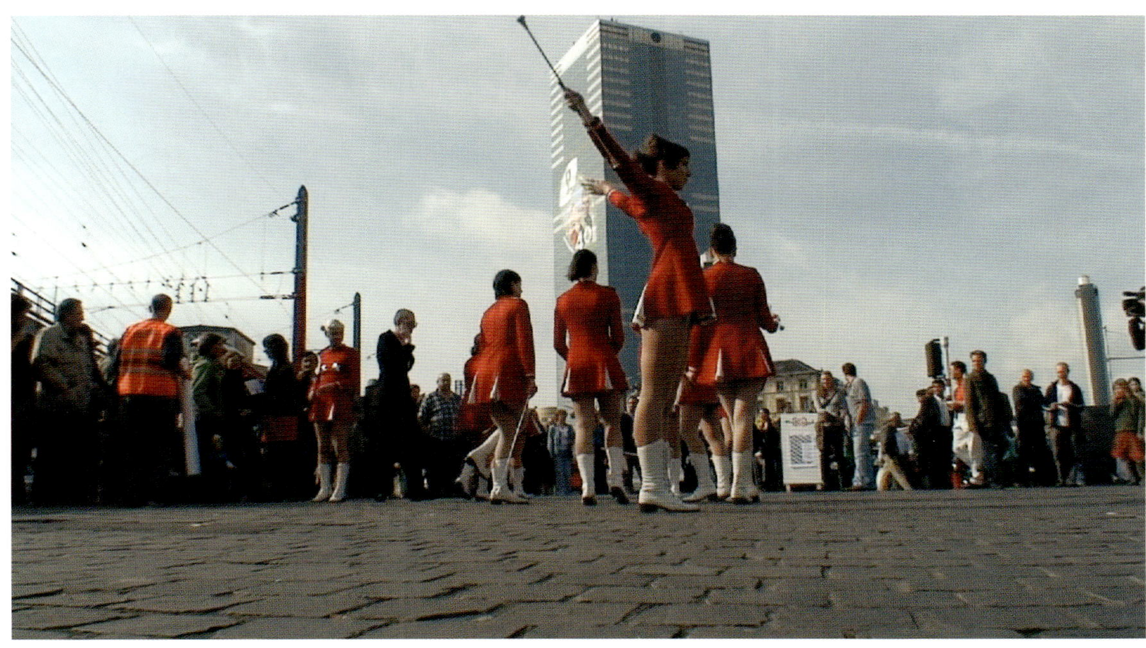

VOGELGRIPPE KÜHLRAUM   2006

In the moment of greatest uproar in Europe over bird flu, the definitive appliance—a refrigerator—is relocated in a zoological park. It does not dominate amidst the animals in cages, but among menacing Tyrannosauruses.
It symbolically contains the sound of the G8 nations anthems mingled with the sounds of different breeds of birds.

> Nel momento di maggiore clamore in Europa verso l'influenza aviaria, l'elemento domestico per antonomasia, un frigorifero, è delocalizzato nel verde di un parco zoologico. Troneggia non in mezzo agli animali in gabbia, ma tra minacciosi tirannosauri. E contiene simbolicamente il suono degli inni delle nazioni del G8 mischiati con versi di differenti razze di volatili.

Site-specific installation, fridge, word stickers, G8 national anthems mixed with birdsong, environmental dimensions
Harry Malter Park, Ghent, Belgium
Realized with the support of Beeldend VZW
Courtesy the artist
> Installazione site-specific, frigo, scritte adesive, inni nazionali del G8 mixati con il canto di uccelli, dimensioni ambientali
> Harry Malter Park, Ghent, Belgio
> Realizzato col supporto di Beeldend VZW
> Courtesy l'artista

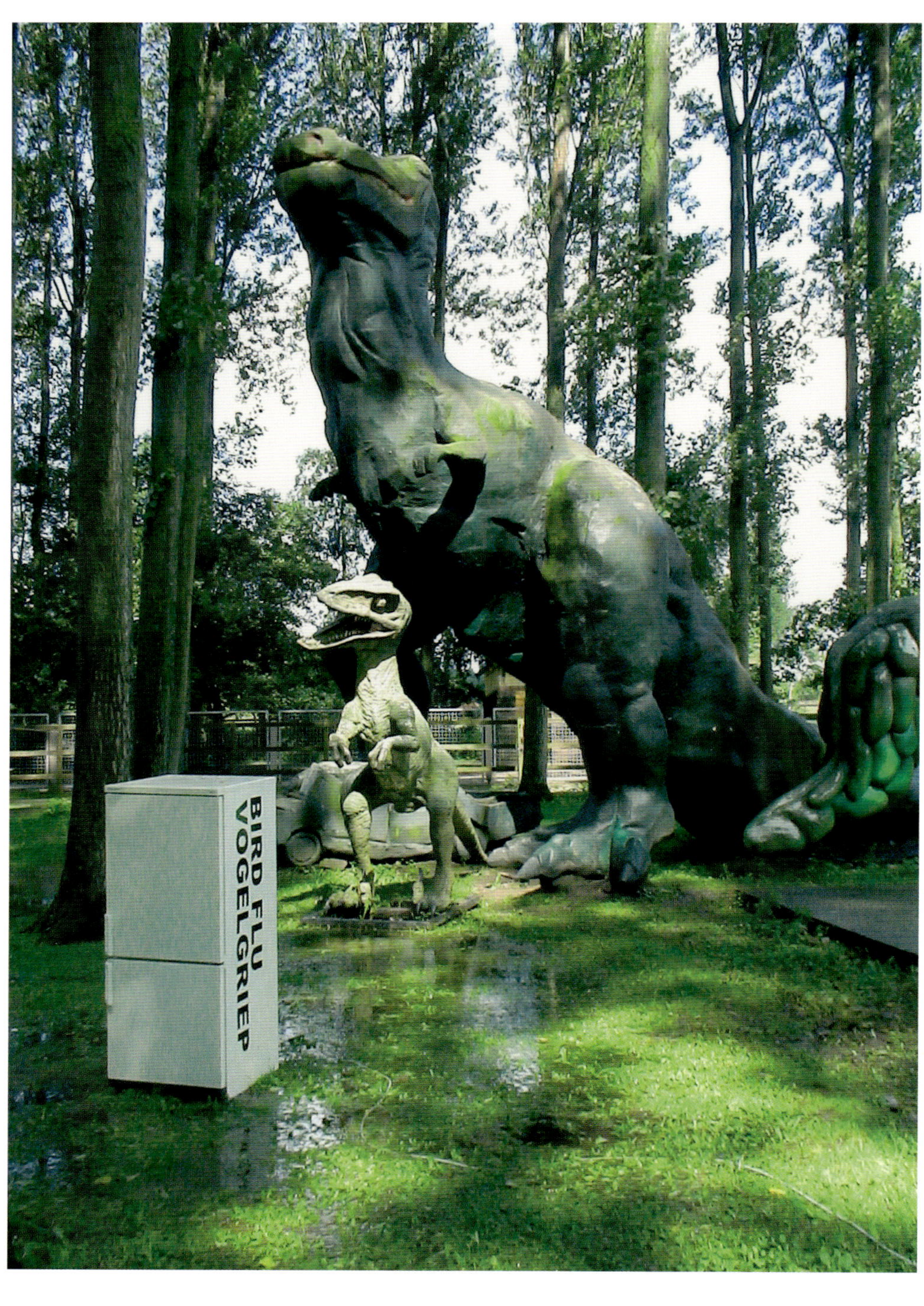

POWER STATION   2006

A van with the words "POWER STATION" stopped by financial and working class districts in every part on the island. From inside the van, the national anthems of the G8 countries mixed with the anthems of the emerging Asian nations (often former colonies) were transmitted and badges with pairs of words such as "Money Power" and "Media Power" were spread out, identifying the different nodes of power, the link between national identity and authority, and their changing balance.

Un furgone marchiato con la scritta *"POWER STATION"* si è fermato nel quartiere finanziario e in quelli popolari di ogni cultura presente sull'isola. Dall'interno diffondeva gli inni nazionali dei paesi del G8 mischiati con gli inni delle nazioni emergenti asiatiche (spesso ex colonie delle prime) e distribuiva spille con coppie di parole, come *"Money Power"* e *"Media Power"*, identificando i differenti nodi di potere e il nesso tra identità nazionale e autorità, e il mutare di questi equilibri.

Traveling and standing action, white van, word stickers, mix of national anthems of the G8 and of Asia, 3000 metal badges, 10 combinations of words, 2 girls, 3000 flyers
Various locations, Satellite Event, 1st Singapore Biennale, Singapore
Realized with the support of IIC – Italian Cultural Institute in Singapore
Courtesy the artist

Azione itinerante e stanziale, furgone bianco, scritte adesive, mix di inni nazionali del G8 e asiatici, 3000 spille in metallo, 10 combinazioni di parole, 2 ragazze, 3000 volantini
Diversi luoghi, Satellite Event, 1st Singapore Biennale, Singapore
Realizzato col supporto di IIC – Istituto Italiano di Cultura di Singapore
Courtesy l'artista

http://www.powerartifice.com

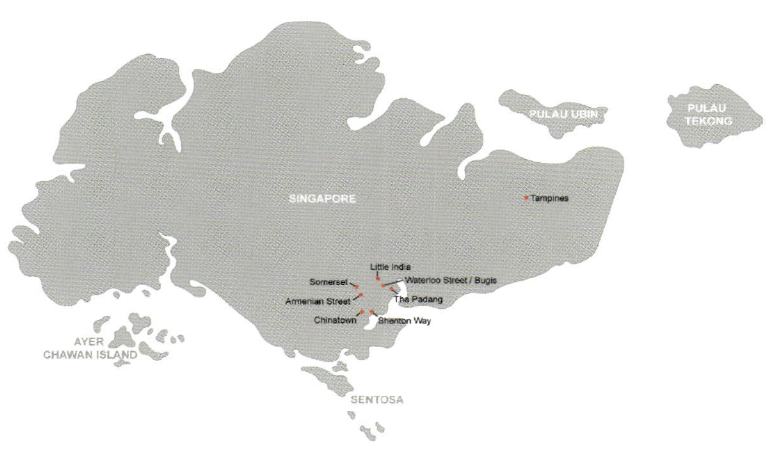

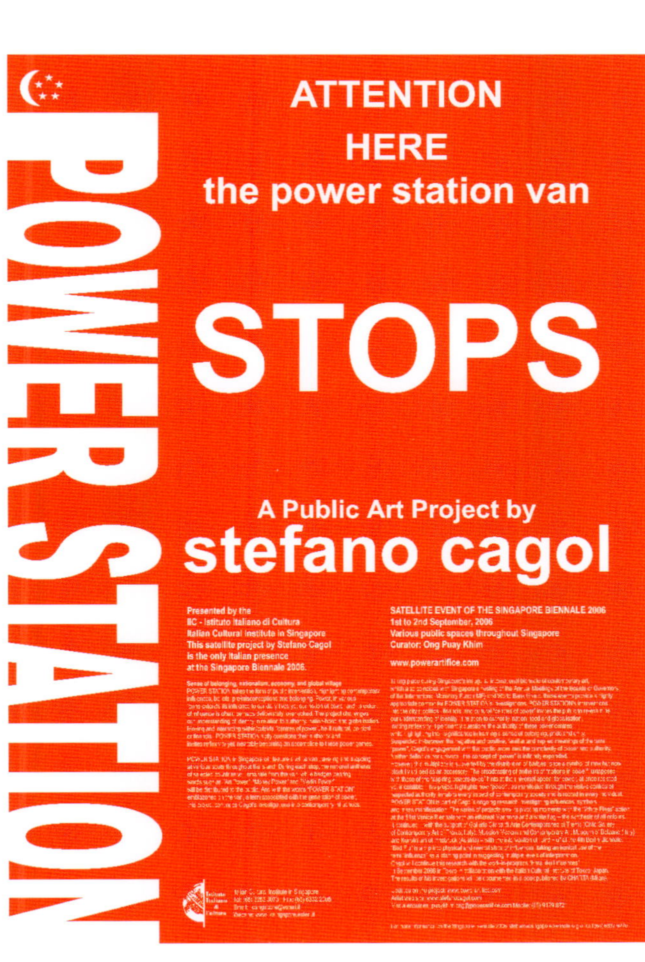

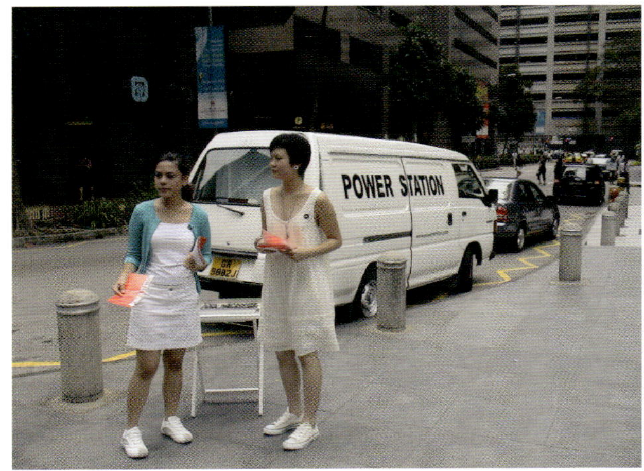
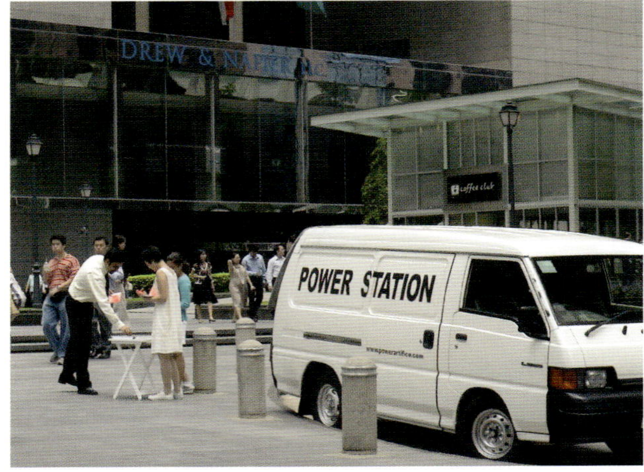
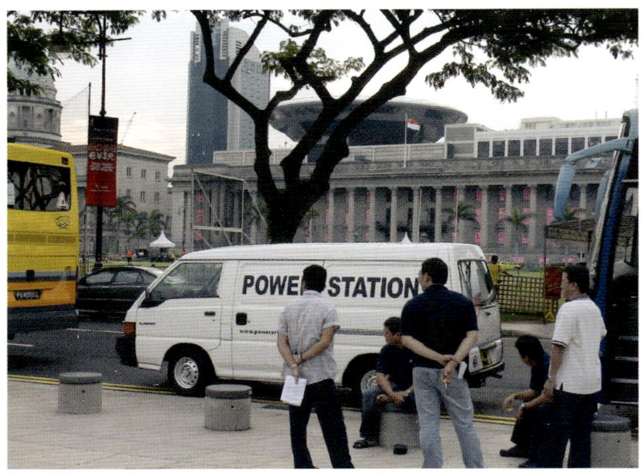
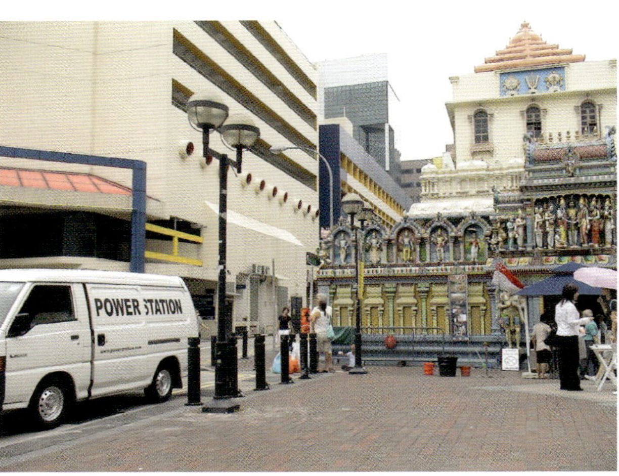
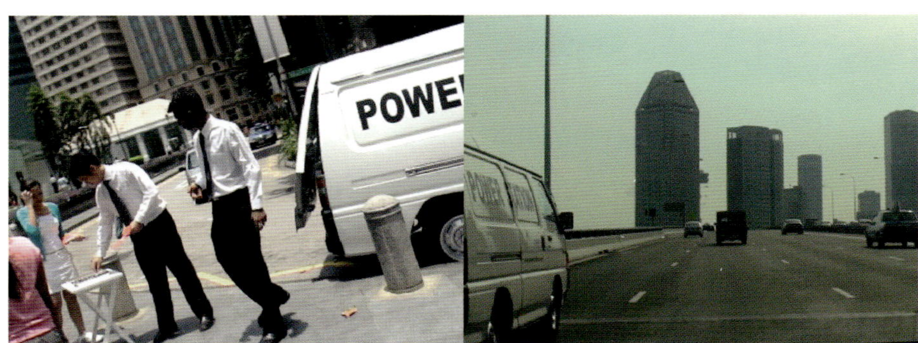
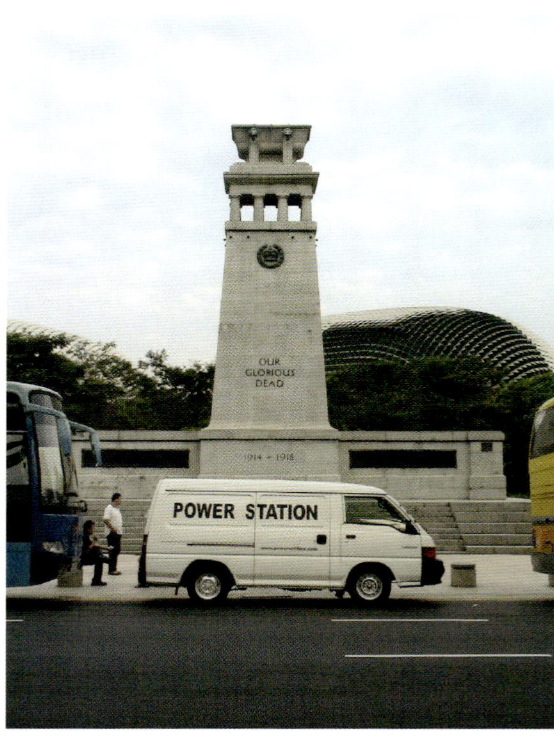
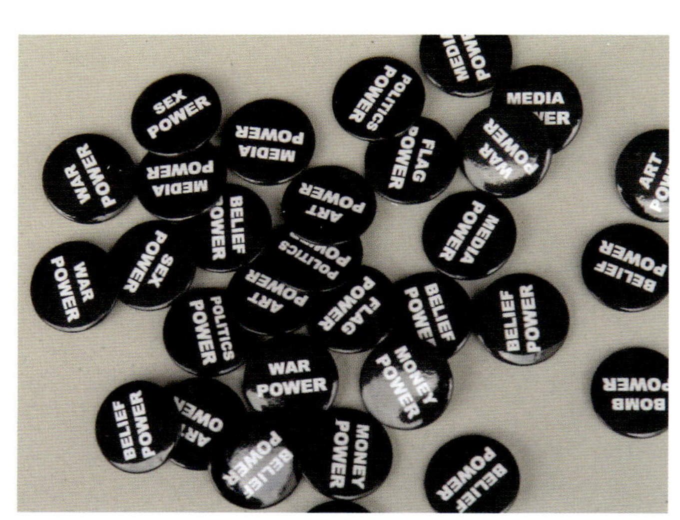

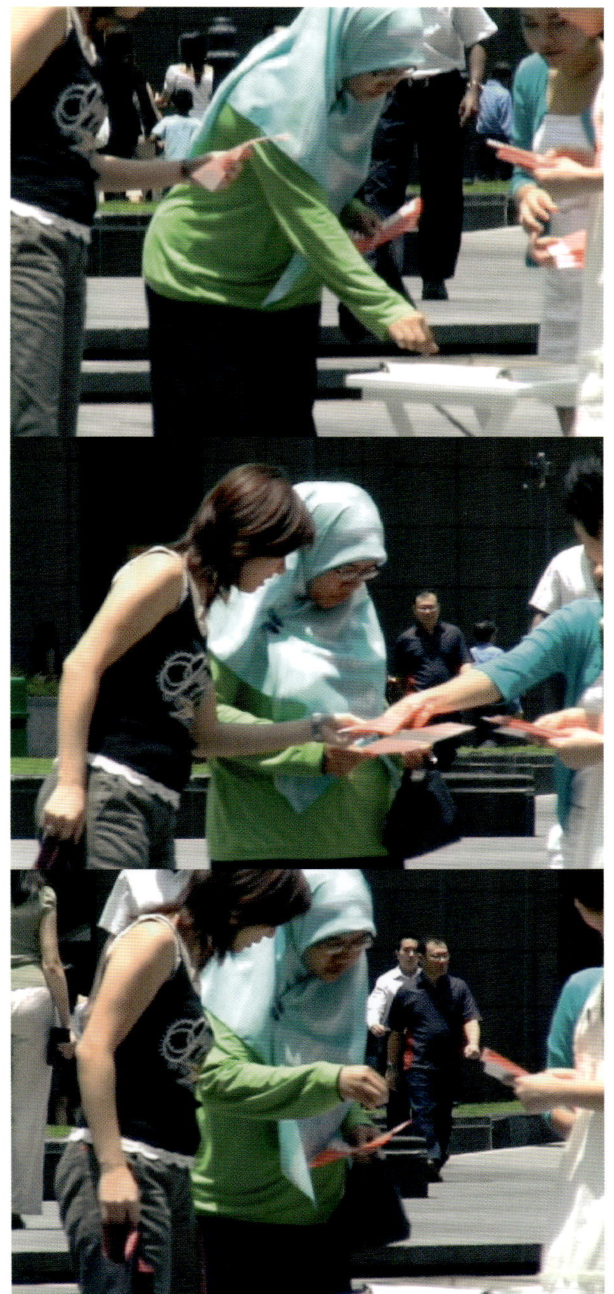

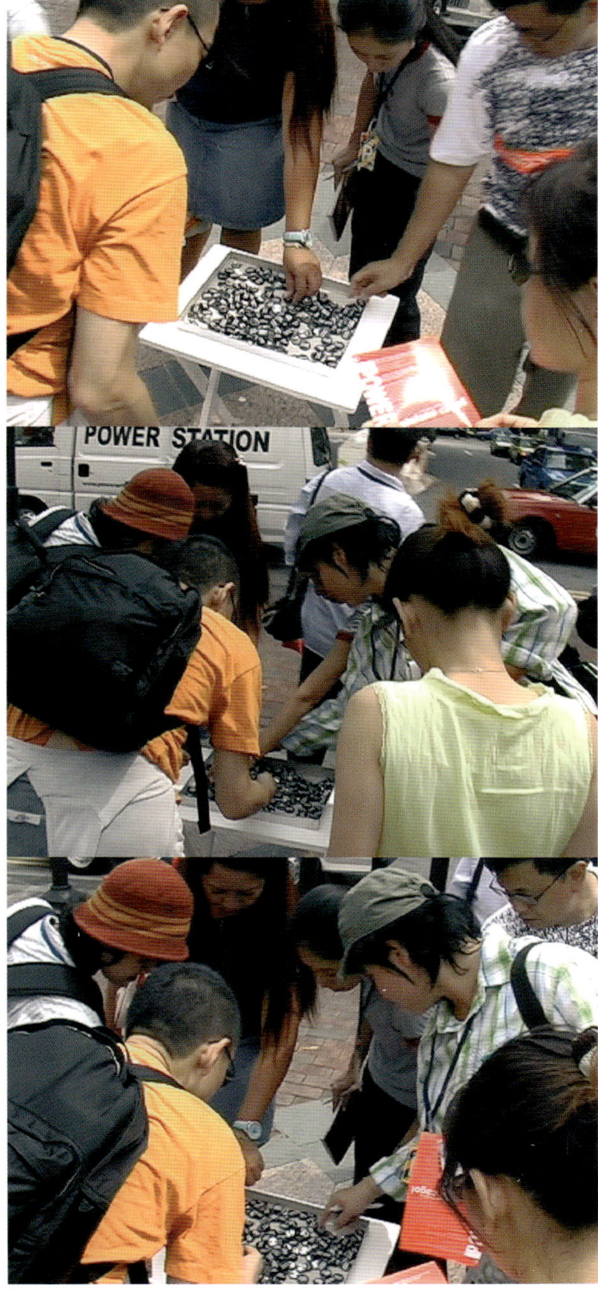
POWER STATION

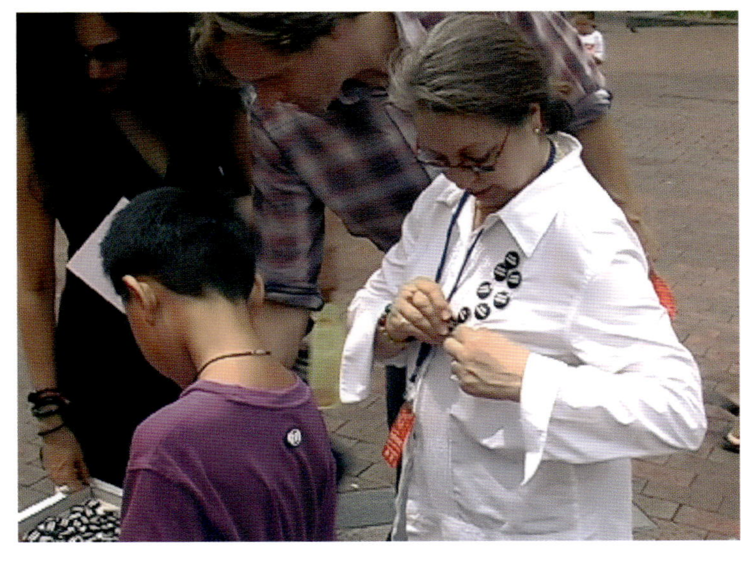

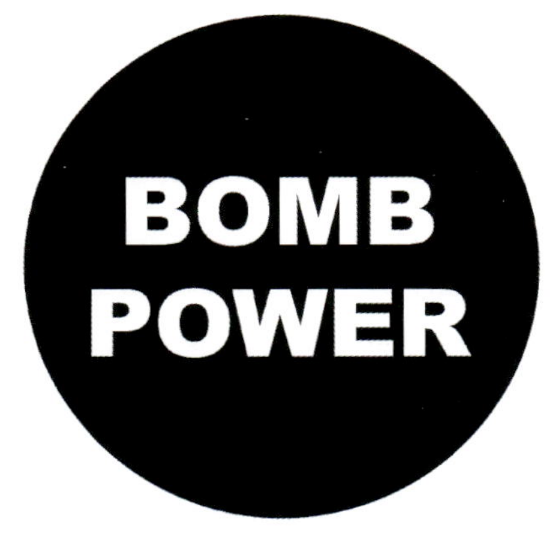
BOMB
POWER

THE MYSTICAL ROSE
[HARAJUKU INFLUENCES # 5]   2006

In a shooting from the train, the Daikanransha Ferris wheel in the Odaiba district of Tokyo appears with its lights and the changing colors are amplified by a multiplication of the image. This visual wonder is countered by evocations of the sound of the *shamisen* —a traditional Japanese stringed instrument used in Kabuki theatre—and by the title referring to the mystical rose of the *Paradiso* by the Italian poet Dante Alighieri.

La ruota panoramica Daikanransha del quartiere Odaiba a Tokyo viene immortalata dalla metropolitana e le sue luci che cambiano colore vengono amplificate da una moltiplicazione dell'immagine. A questo stupore visivo fanno da contraltare le evocazioni del suono dello *shamisen*, strumento tradizionale giapponese a corda usato nel teatro Kabuki, e del titolo che rimanda invece alla rosa mistica del *Paradiso* di Dante Alighieri.

Lambda print, silicone, perspex, dibond, 70 x 100 cm, video still from HD video on DVD, 3 min.
Tokyo, Japan
Realized with the support of IIC – Italian Cultural Institute in Tokyo
Courtesy the artist
Stampa lambda, silicone, perspex, dibond, 70 x 100 cm, still da video HD su DVD, 3 min.
Tokyo, Giappone
Realizzato col supporto di IIC – Istituto Italiano di Cultura di Tokyo
Courtesy l'artista

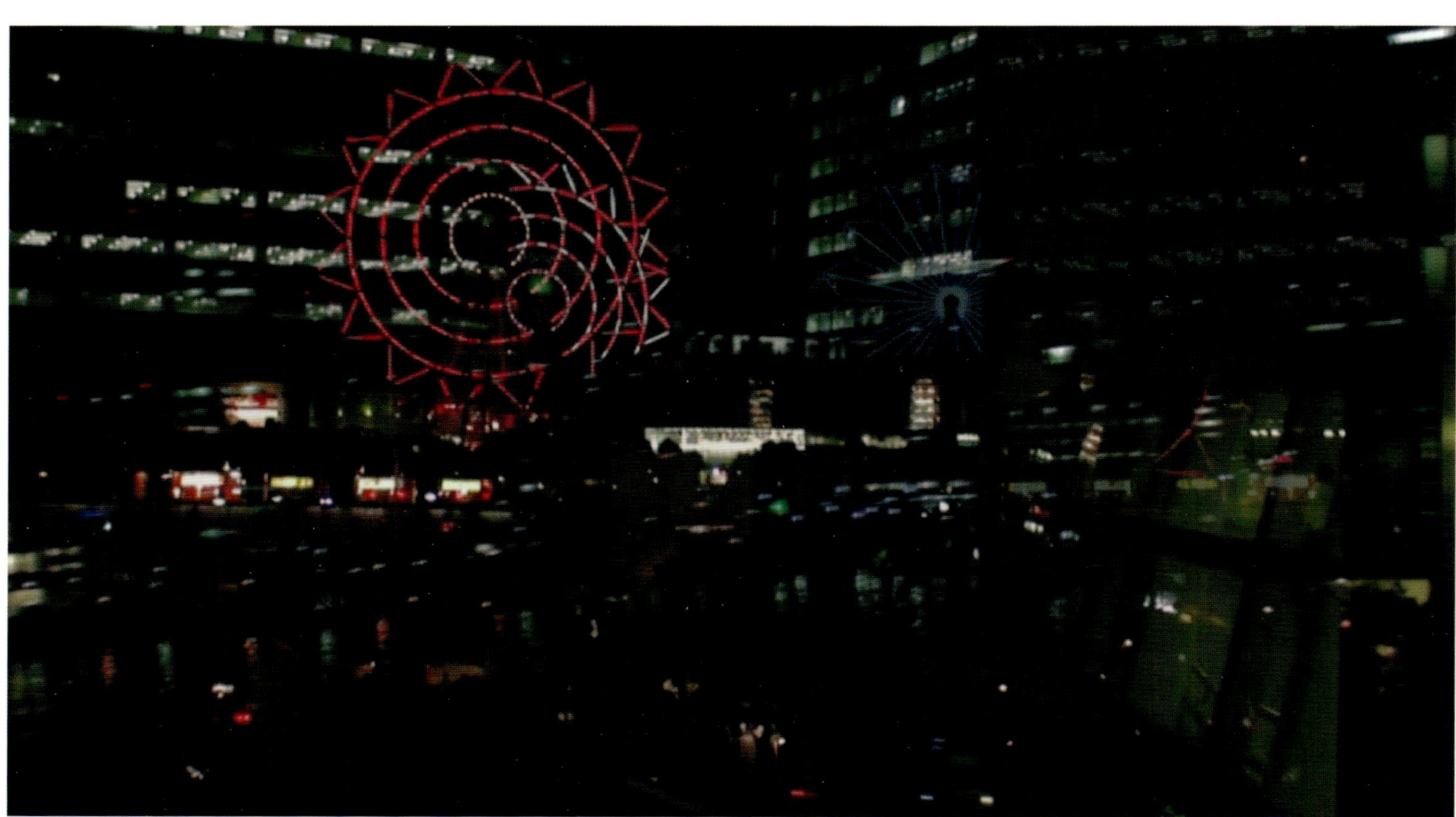

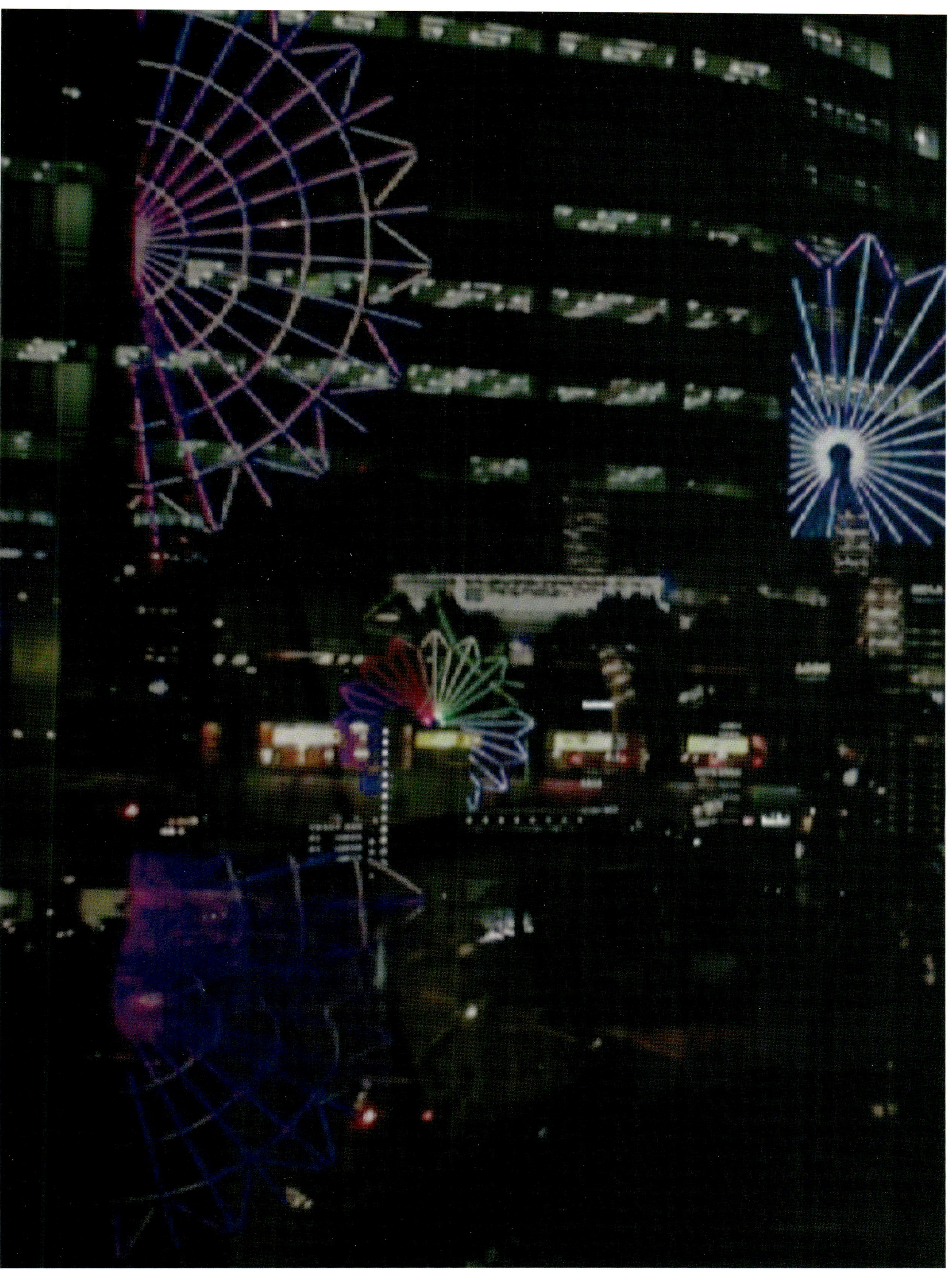

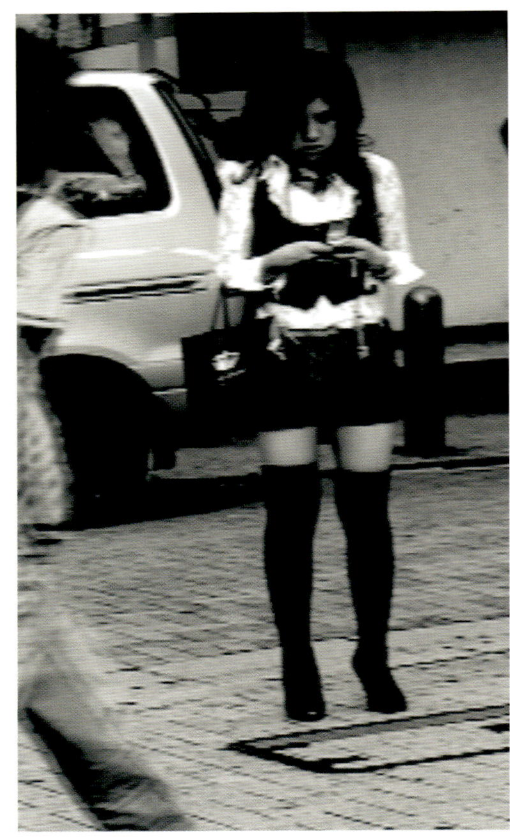

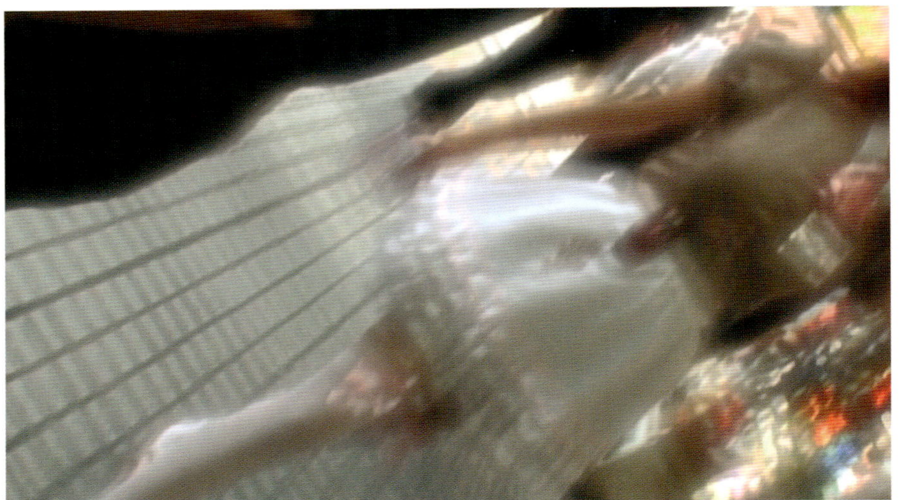

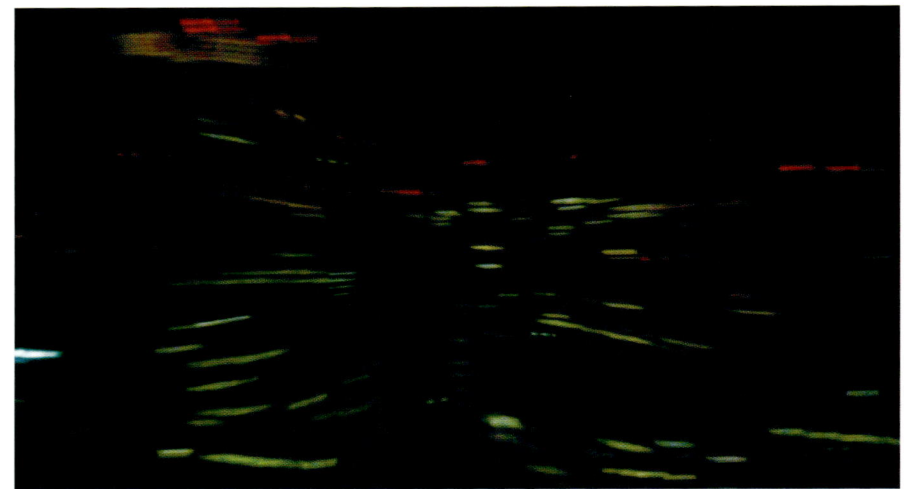

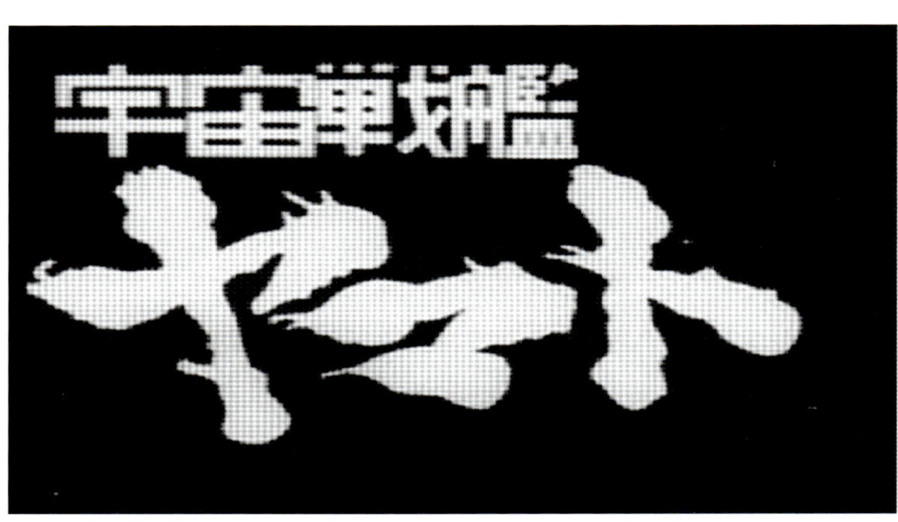
宇宙戦艦
ヤマト

I'VE GOT A FEELING.
HARAJUKU INFLUENCES # 1–# 3   2006

HD video on DVD, 5 min. each
Tokyo, Japan
Courtesy the artist
Video HD su DVD, 5 min. cad.
Tokyo, Giappone
Courtesy l'artista

A survey searching for past ties with Japanese culture and to explore the influence—absorbed unconsciously— of symbols, traditional elements, citations of subcultures, recent history. From the ship Yamato to cartoons, from Gredizer to Baldios to Candy Candy.

Un percorso alla ricerca dei pregressi legami con la cultura giapponese e alla scoperta dell'influenza – assorbita inconsciamente – di simboli, elementi tradizionali, citazioni delle subculture, storia recente. Dalla nave Yamato ai cartoni animati, da Gredizer e Baldios a Candy Candy.

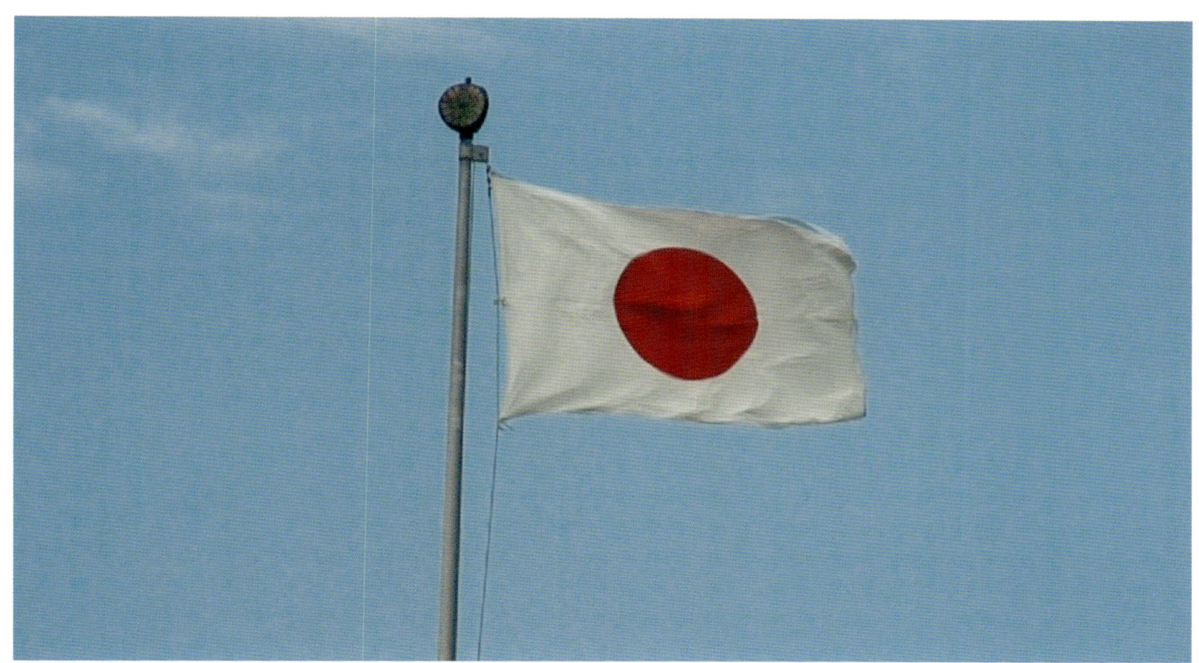

HARAJUKU INFLUENCES SERIES   2006

Disorientation in collective and individual spaces in a contemporary metropolis. In these 35 mm photographs, also reflections and lighting effects are captured during the shooting.
They were realized during the second one-month-stay in Tokyo after the first one in 2004.

Senso di disorientamento tra dimensione collettiva e spazio individuale in una metropoli contemporanea. Sono fotografie 35 mm nelle quali anche le riflessioni e gli effetti di luce sono stati ottenuti in fase di scatto.
Sono state realizzate durante la seconda permanenza di un mese a Tokyo, dopo quella del 2004.

Digitized 35 mm photographs, lambda prints, silicone, perspex, dibond, various dimensions
Tokyo, Japan
Courtesy the artist and private collection

Fotografie 35 mm digitalizzate, stampe lambda, silicone, perspex, dibond, dimensioni variabili
Tokyo, Giappone
Courtesy l'artista e collezione privata

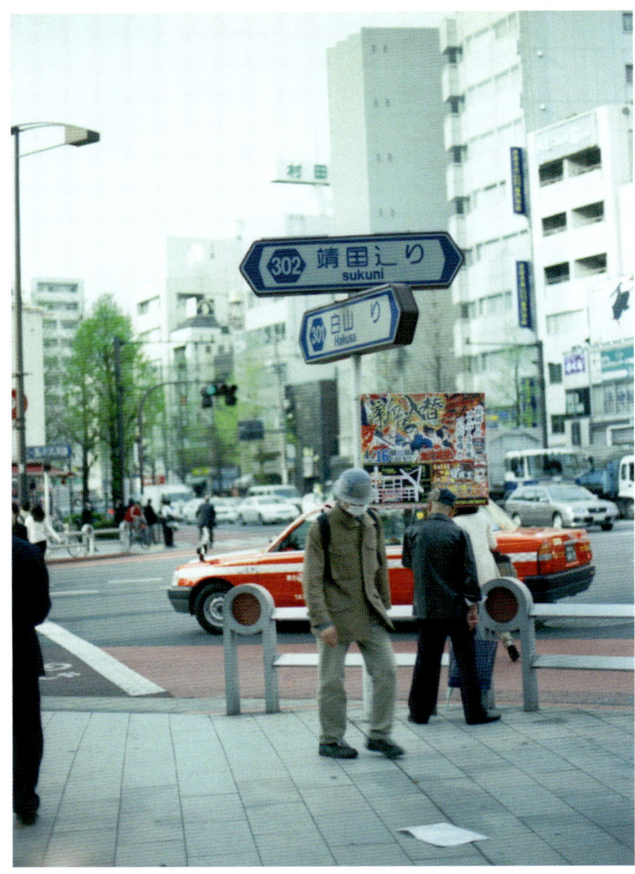

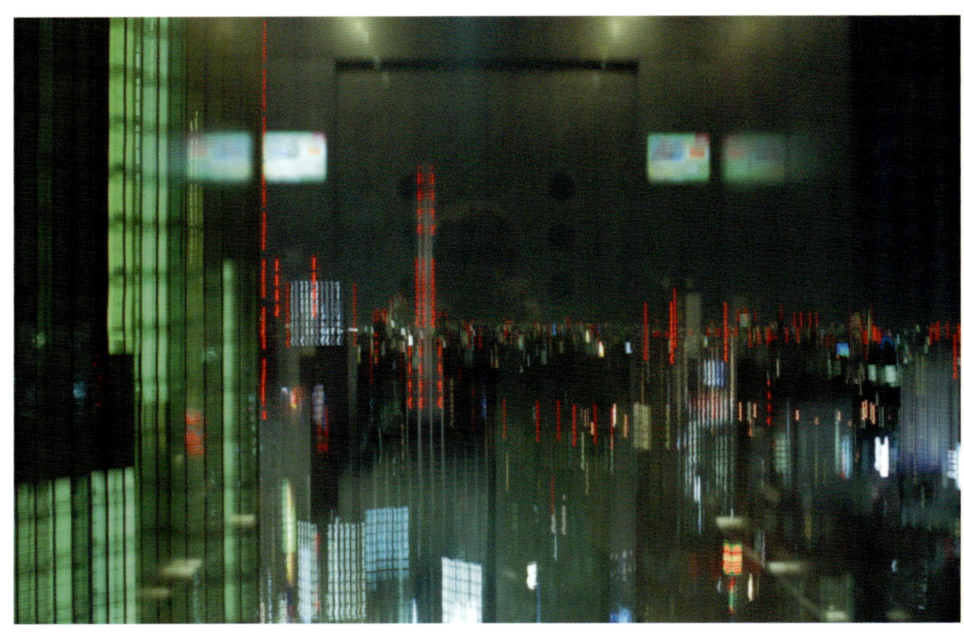

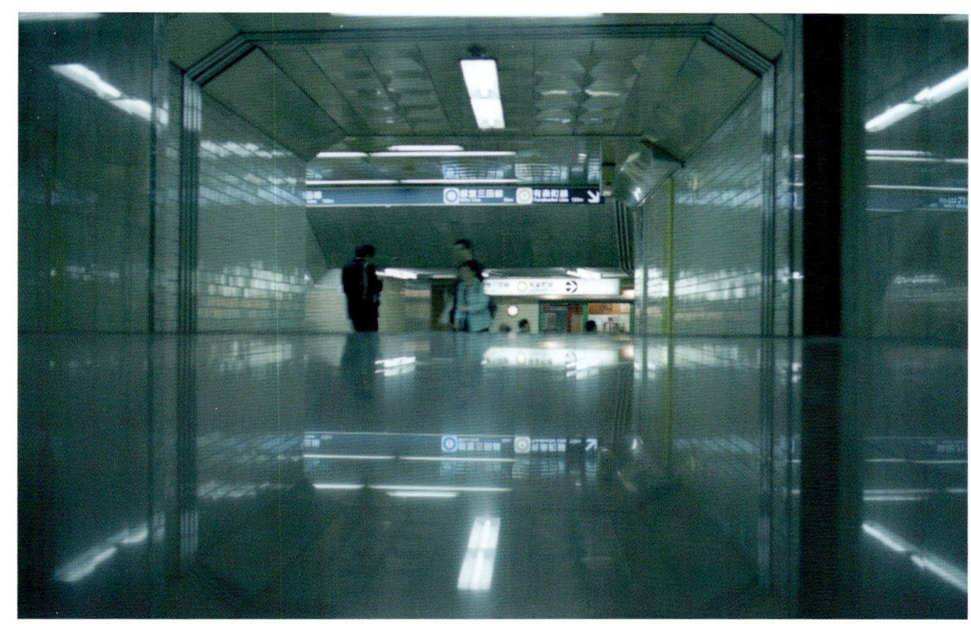

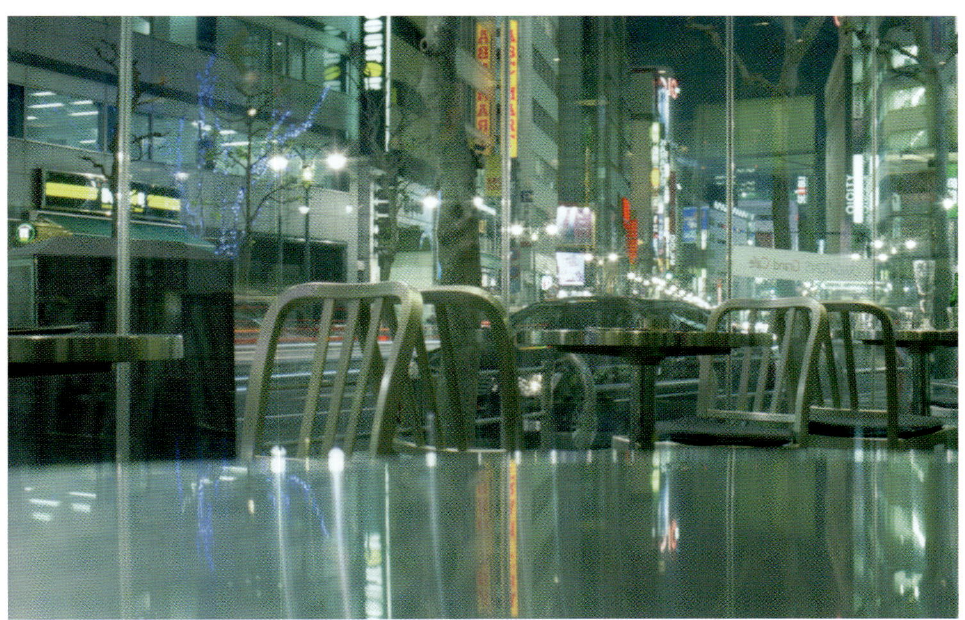

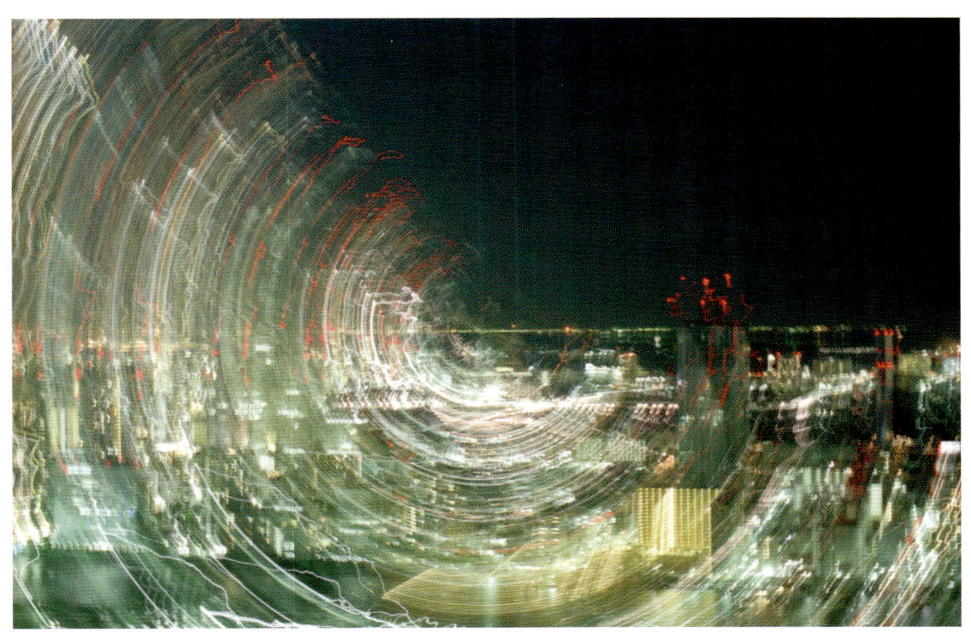

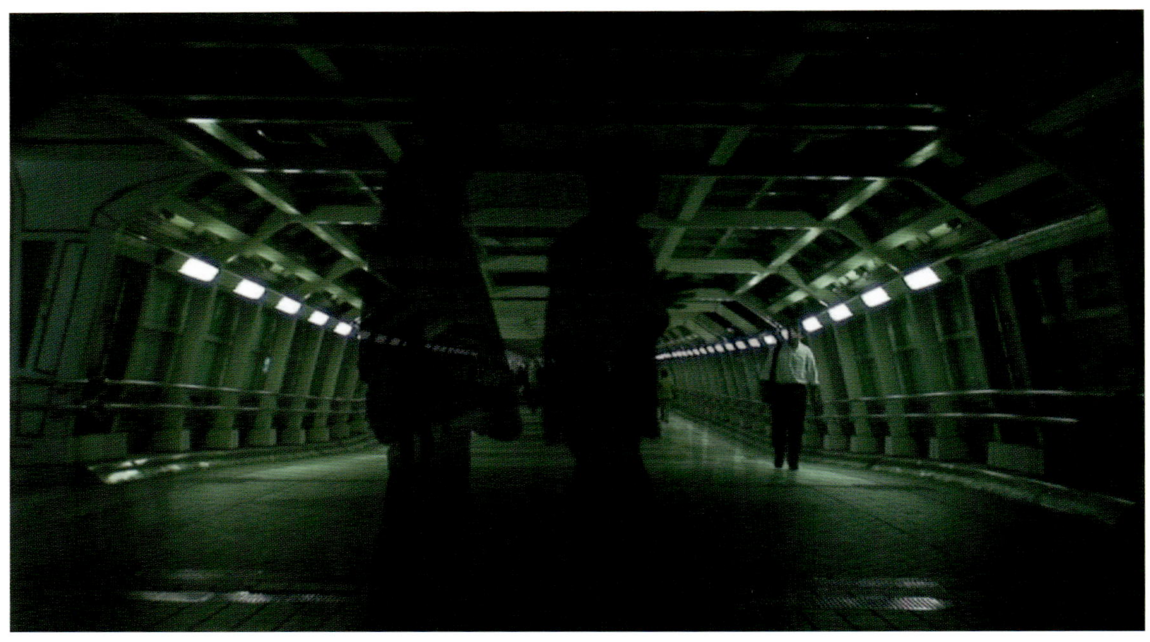

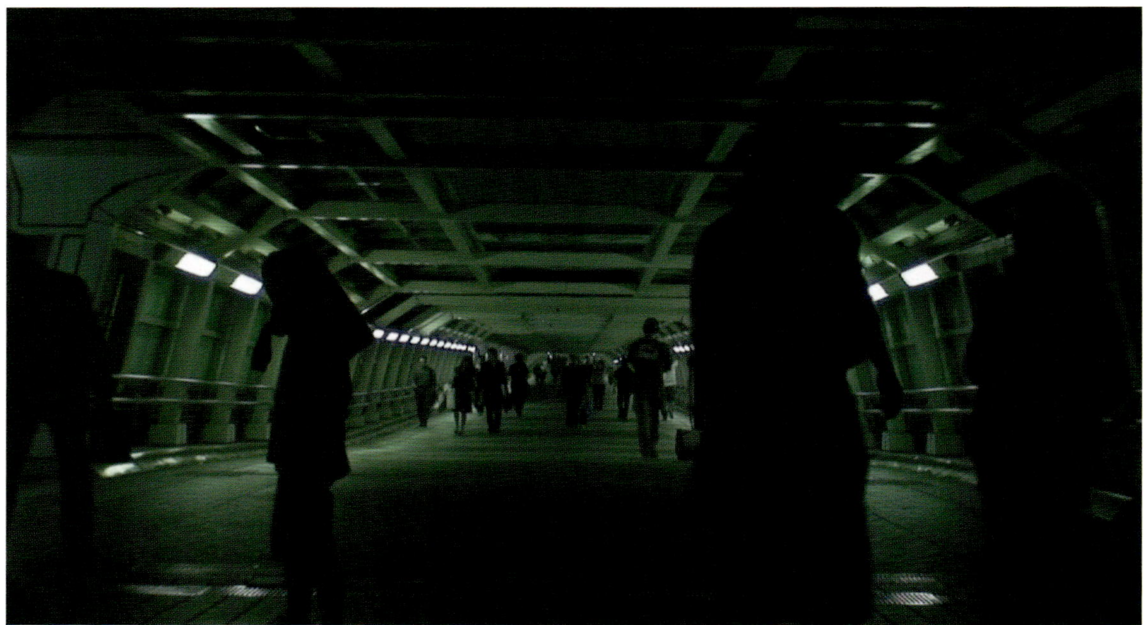

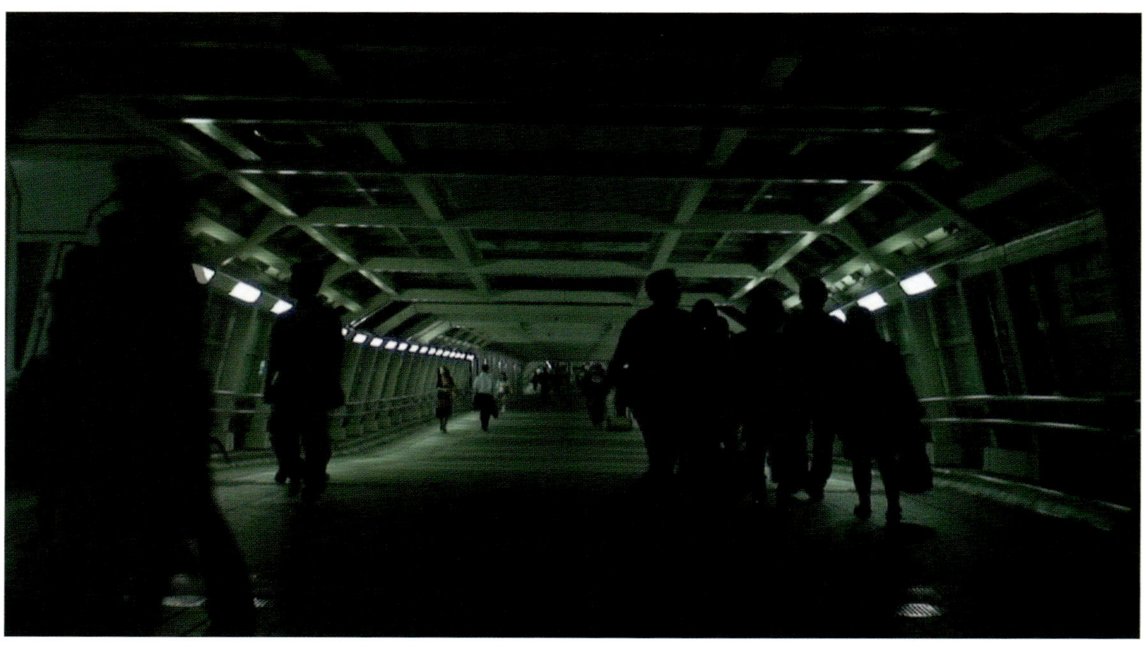

THE FLU ID
[HARAJUKU INFLUENCES # 4]   2006

In the tunnel passage that leads to Tokyo's Odaiba district, a stationary shooting shows a continuous movement of people, backed by audio featuring the reading of two parts of *Le città invisibili* (The Invisible Cities) by Italian author Italo Calvino: his descriptions of unexpected meetings and urban landscapes.

Nel tunnel di passaggio che porta al quartiere Odaiba a Tokyo, una ripresa fissa mostra un movimento continuo di persone, ribadito dall'audio che propone la lettura di due parti de *Le città invisibili* dell'italiano Italo Calvino con le sue descrizioni di incontri e paesaggi urbani inaspettati.

Lambda print, silicone, perspex, dibond, 70 x 100 cm, video still from HD video on DVD, 6 min.
Tokyo, Japan
Realized with the support of IIC – Italian Cultural Institute in Tokyo
Courtesy the artist
Stampa lambda, silicone, perspex, dibond, 70 x 100 cm, still da video HD su DVD, 6 min.
Tokyo, Giappone
Realizzato col supporto di IIC – Istituto Italiano di Cultura di Tokyo
Courtesy l'artista

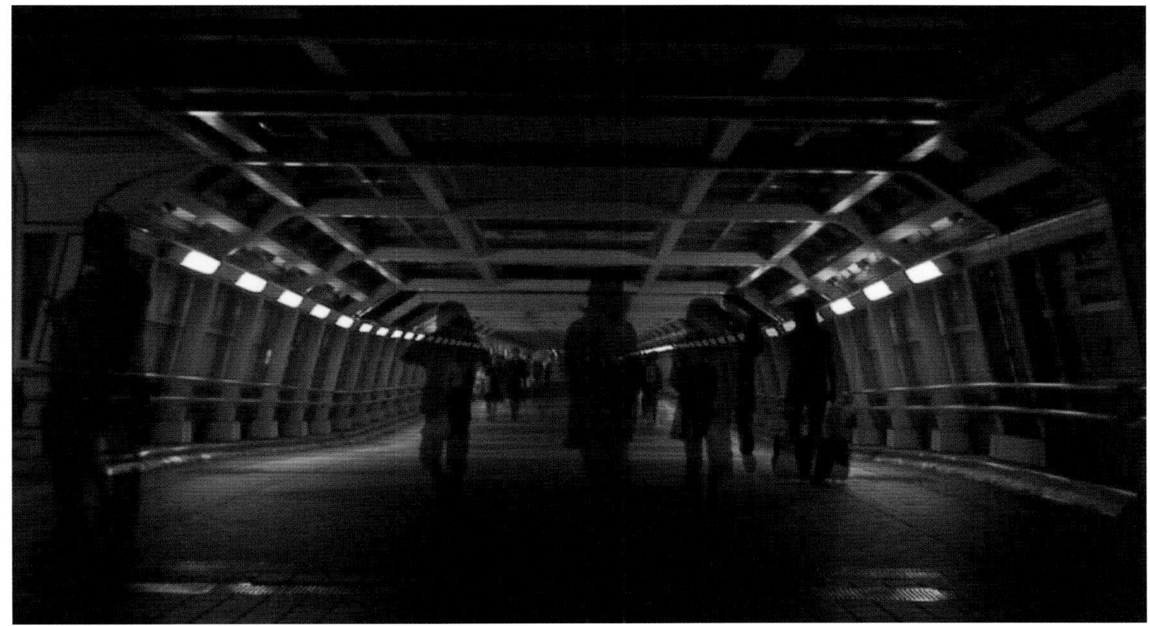

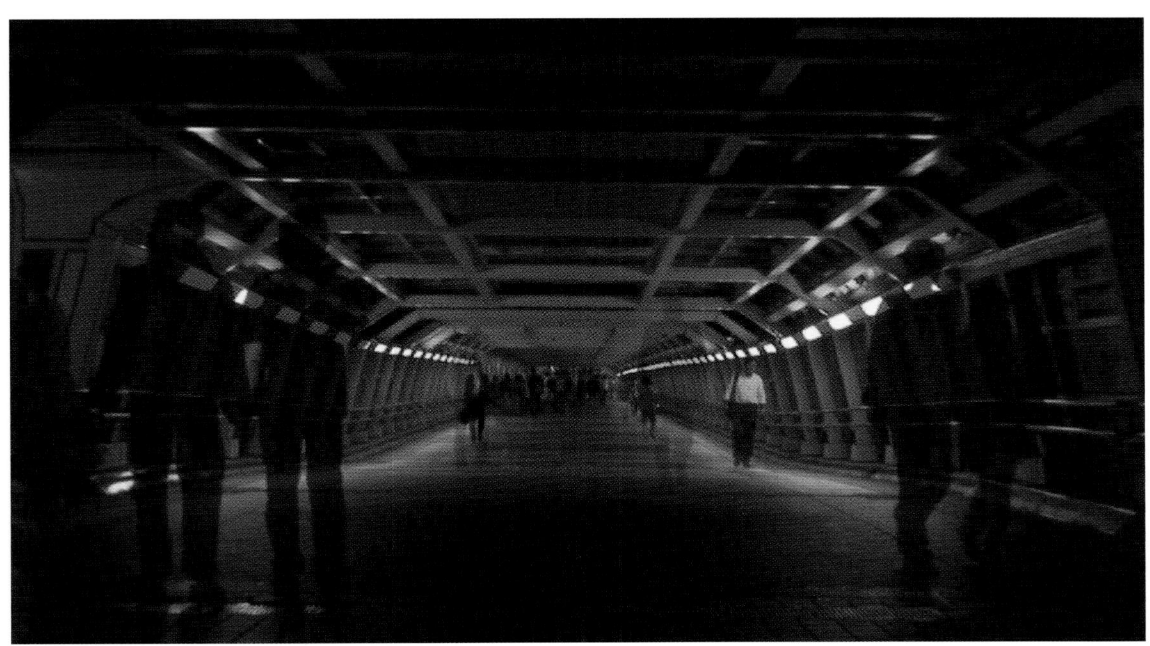

BIRD FLU VOGELGRIPPE   2006

When there was fear of bird flu in Europe, a van marked with the name of the virus in both English and German —"BIRD FLU" and "VOGELGRIPPE"—along the route across Europe from Trento to Berlin, stopped by influential places: the cathedral of the city of the Council of Trent, a fascist monument in Bolzano, the Nazi Zeppelin Tribune in Nuremberg. From inside the van, the sound of birdsong was transmitted and badges with pairs of words such as "Politics Flu," "War Flu," "Sex Flu" were spread out, words identifying physical and mental influences.

Nel momento di paura in Europa per l'influenza aviaria, un furgone marchiato col nome del virus in inglese e in tedesco – "BIRD FLU" e "VOGEL-GRIPPE" – lungo un viaggio attraverso l'Europa da Trento a Berlino si è fermato in luoghi d'influenza: il duomo della città del Concilio, un monumento fascista a Bolzano, la Zeppelin Tribune nazista a Norimberga. Dall'interno diffondeva il canto di uccelli e distribuiva spille con coppie di parole, come "Politics Flu", "War Flu", "Sex Flu", che identificano influenze fisiche e mentali.

Traveling and standing action, white van, word stickers, sound of birdsong, 3000 metal pins, 10 word combinations, 3000 flyers
Various locations, Trento, Bolzano, Innsbruck, Nuremberg, Off Project, 4th Berlin Biennale, Berlin, Germany
Realized with the support of Galleria Civica di Arte Contemporanea di Trento, Museion – Museum of Modern and Contemporary Art of Bolzano, Kunstraum Innsbruck
Courtesy the artist, Galleria Civica di Arte Contemporanea di Trento, Museion – Museum of Modern and Contemporary Art of Bolzano, Kunstraum Innsbruck

Azione itinerante e stanziale, furgone bianco, scritte adesive, suono di canto di uccelli, 3000 spille in metallo, 10 combinazioni di parole, 3000 volantini
Diversi luoghi, Trento, Bolzano, Innsbruck, Norimberga, Off Project, 4th Berlin Biennale, Berlino, Germania
Realizzato col supporto di Galleria Civica di Arte Contemporanea di Trento, Museion – Museo d'Arte Moderna e Contemporanea di Bolzano, Kunstraum Innsbruck
Courtesy l'artista, Galleria Civica di Arte Contemporanea di Trento, Museion – Museo d'Arte Moderna e Contemporanea di Bolzano, Kunstraum Innsbruck

http://www.birdfluartifice.com

Berlin Siegessaule, BIRD FLU VOGELGRIPPE
Digitized 35 mm photograph, lambda print, silicone perspex, dibond, 105 x 60 cm
Courtesy the artist

Fotografia 35 mm digitalizzata, stampa lambda, silicone perspex, dibond, 105 x 60 cm
Courtesy l'artista

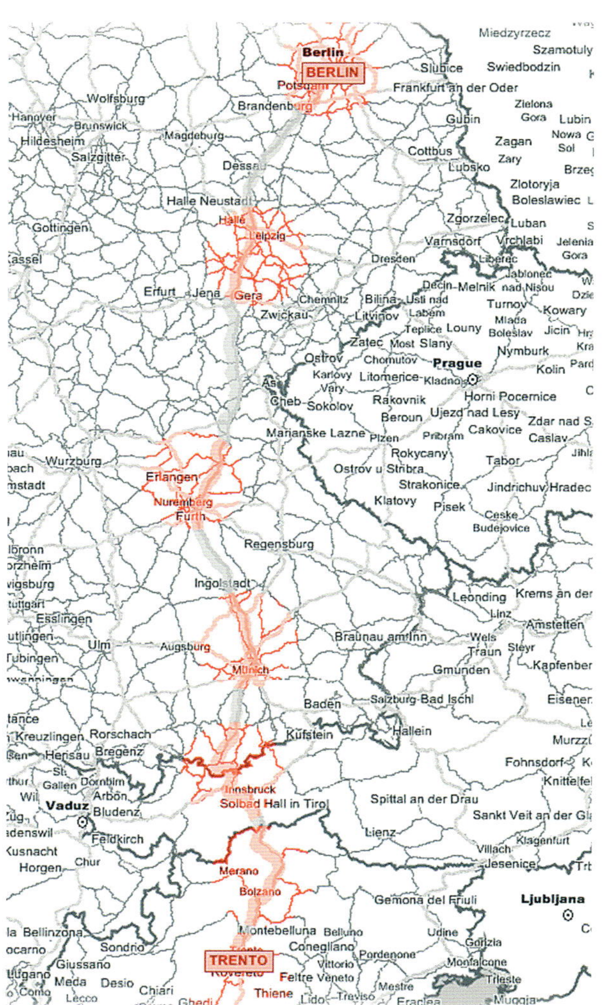

E / SP / V – P / So / SS / TS / TSA / W

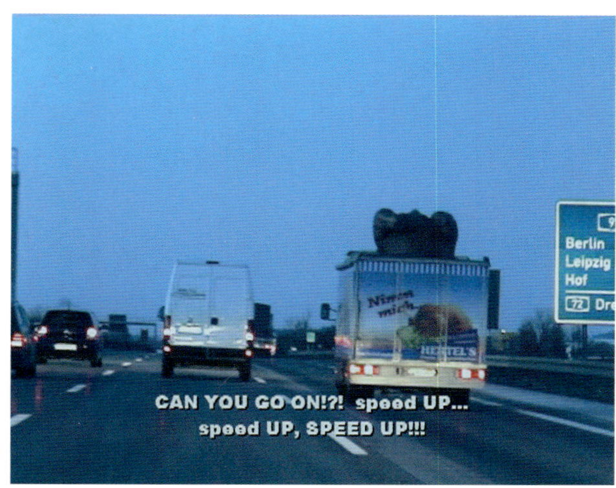
Berlin
Leipzig
Hof
72 Dre
Nimm mich
HERTEL'S
CAN YOU GO ON!?! speed UP...
speed UP, SPEED UP!!!

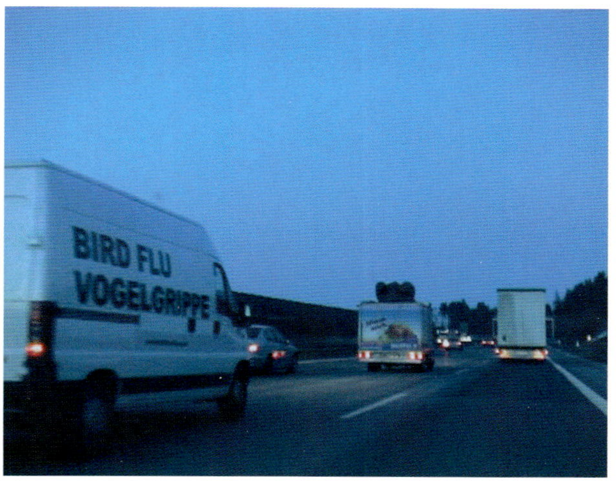
BIRD FLU
VOGELGRIPPE

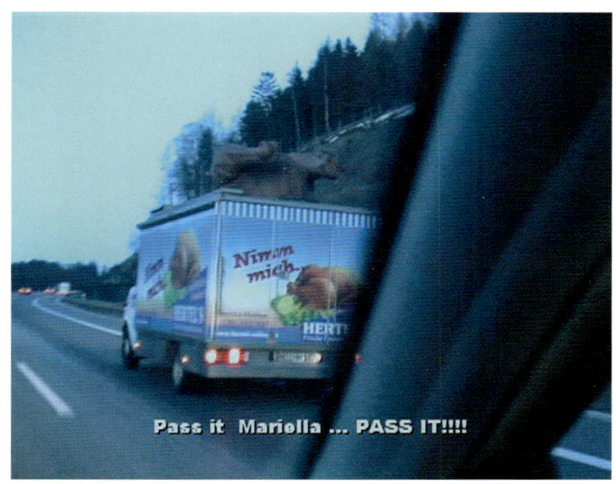
Nimm mich
HERTEL'S
Pass it Mariella ... PASS IT!!!!

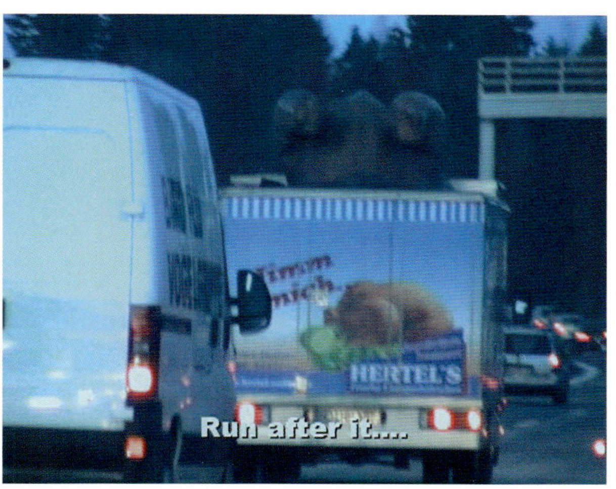
Nimm mich
HERTEL'S
Run after it....

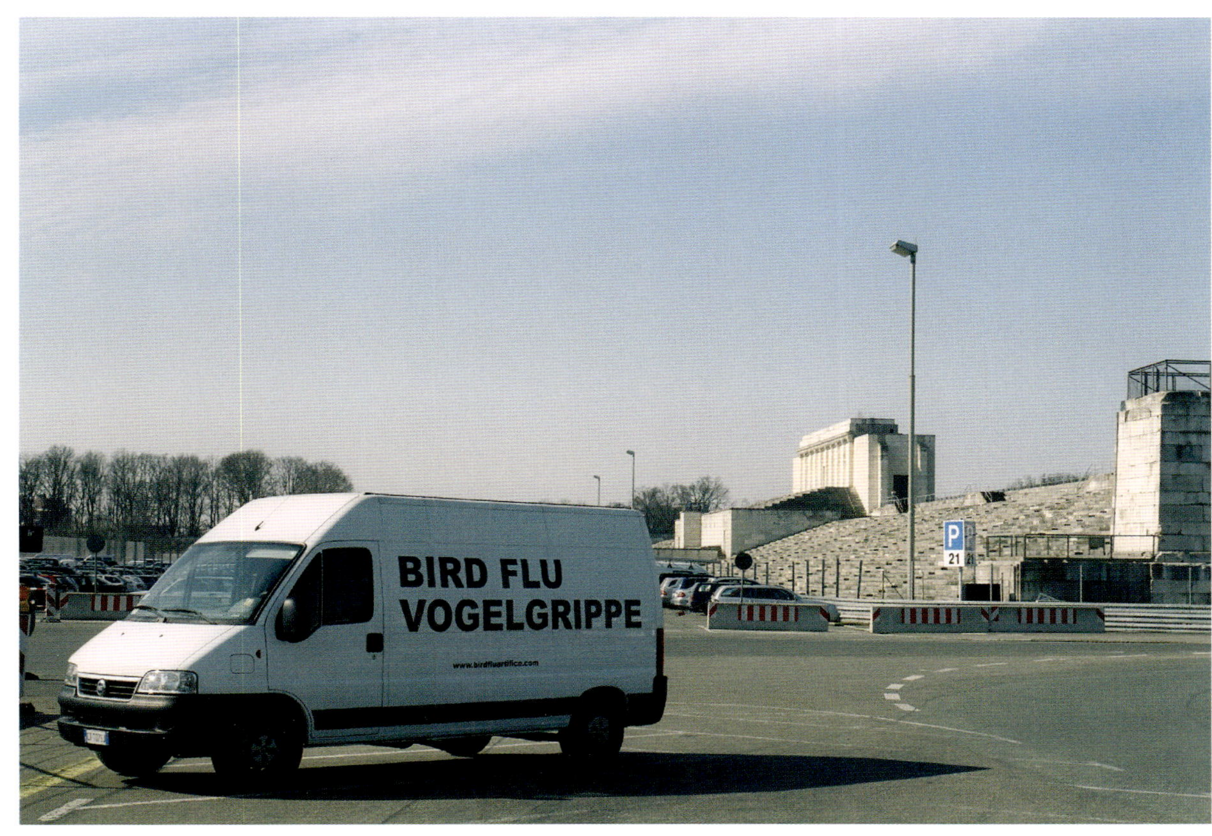
BIRD FLU
VOGELGRIPPE
www.birdflueoffice.com
P
21

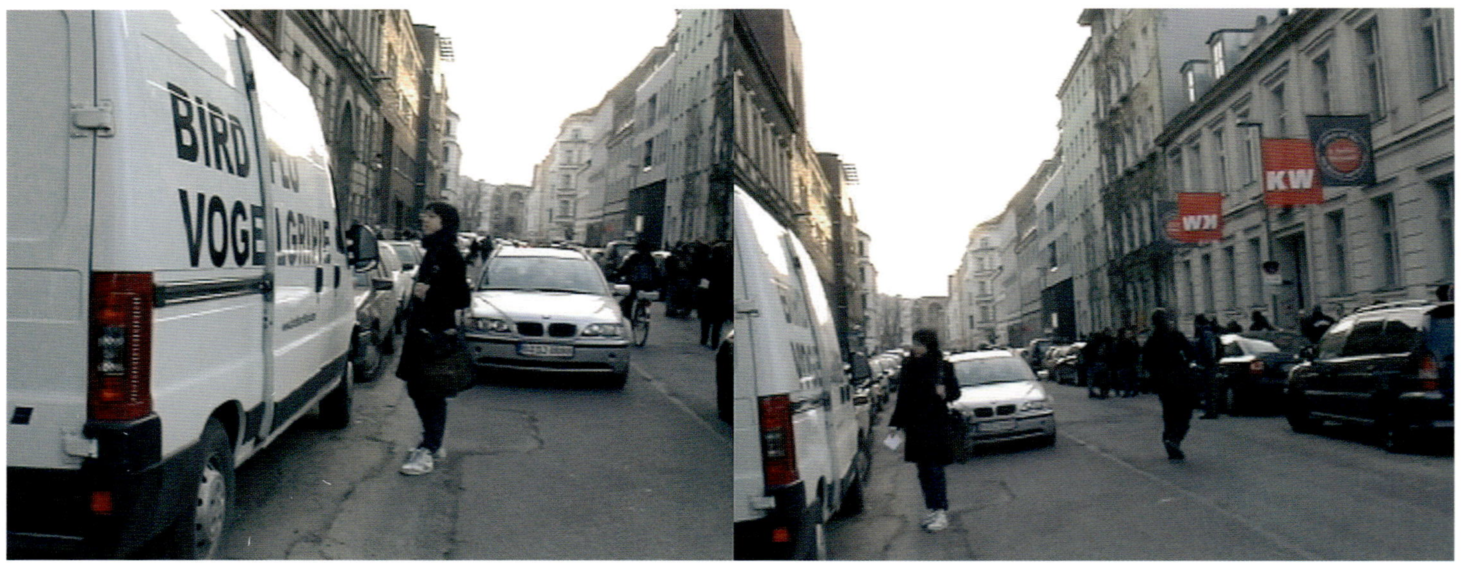
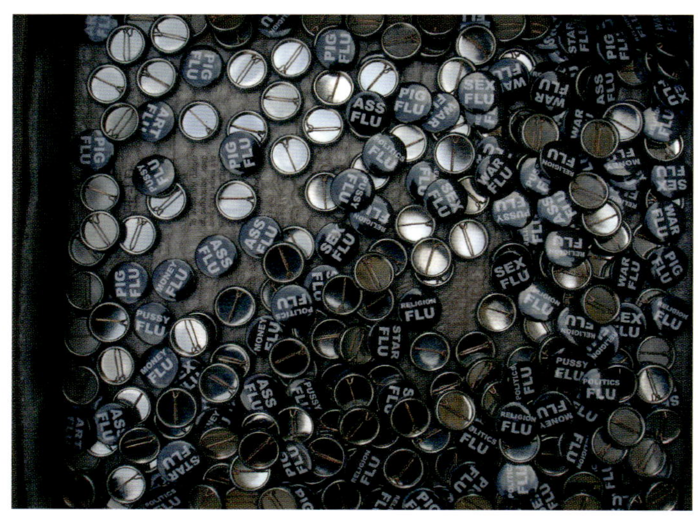

PIG FLU
ASS FLU
SEX FLU
WAR FLU
PUSSY FLU
STAR FLU
RELIGION FLU
MONEY FLU
POLITICS FLU

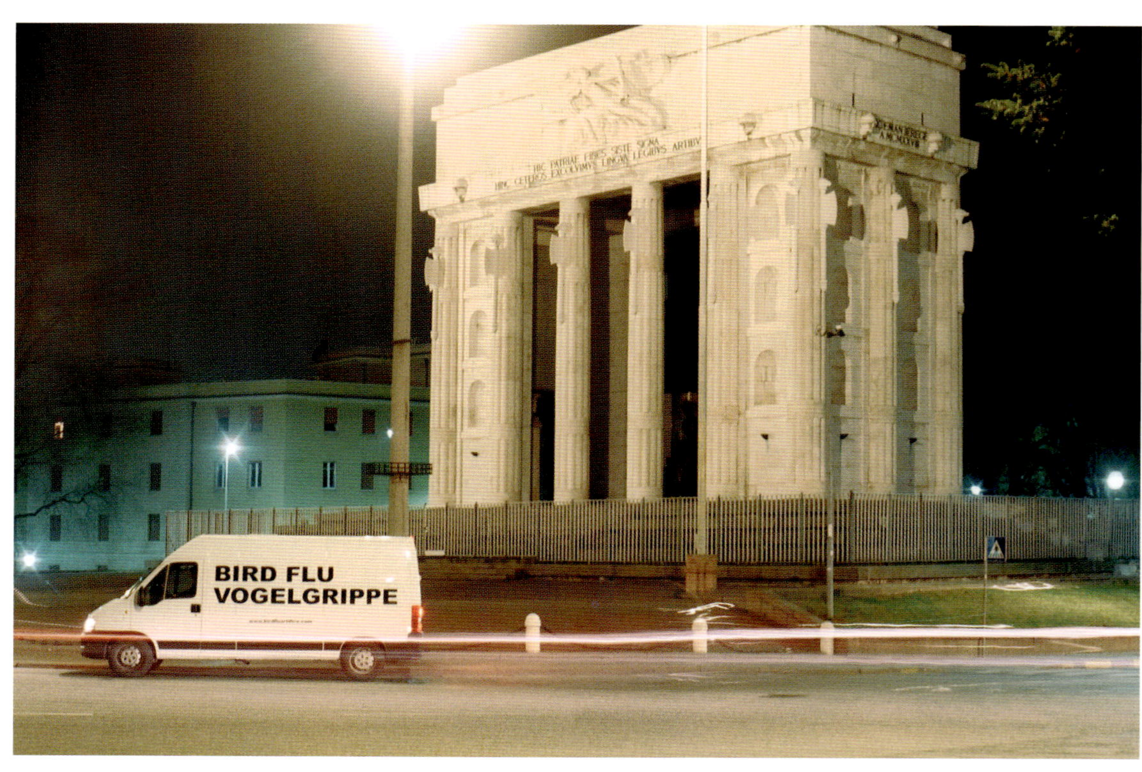

BIRD FLU
VOGELGRIPPE

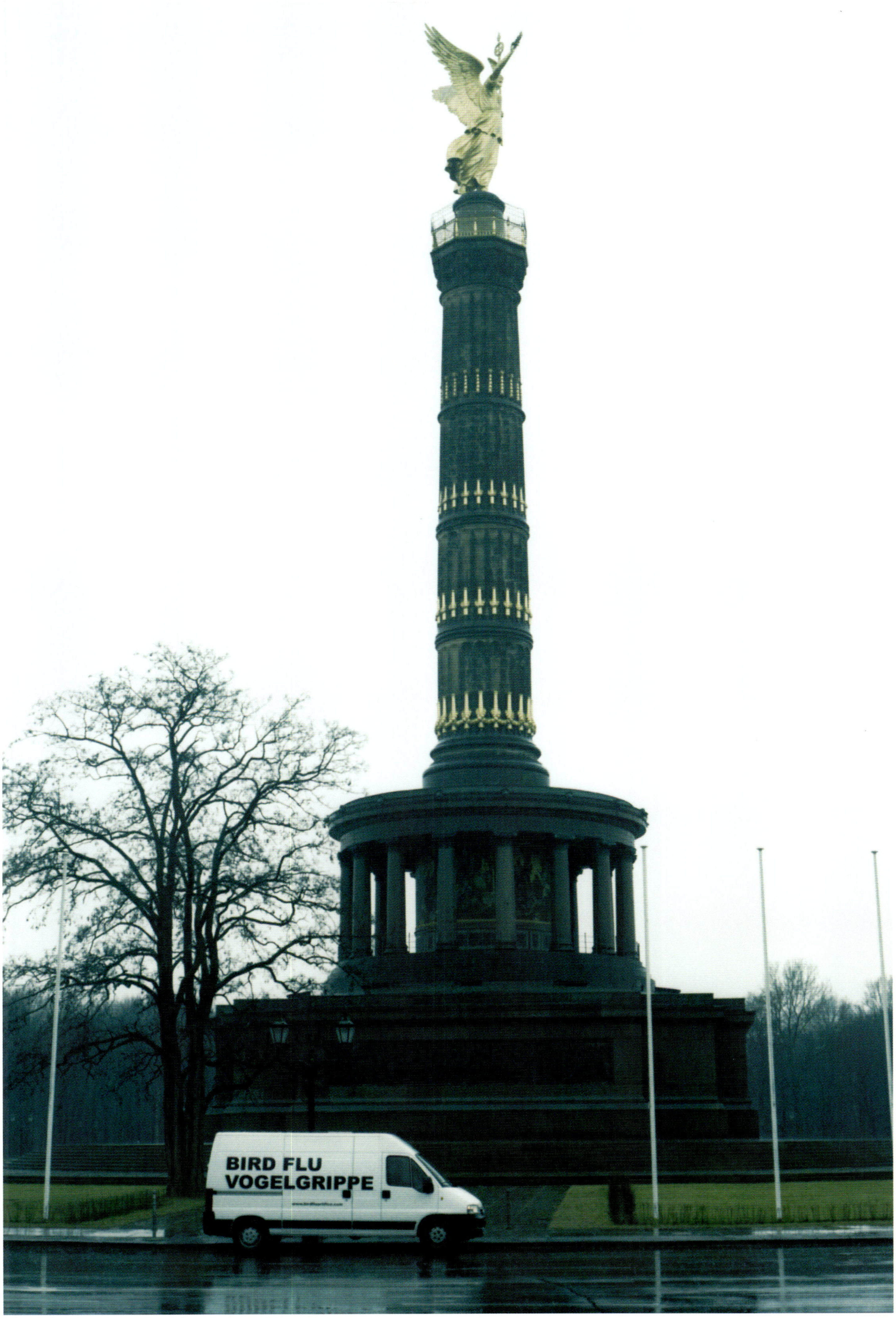

BIRD FLU
VOGELGRIPPE

WHITE FLAGS   2005

Clad in a dress that looks like a flag in the wind and stretched out by prostheses on ten fingers ending in as many flags. It appears as an icon, as a new national personification with propaganda purposes—from the ancient turreted Italy to Uncle Sam. But it has no colors of either nation: the face is white as are all her flags.

Avvolta in un abito che ricorda una bandiera tesa al vento e allungata da protesi alle dieci dita delle mani che finiscono in altrettante bandiere. Appare come un'icona, come una nuova personificazione nazionale tra le tante usate per fini propagandistici che vanno dall'antica Italia turrita all'Uncle Sam. Ma non presenta colori di una o dell'altra nazione: è candida in volto come bianche sono tutte le sue bandiere.

Performance, performer, dress/flag,
10 thimbles/flags, 1500 white flags
Giardini della Biennale, Venice, Italy
With the collaboration of Jaana Parkkila
Courtesy the artist
    Performance, performer, abito/bandiera, 10 ditali/bandiera, 1500 bandierine bianche
    Giardini della Biennale, Venezia, Italia
    Con la collaborazione di Jaana Parkkila
    Courtesy l'artista

http://www.white-flags.com

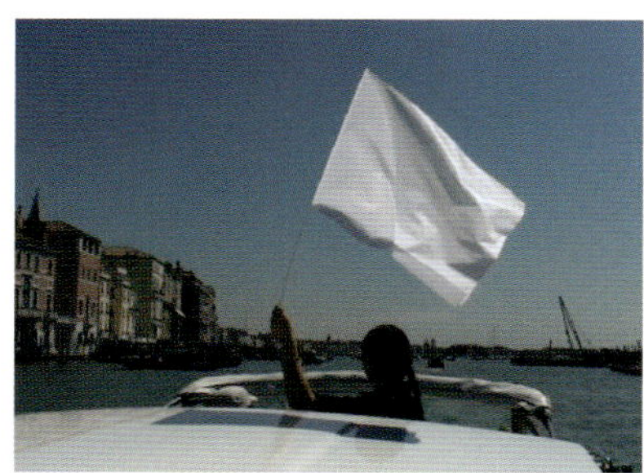

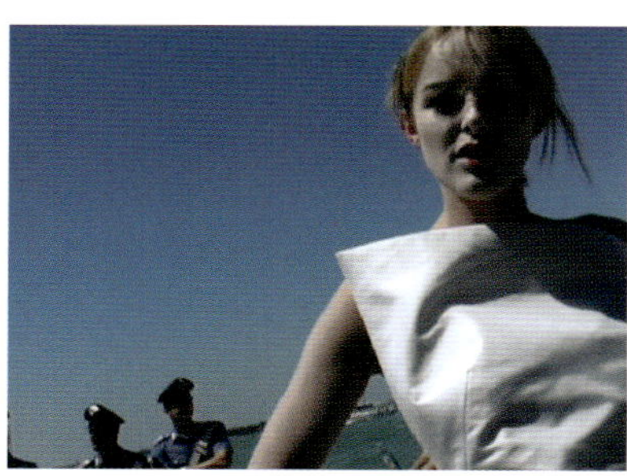

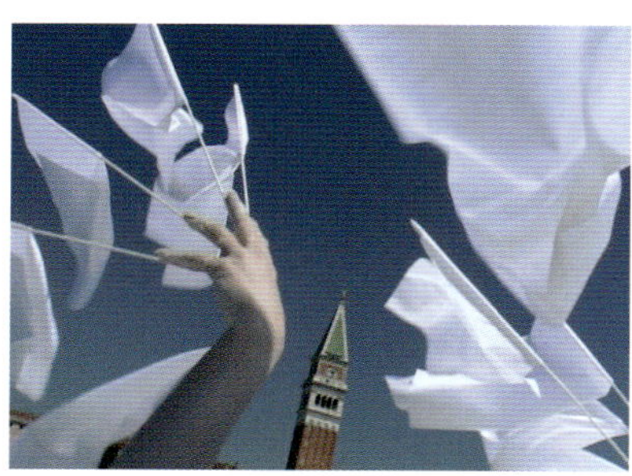

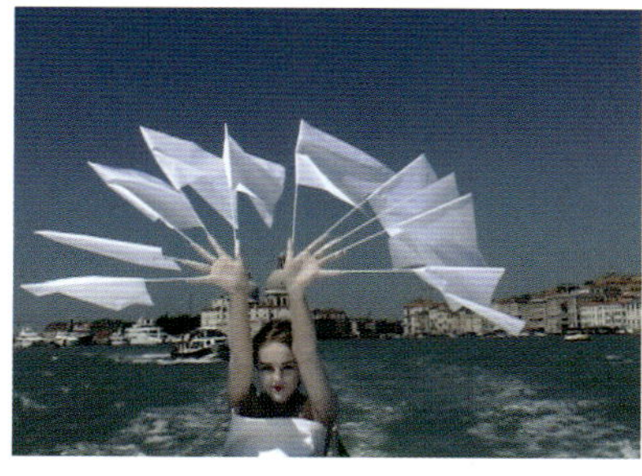

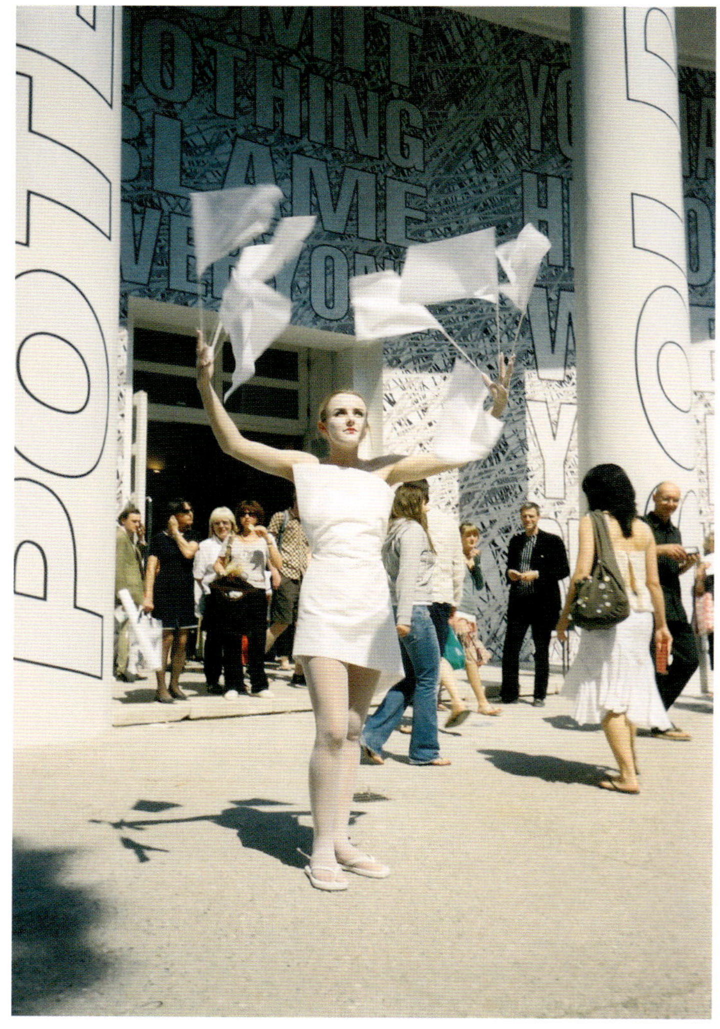

MEET TO THE CENTER   2005

The video—connected with the parallel convergence realized by the artist in the metropolis of Tokyo—was shot in the town of Trento. Urban dimension appears as common experience of today.

Il video – connesso con le convergenze parallele ottenute dall'artista nella metropoli di Tokyo – è stato realizzato al contrario nella cittadina di Trento. La dimensione urbana risulta essere quindi condizione accomunante dell'oggi.

DV video on DVD, 3 min. (loop)
Trento, Italy
Courtesy the artist and private collection
Video DV su DVD, 3 min. (loop)
Trento, Italia
Courtesy l'artista e collezione privata

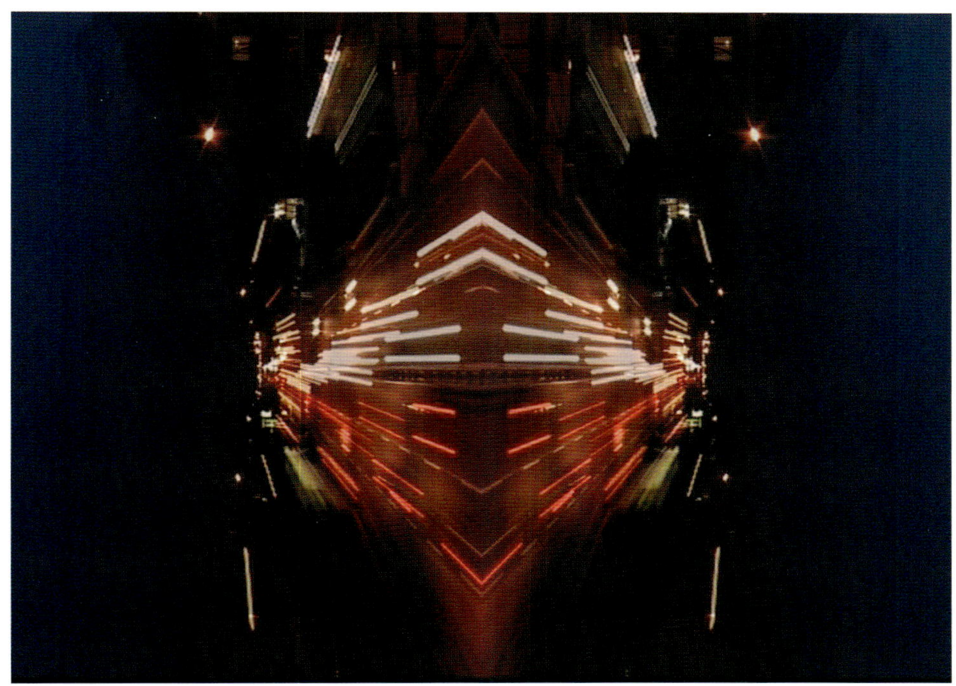

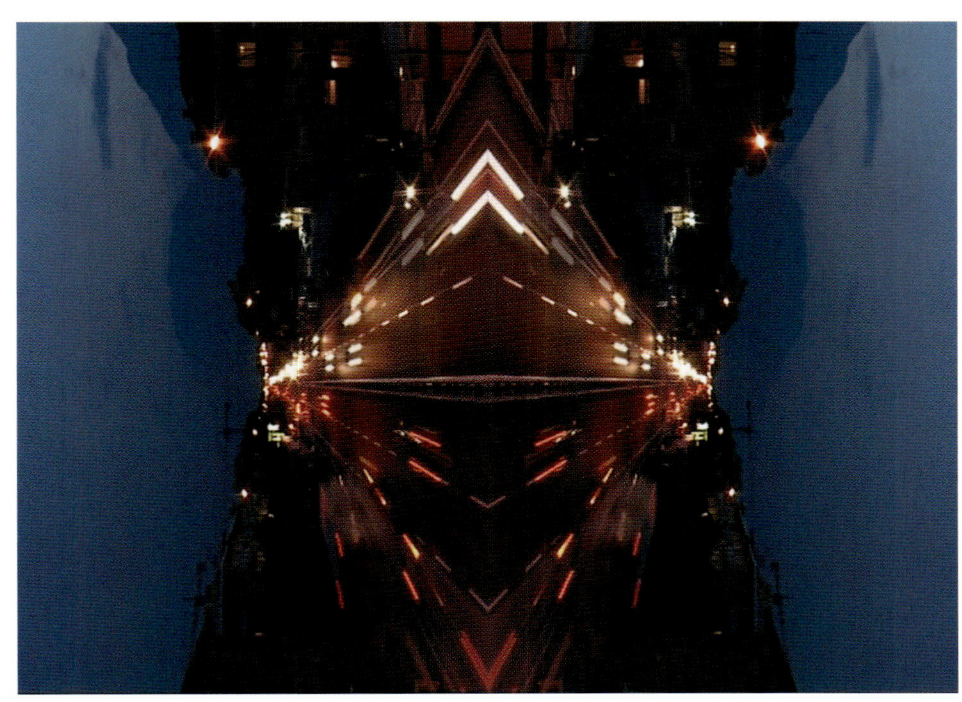

WHITE FLAGS   2005

The three national flags—Italian, European, and Austrian—which flew outside a fortress of the Austro-Hungarian Empire in the First World War on a mountain pass, were replaced with three white flags, erasing the idea of single nations represented by these symbols.

    Le tre bandiere nazionali – italiana, europea e austriaca – appese fuori da una fortezza dell'Impero austro-ungarico della prima guerra mondiale su un passo alpino, sono state sostituite con tre bandiere bianche, cancellando l'idea di singola nazione rappresentata da questi simboli.

Site-specific installation, three white flags, 100 x 70 cm
Forte Strino, Passo del Tonale, Italy
Realized with the support of Comitato Forte Strino
Courtesy the artist

    Installazione site-specific, 3 bandiere bianche, 100 x 70 cm
Forte Strino, Passo del Tonale, Italia
Realizzato col supporto di Comitato Forte Strino
Courtesy l'artista

http://www.white-flags.com

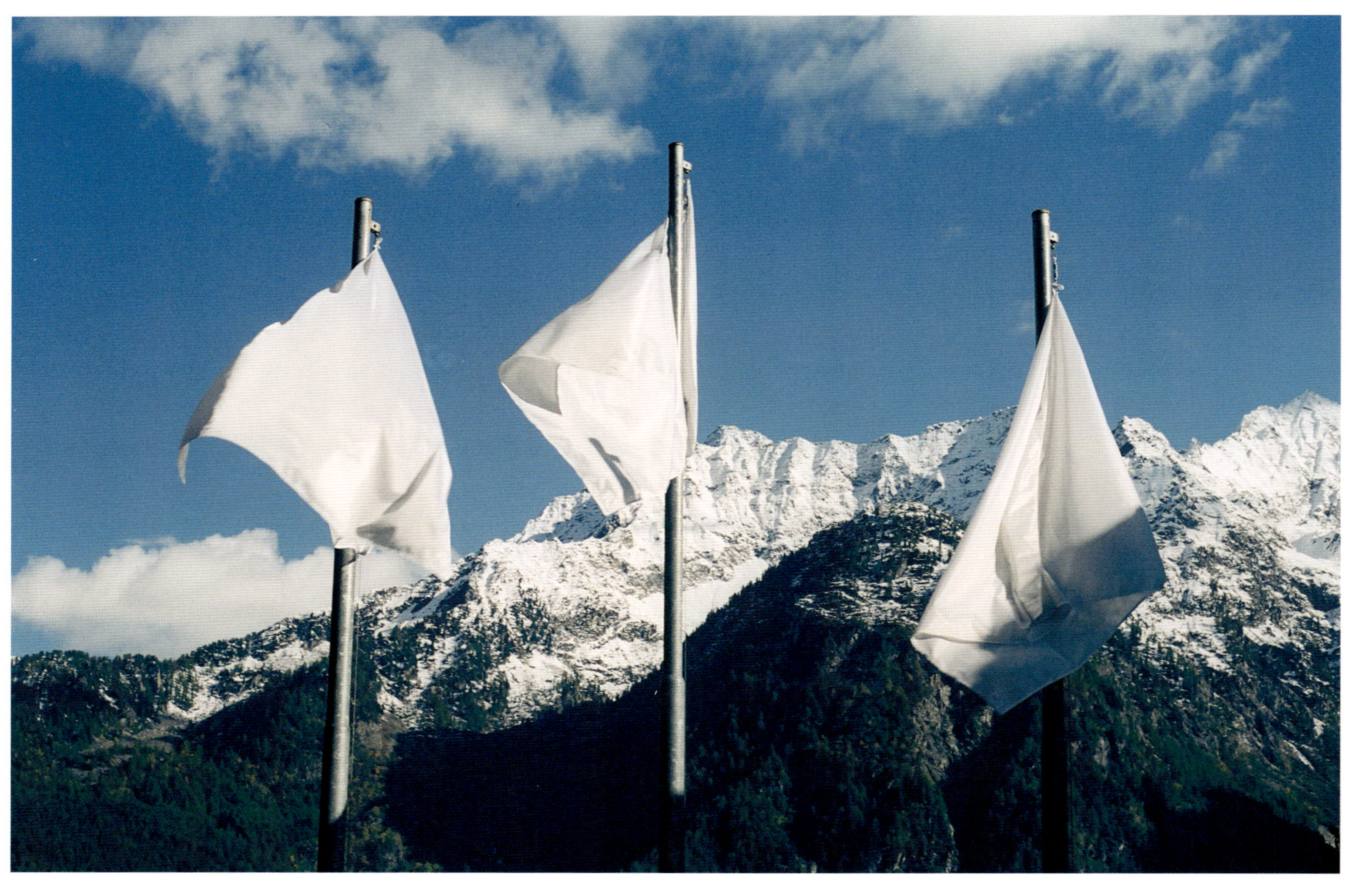

THE MARBLE BOOK
ATOMICWERK   2005

Scenes of atomic explosions and scenes of leisure, symbolic scenes and everyday life scenes, scenes from the archives and scenes of today, all ideally linked to the same national reality: Japan. These opposite images have settled, one upon another, on the stone like the pages of a diary.

Scene di esplosioni atomiche e scene di svago, scene simboliche e scene quotidiane, scene d'archivio e scene di oggi, tutte legate idealmente alla medesima realtà nazionale: il Giappone. Queste immagini opposte sono sedimentate, una sull'altra, sulla pietra come pagine di un diario.

Rho print on Carrara marble,
21 x 29 x 2 cm
Courtesy Studio d'Arte Raffaelli,
Trento
Stampa rho su marmo
di Carrara, 21 x 29 x 2 cm
Courtesy Studio d'Arte
Raffaelli, Trento

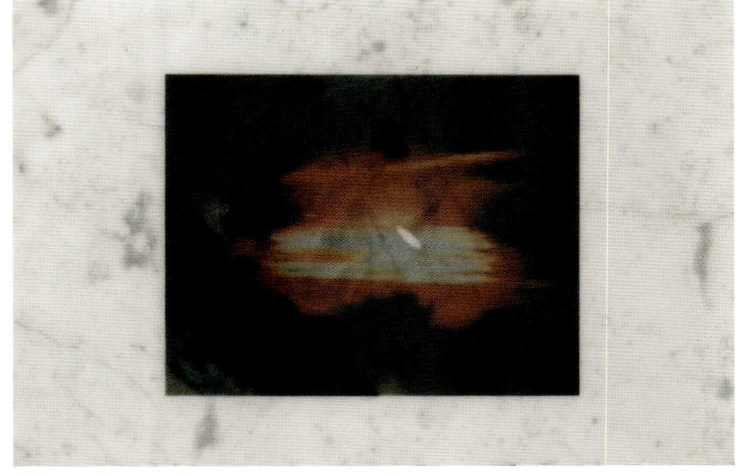

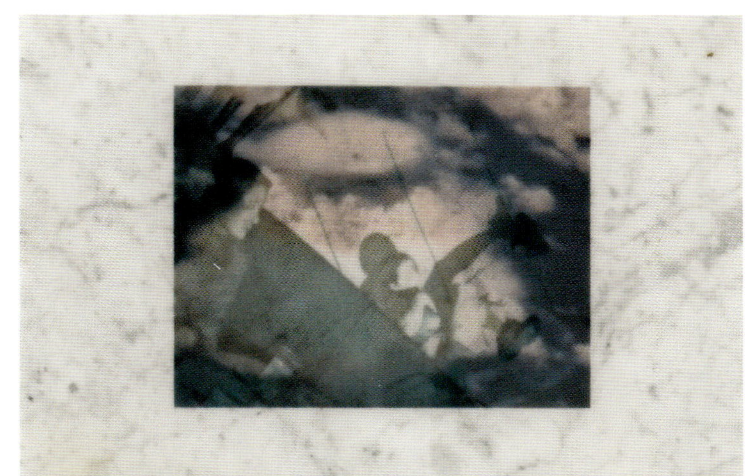

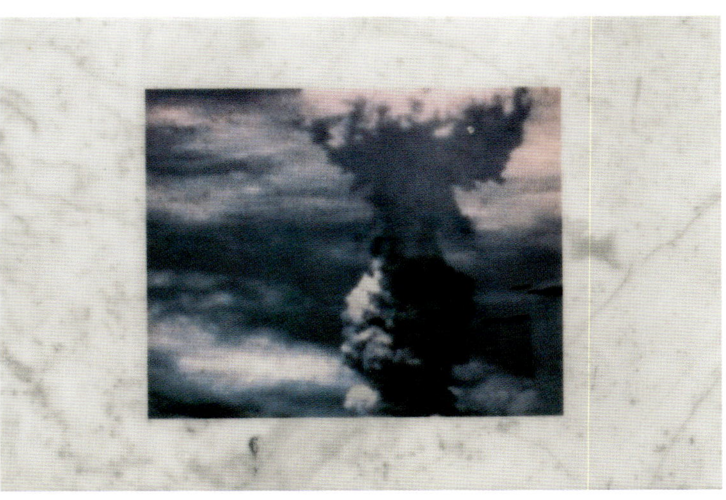

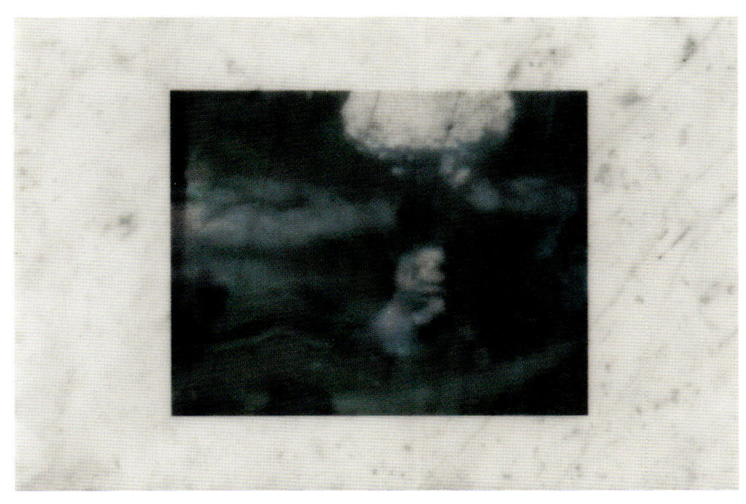

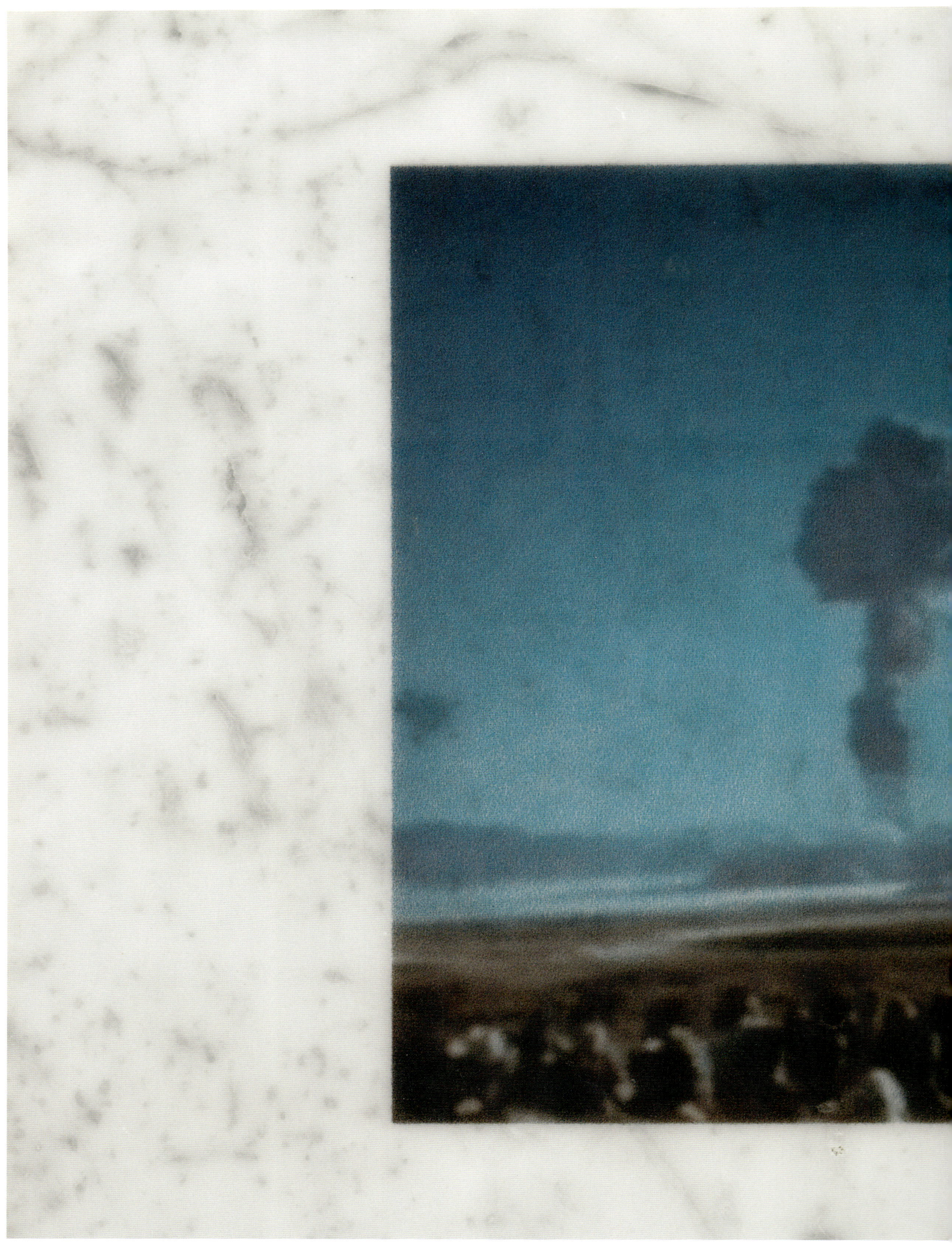

HEART   2005

In the hall of the Faculty of Sociology in Trento (the first faculty of sociology in Italy, where the first idea for Red Brigade was born) a huge mouth represents the totalizing force of passion. It's a force that is also controversial, as the controversial sound of a gunshot triggering the stop of the intense heartbeat that dominates the video.
The installation was realized for the sixth edition of the intenational conference *The Passion for Learning and Knowing.*

All'ingresso della Facoltà di Sociologia di Trento (la prima facoltà di sociologia d'Italia, dove ha preso il via anche il primo embrione delle Brigate Rosse) un'enorme bocca rappresenta la forza totalizzante della passione. Una forza anche controversa, come evocato dal suono di uno sparo che pone fine all'intenso battito cardiaco, dominante in tutto il video.
L'installazione è stata realizzata nell'ambito della sesta edizione della conferenza internazionale *The Passion for Learning and Knowing.*

Video installation, tulle, 4 x 3 m,
video DV on DVD, 3 min. (loop)
Faculty of Sociology – University
of Trento, Italia
Realized with the support of the
Faculty of Sociology – University
of Trento
Courtesy the artist
Video installazione, tulle,
4 x 3 m, video DV su DVD,
3 min. (loop)
Facoltà di Sociologia –
Università degli Studi
di Trento, Italia
Realizzato col supporto
di Facoltà di Sociologia –
Università degli Studi
di Trento
Courtesy l'artista

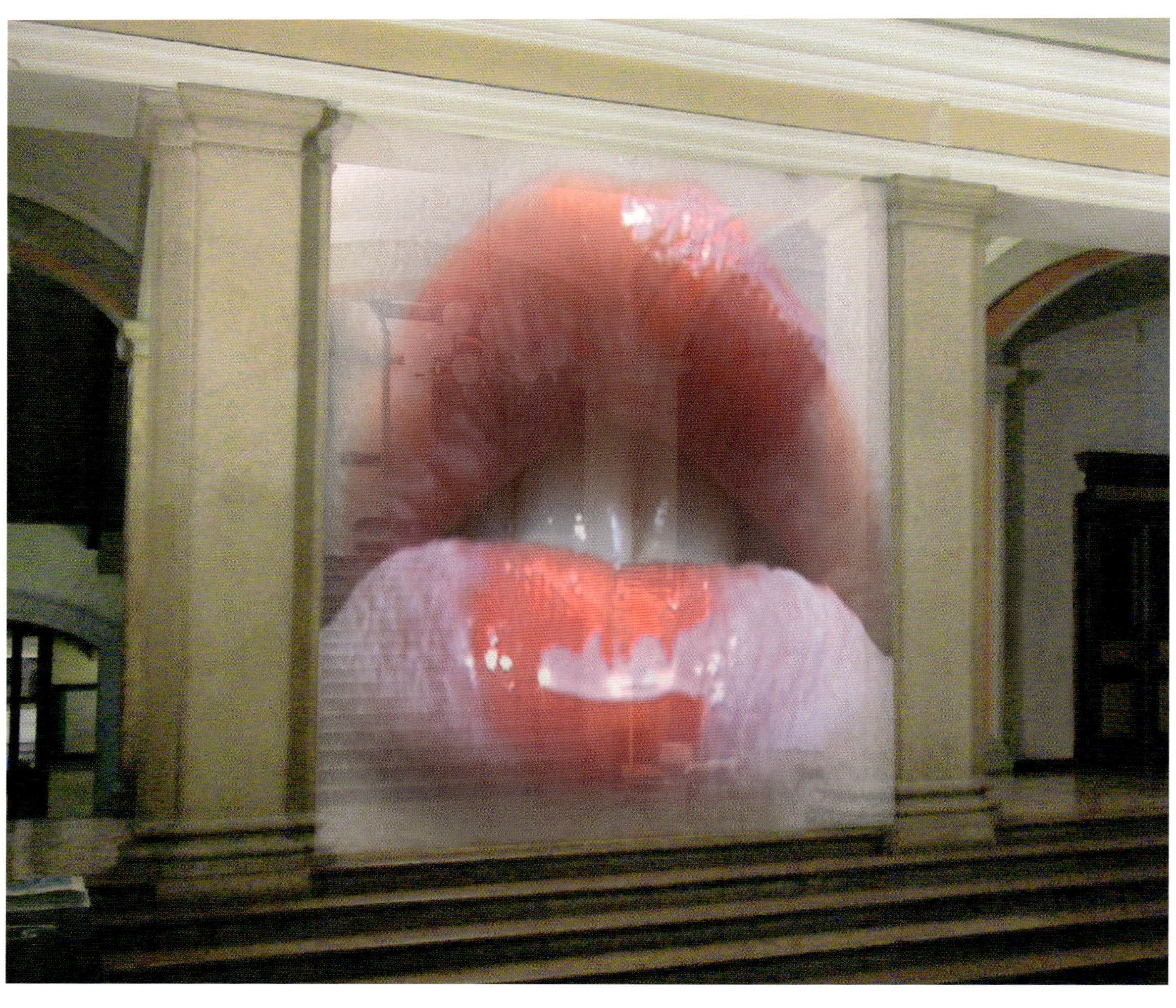

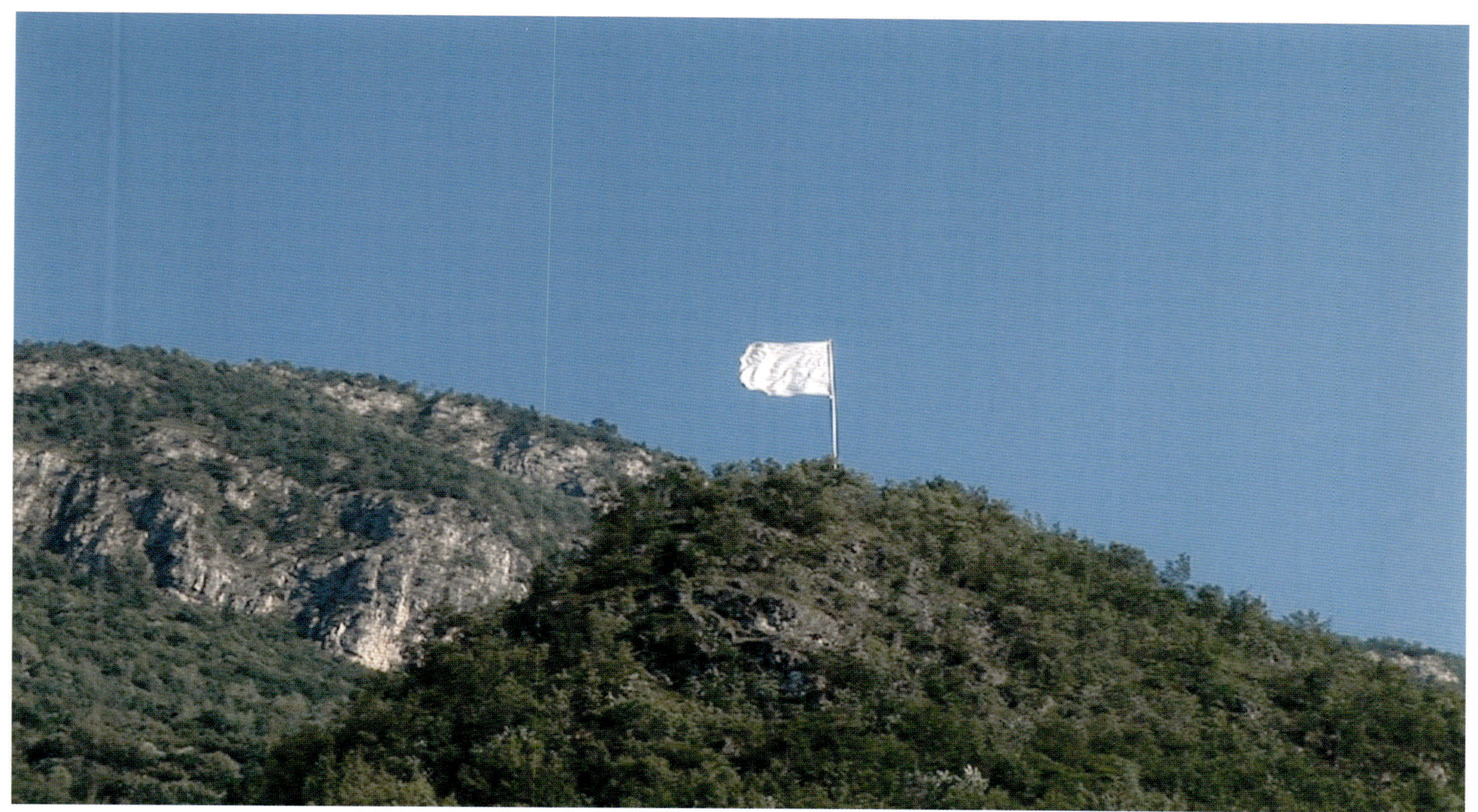

WHITE FLAG   2005 / 2008

A white flag stands alone on a green hill in the valley
between Trento and Rovereto, leading to the Brenner Pass,
the historical and actual gap in the Alps. So the flag is
visible from all the roads — eroads, motorways and train
tracks — that join Mediterranean Italy with the German-
speaking world. Rather than a sign of surrender, it is the
reiterated and open invitation for reflection. Left blank.

Una bandiera bianca si staglia solitaria sul verde
di una collina nella vallata fra Trento e Rovereto
che porta al Passo del Brennero, storico e attuale
varco nelle Alpi. Visibile da tutte le arterie – strade, autostrada e treno – che allacciano l'Italia
mediterranea col mondo germanofono, più che un
segno di resa, è la reiterata e aperta proposta di un
momento di riflessione. Lasciata in bianco.

Public art installation, flag, fabric,
4 x 6 m, flagpole, 12 m
Monte Finonchio, Calliano, Italy
Courtesy the artist and
Festival Portobeseno
Installazione d'arte pubblica,
bandiera, stoffa, 4 x 6 m,
asta, 12 m
Monte Finonchio, Calliano,
Italia
Realizzato col supporto
di Festival Portobeseno
Courtesy l'artista e Festival
Portobeseno

HD video on DVD, 10 min. (loop)
Courtesy the artist
Video HD su DVD,
10 min. (loop)
Courtesy l'artista

http://www.white-flags.com

Bo / Sy – F / PA / SS

BABYLON GARDEN   2005

A cage, bright and flashing like a glimpse of a city, has swallowed and closed within the irregular metal tangle a porcelain cat, while others are placed outside as forward observers.

Una gabbia, luminosa e lampeggiante come uno scorcio metropolitano, ha fagocitato e racchiude all'interno dell'irregolare groviglio metallico un felino di porcellana, mentre altri all'esterno sono posizionati a vedetta.

Wire mesh, red, green and yellow rope lights, blinking blue rope light, 8 feline, handmade white ceramic, handmade red ceramic
Prader Bank, Trento, Italy
Courtesy Prader Bank Collection
Rete metallica, catene luminose rosse, verdi e gialle, catena luminosa lampeggiante blu, 8 felini, ceramica lavorata a mano bianca, ceramica lavorata a mano rossa
Prader Bank, Trento, Italia
Courtesy Collezione Prader Bank

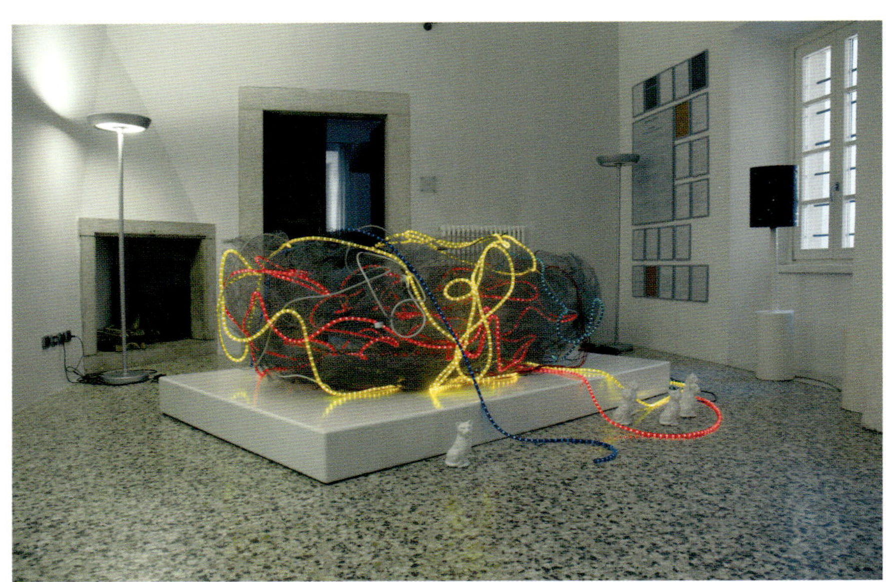

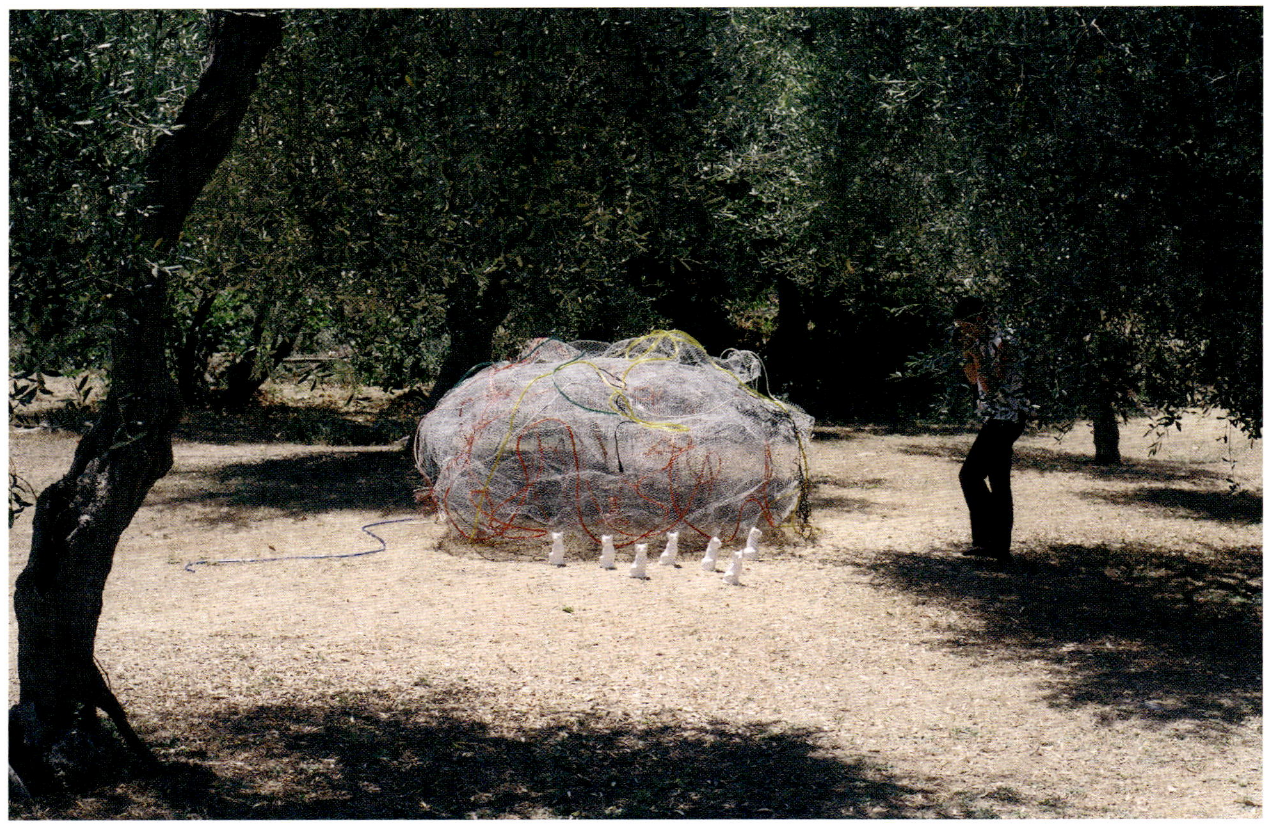

ATOMICWERK   2005

Like bombs, events change the course of history. The before and the after, the past and the present, the fury and the pleasure are compared close up by overlapping the shooting of the dance of a Japanese girl of today and a series of nuclear tests of yesteryear.

Come bombe, gli eventi cambiano il corso della storia. Il prima e il dopo, il passato e il presente, la furia e il piacere sono messi a confronto da vicino sovrapponendo la ripresa della danza di una ragazza giapponese di oggi a una sequenza di test atomici di ieri.

DV video on DVD, 5 min. (loop)
Courtesy the artist
Video DV su DVD,
5 min. (loop)
Courtesy l'artista

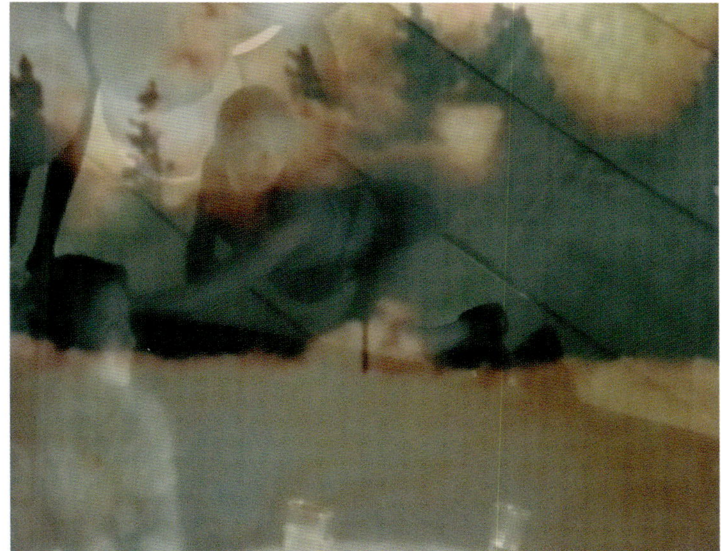

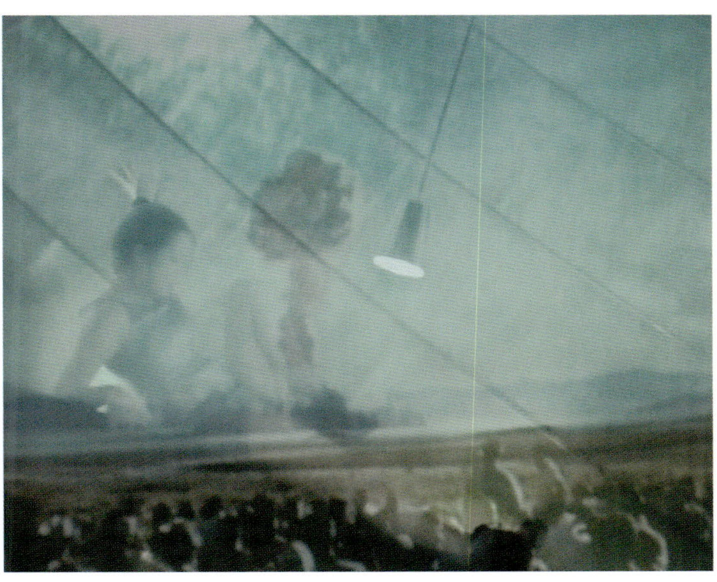

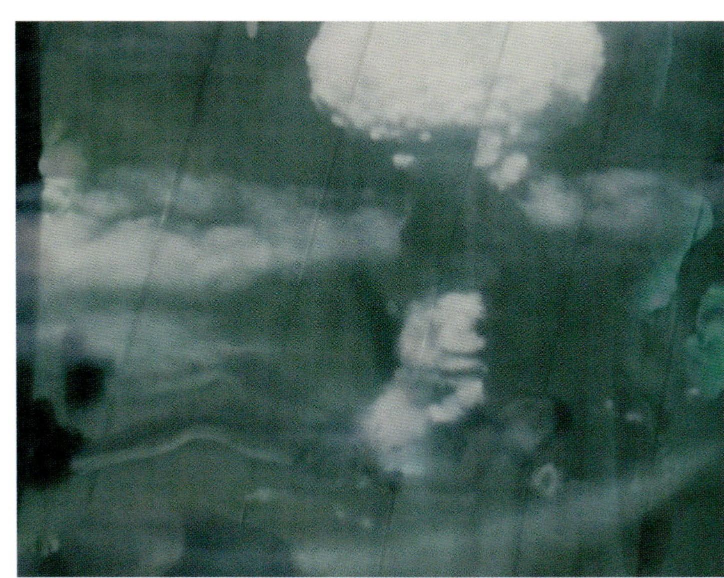

VERTICAL TRANSMUTATION   2004

The flag in the well. The light box with an American flag installed in a medieval well in Tuscany was the object of an "anti-American terrorist act:" somebody didn't correctly calculate the position of the symbol into the well and threw it deeper into the depths of its water (the scuba divers' section of firefighters of Florence saved it).

La bandiera nel pozzo. Il light box con la bandiera americana installato in un pozzo medievale in Toscana è stato protagonista di un "atto terroristico" anti americano: qualcuno ha considerato non sufficientemente bassa la posizione del simbolo dentro il pozzo e lo ha fatto affondare nelle profondità delle sue acque (da dove lo ha recuperato il gruppo sommozzatori dei vigili del fuoco di Firenze).

Digitized 35 mm photograph,
light box, rho print, 100 cm
Courtesy private collection
   Fotografia 35 mm digitalizzata,
   light box, stampa rho, 100 cm
   Courtesy collezione privata

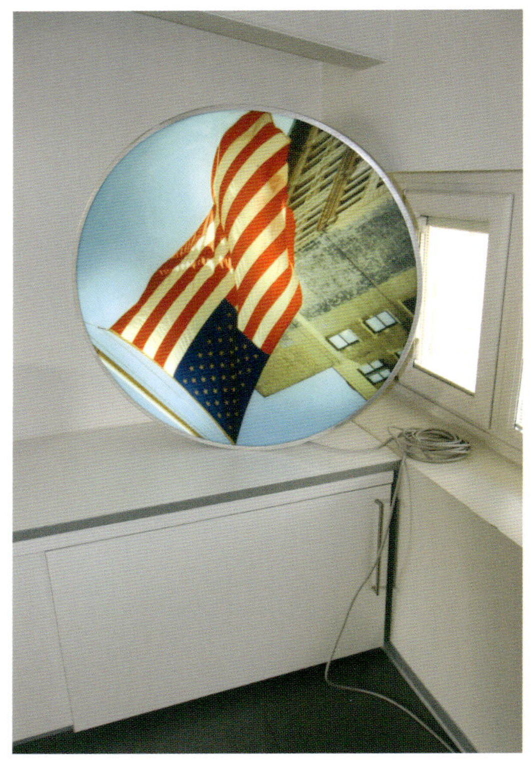

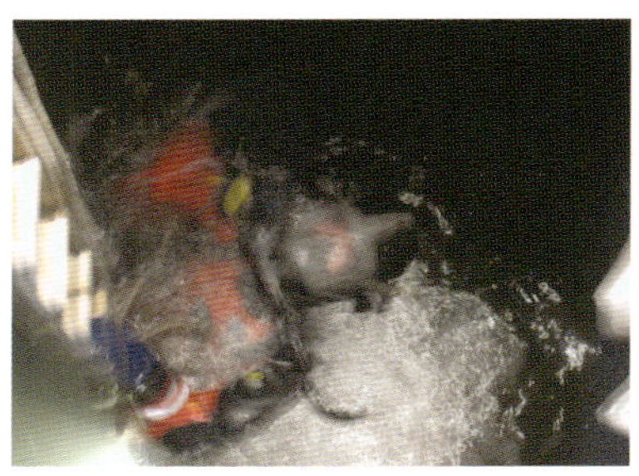
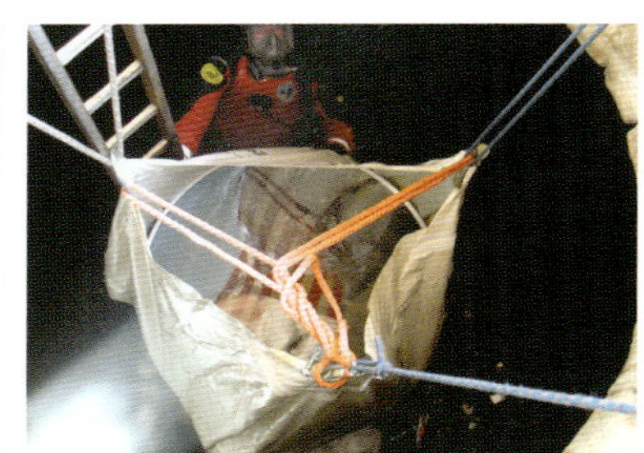
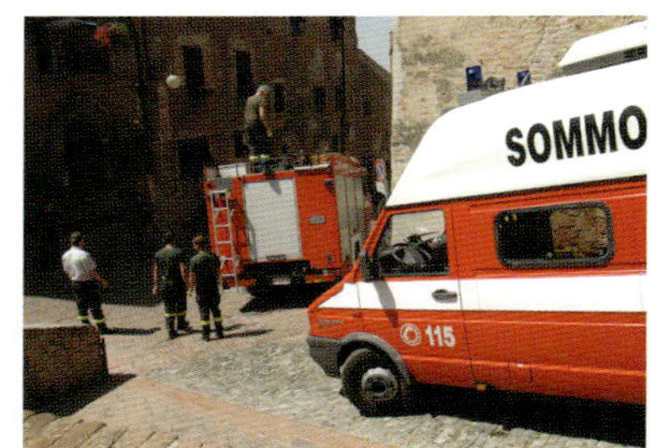

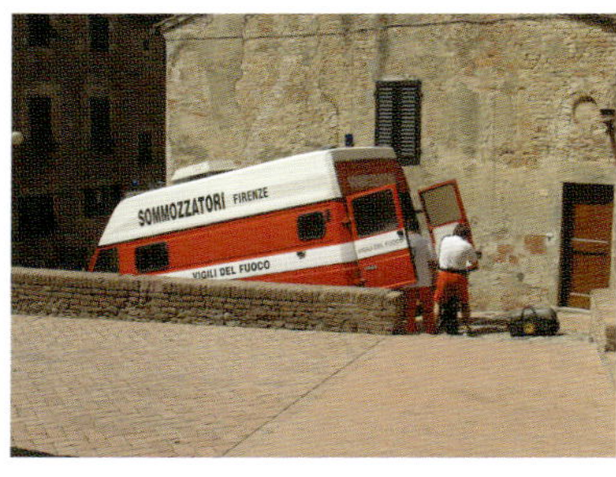
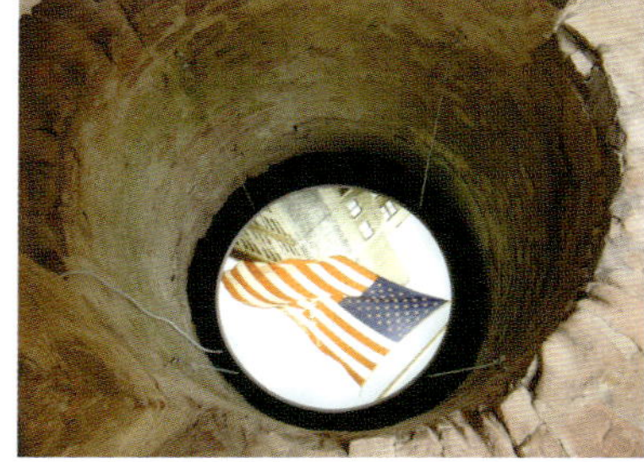
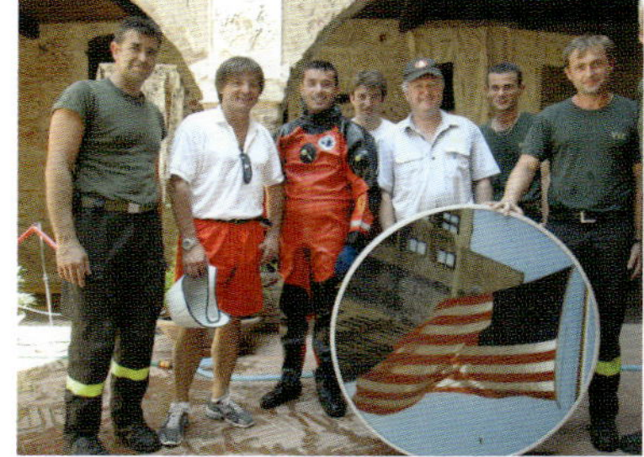

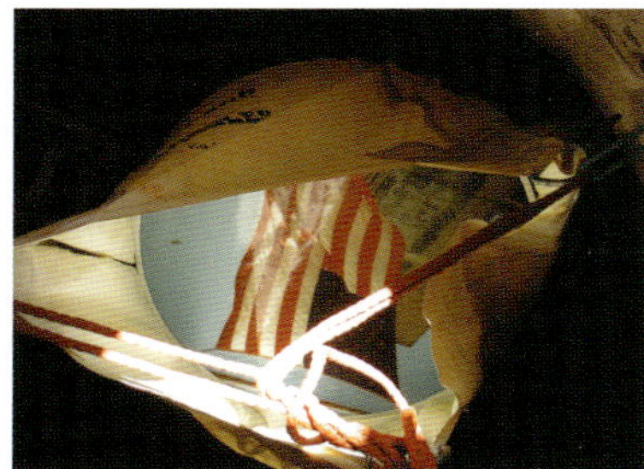
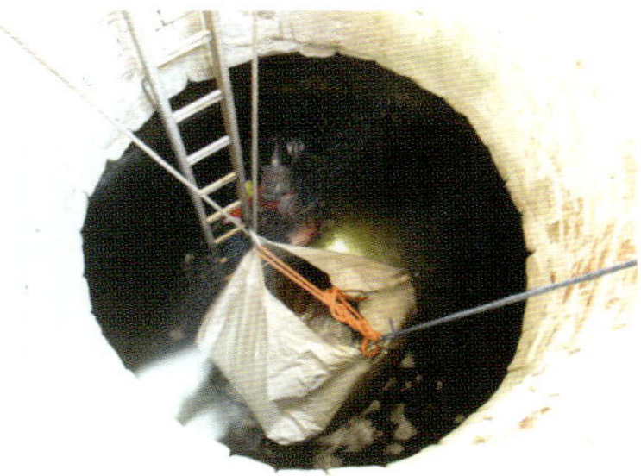
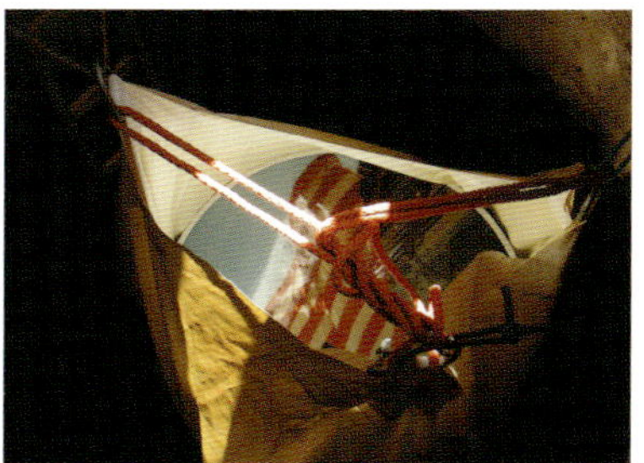

TOKYOSPACE # 1 – # 14   2004

Subjects of the series of video works are symbols of current life that in Tokyo appear to be classics—such as flashing red lights on all skyscrapers' tops and the ubiquitous LED screens—and a concept of space which in Tokyo corresponds to a specific personal and urban sense of space—that, for example, of the hyper-busy intersections. One of the contemporary metropolises has been shown by the artist through an intense full immersion that produced almost one video a day.

Protagonisti della serie di opere video sono simboli della contemporaneità che a Tokyo sono diventati dei classici – come le luci rosse lampeggianti su tutti i grattacieli e le onnipresenti facciate di schermi led – e un concetto di spazio che a Tokyo corrisponde con una specifica dimensionalità personale e urbana – quella, ad esempio, degli incroci iper affollati. Una delle metropoli contemporanee è stata affrontata attraverso un'intensa *full immersion* dell'artista che ha prodotto quasi un video al giorno.

DV video on DVD, 60 min. tot.
Tokyo, Japan
Realized with the support of A.R.T. Foundation, Tokyo
Courtesy the artist
video DVD su DVD, 60 min. tot.
Tokyo, Giappone
Realizzato col supporto di A.R.T. Foundation, Tokyo
Courtesy l'artista

Sy / U – D

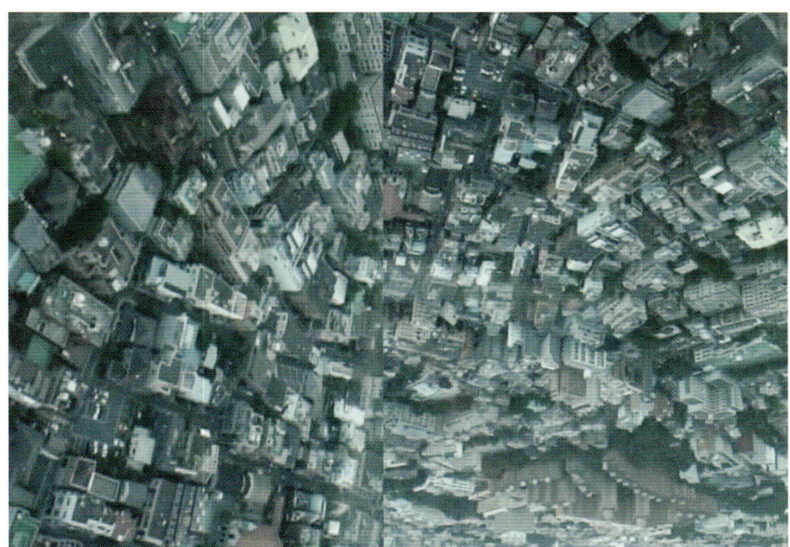

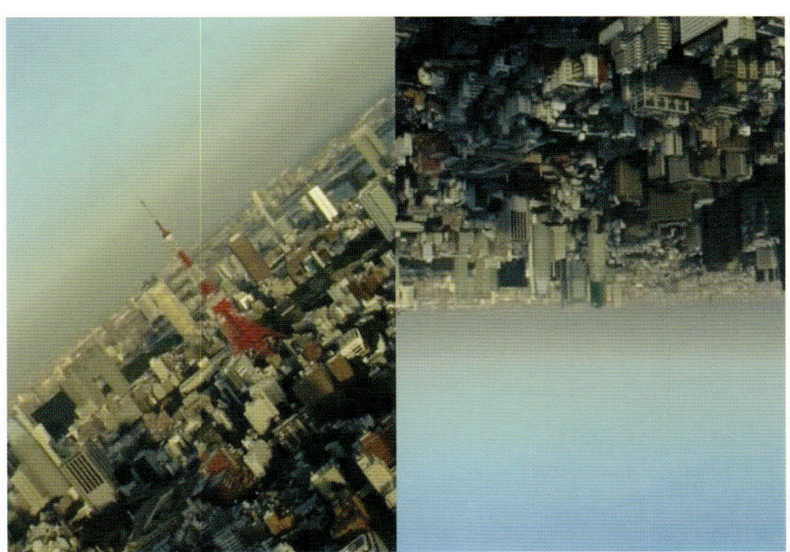

INCONTRO AL CENTRO   2004

A convergence of parallel lines evoked also by the title that means encounter at the center. These are the trails of light traced from cars along the straight city streets, captured through a long exposure of the film and reproduced in a kaleidoscopic image that subverts the linearity.
The image, shot in Tokyo, won the first edition of the Pagine Bianche d'Autore prize and was the cover-artwork of the telephone book of Trentino South Tyrol.

Una convergenza di linee parallele, indicata anche dal titolo. Sono le scie di luce tracciate dai fanali delle auto lungo le diritte arterie cittadine, immortalate attraverso un'esposizione lunga della pellicola e riprodotte in uno sviluppo caleidoscopico dell'immagine che ne sovverte la linearità.
L'immagine è stata realizzata a Tokyo, ha vinto la prima edizione del premio Pagine Bianche d'Autore ed è stata opera-copertina dell'elenco telefonico in Trentino-Alto Adige.

Digitized 35 mm photograph,
lambda print mounted on aluminum,
125 x 100 cm
Tokyo, Japan
Courtesy the artist and Seat Pagine
Gialle Collection, Turin
Fotografia 35 mm digitalizzata,
stampa lambda montata su
alluminio, 125 x 100 cm
Tokyo, Giappone
Courtesy l'artista e Collezione
Seat Pagine Gialle, Torino

U – D / L

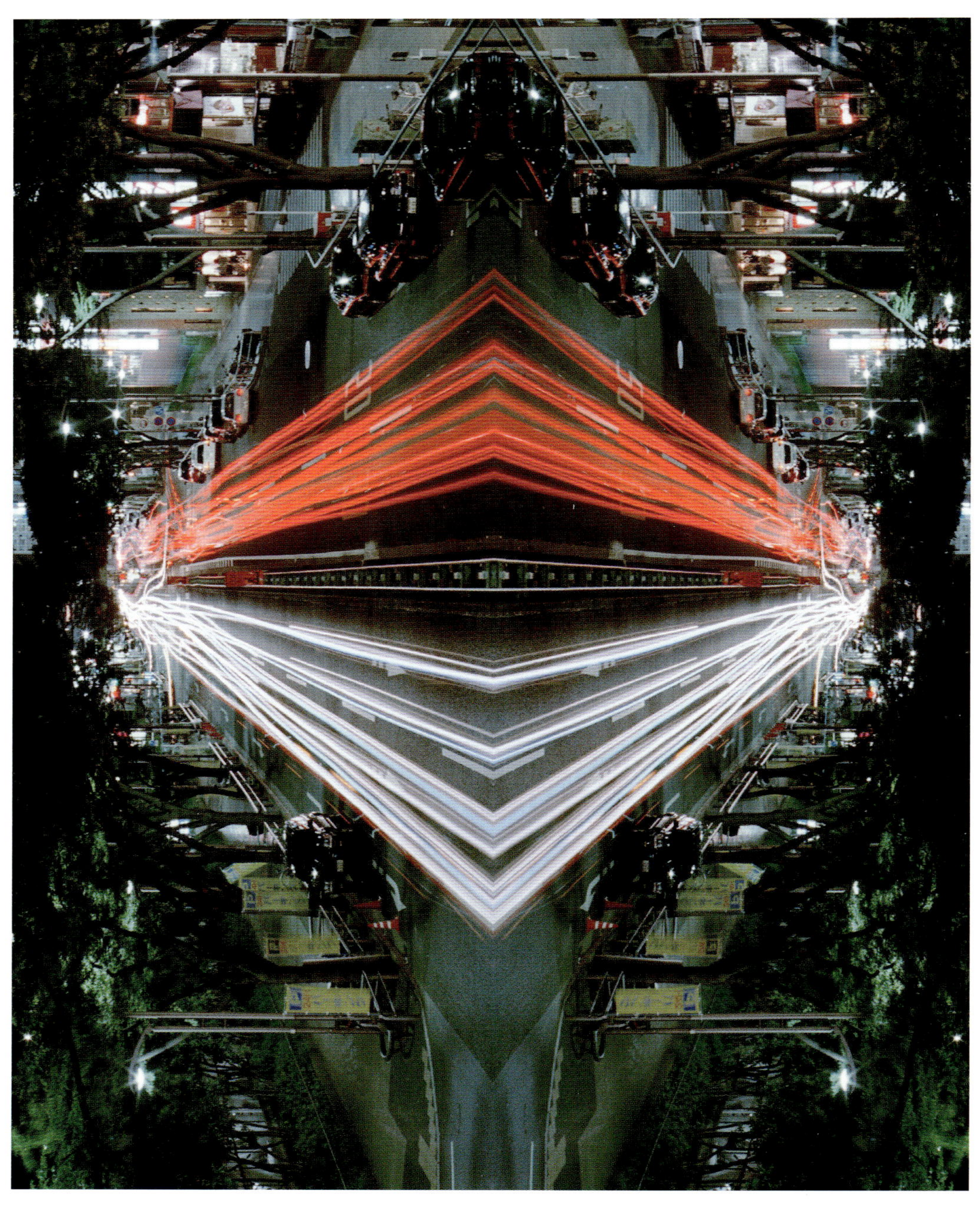

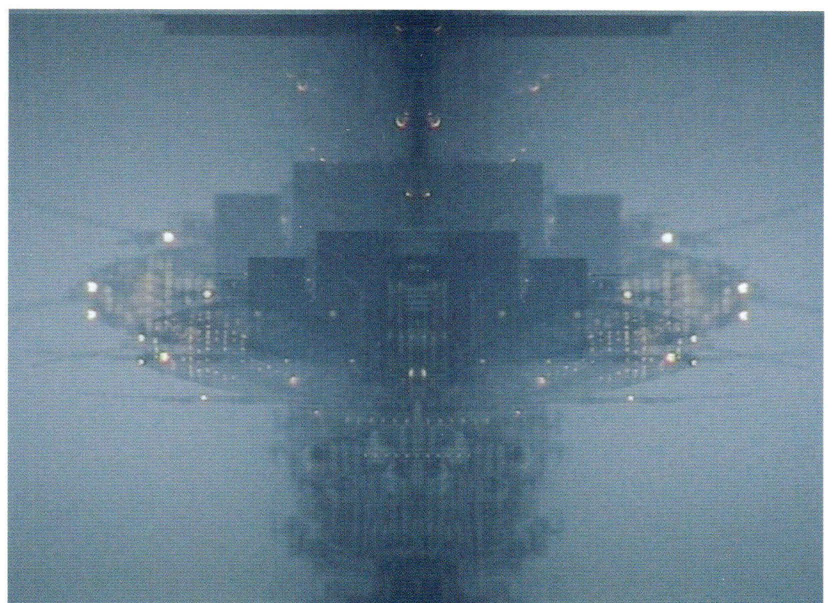

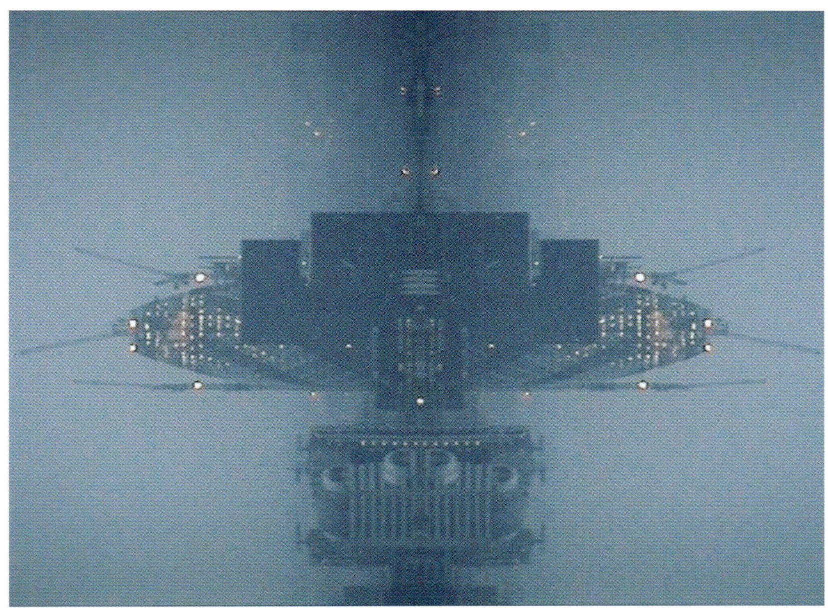

STARS SHIP   2003

A new landmark, a symbol that identifies the City's financial district of London — Sir Norman Foster's skyscraper
already called 'gherkin' because of its sharp cylindrical
shape — here becomes something else again through a
doubled shooting in slow motion, made during the final construction phase with the prostheses of cranes raising from
the apex. It therefore seems like an insect, a spaceship, a
marine animal, and much more…

Un nuovo *landmark*, il simbolo che identifica il
quartiere finanziario della City di Londra, il grat-
tacielo di Sir Norman Foster già chiamato cetriolo
(*gherkin*) per la usa forma cilindrica appuntita, qui
diventa qualcosa d'altro ancora attraverso una
ripresa sdoppiata e rallentata, realizzata nella sua
fase finale di costruzione con le protesi delle gru
che si allungano dall'apice. Appare quindi simile
a un insetto, un'astronave, un animale marino e
altro ancora…

Lambda print, silicone, perspex,
dibond, 40 x 50 cm, video still from
DV video on DVD, 5 min. (loop)
London, UK
Courtesy the artist
Stampa lambda, silicone,
perspex, dibond, 40 x 50 cm,
still da video DV su DVD, 5
min. (loop)
Londra, UK
Courtesy l'artista

E / Sy / U – D

THE SILVER SQUADRON   2003

A fighter plane suspended above one of the central squares, set among the old houses, would have disturbed the peace of the quiet city of Salzburg. Recalling that the idea of conflict is hovering over us in every moment… even in neutral Austria.

Un caccia sospeso sopra una delle piazze centrali, incastonato tra le sue case antiche, avrebbe disturbato la quiete della tranquilla città di Salisburgo. Ricordando che un'idea di conflitto ci sovrasta in ogni istante… Anche nella neutrale Austria.

Digitized 35 mm photograph, lambda print on aluminum, 102 x 160 cm each
Couretsy the artist and private collection

Fotografia 35 mm digitalizzata, stampa lambda montata su alluminio, 102 x 160 cm cad.
Courtesy l'artista e collezione privata

Public art installation (simulation), various materials, variable sizes
Waagplatz, Salzburg, Austria
Courtesy the artist

Installazione d'arte pubblica (simulazione), materiali vari, dimensioni variabili
Waagplatz, Salisburgo, Austria
Courtesy l'artista

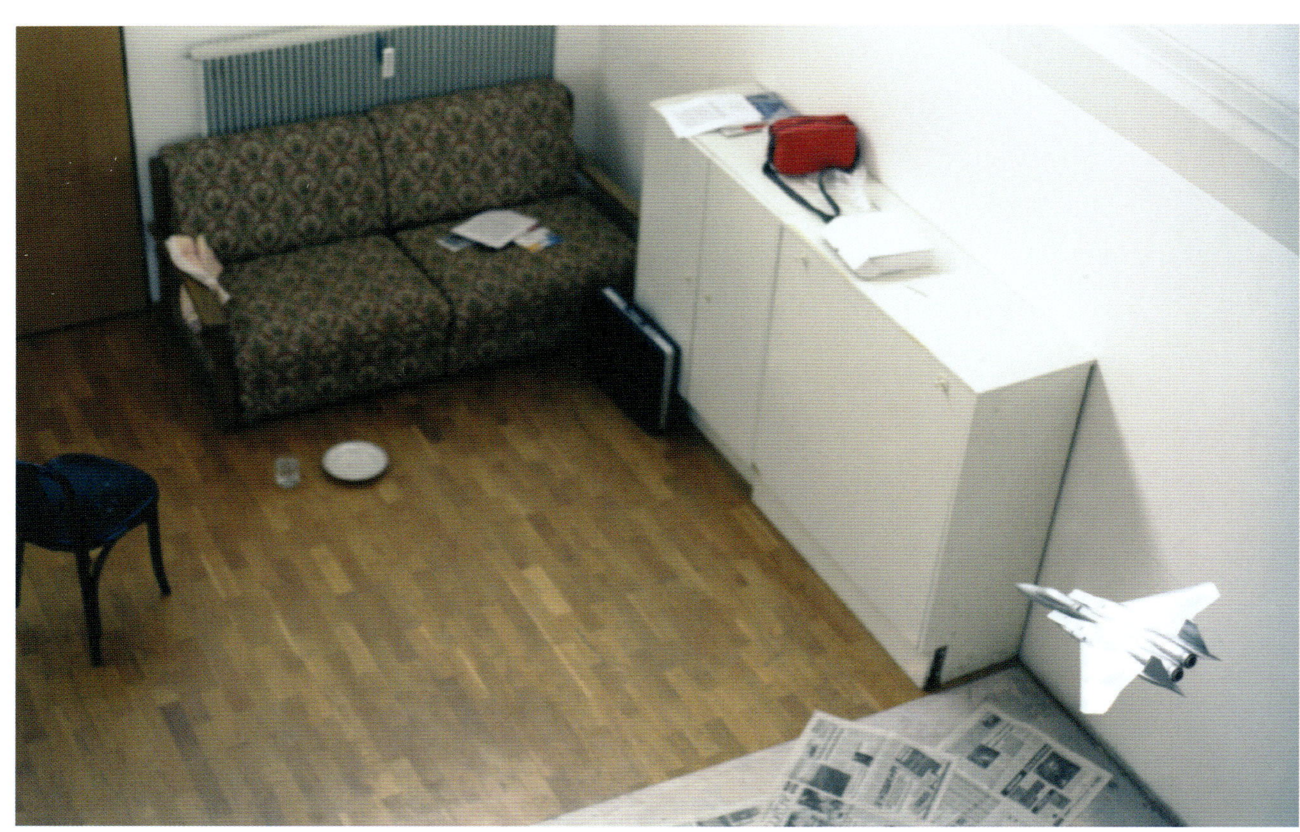

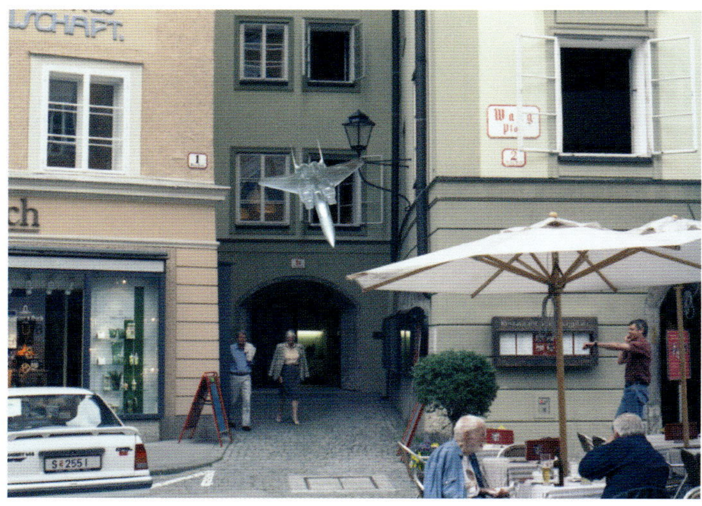

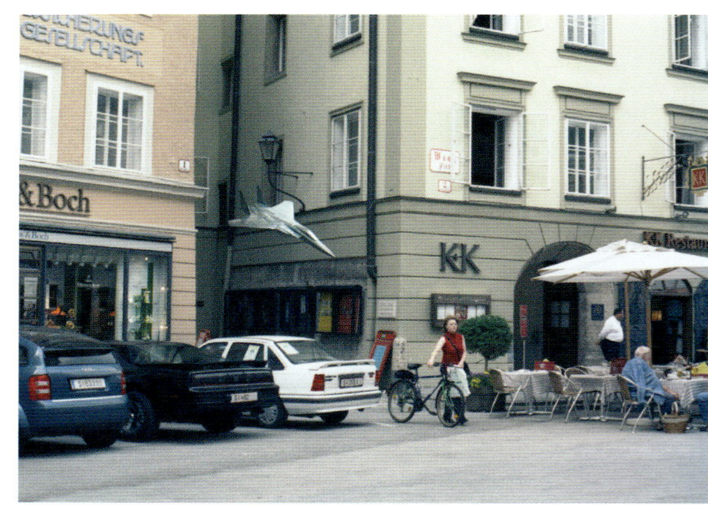

GREY ENERGY   2003

The energy of pure light flows from the almost absolute grey
of the clouds—in a slow motion slowed by more than two
hundred times—to show this sudden epiphany of lightning.
Energia di pura luce scaturisce dal grigio quasi
assoluto delle nuvole in una ripresa rallentata di
oltre duecento volte per rendere visibile questa
improvvisa epifania del fulmine.

DV video on DVD, 7 min. (loop)
Courtesy the artist
Video DV su DVD,
7 min. (loop)
Courtesy l'artista

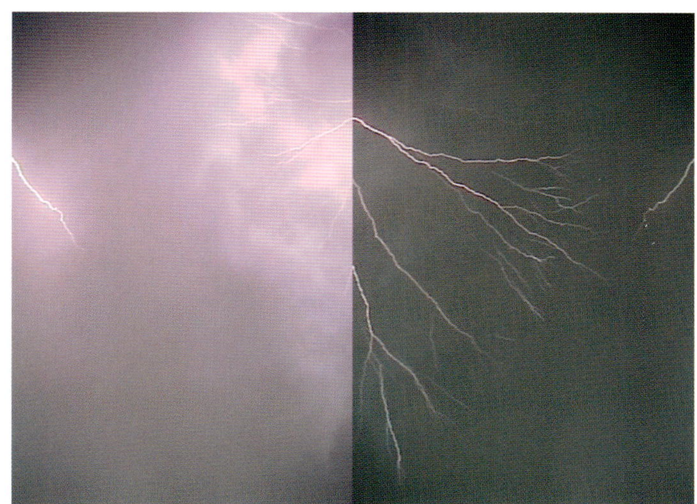

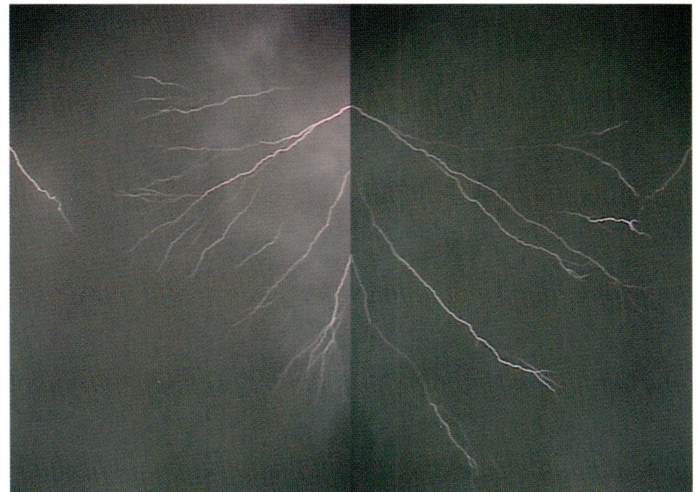

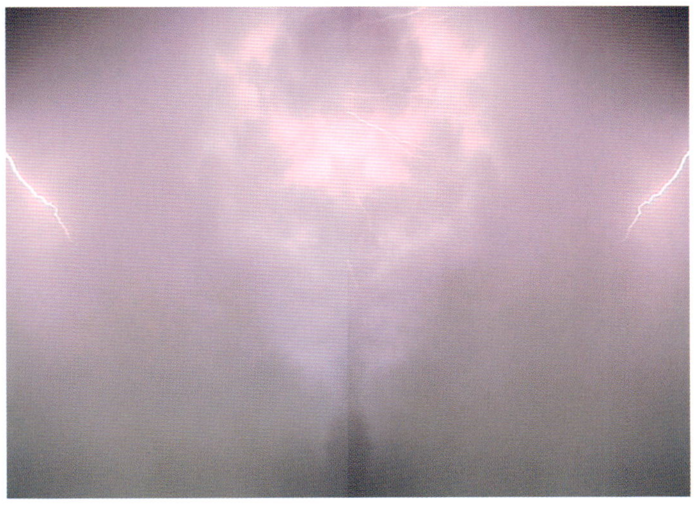

DRESS THE RISK   2003

At the ceremony of the semi-final selections of the most important beauty contest in Italy, a disturbing element was added in the form of signs warning of chemical and radio-active danger. It was not a confused raid or protest, but the same competitors marched unexpectedly wearing banners with the signs warning of industrial hazards raised and exhibited by hands wrapped in surgical gloves.

Nella serata delle selezioni semifinali del concorso di bellezza più importante d'Italia, è stata inserita come elemento di disturbo una serie di segnali che mettono in guardia da rischi chimici e radioattivi. Non si è tratta di un'irruzione confusa o di una manifestazione di protesta, ma le stesse concorrenti hanno sfilato indossando inaspettatamente le bandiere con i segnali di pericolo industriale, alzate ed esibite da mani fasciate in guanti chirurgici.

Performance, six competitors in the Miss Italy beauty contest, 6 dresses, natural cotton, acrylic water colour, 6 flags, prints on PVC, 1 x 1 m
Miss Italy, semi-finals selections, San Benedetto del Tronto, Italy
Courtesy the artist

Performance, 6 concorrenti del concorso di bellezza Miss Italia, 6 abiti, cotone naturale, colore acrilico all'acqua, 6 bandiere, stampa su PVC, 1 x 1 m
Miss Italia, cerimonia selezioni semifinali, San Benedetto del Tronto, Italia
Courtesy l'artista

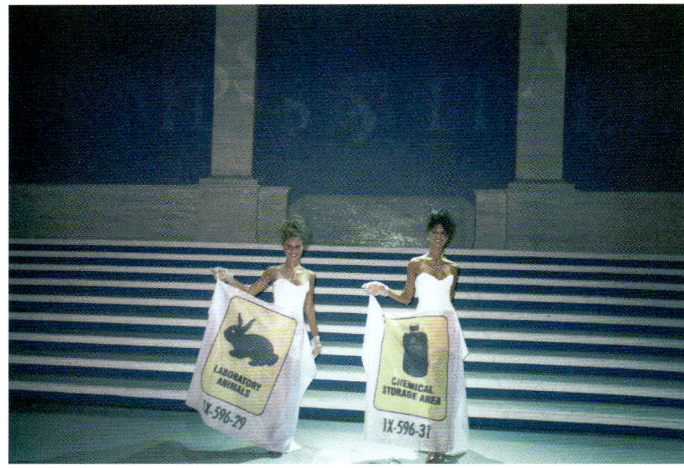

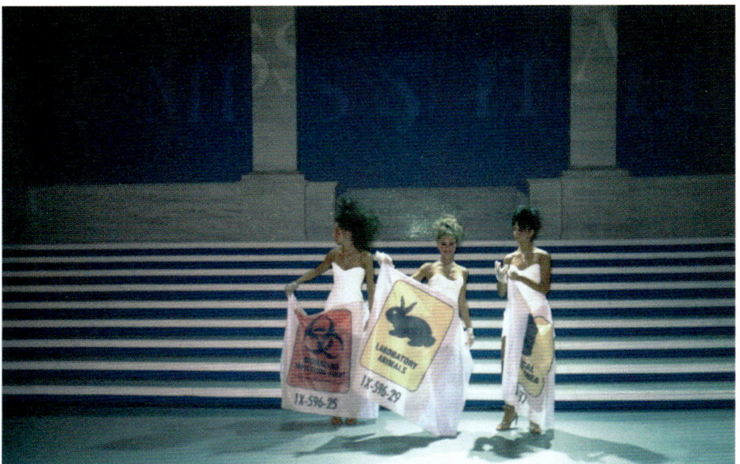

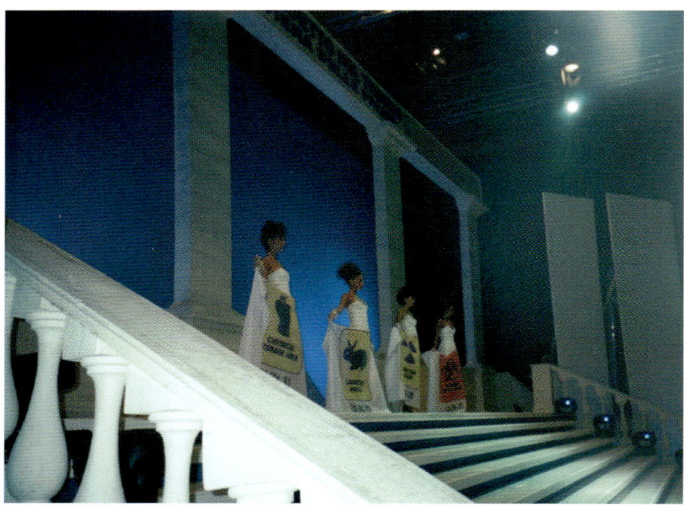

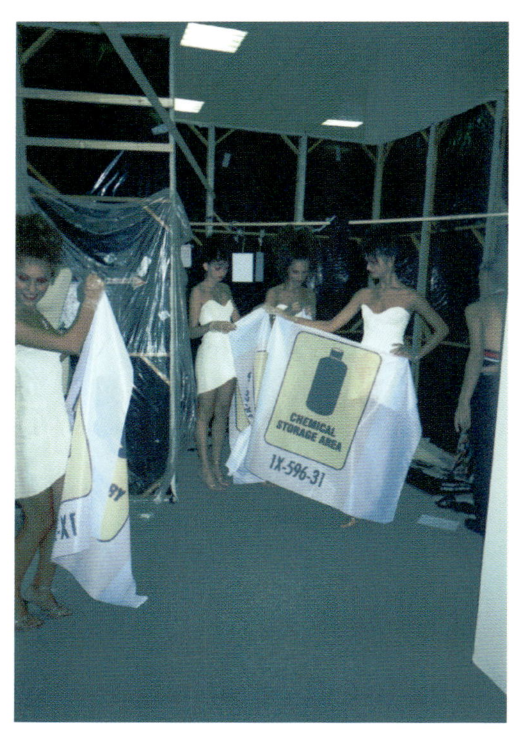

HIWAY 69   2003

Trails of light refer to the distortion of time-length dimension. In this way these long exposure photographs approach the photo to the possibilities of video, from which Cagol began his research.

Tracce di luce rimandano alla distorsione della dimensione tempo-durata. In questo modo queste immagini a lunga esposizione avvicinano le potenzialità della fotografia con il mezzo del video, dal quale Cagol ha iniziato la sua ricerca.

Digitized 35 mm photograph, lambda print, silicone, perspex, dibond, 50 x 150 cm
Courtesy the artist and private collection
Fotografia 35 mm digitalizzata, stampa lambda, silicone, perspex, dibond, 50 x 150 cm
Courtesy l'artista e collezione privata

THE VAULT OF HEAVEN   2002

The mountain in front of the artist's studio at Leube Group's Art Program near Salzburg merges with a metropolis symbol: the Empire State Building. They rise under the same sky.

La montagna di fronte allo studio dell'artista quando era *artist in residence* del Leube Group's Art Program vicino a Salisburgo si fonde con un simbolo della metropoli: l'Empire State Building. Svettando entrambe sotto lo stesso cielo.

DV video on DVD, 2 min. (loop)
Leube Group's Art Program, Gartenau, Austria
Courtesy the artist
Video DV su DVD, 2 min. (loop)
Leube Group's Art Program, Gartenau, Austria
Courtesy l'artista

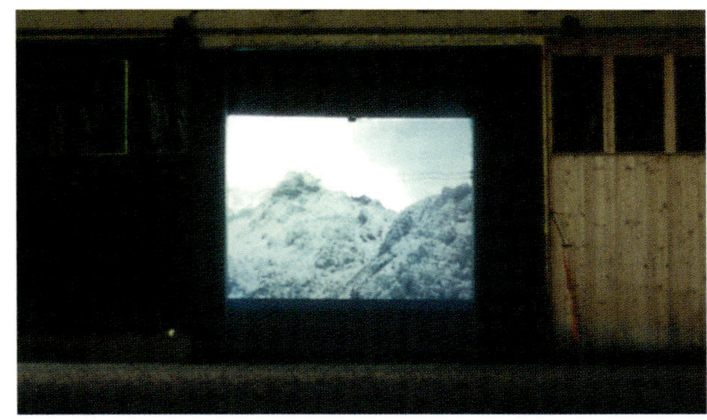

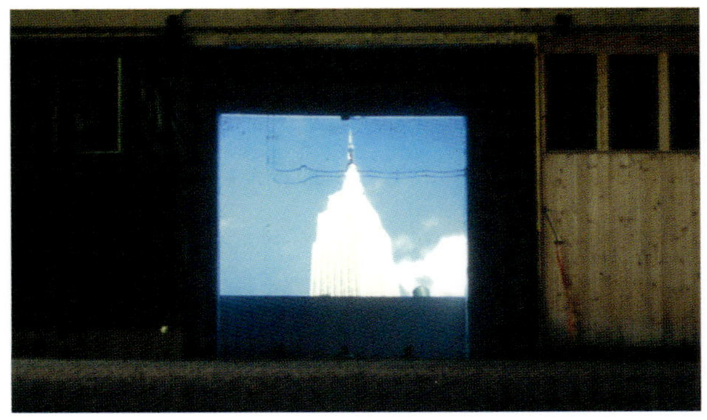

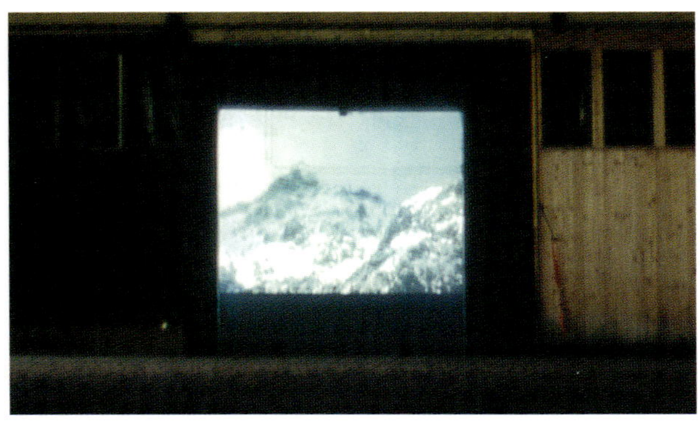

HORIZON # 1 – # 5   2002–2004

The symbolic identity of one of the metropolises par excellence — New York — is questioned. The spatial orientation of the city is subverted: the horizon becomes vertical and is split in two. The result is a new entity…

L'identità simbolica di una delle metropoli per antonomasia, New York, è messa in discussione. L'orientamento spaziale della città è sovvertito: l'orizzonte diviene verticale e si sdoppia. Nasce così una nuova entità…

Lambda print, silicone, perspex, dibond, 30 x 80 cm, video still from DV video on DVD, 6 min. tot.
New York, USA
Courtesy the artist
Stampa lambda, silicone, perspex, dibond, 30 x 80 cm, still da video DV su DVD, 6 min. tot.
Courtesy l'artista

U – D

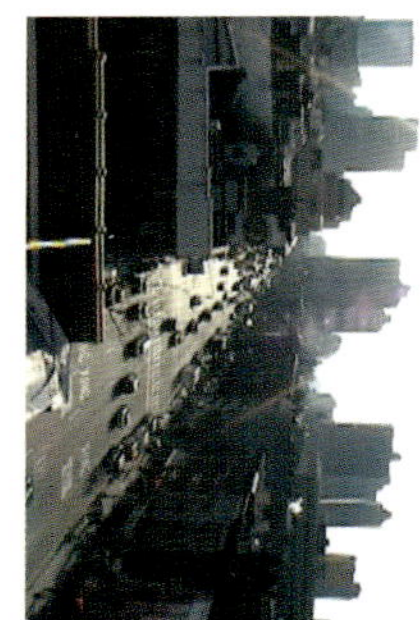
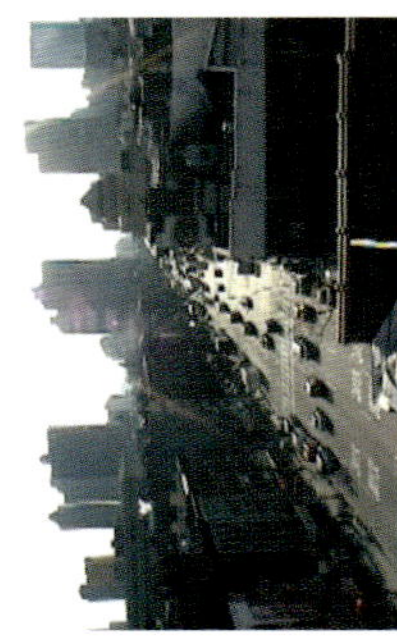
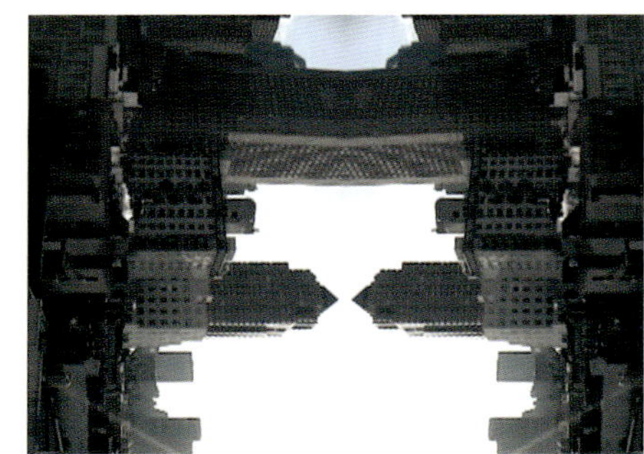
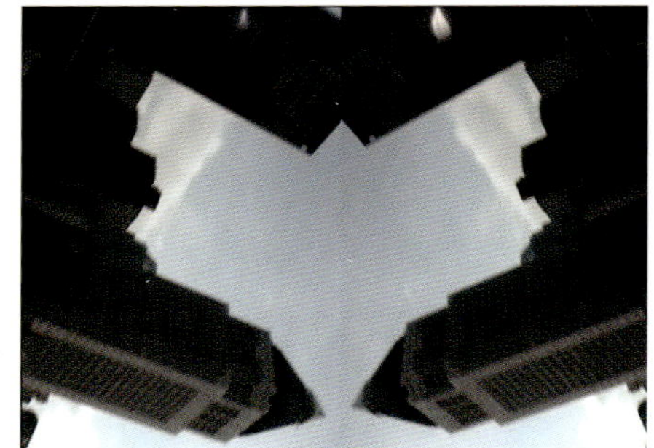
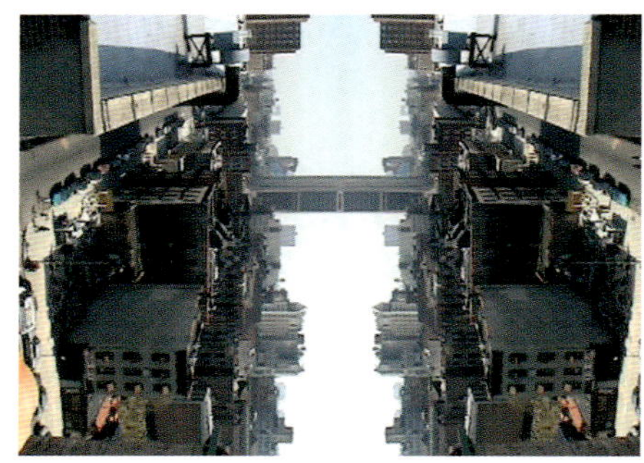
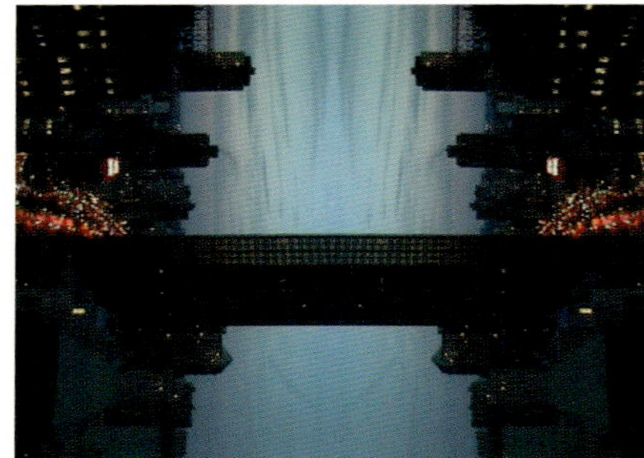
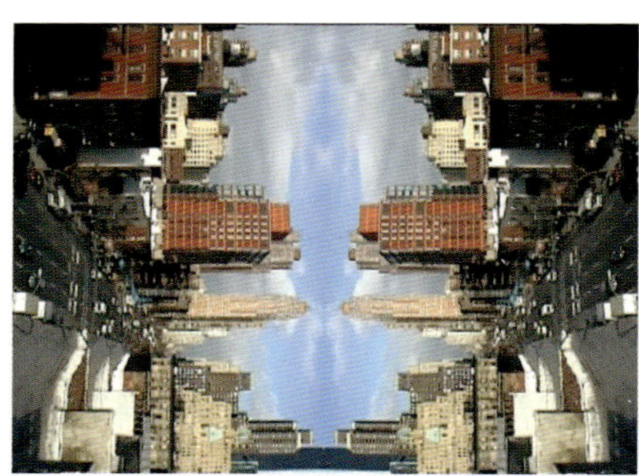

THE FATE OF ENERGY # 1 – # 3   2002

Generating and destructive energy. A natural energy. It is the sudden glare of light alone, of a lightning flash that reveals its essential form on the background of the dark clouds on a stormy summer's night through a progressive slowing of the image, up to over two hundred times. It looks like the moment in which the arrow is released: out of the dark to then return to the darkness. It is the "Fate of Energy," evoked by Jean Baudrillard in *The Transparency of Evil.*

L'energia generatrice e distruttrice. Un'energia naturale. È il bagliore improvviso, di sola luce, di un fulmine svela la sua forma essenziale sullo sfondo delle nuvole scure in una notte burrascosa d'estate attraverso un rallentamento progressivo della ripresa, fino a oltre duecento volte. Appare così il momento in cui si scatena la saetta: dal buio per poi tornare nell'oscurità. È "*The Fate of Energy*", il destino dell'energia evocato anche da Jean Baudrillard ne *La trasparenza del male.*

Lambda print, silicone, perspex, dibond, 30 x 80 cm, video still from DV video on DVD, 5 min. (loop) Courtesy the artist and Nomas Collection

Stampa lambda, silicone, perspex, dibond, 30 x 80 cm, still da video DV su DVD, 5 min. tot. Courtesy l'artista e collezione Nomas

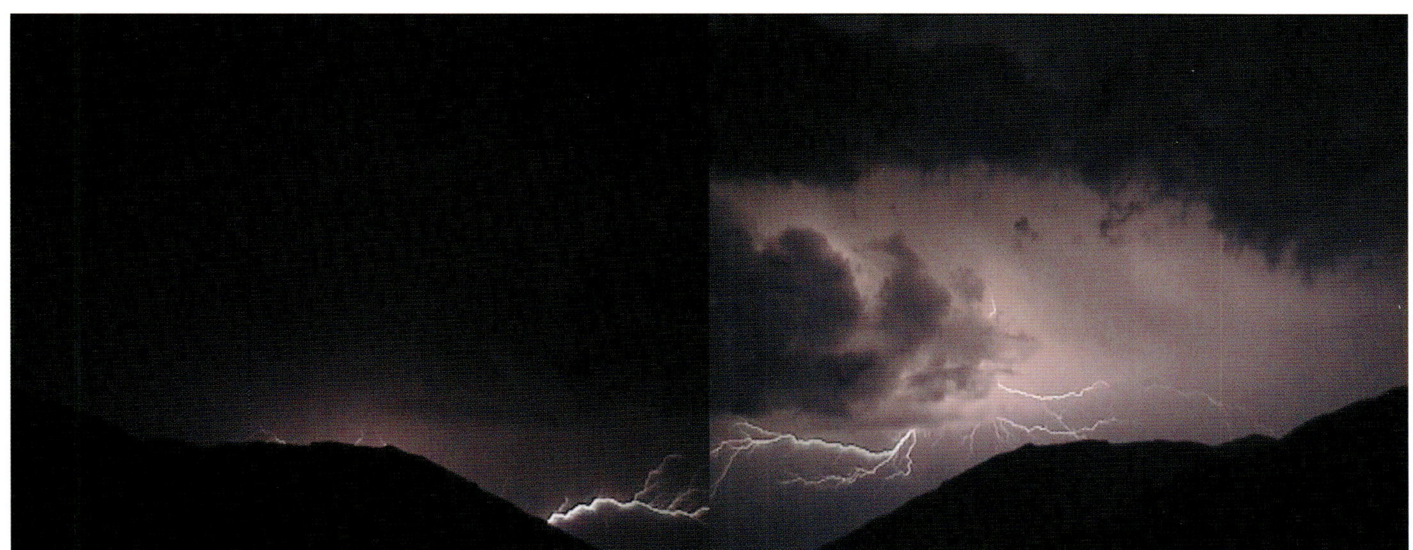

DIGITAL WIND   2002

Natural energy and artificiality, man and nature. The slow
and continuous motion of a wind fan is unexpectedly
changed by an overlap of an out of phase turn that blends
until the original rhythm is taken up again, highlighting the
instability of the equilibria.

Energia naturale e artificialità, uomo e natura.
Il lento e continuo moto di una ventola eolica
è inaspettatamente modificato attraverso una
sovrapposizione di tempi differenti che si vanno a
fondere fino a una ripresa del ritmo originario, ma
mettono in evidenza un'instabilità degli equilibri.

DV video on DVD, 2 min. (loop)
Courtesy the artist
Video DV su DVD,
2 min. (loop)
Courtesy l'artista

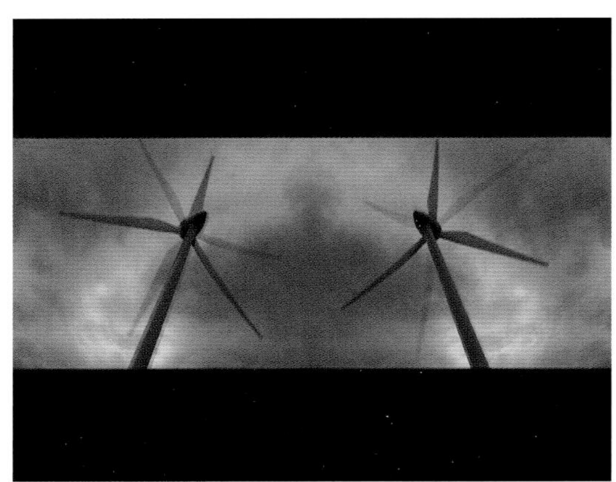
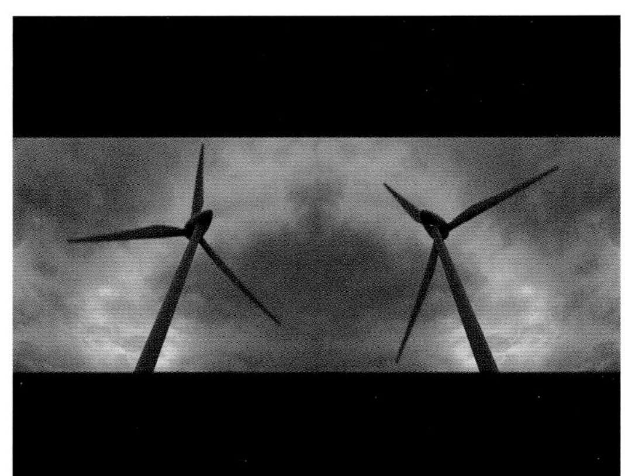
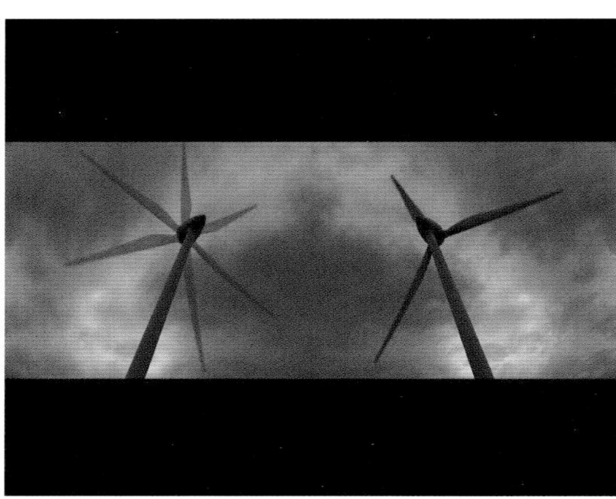

E – D

GOLDFISH ON THE BRIDGE　　2001

A goldfish as a symbol of prosperity and luck. This ancient symbol of Eastern origin was chosen as an alternative to usual Christmas lights. Not small, but huge, not in the water, but on a bridge, not seen through the glass of a crystal bowl, but very close up. Hieratic like a sacred icon that has transcended the centuries.

Un pesce rosso come simbolo di prosperità e di fortuna. Questo simbolo antico di origini orientali è stato scelto come alternativa alle solite luci natalizie. Non piccolo, ma enorme, non nell'acqua, ma sopra un ponte, non visto attraverso il vetro di una sfera di cristallo, ma in assoluto primo piano. Ieratico come un'icona sacra che ha oltrepassato i secoli.

Public art installation, PVC sheet,
10 x 15 m, PANI projection, 10 slides
Ponte Druso, Bolzano, Italy
Realized with the support of the
Municipality of Bolzano
Courtesy the artist
　　Installazione d'arte pubblica,
　　telo PVC, 10 x 15 m, proiezione
　　PANI, 10 diapositive
　　Ponte Druso, Bolzano, Italia
　　Realizzato col supporto del
　　Comune di Bolzano
　　Courtesy l'artista

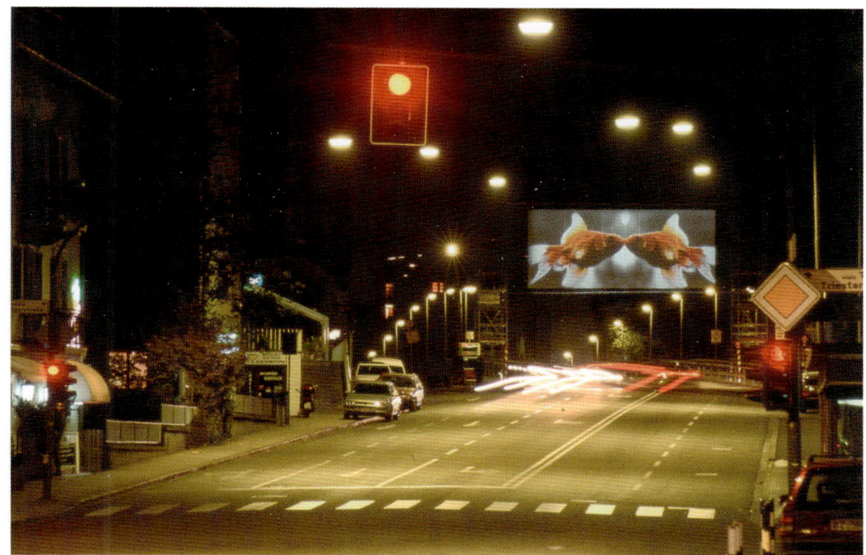

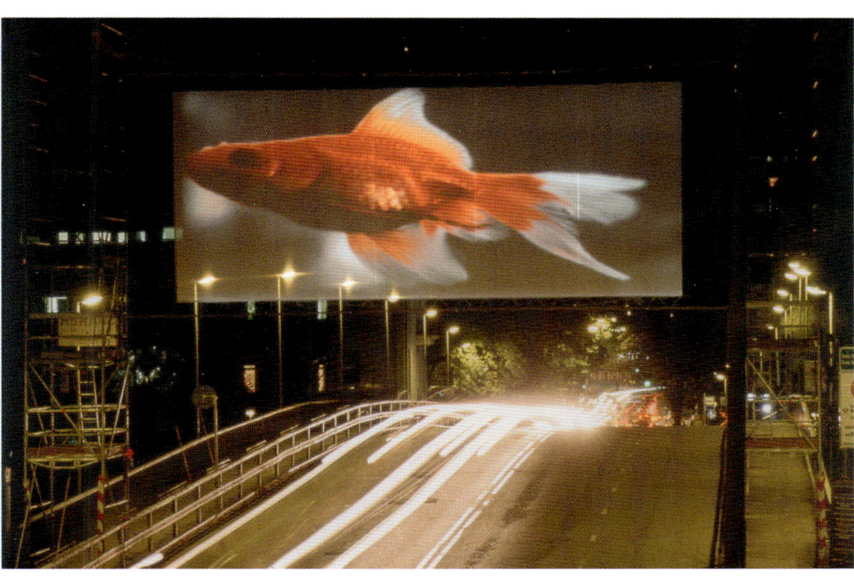

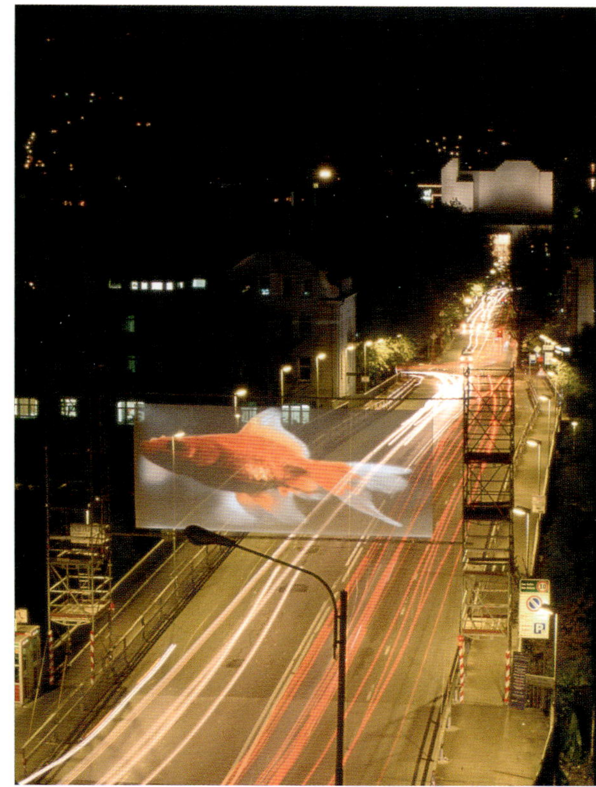

I'M A MASTER 2000

Eve was motionless, while the snake slithered towards her; the two portraits merged one into the other being projected on opaline screens that let the image pass beyond. The symbolic biblical link, albeit from specific cultural references, evokes the idea of a dangerous approach, of an inevitable attraction of opposites, a tension in going beyond certainties...

Eva era immobile, mentre il serpente strisciava verso di lei; i due ritratti si fondevano proiettati su schermi opalini che lasciavano passare oltre l'immagine. Il simbolico legame biblico, pur partendo da precisi riferimenti culturali, evoca in senso esteso l'idea di un avvicinamento pericoloso, di un'inevitabile attrazione tra opposti, di una tensione ad andare oltre le certezze...

Video installation, double projection on opaline plexiglas, 2 x 2,60 m, DV video on DVD, 3 min. (loop)
Mart – Museum of Modern and Contemporary Art of Trento and Rovereto, Palazzo delle Albere, Trento, Italy
Courtesy the artist, Studio d'Arte Raffaelli, Trento and Mart – Museum of Modern and Contemporary Art of Trento and Rovereto Collection

Video installazione, doppia proiezione su plexiglas opalino, 2 x 2,60 m, video DV su DVD, 3 min. (loop)
Mart – Museo di Arte Moderna e Contemporanea di Trento e Rovereto, Palazzo delle Albere, Trento, Italia
Courtesy l'artista, Studio d'Arte Raffaelli, Trento e Collezione Mart – Museo di Arte Moderna e Contemporanea di Trento e Rovereto

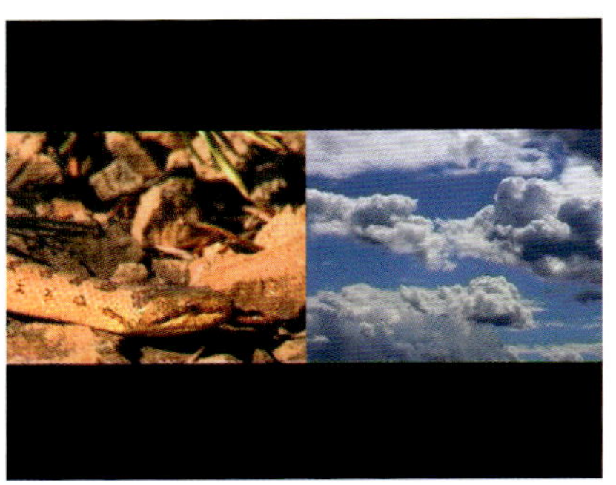

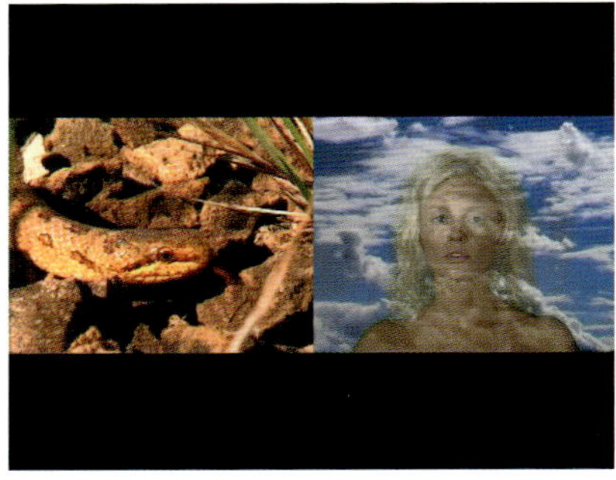

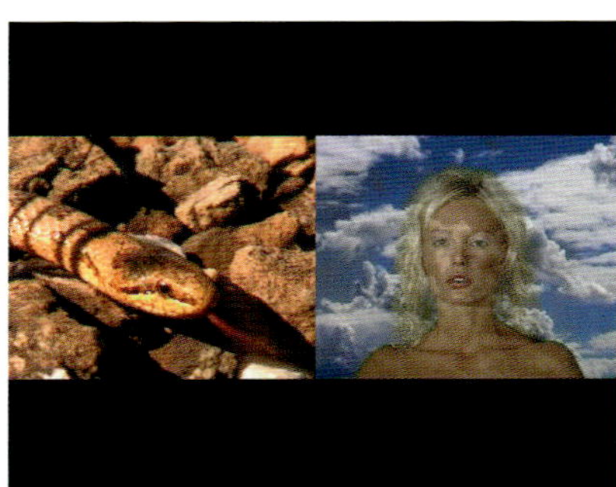

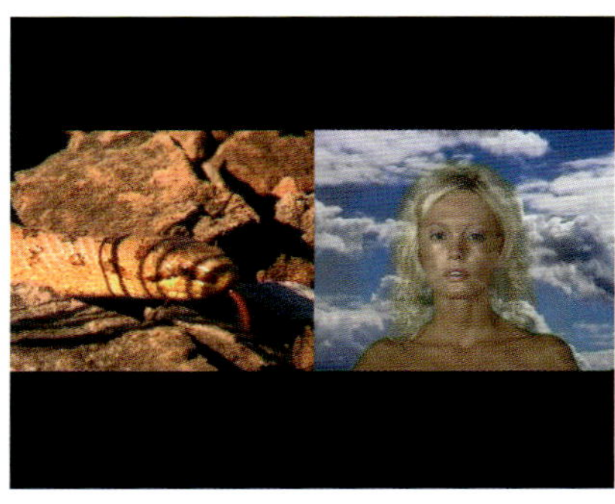

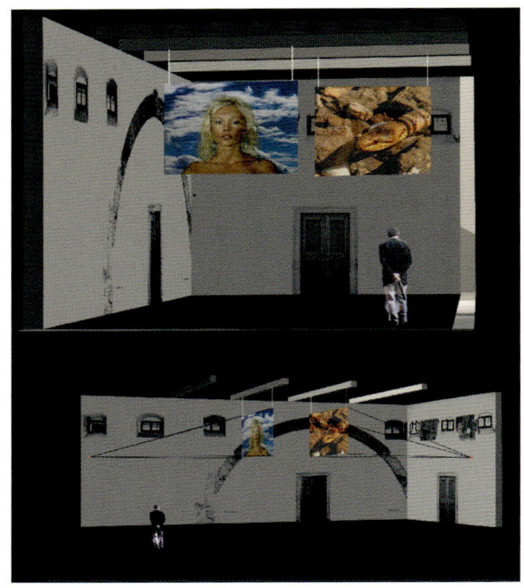

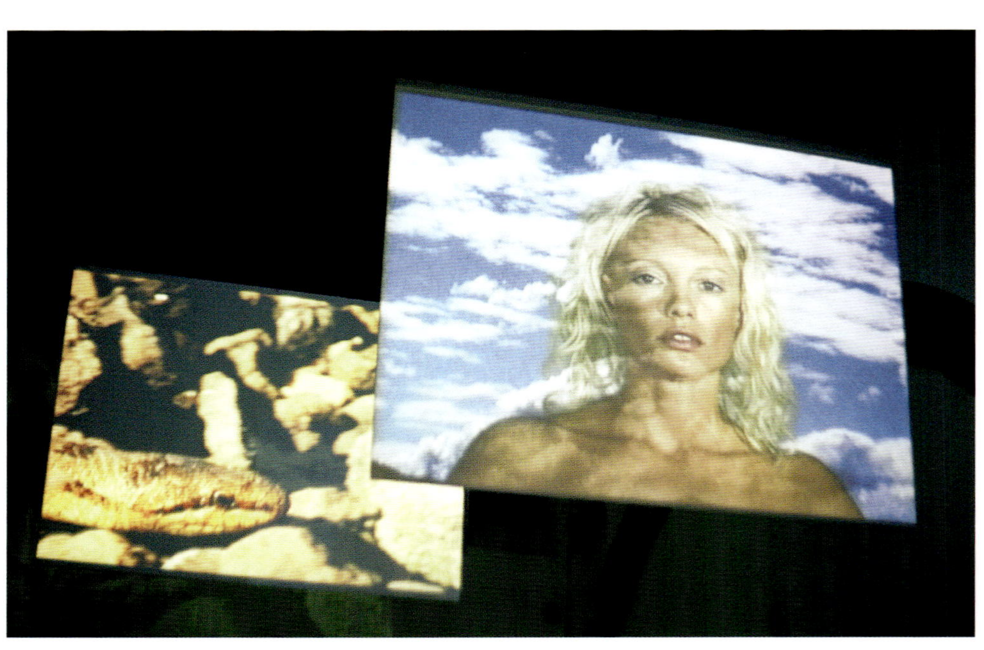

MANTIDE   2000

The plant world digitally repeated equal to itself generates
new elements, including natural (the mantis of the title in
Italian) and artificial ones.

Il mondo vegetale ripetuto digitalmente uguale a
se stesso genera nuovi elementi, tra naturale e
artificiale.

Digitized 35 mm photograph,
lambda print mounted on aluminum,
60 x 180 cm
Courtesy private collection
Fotografia 35 mm digitalizzata,
stampa lambda montata su
alluminio, 60 x 180 cm
Courtesy collezione privata

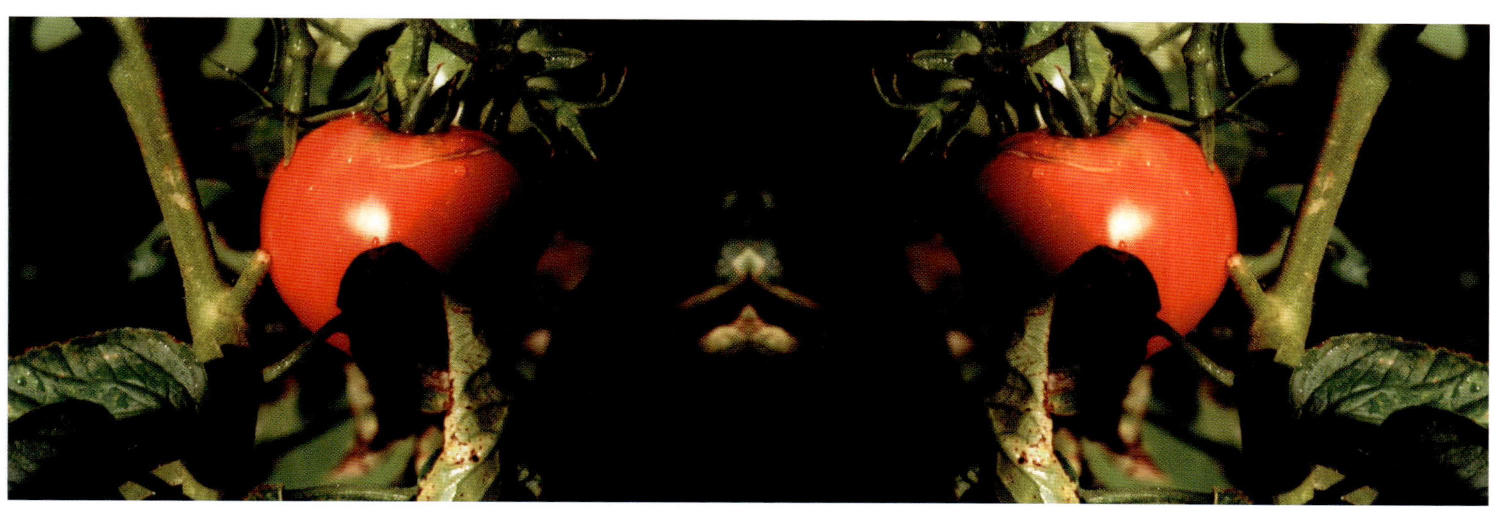

E – D

RORSCHACH'S GRASS   2000

A modified nature, doubled and equal to itself in the rep-
etition. Down to the smallest blade of grass. The close-up
image of a field of grass is in fact split into an unnatural
repeated *continuum*.

Una natura modificata, sdoppiata e uguale a se
stessa nella ripetizione. Fin nel più piccolo filo
d'erba. L'immagine ravvicinata di un prato d'erba
è infatti sdoppiata in un'innaturale *continuum*
ripetuto.

Digitized 35 mm photograph,
lambda print mounted on aluminum,
42 x 250 cm
Courtesy UniCredit Group
Collection, Milan
Fotografia 35 mm digitalizzata,
stampa lambda montata su
alluminio, 42 x 250 cm
Courtesy UniCredit Group
Collection, Milano

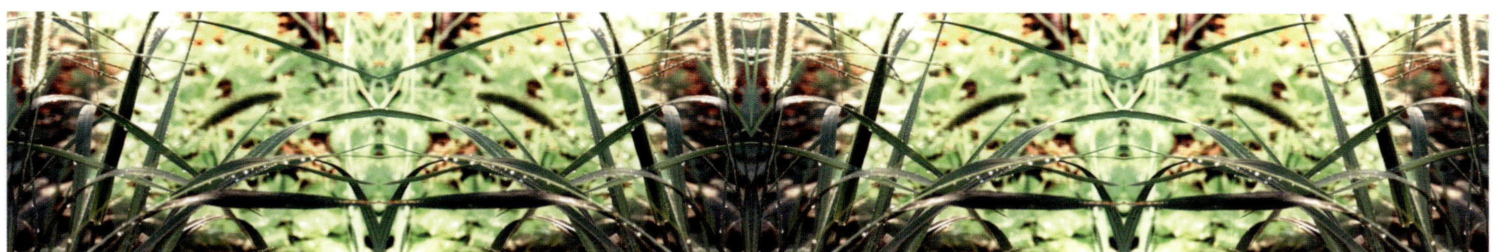

E – D

EMPIRE & SPIDER   2000
New York, USA

Metropolis and nature, opposing habitats, opposite rhythms, are counter-posed in a montage that—through acceleration, stationary shooting, a close up point of view, and electronic sound—amplifies the differences and at the same time makes them live together in a double image. On the one hand there is a spider that weaves the fabric and on the other the daily urban hustle and bustle that provides the backdrop to the Empire State Building.

Metropoli e natura, habitat opposti, ritmi opposti, sono messi a confronto in un montaggio che – attraverso accelerazione, ripresa fissa, punto di vista ravvicinato e sonorità elettroniche – amplifica le differenze e al tempo stesso le fa convivere in un'immagine doppia. Da una parte c'è un ragno che tesse la tela e dall'altra la frenesia della quotidianità urbana che fa da sfondo all'Empire State Building.

DV video on DVD, 5 min. (loop)
Courtesy the artist, Studio d'Arte Raffaelli, Trento and Mart–Museum of Modern and Contemporary Art of Trento and Rovereto Collection
Video DV su DVD, 5 min. (loop)
Courtesy l'artista, Studio d'Arte Raffaelli, Trento e Collezione Mart – Museo di Arte Moderna e Contemporanea di Trento e Rovereto

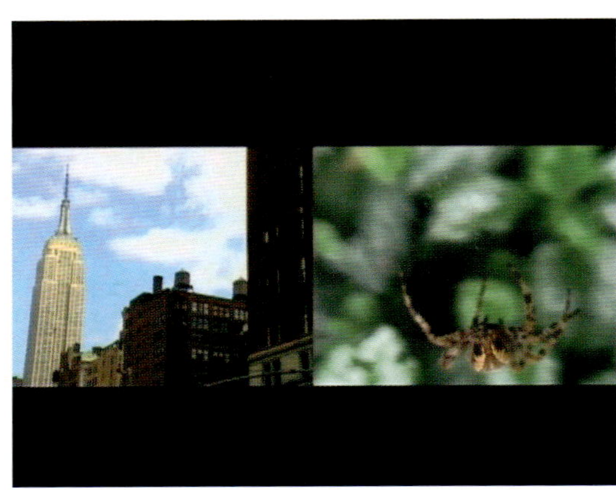
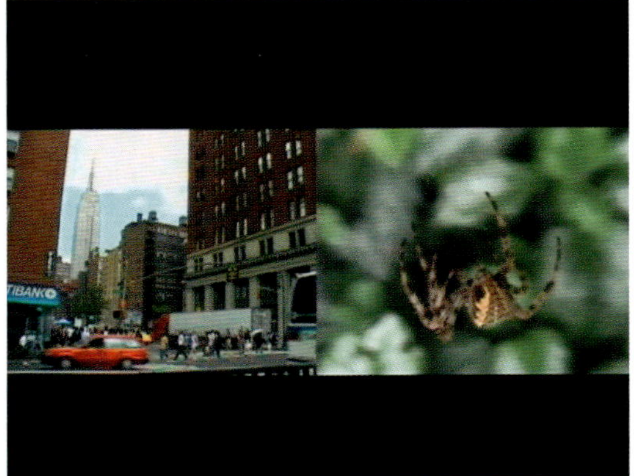
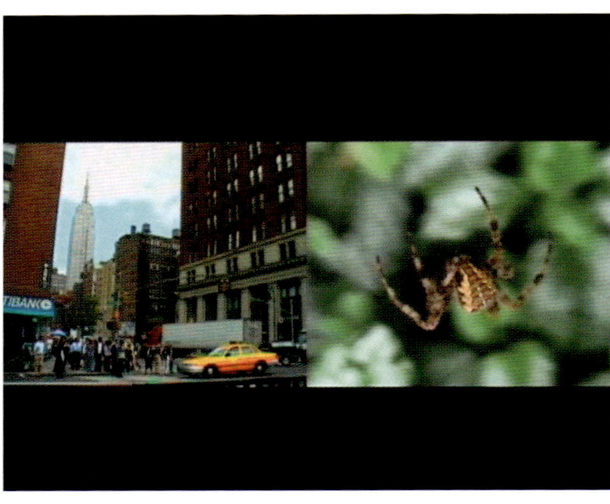
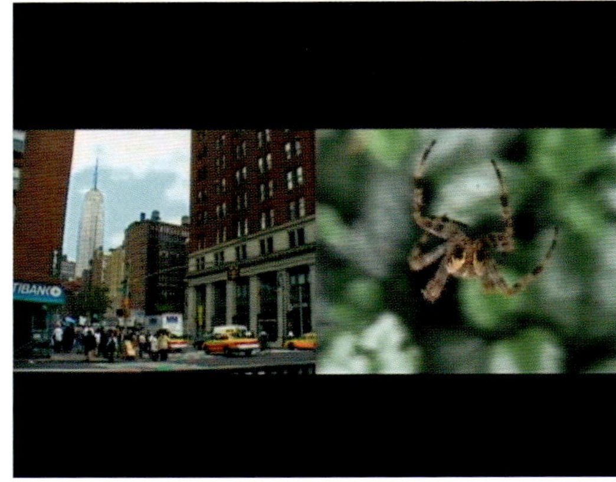

BEATRICE STREET. TRIDENT   1997

A common object or a three-pronged trident of ancient mythology? Symbols, icons, myths, and beliefs may in fact influence our interpretation of reality.
The can opener was photographed on the surface of a Fifties table in the artist's kitchen in Toronto.

> Un oggetto di uso comune con tre punte o un tridente della mitologia antica? Simboli, icone, credenze e miti possono infatti influenzare la nostra interpretazione del reale.
> L'apriscatole è stato fotografato sulla superficie di un tavolo anni Cinquanta nella cucina dell'artista a Toronto.

Lambda print, silicone, perspex, dibond, 90 x 120 cm
Toronto, Canada
Courtesy the artist
> Fotografia 35 mm digitalizzata, stampa lambda, silicone, perspex, dibond, 90 x 120 cm
> Toronto, Canada
> Courtesy l'artista

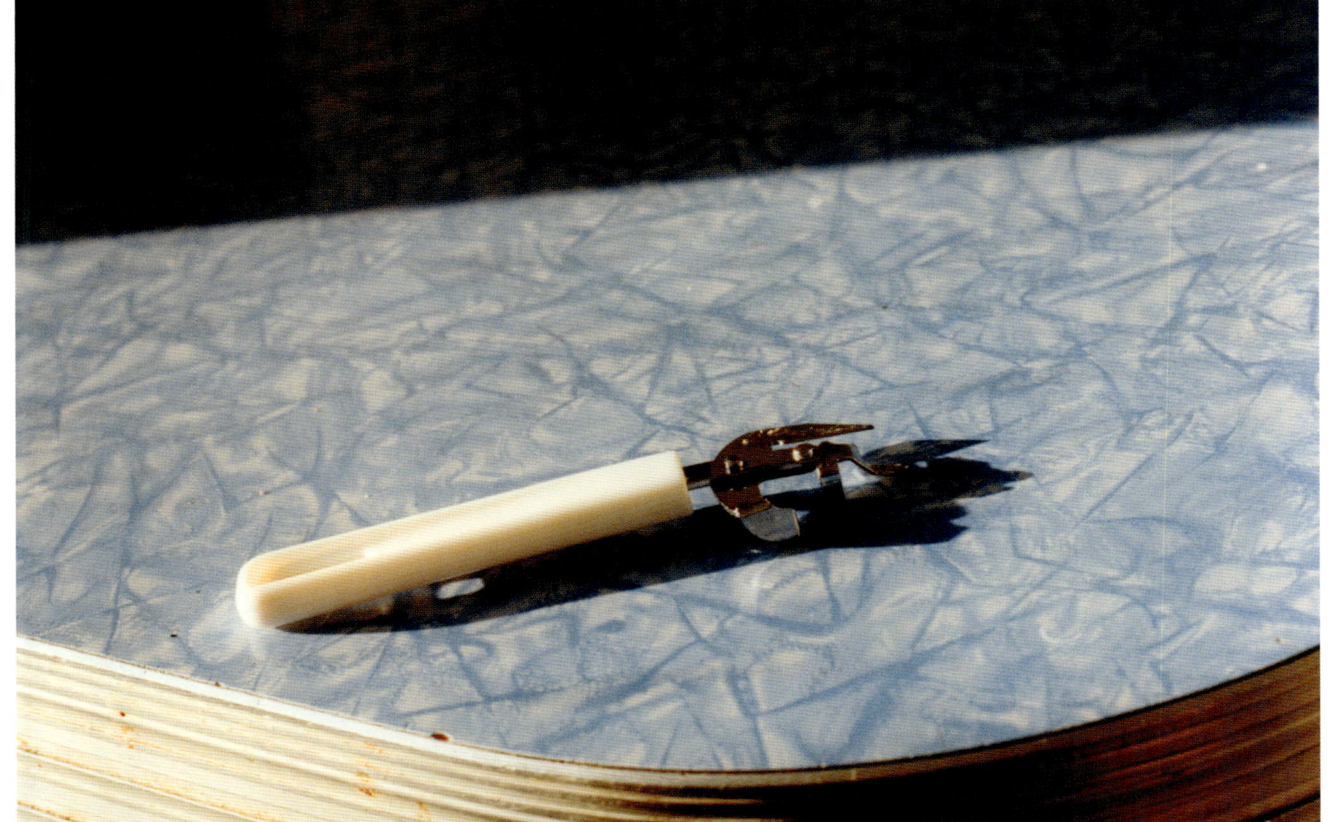

THE CENTRAL REASON
(Living in the cities of North America # 2)   1998

Michael Snow and Bruce Elder discuss in a kitchen in Toronto. The title indicates that they are debating the central reason, but it also refers to Michael Snow's *The Central Region*.
The scene takes place in the home of Bruce Elder, Cagol's academic supervisor during post-doctoral fellowship for a research in video art at Ryerson University in Toronto.

Michael Snow e Bruce Elder discutono all'interno di una cucina a Toronto. Il titolo indica che stanno dibattendo attorno alla *central reason*, la ragione centrale, ma rimanda anche con un gioco di parole all'opera di Michael Snow *The Central Region* (la regione centrale).
La scena si svolge nella casa di Bruce Elder, academic supervisor di Cagol durante la borsa di studio post-dottorato di ricerca in video arte alla Ryerson University di Toronto.

VHS video, transferred to DVD,
28 min.
Toronto, Canada
Realized thanks to a fellowship of
the Canadian Government
Courtesy the artist
Video S-VHS, trasferito
su DVD, 28 min.
Toronto, Canada
Realizzato grazie a una borsa
di studio del governo canadese
Courtesy l'artista

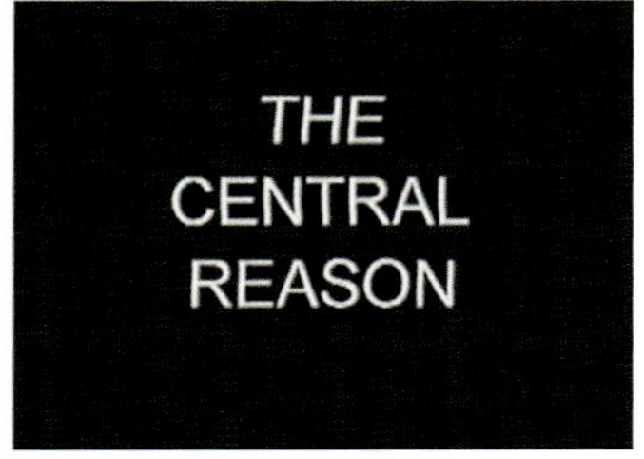

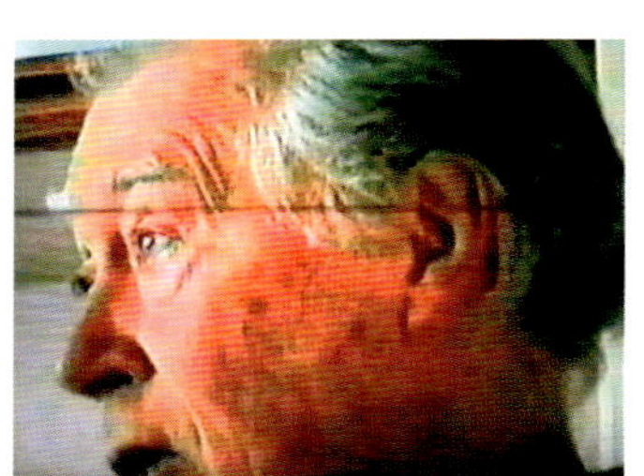
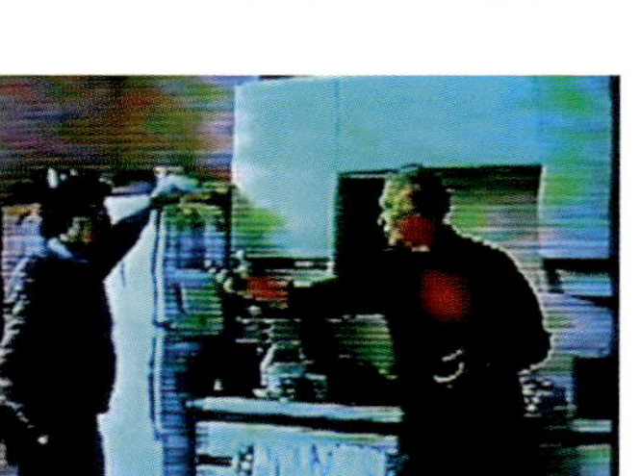
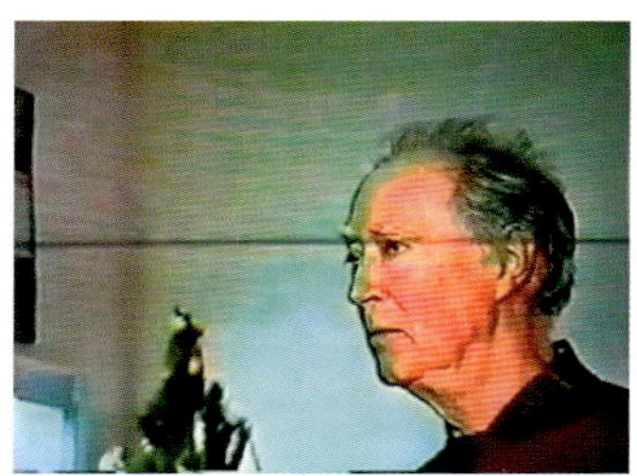
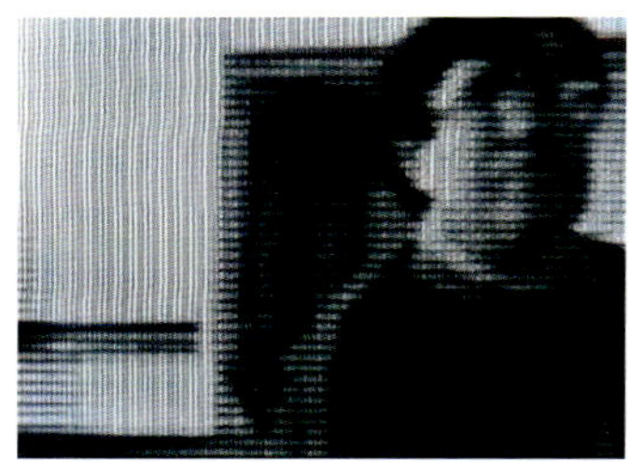
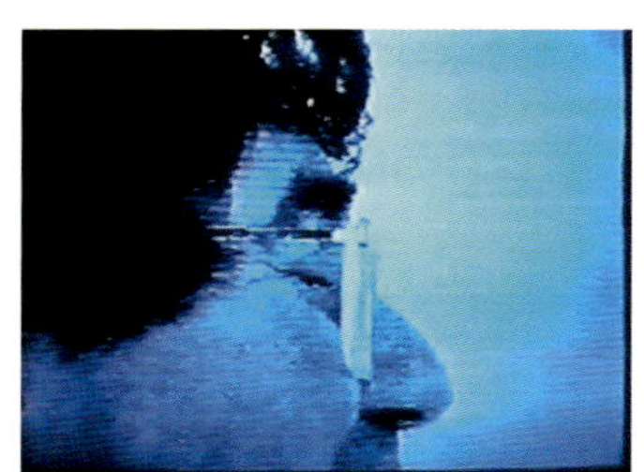
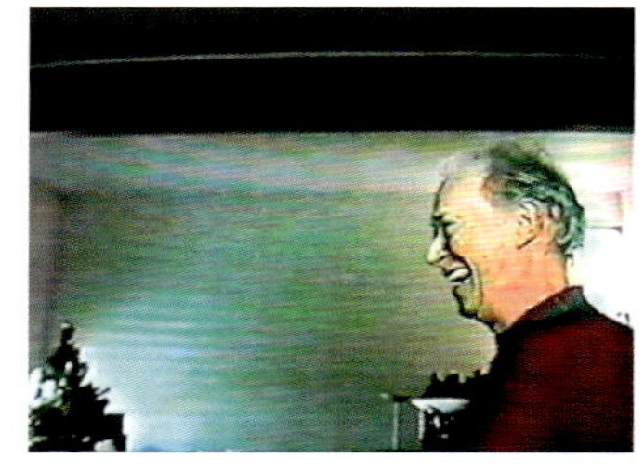
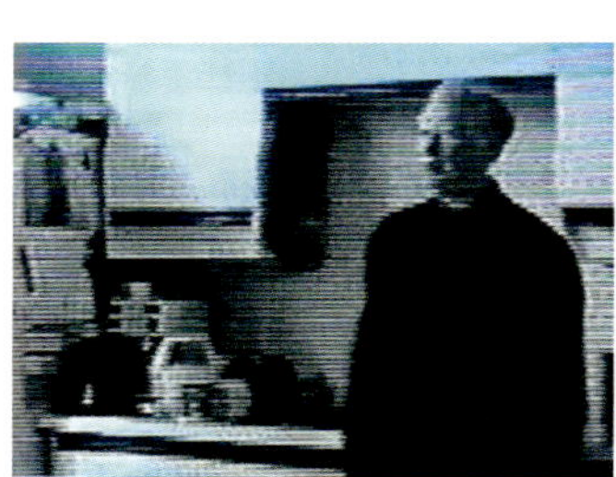
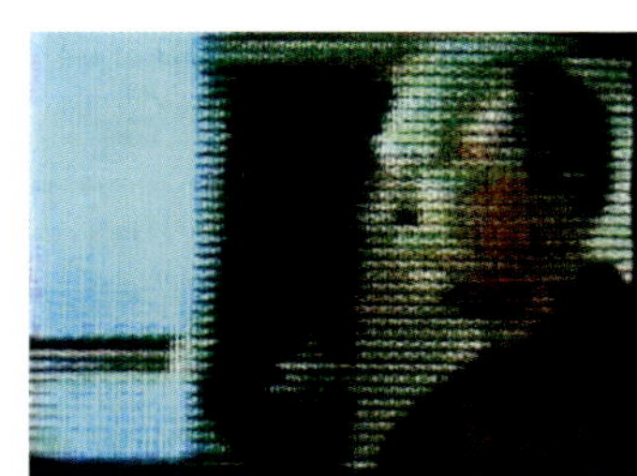
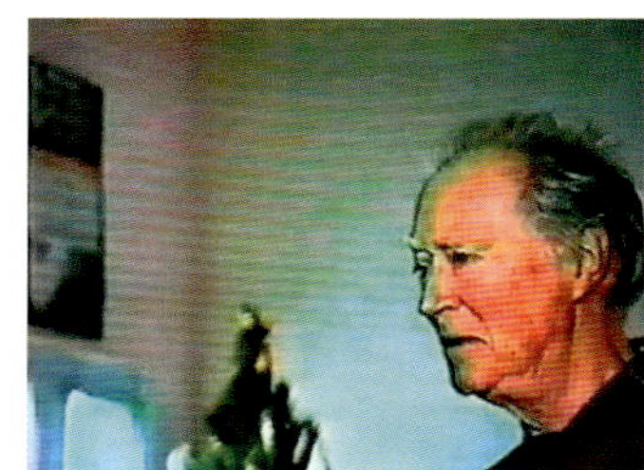
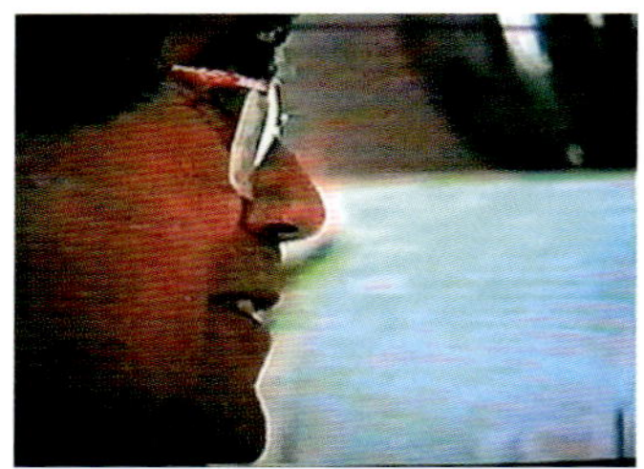
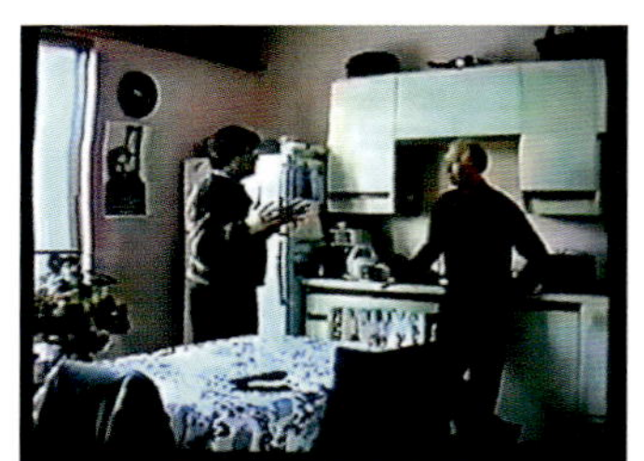
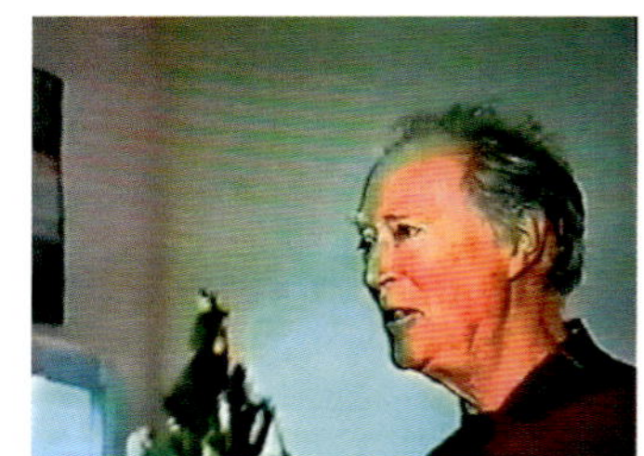

SELF PORTRAIT   1998

A multiplied selfportrait realized by the artist in his room during studies in Toronto. Between 1996 and 2000 Cagol realized a series of photographs characterized by division into different parts that represent sequences of following moments. In this way the artist makes narrative practice of video closer to photo.

Un sé moltiplicato nell'autoritratto realizzato dall'artista nella sua camera durante gli studi a Toronto. Tra il 1996 e il 2000 realizza serie di fotografie caratterizzate dalla suddivisione in più parti che rappresentano la sequenza di momenti successivi. Con questo formato l'artista rende più vicine la pratica della narrazione video e quella fotografica.

Digitized 35 mm photograph, lambda print on aluminum, 180 x 120 cm
Courtesy the artist
Fotografia 35 mm digitalizzata, stampa lambda montata su alluminio, 180 x 120 cm
Courtesy l'artista

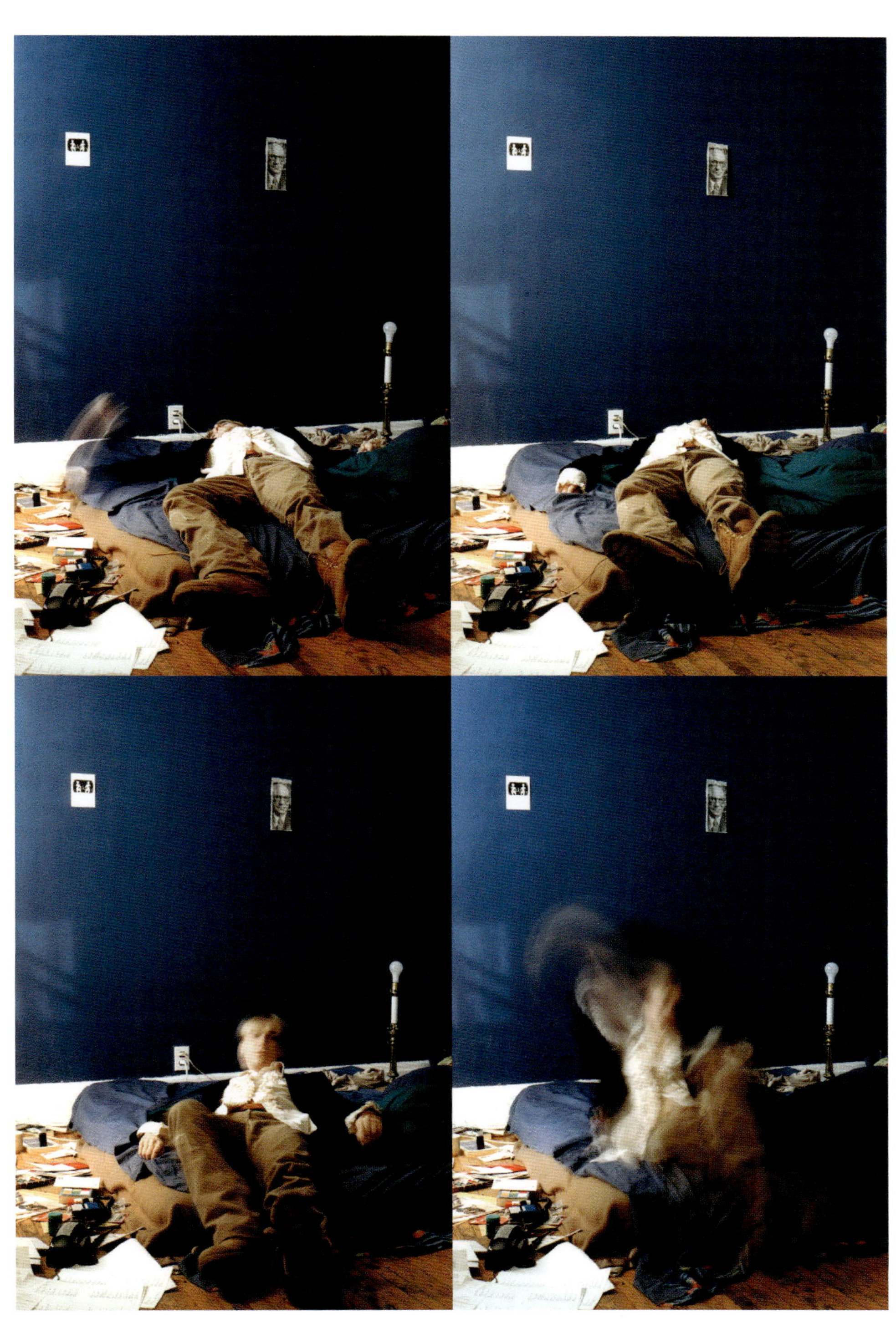

ENTROPIA. IN THEORY INFORMATION, MEASURED TO THE DEGREE OF SCARCELY DISTRIBUTED INFORMATION WITHIN SIGNAL   1998

During artist's permanence in Toronto with a fellowship of the Canadian Government, he titled his solo show *Entropia* (entropy). He didn't refer to the idea of chaos described by the term in physics, but to the sense of uncertainty contained within an information signal: this is the meaning of entropy in information theory. This idea was present in dustmasks evoking catastrophes and in TV with questions emblazoning their screens and their lack of tuning.

Durante la permanenza a Toronto con una borsa di studio post dottorato, l'artista ha intitolato la sua personale *Entropia*, rimandando non tanto al senso di caos che il termine indica in fisica, ma al più specifico uso del termine nella teoria dell'informazione riferito alla quantità di incertezza o di informazione certa presenti in un segnale. Quest'idea d'insicurezza era propria di mascherine che evocavano catastrofi e schermi tv con punti interrogativi impressi sull'assenza di segnale.

Mixed media installation, environmental dimensions
Ryerson Gallery, Toronto, Canada
Realized thanks to a fellowship of the Canadian Government
Courtesy the artist
    Installazione, materiali vari, dimensioni ambientali
    Ryerson Gallery, Toronto, Canada
    Realizzato grazie a una borsa di studio del governo canadese
    Courtesy l'artista

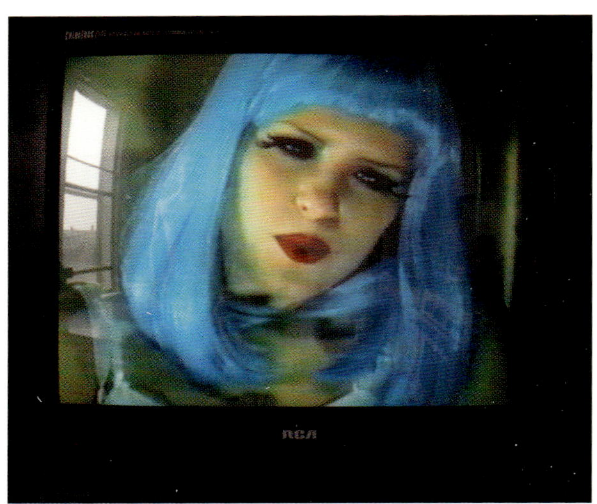

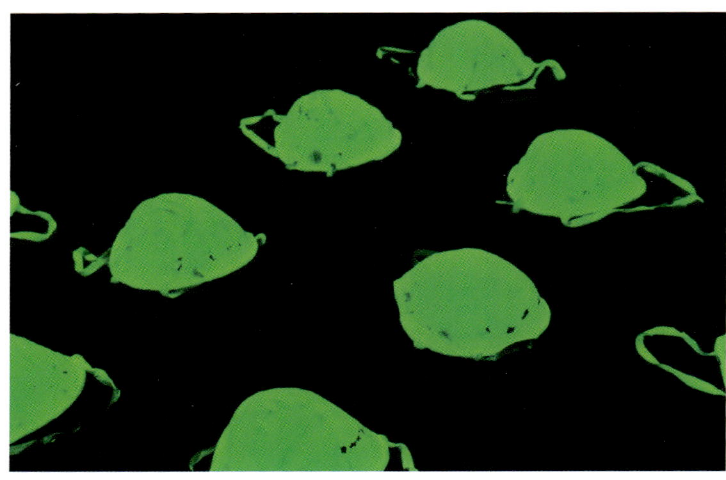

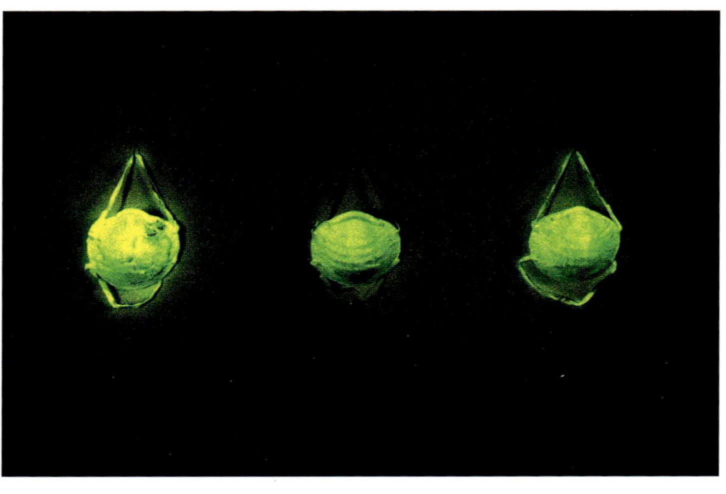

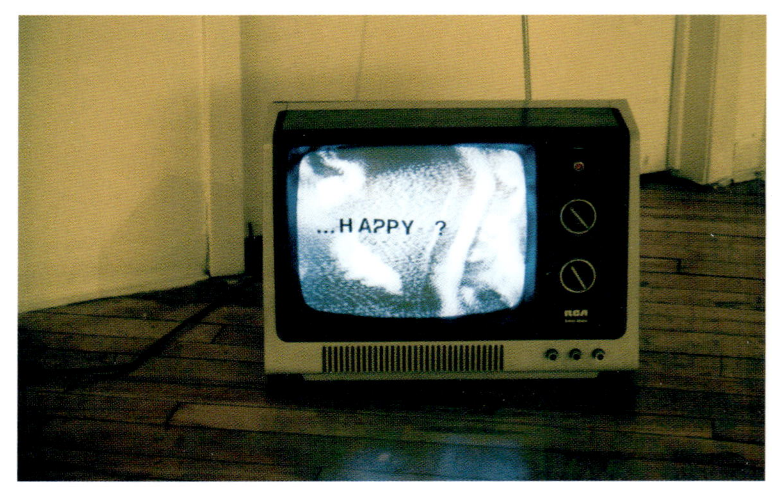

BECOMING AN ANGEL   1998

Standing on a raising elevator, a woman removes a laboratory mask from her face, while a strong hiss persists and a stationary camera follows the action as they go up.
The video was made in the former salt deposits of Hallein, near Salzburg.

> Ferma in un ascensore in movimento, una donna si toglie dal viso una mascherina da laboratorio, mentre persiste un sibilo intenso e una ripresa fissa segue l'azione di ascesa.
> Il video è stato realizzato negli ex depositi del sale di Hallein, vicino a Salisburgo.

Video installation, Hi8 video, transferred to DVD, 60 sec. (loop), 20 dust masks, glow paint, environmental dimensions
Salzburg International Summer Academy of Fine Arts, Hallein, Austria
With the participation of Pola Sieverding
Courtesy the artist

> Video installazione, video Hi8, trasferito su DVD, 60 sec. (loop), 20 mascherine da laboratorio, vernice fosforescente, dimensioni ambientali
> Internationale Sommerakademie für Bildende Kunst Salzburg, Hallein, Austria
> Con la partecipazione di Pola Sieverding
> Courtesy l'artista

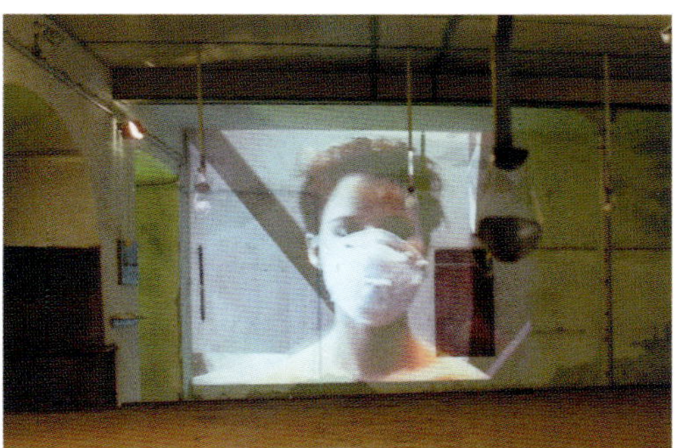

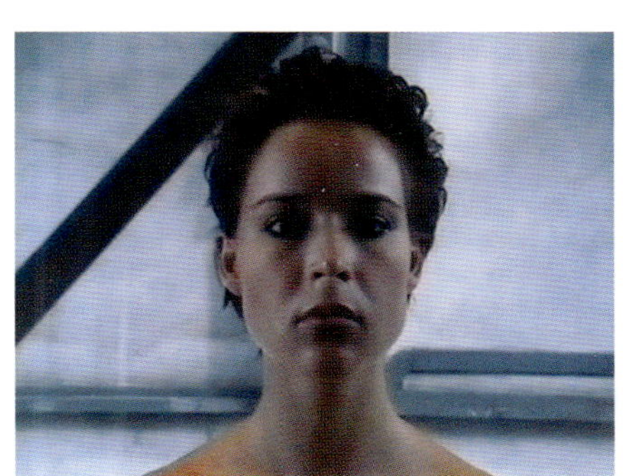
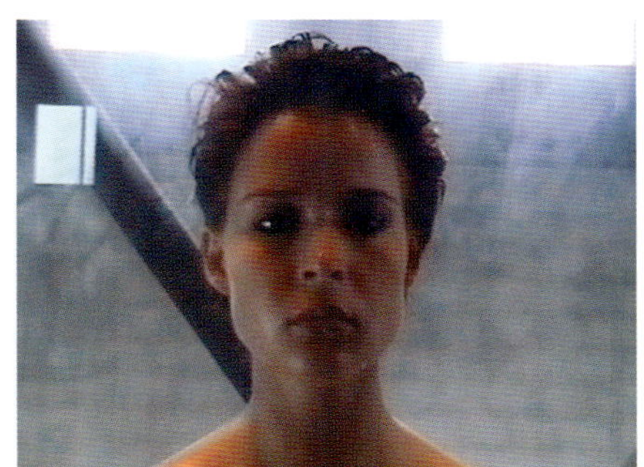
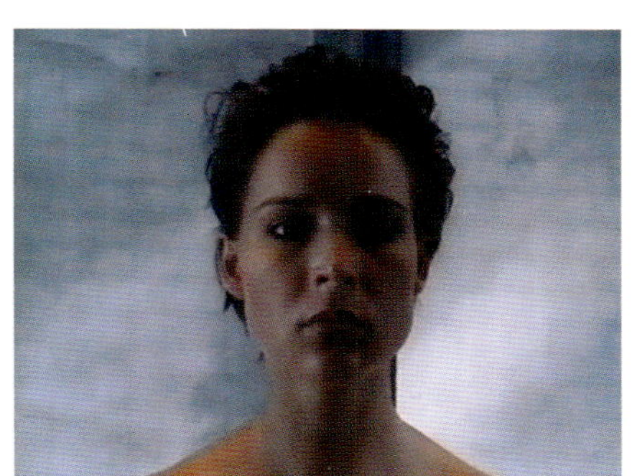
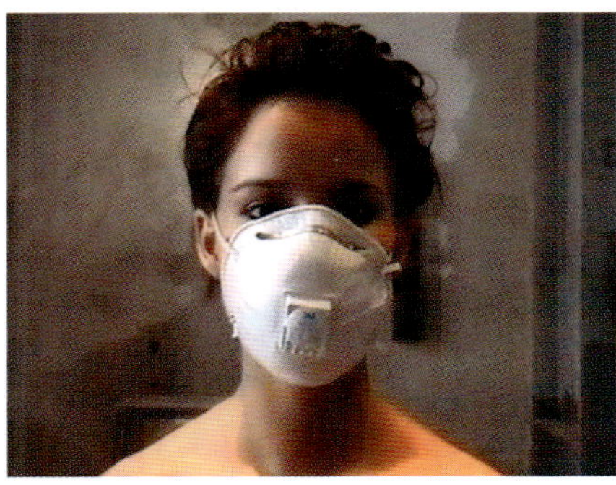
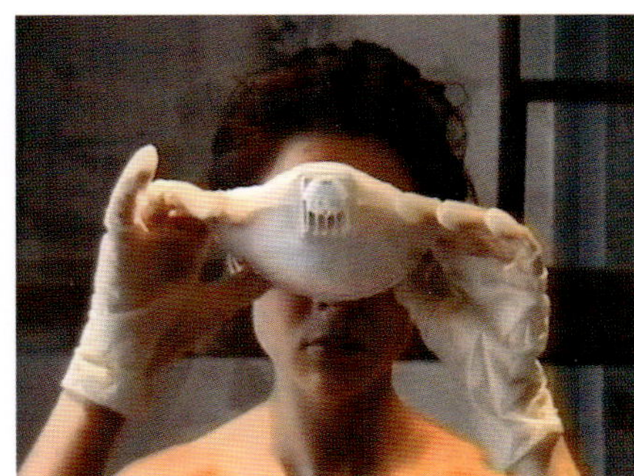
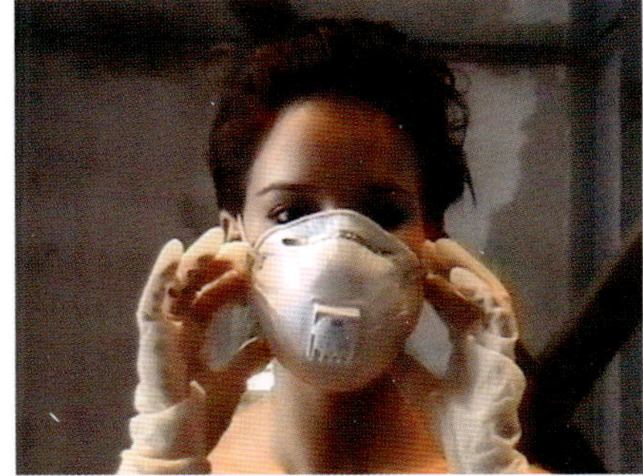
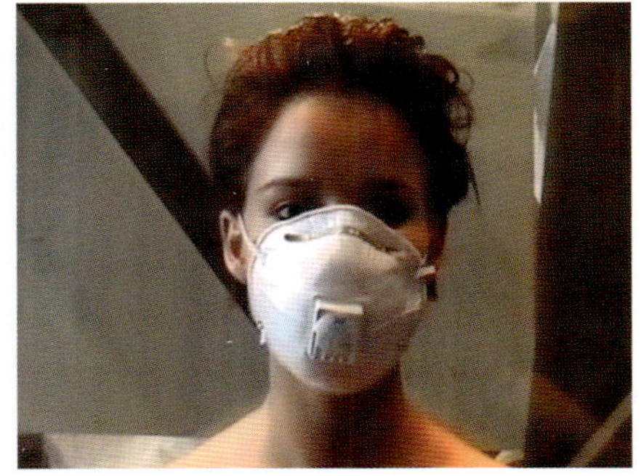

SISTEMI 1997   1997

VHS video, transferred to DVD,
5 min. (loop)
Courtesy the artist
Video VHS, trasferito su DVD,
5 min. (loop)
Courtesy l'artista

In the Nineties, at a time when Italy wanted to forget the troubled *anni di piombo*, the years of terrorism, Cagol had to come to terms with his last name, the same one as Mara, founder of the Red Brigade. The video mixes the five-pointed star (symbol of the Red Brigade) and private images and symbols of emergencies (such as the gas mask).
Realized through a repeatedly reproduction and shooting of the same images on the TV monitor for a low-fi effect, the video work was presented in *Generazione Media* at the Triennale in Milan.

> Negli anni Novanta, in un momento in cui l'Italia voleva dimenticare i tormentati anni di piombo, Cagol ha affrontato il proprio cognome, condiviso con Mara, fondatrice delle Brigate Rosse. Il video mixa la stella a cinque punte (simbolo delle BR) con immagini private e simboli di emergenze (come la maschera antigas).
> Realizzata attraverso ripetute riproduzioni e riprese delle medesime immagini sul monitor televisivo per un effetto *low-fi*, l'opera è stata presentata in *Generazione Media* alla Triennale di Milano.

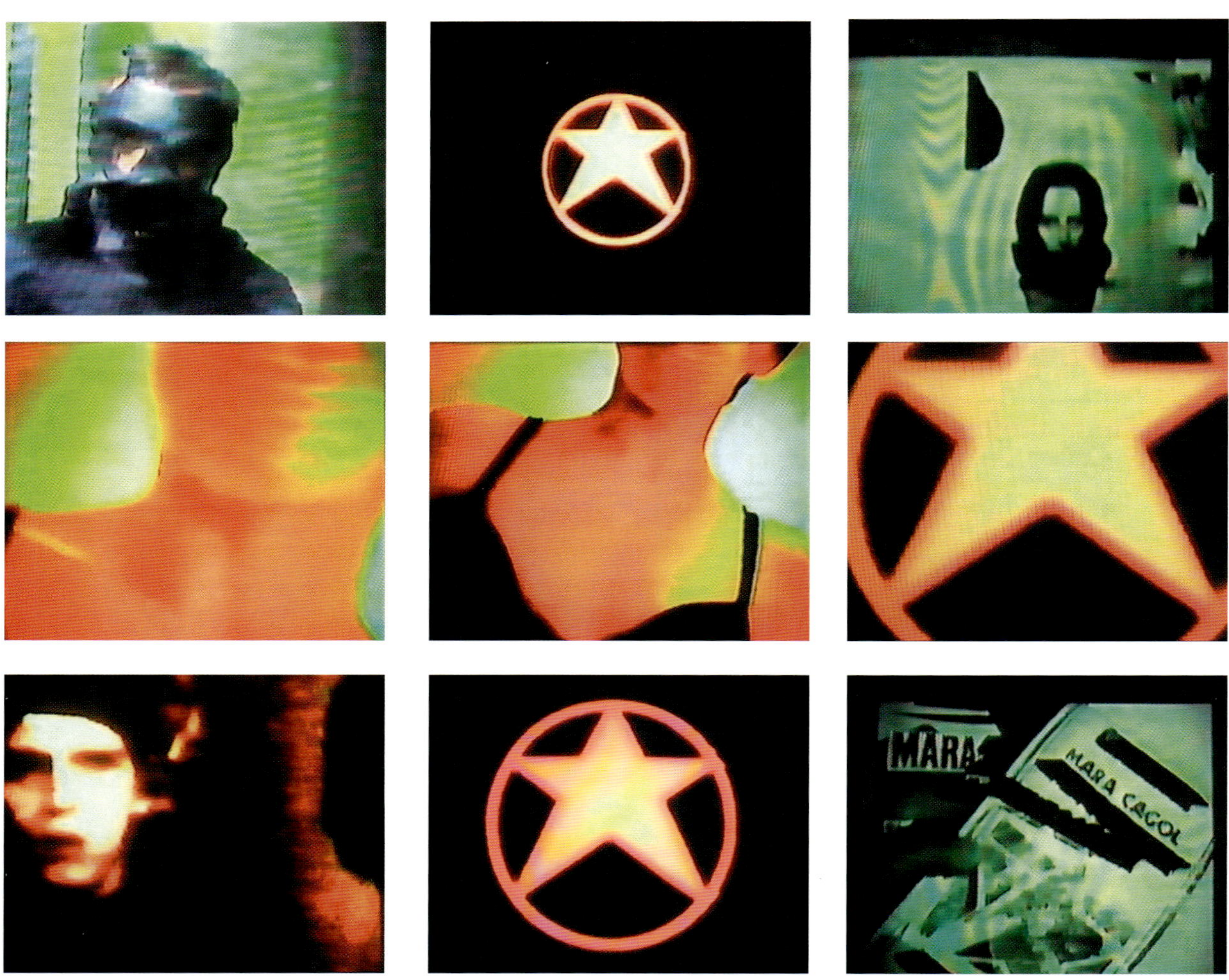

SEPARAZIONE   1997

A personal event—artist's sister was expecting twins
—focused his attention to sense of ambiguity of the real
and the suspension between opposing interpretations,
moving him towards a precise idea of the double, which has
pervaded many of his works since then.
In this first double, the image of a single foetus has been reflected with a mirror positioned on a TV screen and then has
been shot (the title means "separation"). An exactly identi-
cal double has been generated by an artificial mirroring.

> È stato un evento personale – l'attesa di due
> gemelli da parte di una delle sorelle dell'artista –
> a mettere a fuoco il senso di ambiguità del reale
> e di sospensione tra interpretazioni opposte, e ad
> orientarlo verso una precisa idea di doppio, che
> poi ha pervaso numerose sue opere.
> In questo primo doppio, l'immagine di un unico
> feto è stata riflessa posizionando uno specchio
> sullo schermo di una tv ed è poi stata ripresa.
> Un doppio esattamente identico è stato generato
> da una gemellarità artificiale.

VHS video, transferred to DVD,
5 min. (loop)
Second version: *Separazione*, 1999,
DV video on DVD, 1 min. (loop)
Courtesy the artist
> Video VHS, trasferito su DVD,
> 5 min. (loop)
> Seconda versione: *Separazione*,
> 1999, video DV su DVD,
> 1 min. (loop)
> Courtesy l'artista

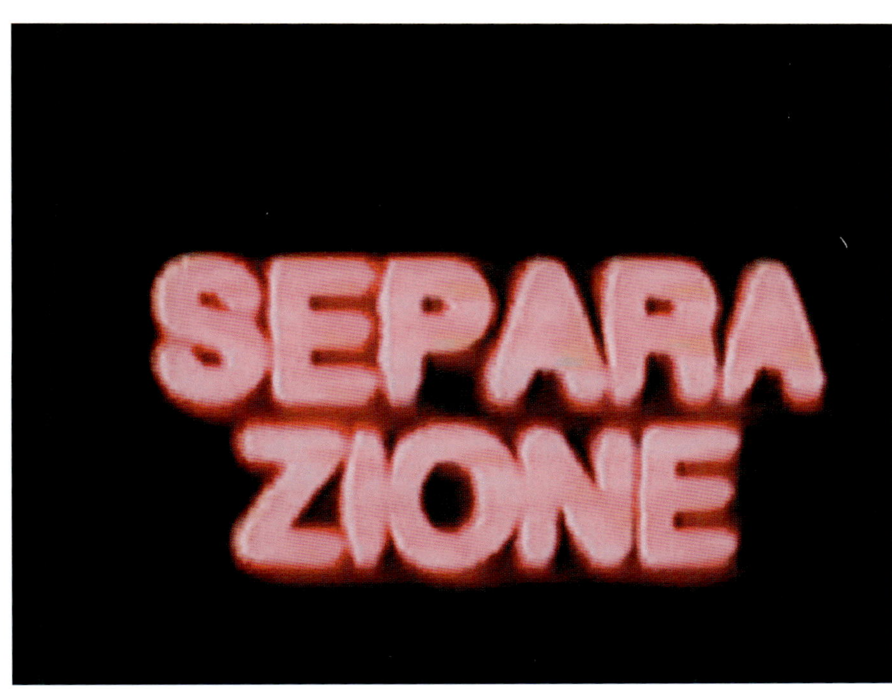

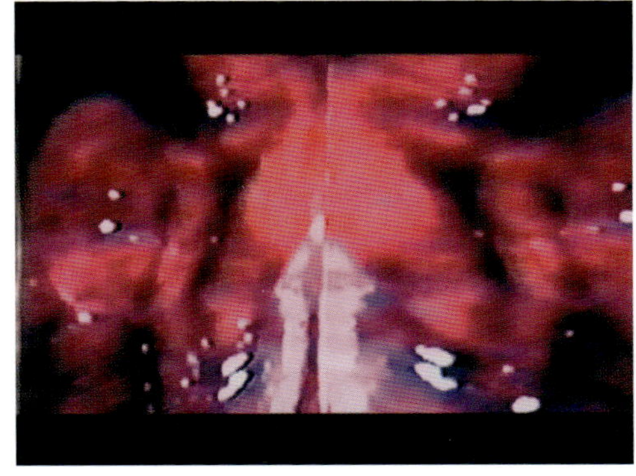

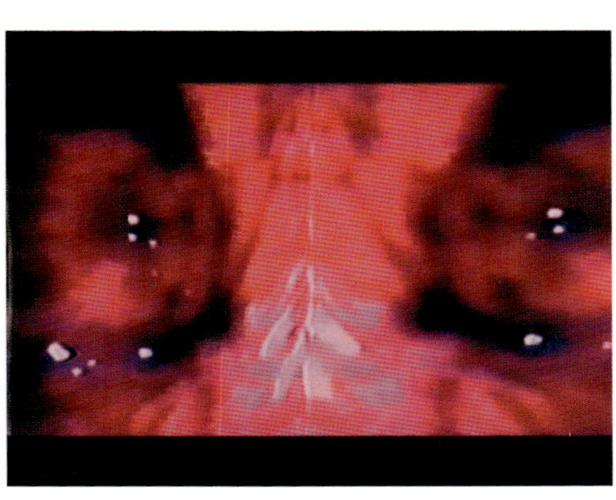

ENTROPIA
(Living in the cities of
North America # 3)   1997

Personal dimension and collective dimension in "recent"
capitals of The New World. This extensive analytical look
was featured in the series of video works realized during the
post-doctoral fellowship of research in video art at Ryerson
University in Toronto with academic supervisor Bruce Elder.
The protagonist of this chapter walks on the streets of
Toronto while wearing a dust mask—unexpected in that
place at that time.

    Dimensione personale e dimensione collettiva
in una delle capitali "recenti" del Nuovo Mondo.
Quest'esteso sguardo analitico è stato affrontato
in una serie di opere video realizzate durante la
borsa di studio post dottorato di ricerca in video
arte alla Ryerson University di Toronto con Bruce
Elder come *academic supervisor*.
Il protagonista di questo capitolo si muove per
le strade di Toronto indossando una mascherina
da laboratorio – in quel luogo e in quel momento
inaspettata.

S-VHS video, transferred
to DVD, 28 min.
Ryerson University, Toronto, Canada
Realized thanks to a fellowship of
the Canadian Government
Courtesy the artist
    Video S-VHS, trasferito
su DVD, 28 min.
Ryerson University, Toronto,
Canada
Realizzato grazie a una borsa
di studio del governo canadese
Courtesy l'artista

E / U / V

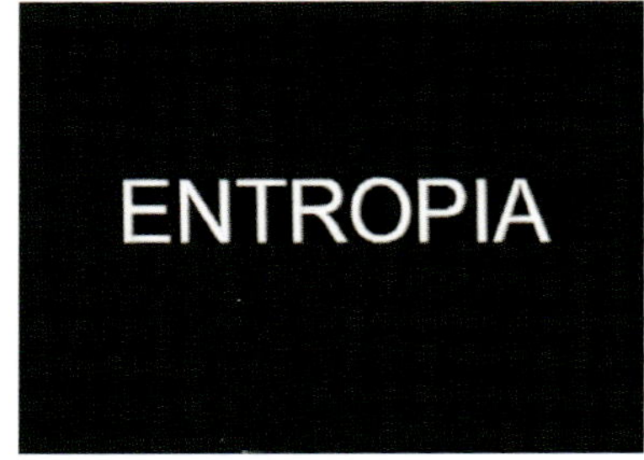

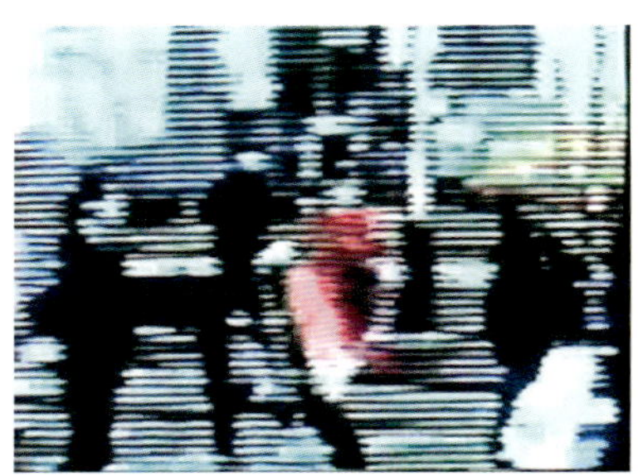
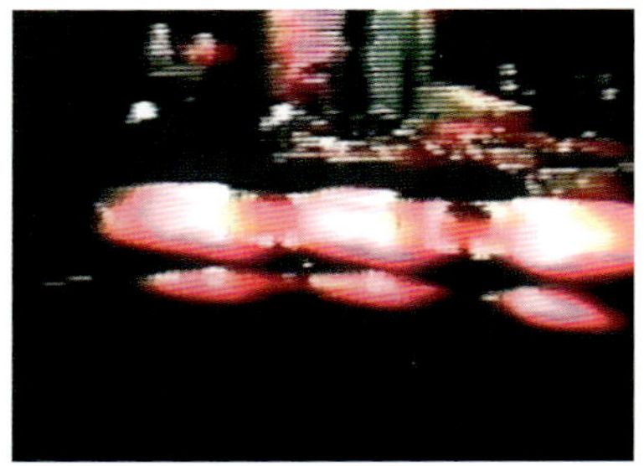

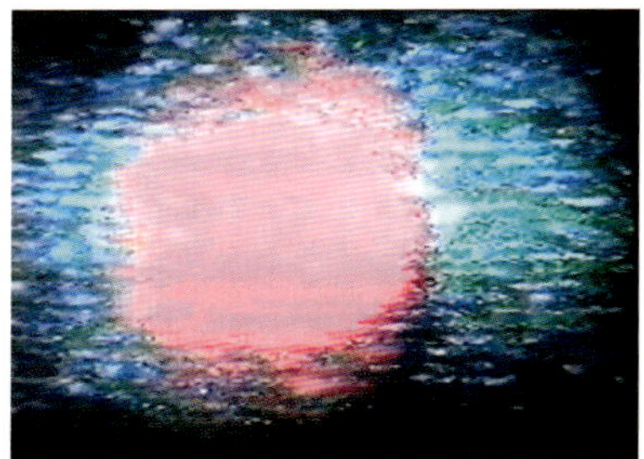
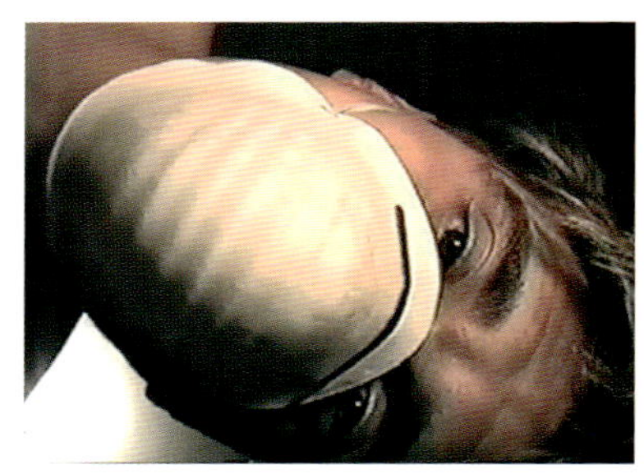
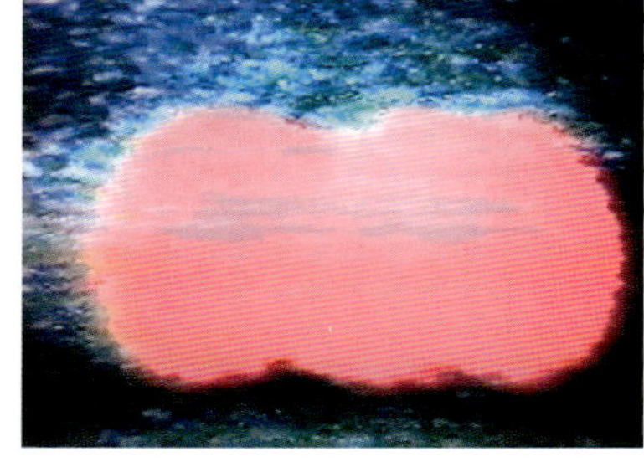

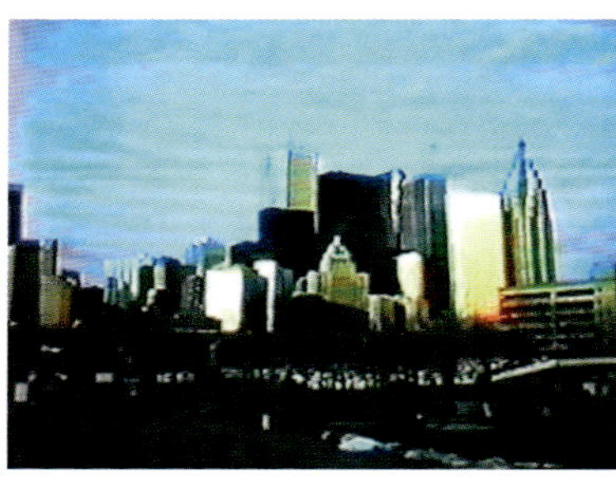
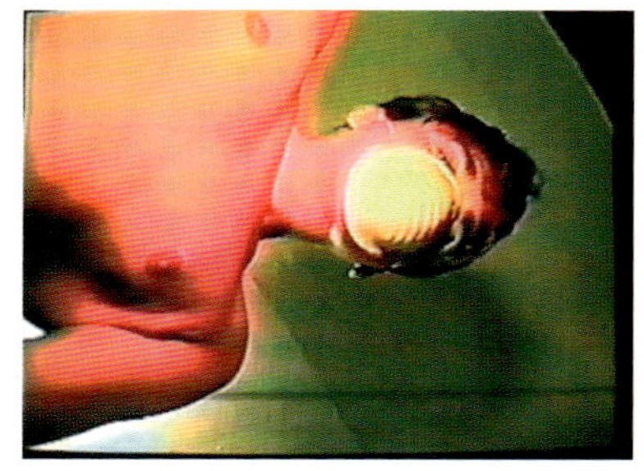
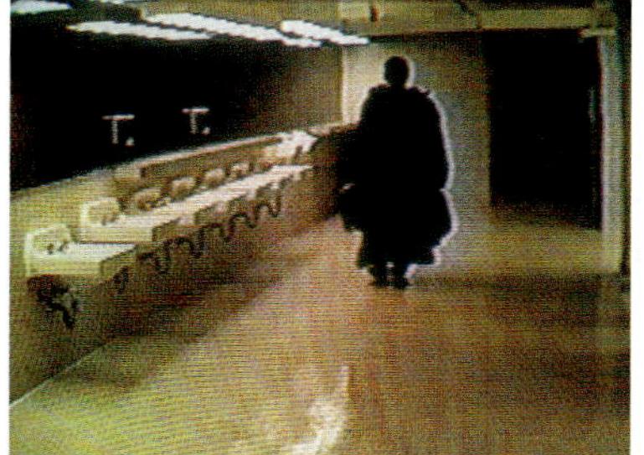

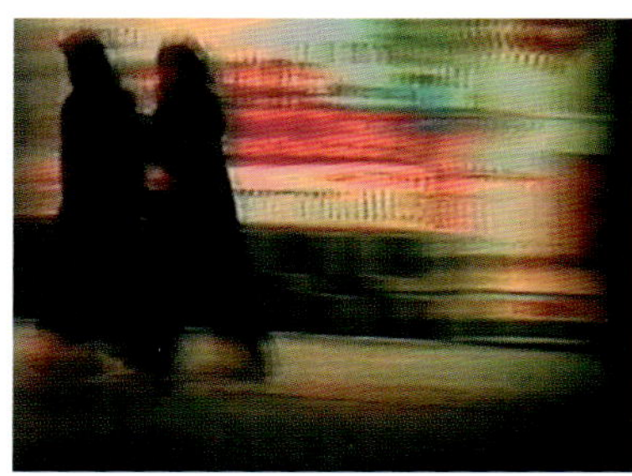
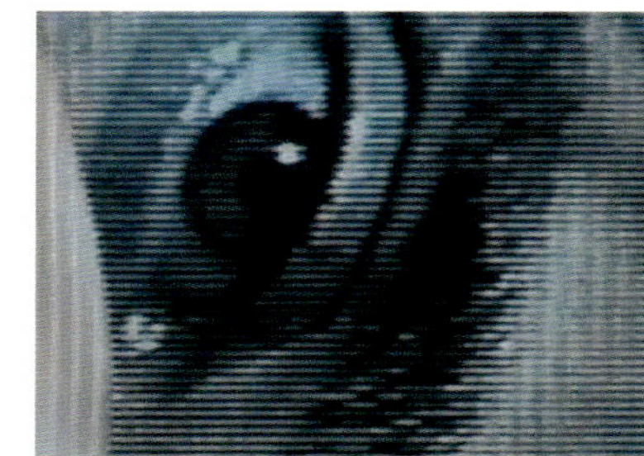
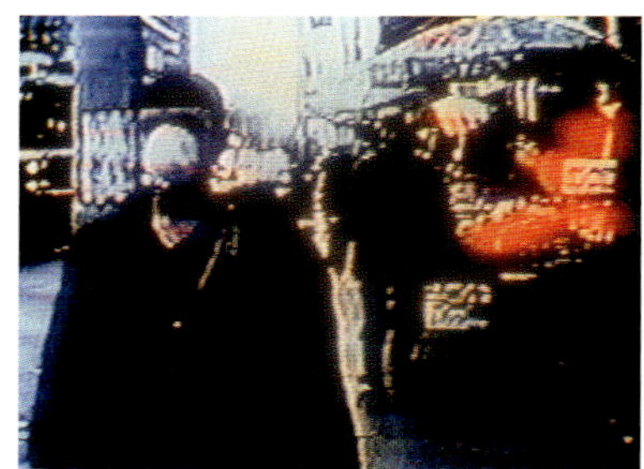

EWIGE BEWEGUNG /
MOVIMENTO   1995

Juxtaposition of opposites, the tension between the blades
and the fluidity of water. The video work captures an im-
promptu performance in the old salt mines of Hallein, near
Salzburg, where salt was extracted from the mountain using the movement of water. Symbolically, the gears continue
their circular movement while thin metal of saws is aimed
and then suddenly released by the performer.

Giustapposizione di opposti tra la tensione di
lame e la fluidità dell'acqua. L'opera video im-
mortala una performance estemporanea nelle
antiche alte saline di Hallein, vicino a Salisburgo,
nelle quali il sale veniva estratto dalla montagna
sfruttando il movimento dell'acqua. Simbolicamente infatti gli ingranaggi continuano il loro
movimento circolare mentre il metallo sottile delle
seghe viene teso e rilasciato improvvisamente dal
performer.

VHS video, transferred to DVD,
30 min.
Hallein, Austria
With interactions of contemporary
dance by Jure Lukascik
Courtesy the artist
Video VHS, trasferito
su DVD, 30 min.
Con interazioni di danza
contemporanea di Jure
Lukascik
Hallein, Austria
Courtesy l'artista

Be Co / H / Sy – TS / SS

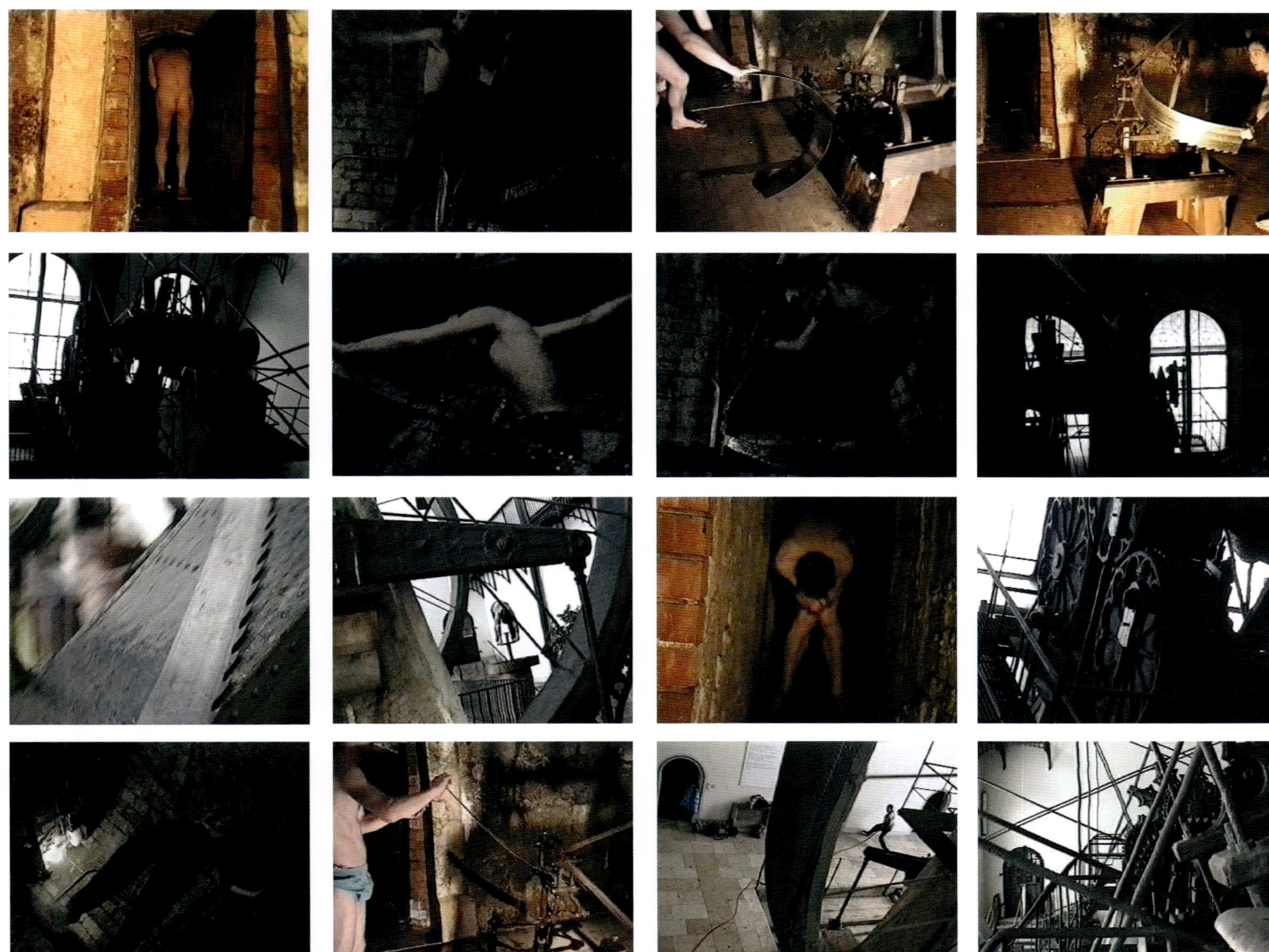

TUNNEL 1995

Movement is forced along a line, without the possibility of lateral deflections, along a direction with no choice. An urban tunnel becomes a symbol of isolation from external reality and nature, symbol of hardship and constriction.

Il movimento è lungo una linea obbligata, senza possibilità di deviazioni laterali, lungo una direzione senza scelta. Un tunnel urbano diviene simbolo di isolamento dalla realtà esterna e naturale, simbolo di disagio e costrizione.

VHS video, transferred to DVD, 4 min.
Second version, same location: *Tunnel*, 1999, DV video on DVD, 5 min.
Courtesy the artist

Video VHS, trasferito su DVD, 4 min. seconda versione, stessa location: *Tunnel*, 1999, video DV su DVD, 5 min.
Courtesy l'artista

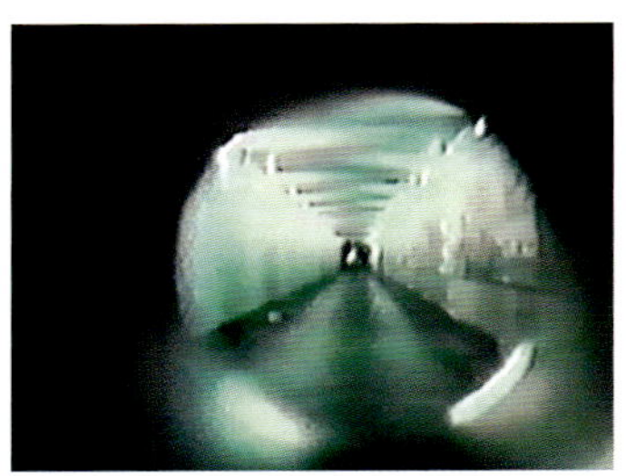
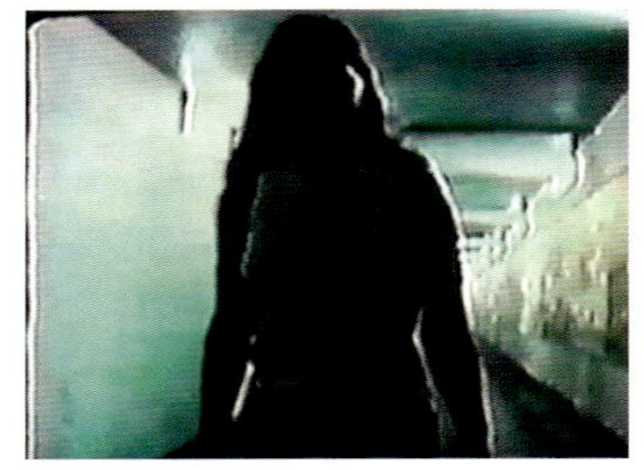
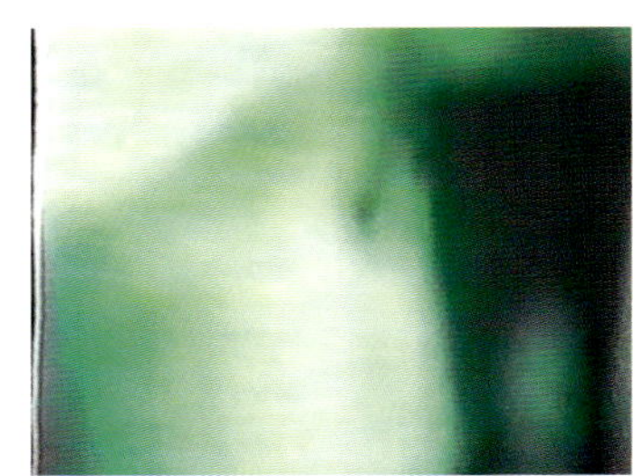
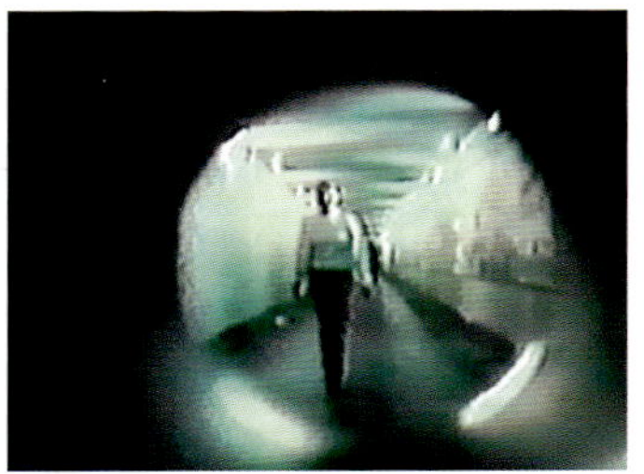
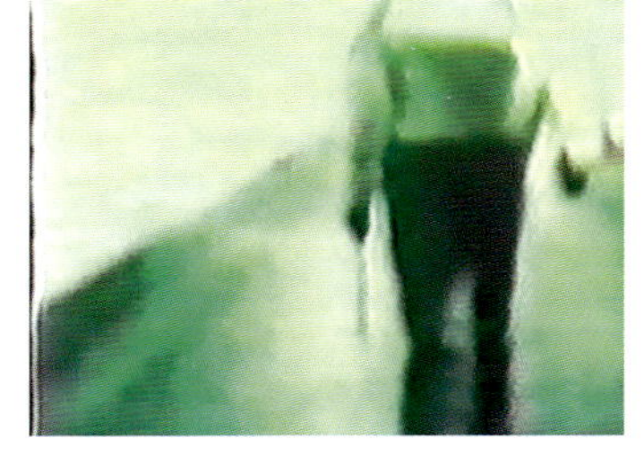
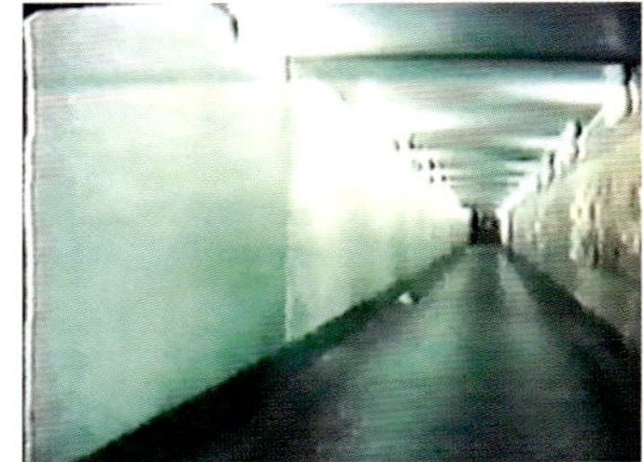
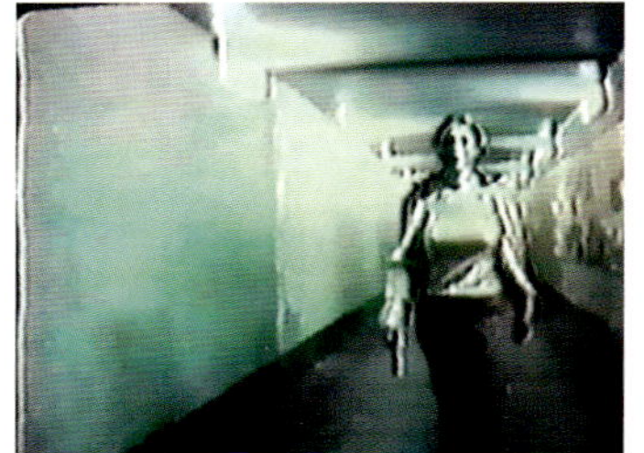
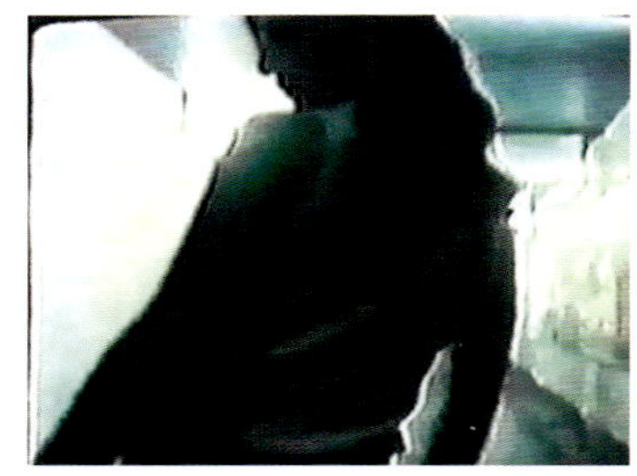
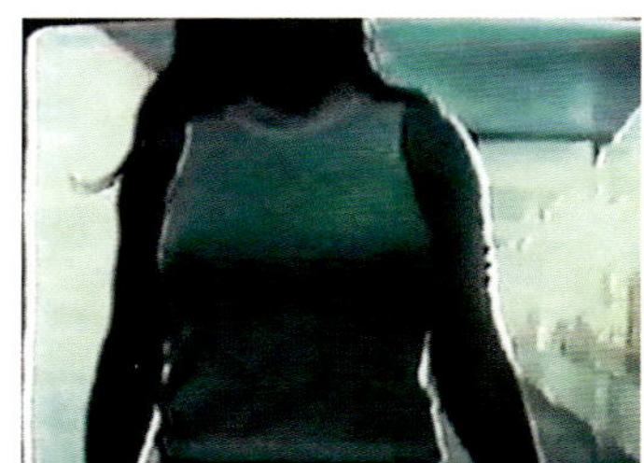
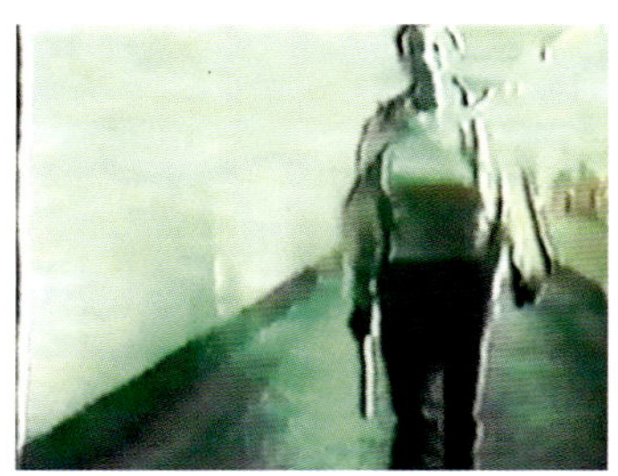
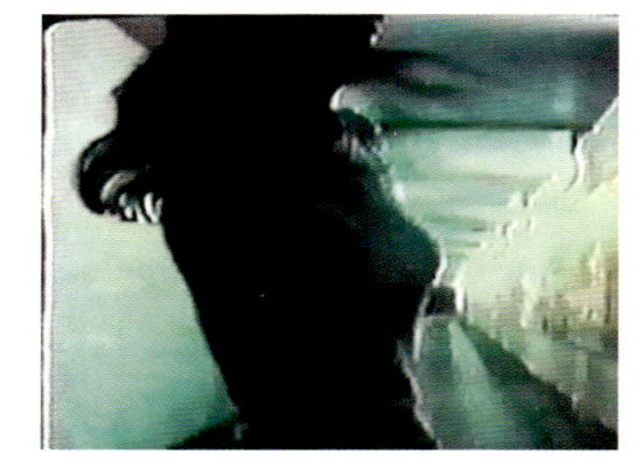
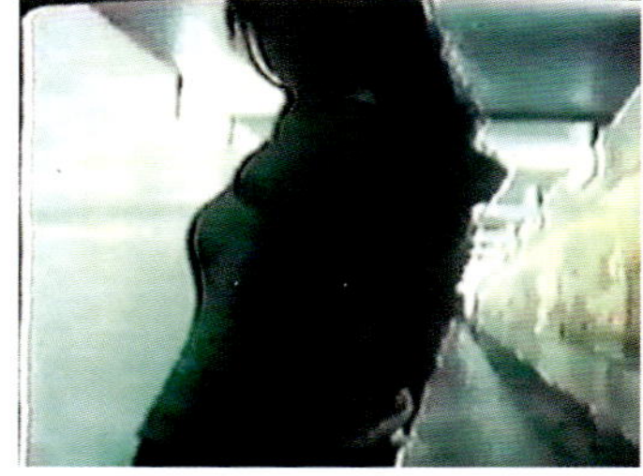
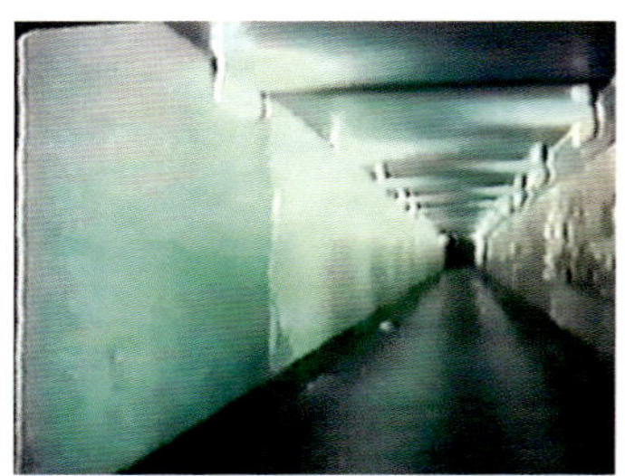
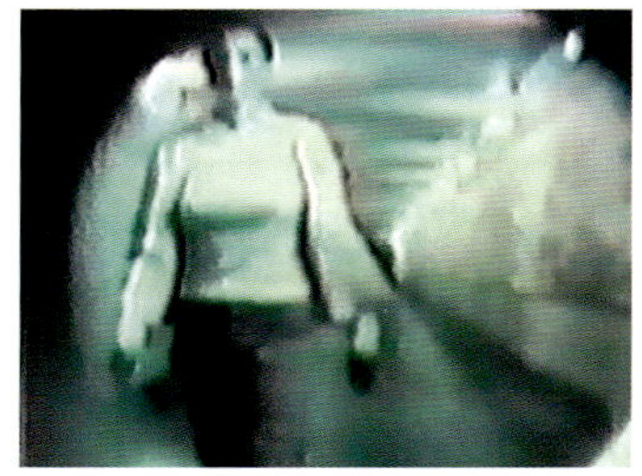
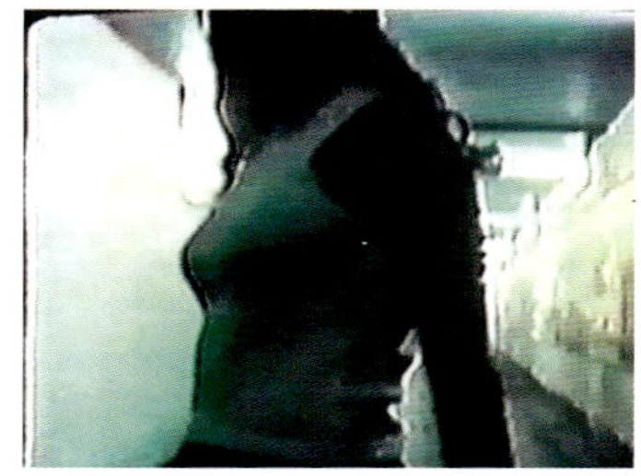
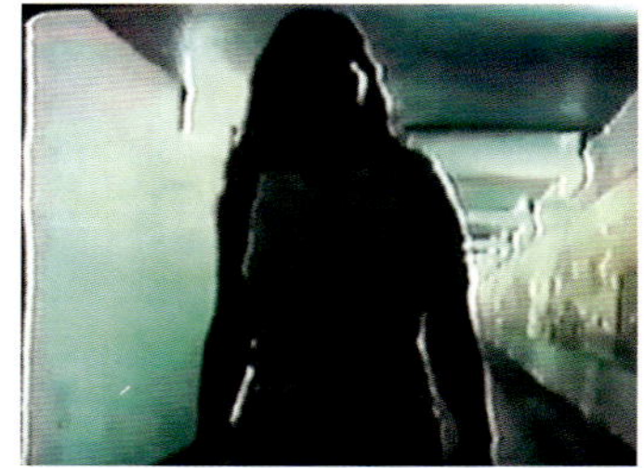
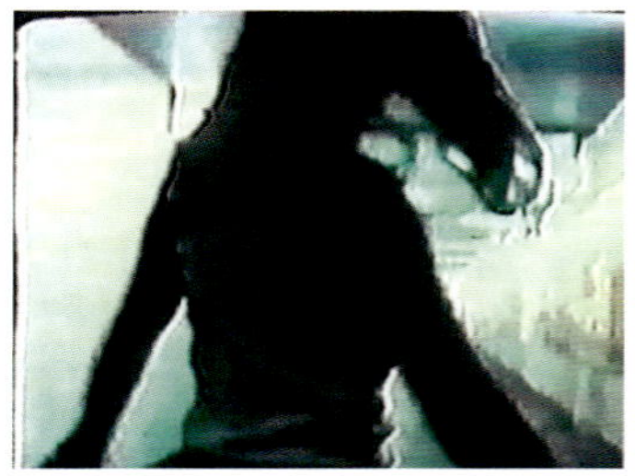

THE NEW GOD   1995

Television is a symbol of communication and "dictatorship."
Even when not transmitting anything.
    La tv è un simbolo di comunicazione e di "dittatu-
ra". Anche quando non trasmette nulla.

Transistor-TV, lack of tuning,
word sticker
Courtesy the artist
    Tv a transistor, assenza
    di sintonizzazione, scritta
    adesiva
    Courtesy l'artista

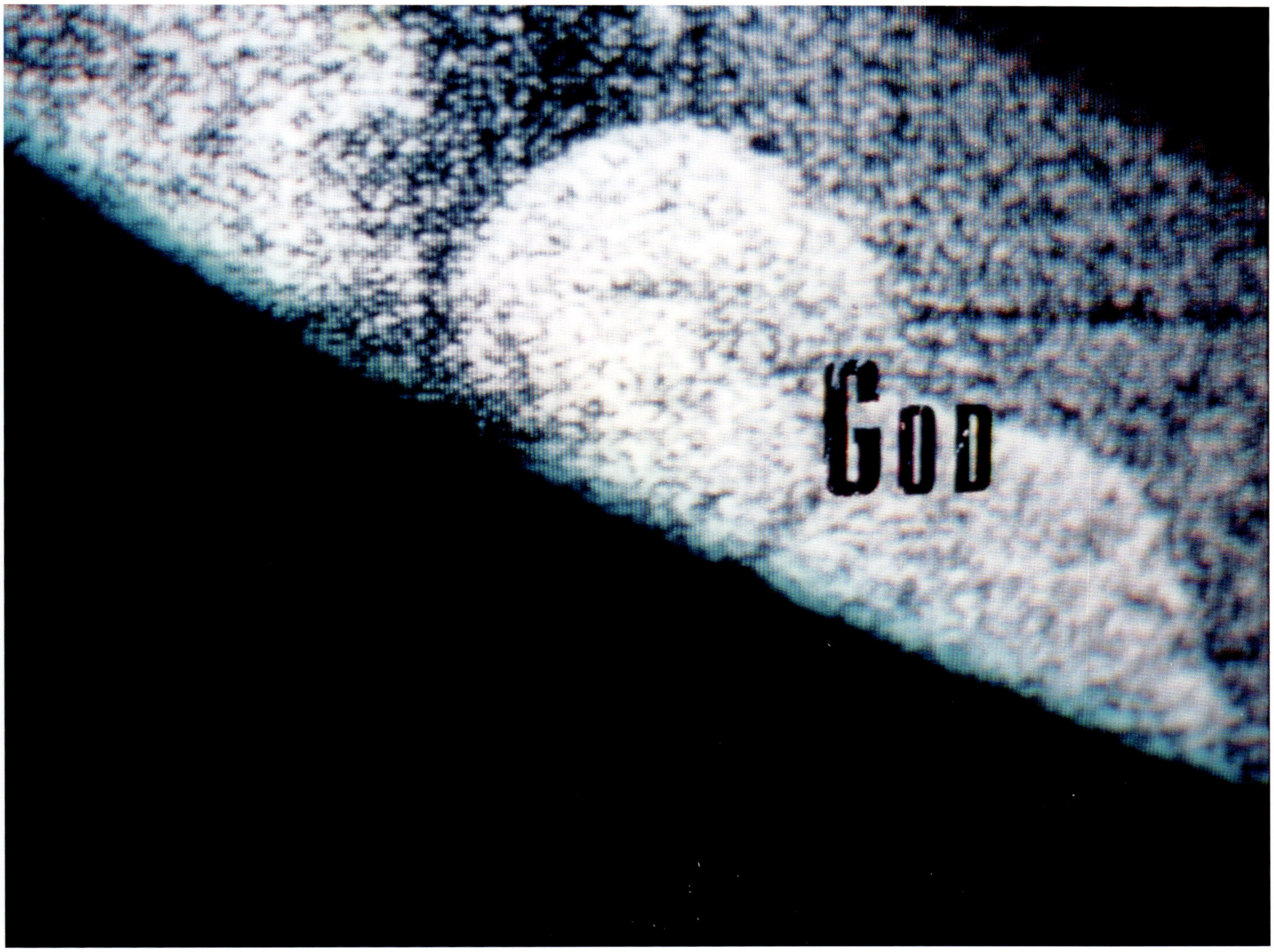

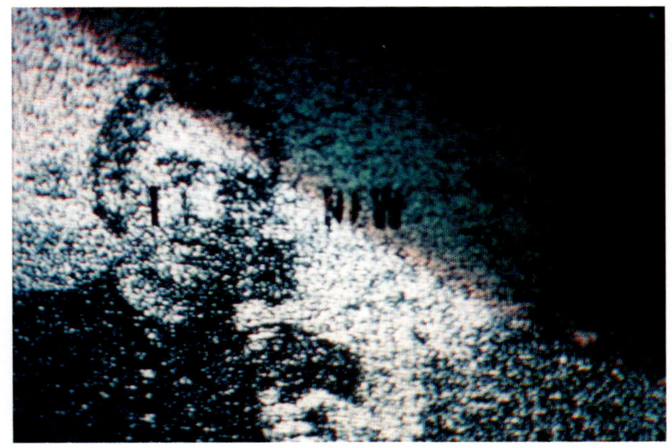

MONITO. MONITION.
MORT NUCLEAIRE   1995

The sound of an atomic explosion was gradually expanded
to the extreme to become similar to a symphony of string
instruments. While the images of the documentation of
nuclear tests also seem altered, having been repeatedly reproduced and shot on the TV monitor, using an exclusively
manual operation.
The video was chosen and presented at *Video Forum* at
Art Basel.

> Il suono di un'esplosione atomica è stato dilatato
> progressivamente all'estremo fino a divenire simi-
> le alla sinfonia di uno strumento a corda. Mentre
> anche le immagini di documentazione di test
> nucleari risultano alterate, essendo state ripetu-
> tamente riprodotte e riprese sul monitor della tv,
> secondo un'operazione di montaggio esclusiva-
> mente manuale.
> Il video è stato scelto e presentato a *Video Forum*
> ad Art Basel.

VHS video, transferred to DVD,
14 min. (loop)
Courtesy the artist and Studio
d'Arte Raffaelli, Trento
> Video VHS, trasferito su DVD,
> 14 min. (loop)
> Courtesy l'artista e Studio
> d'Arte Raffaelli, Trento

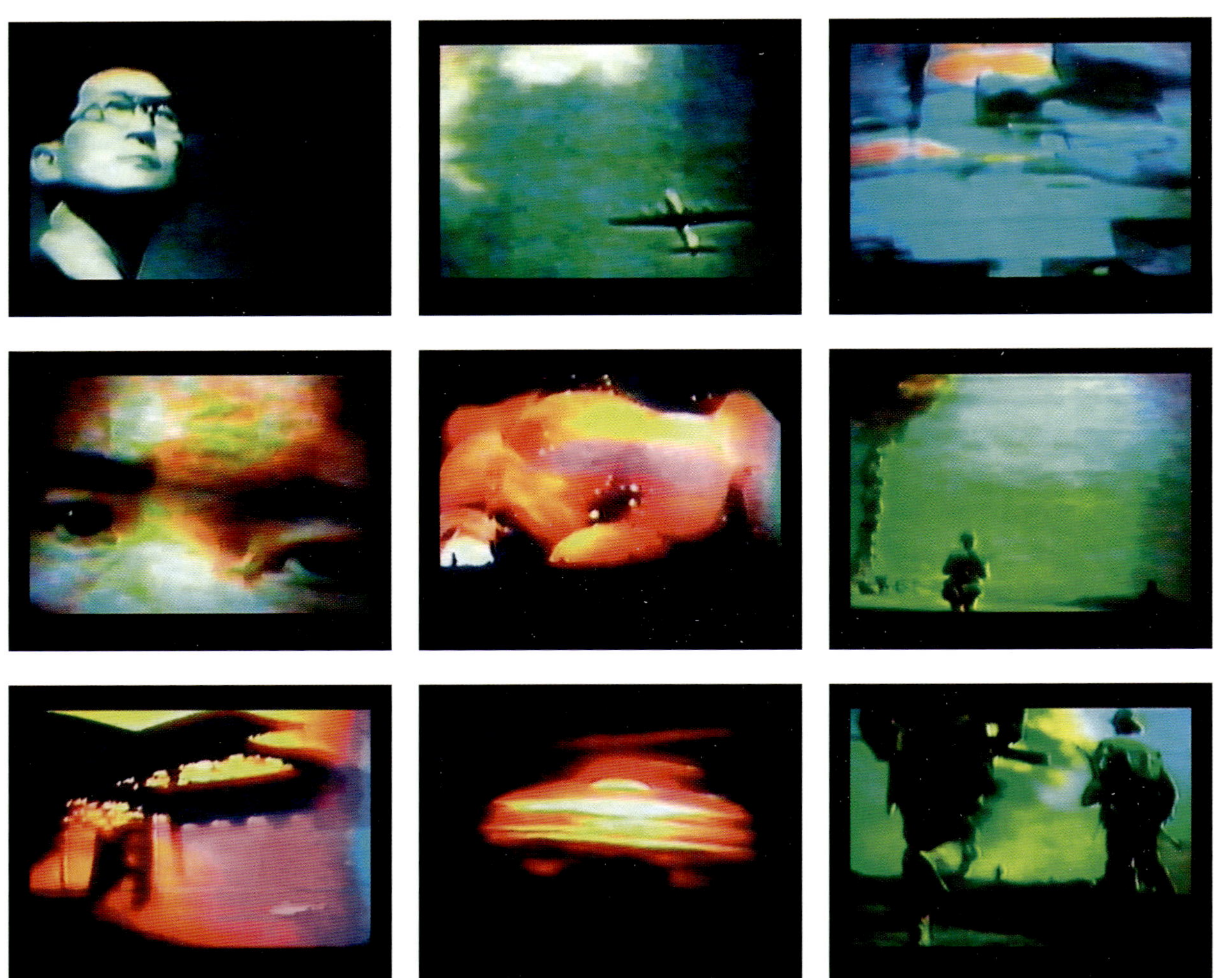

SEX-NET-MORT NUCLÈAIRE   1995

During the artist in residence at Landesatelier of Künstler-haus in Salzburg, the artist realized a solo show that jux-taposed opposing codes and symbols, unequal symbols as patchy is the Net which was entering into mass communica-tion at that time.

    Durante l'artist in residence presso il Landesate-lier alla Künstlerhaus di Salisburgo, l'artista ha realizzato una mostra che giustapponeva codici e simboli tra loro opposti, simboli disomogenei come disomogenea è la Rete che in quell momento stava entrando nel sistema della comunicazione di massa.

Mixed media installation, environ-mental dimensions
Künstlerhaus, Salzburg, Austria
Courtesy the artist
    Installazione, materiali vari, dimensioni ambientali
    Künstlerhaus, Salisburgo, Austria
    Courtesy l'artista

Sy – C

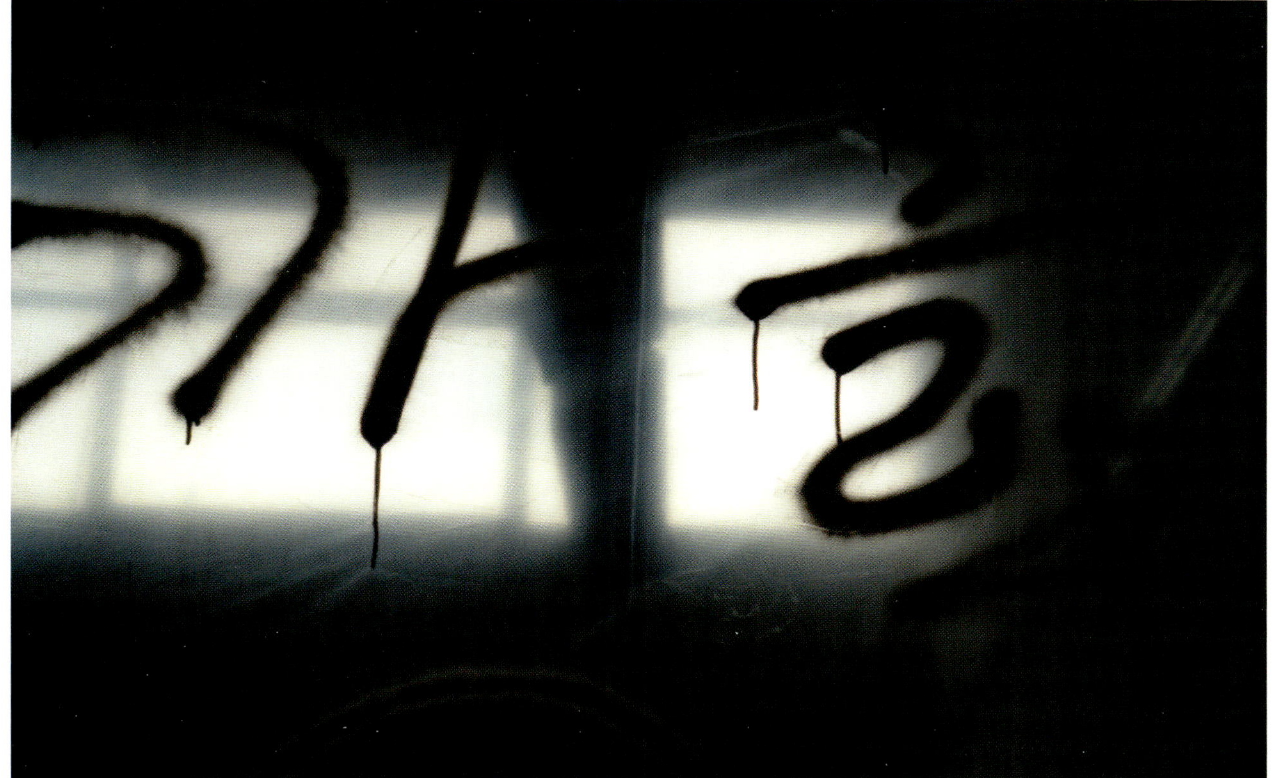

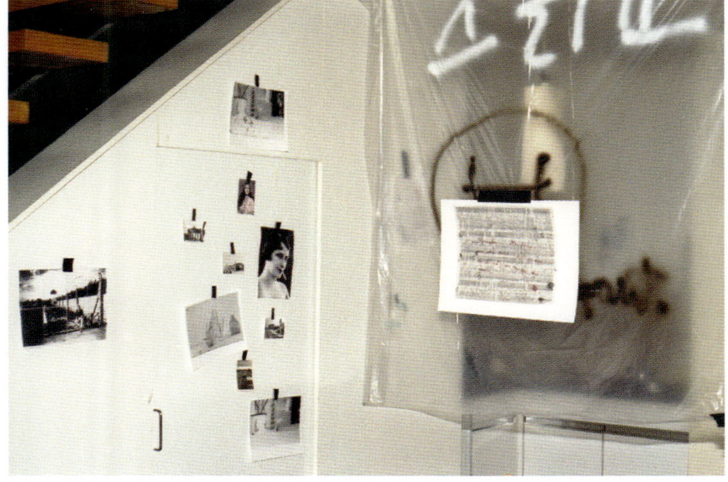

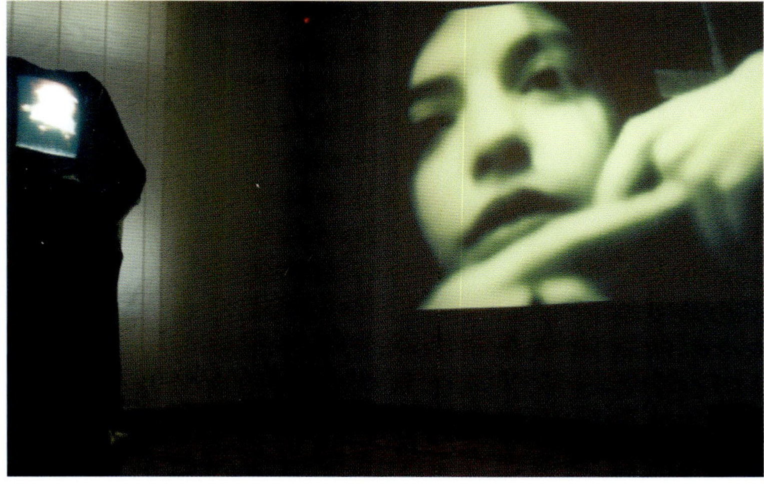

C.O.N.F.U.S.E.D - V.I.D.E.O.   1995

The first video of the artist. Mounted through empirical procedures arriving to a low-fi effect, the video was composed by altering times and colors in a totally manual way, changing them at the moment of playback on the TV and shooting the TV screen in numerous later phases that each time immortalized the new result to change it further. Here natural flames and images of former industrial spaces are governed by the same law: that of time, marked by a clock.

Il primo video dell'artista. Realizzato con modalità empiriche di montaggio per un effetto *low-fi*, è stato composto alterando tempi e colori in maniera del tutto manuale, cambiandoli nel momento della riproduzione sul televisore e riprendendo lo schermo in numerose fasi successive che ogni volta immortalavano il nuovo risultato per cambiarlo ulteriormente. Qui fiamme naturali e immagini di spazi ex industriali sono governate dalla medesima legge: quella del tempo, scandito da un orologio.

VHS video, transferred to DVD,
43 min. (loop)
Courtesy the artist
Video VHS, trasferito su DVD,
43 min. (loop)
Courtesy l'artista

E / Sy / U

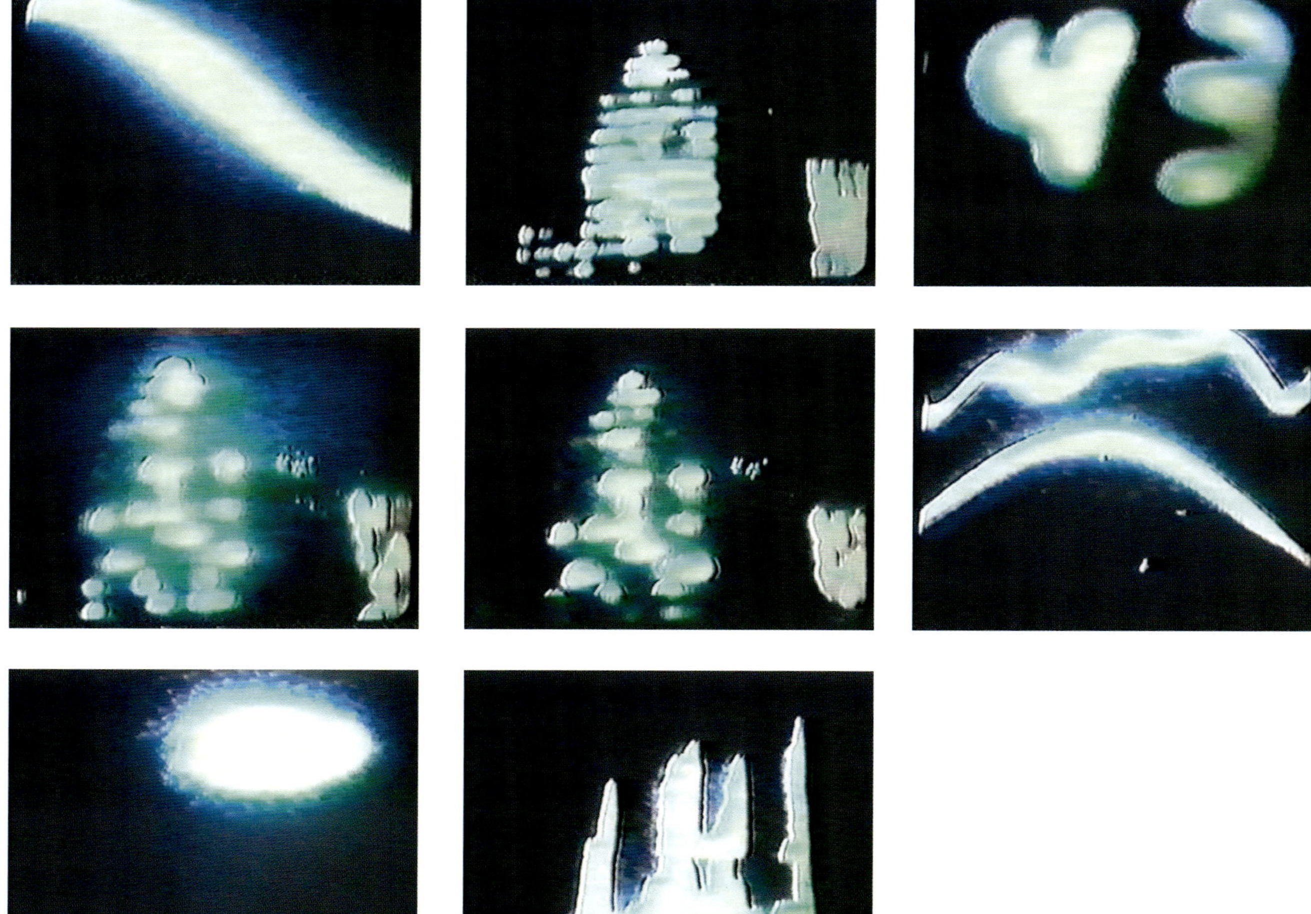

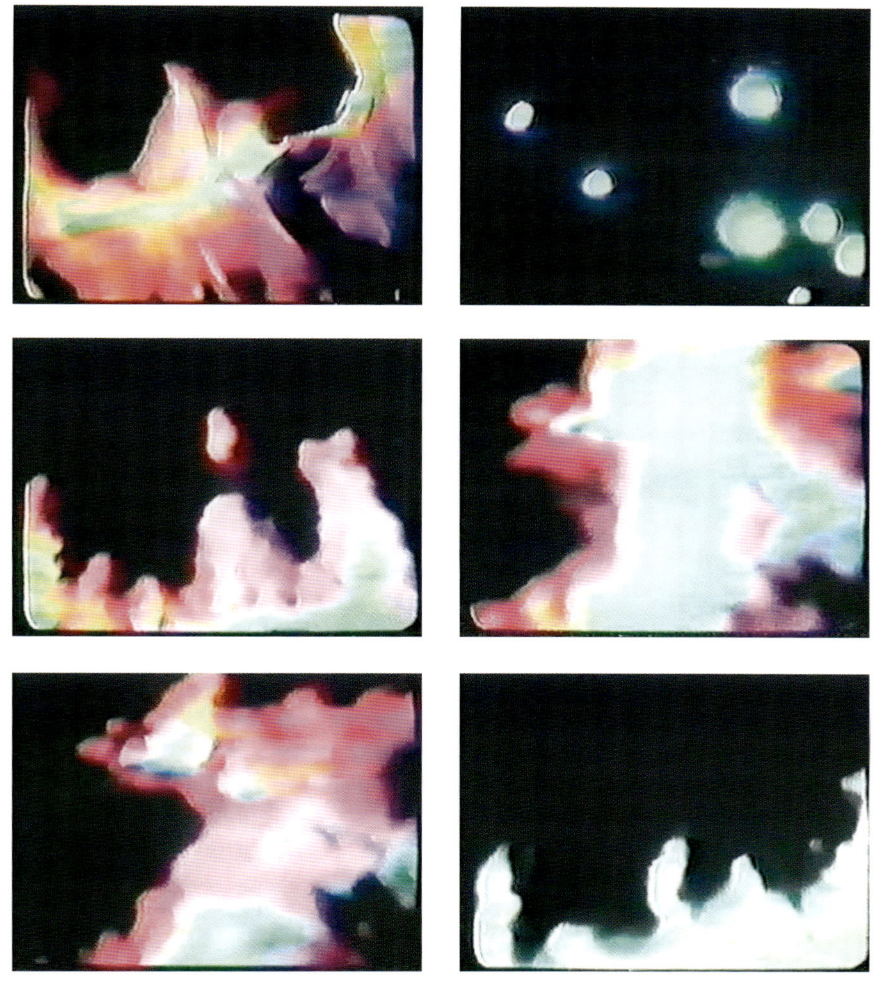

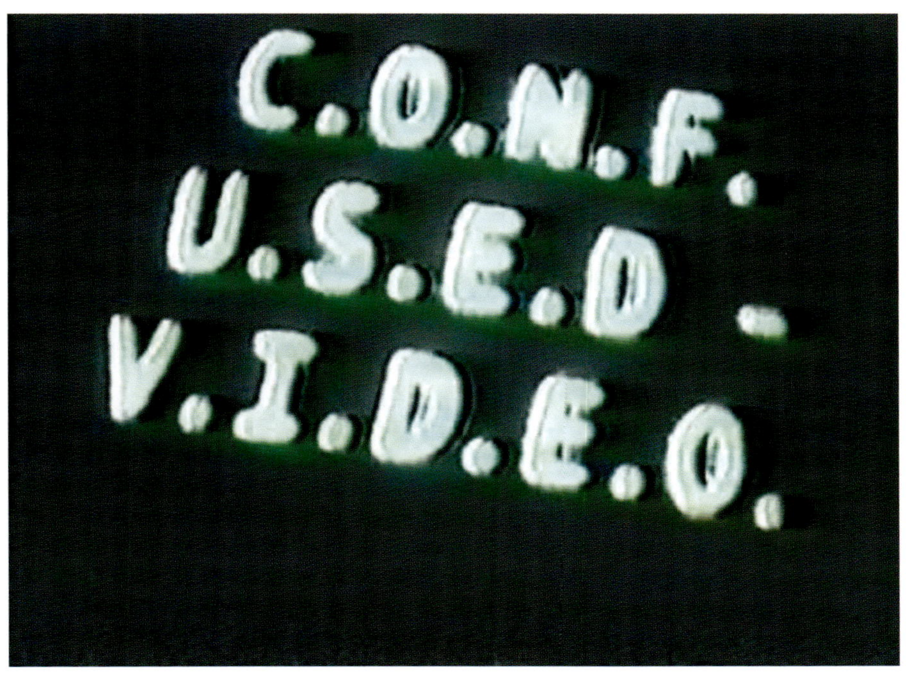

C.O.N.F.
U.S.E.D.
V.I.D.E.O.

PALAZZO IMMAGINATO   1994

Classical orders of architecture, Eastern architectural
styles, Western architectural utopias (by Étienne-Louis
Boullee) as ideal metaphor of social structures. The title
means imaged palace.
   Ordini architettonici greci, stili architettonici
   orientali, utopie architettoniche occidentali (quelle
   di Étienne-Louis Boullée) come ideali metafore di
   strutture sociali.

Ink on paper, 100 x 70 cm
Courtesy the artist
China su carta, 100 x 70 cm
Courtesy l'artista

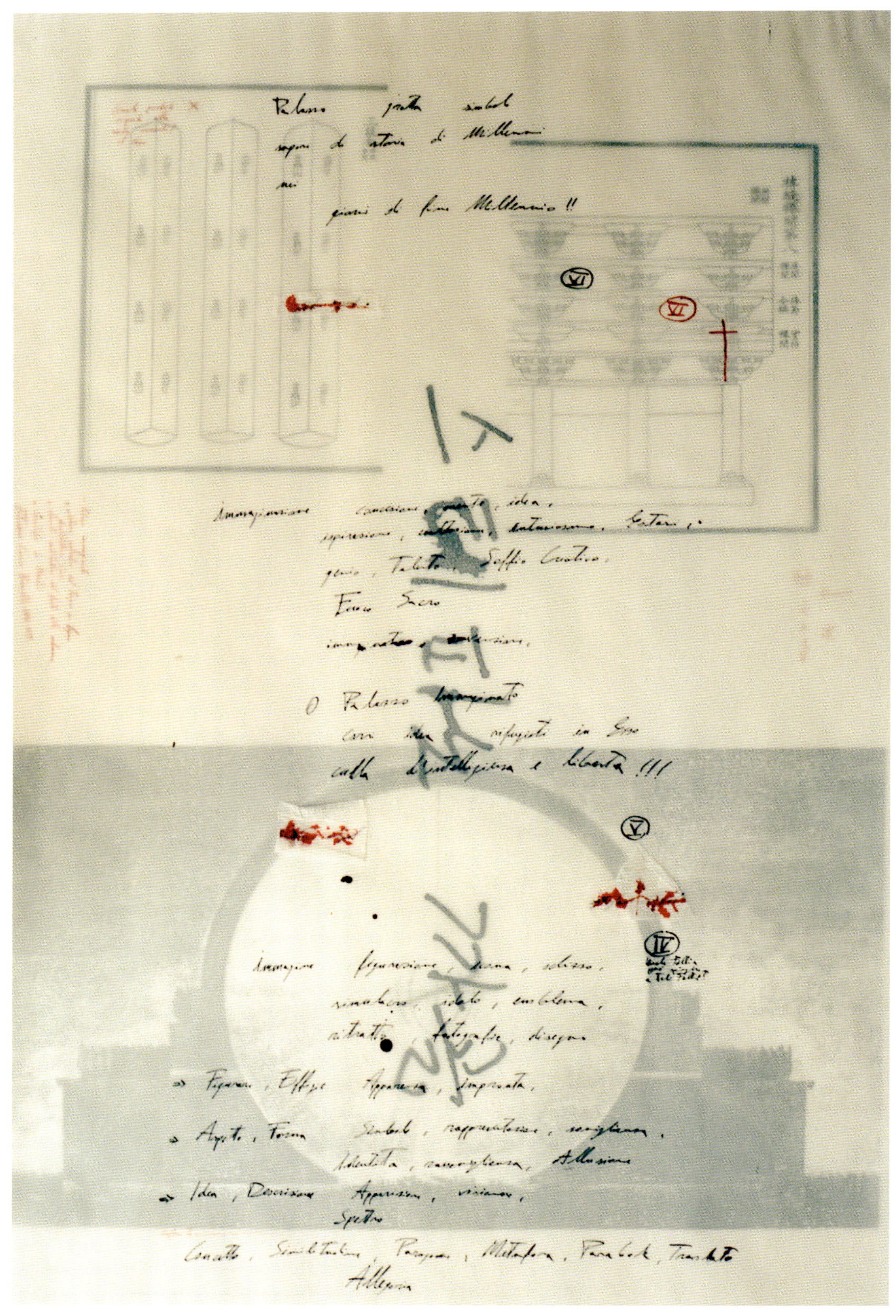

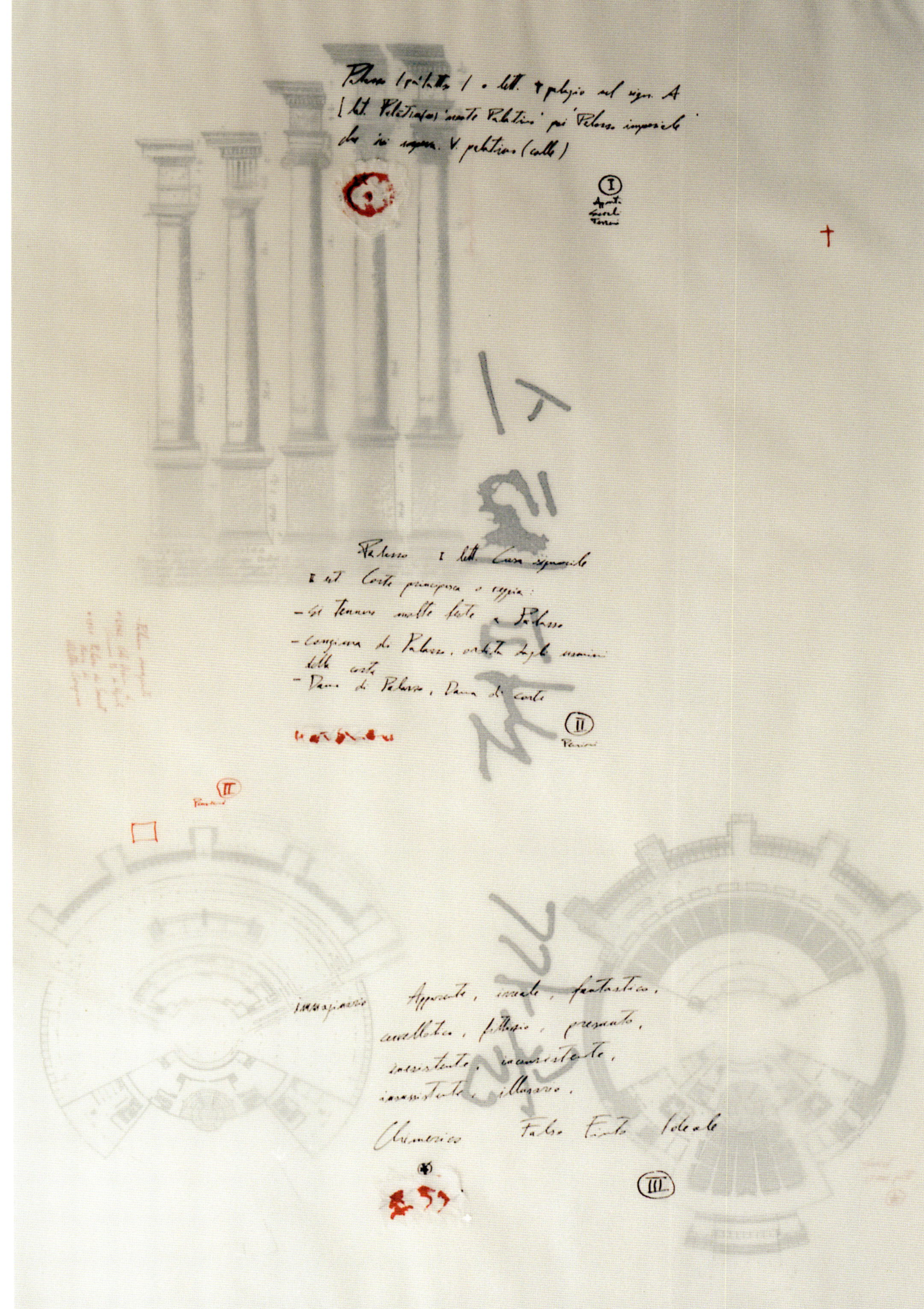

PIRAMIDI   1993

A symbol can have different meanings: religious, historical, cultural, architectural... meanings that are strictly confined to one community or cross national boundaries, sometimes becoming universal.
This photograph, taken from the artist's personal archive, becomes the pretext to trigger a debate on the persistence and transformation of symbols.

> Un simbolo può assumere significati diversi: religiosi, storici, culturali, architettonici... Significati che restano chiusi in una comunità o superano i confini nazionali, divenendo a volte universali.
> Questa fotografia, presa dall'archivio personale dell'artista, diventa il pretesto per innescare una riflessione sulla persistenza e sulla trasformazione dei simboli.

Digitized 35 mm photograph,
lambda print mounted on aluminum,
29 x 42 cm
Giza, Egypt
Courtesy the artist
> Fotografia 35 mm digitalizzata,
> stampa lambda montata su
> alluminio, 29 x 42 cm
> Giza, Egitto
> Courtesy l'artista

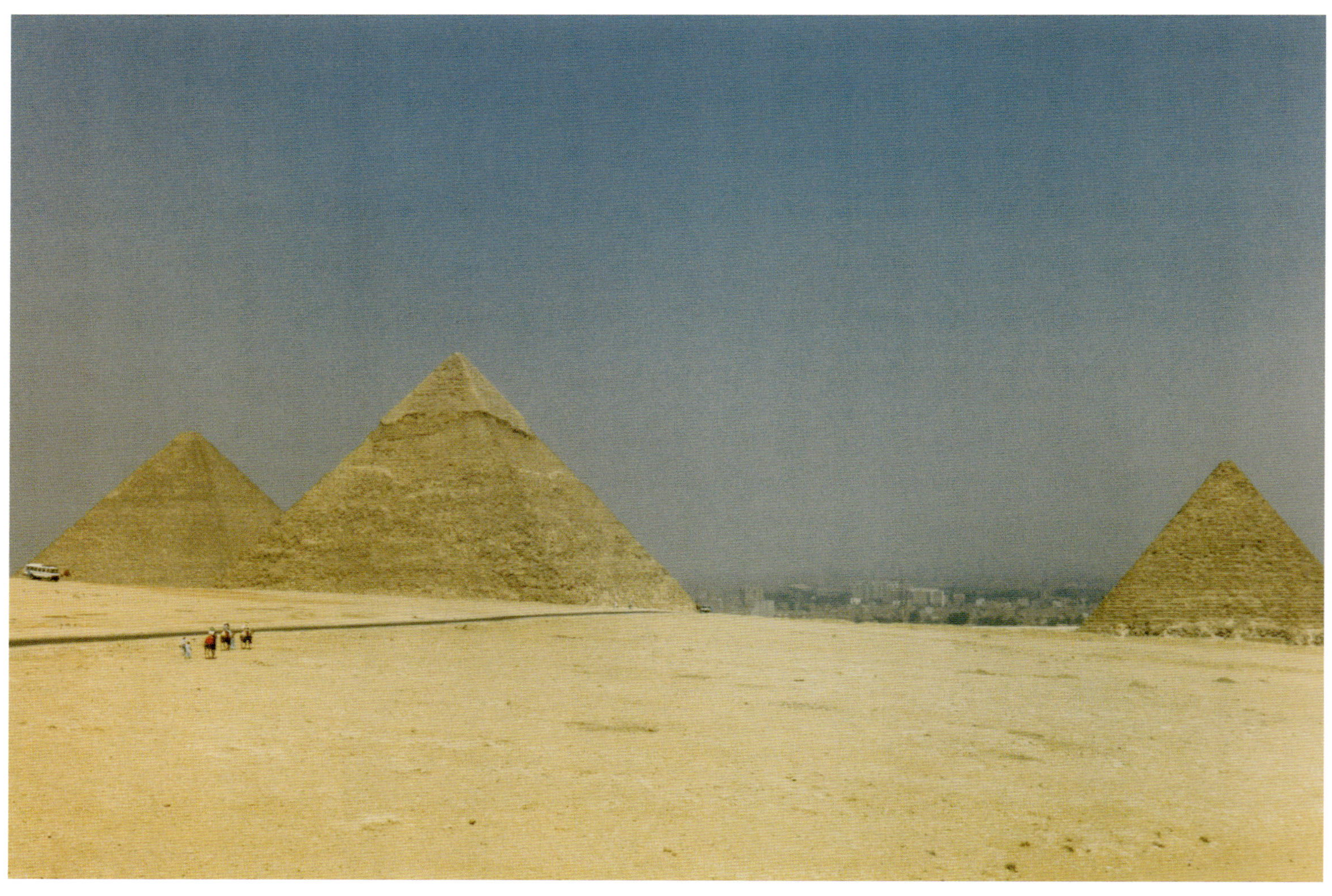

DRANG   1992–1993

Only the momentum, the second element of the *Sturm und Drang*. But enough to make—with only the use of the hands—a flat surface pointed, to break orthogonal lines, to ruffle that which was flat, to question what it was before. The work, created at the Accademia di Brera in Milan, has been shown (in an abridged form) at the Gallery Cavellini & Cilena in the context of *Salon Primo '93*, selection of the best students of the academy.

Solo l'impeto, il secondo elemento, dello *Sturm und Drang*. Ma abbastanza per rendere appuntita col solo uso delle mani una superficie piana, per spezzare linee ortogonali, per increspare ciò che è piano, per mettere in discussione ciò che era prima. L'opera, realizzata all'Accademia di Brera a Milano, è stata esposta (in una versione ridotta) presso la Galleria Cavellini & Cilena nell'ambito di *Salon Primo '93*, selezione dei migliori allievi dell'Accademia.

Hand-folded aluminum foil, acrylic paint, aerosol paint, 4 x 1.5 x 1 m
Milan, Italy
Courtesy the artist
Foglio in alluminio piegato a mano, colori acrilici, bomboletta spray, 4 x 1,5 x 1 m
Milano, Italia
Courtesy l'artista

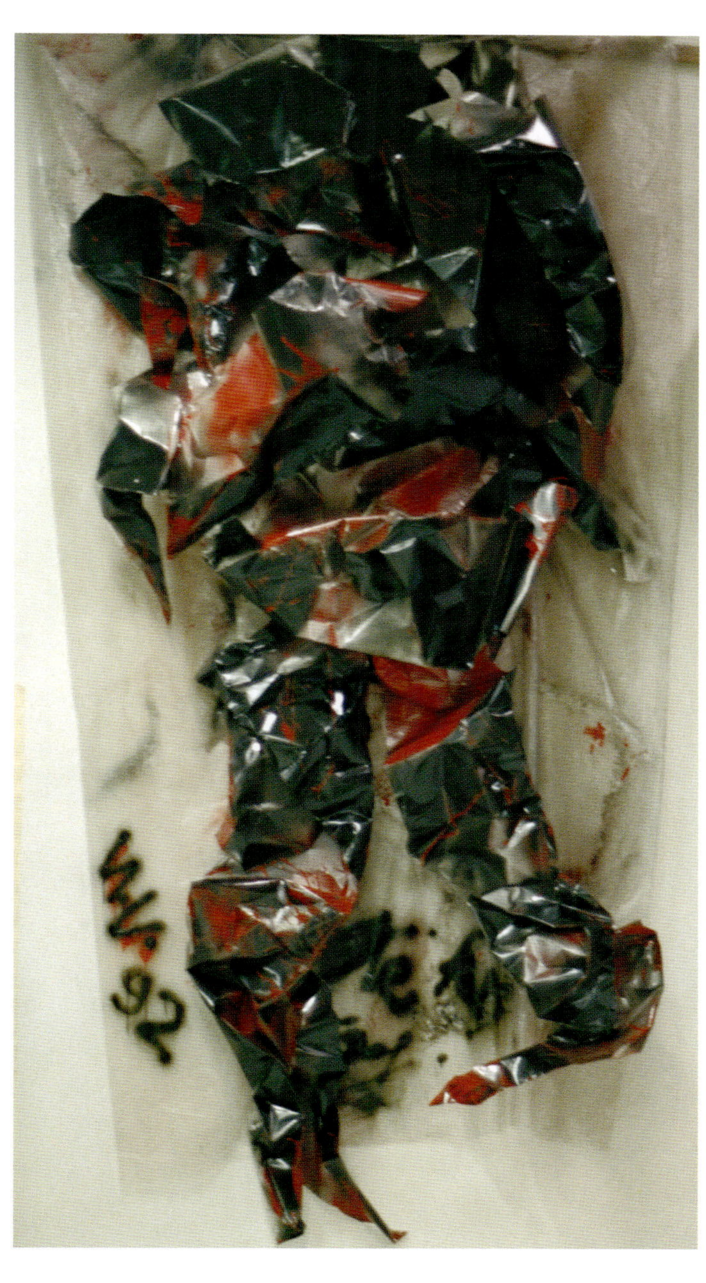

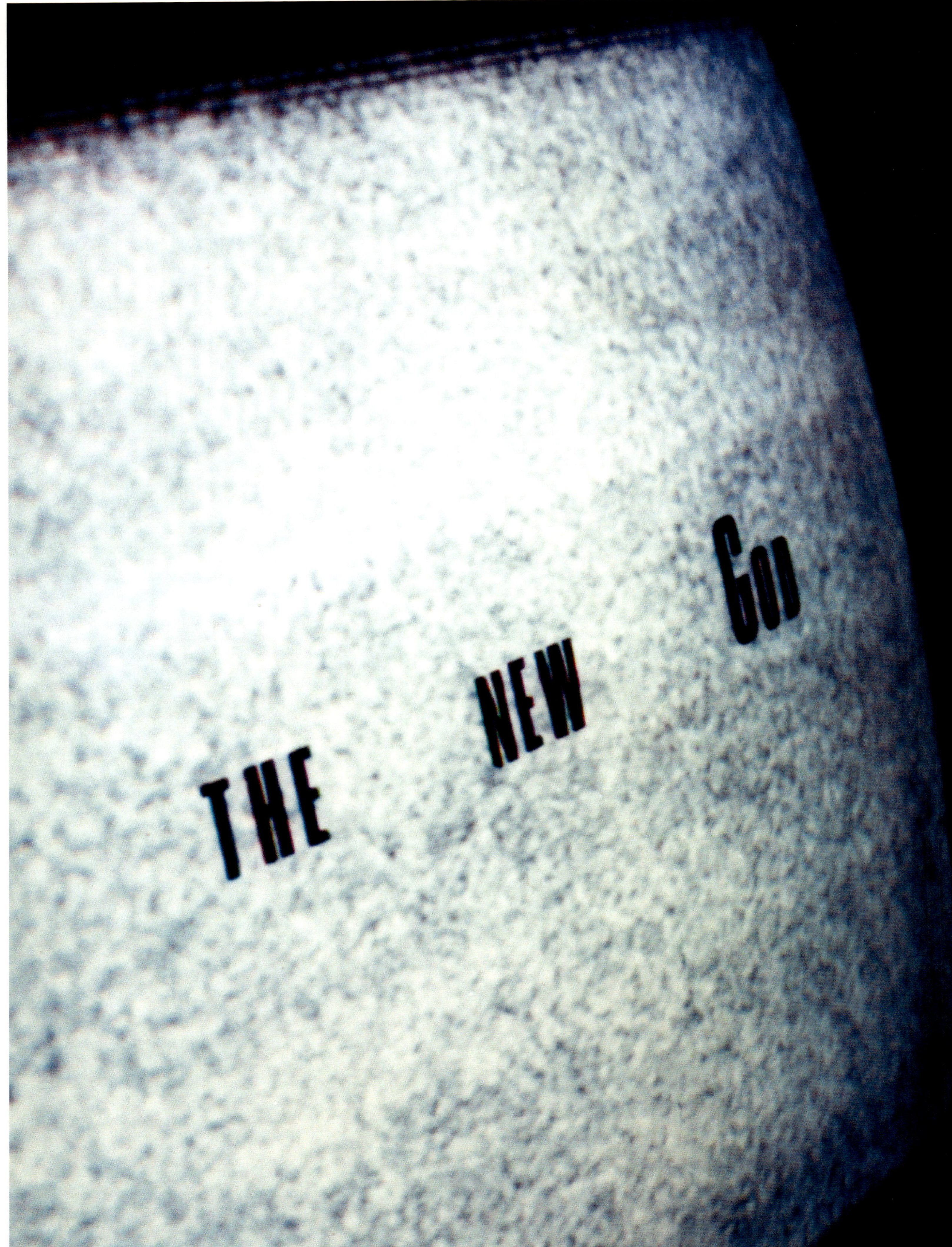

THE
NEW
GOD

BIOGRAPHY / BIBLIOGRAPHY
BIOGRAFIA / BIBLIOGRAFIA

1969 Born in Trento, Italy /
Nato a Trento, Italia

Lives and works in Trentino
South Tyrol and Brussels
Vive e lavora in Trentino-Alto
Adige e a Bruxelles

Education / Educazione

1998 — Postdoctoral Fellowship,
Government of Canada Grant
Award Holder, Ryerson
University, Toronto, Canada
1993 — Accademia di Belle Arti
di Brera, Milan, Italy
1989 — Istituto d'Arte Vittoria,
Trento, Italy
1984 — Primary Education, Bern,
Switzerland

Residencies and awards / Residenze e premi

2010 — Resident Artist, *BAR In*
2011 *ternational*, Pikene på Broen,
Kirkenes, Norway
2010 — Winner, *New A22 gate in
Trento*, A22 Autostrada del
Brennero SpA, Trento, Italy
— Shortlisted, *TERNA Prize 03
for Contemporary Art*, mega-
watt category, Rome, Italy
— Resident Artist, Interna-
tional Studio & Curatorial
Program (ISCP), New York,
USA
2009 — Winner, *TERNA Prize 02 for
Contemporary Art*, megawatt
category, Rome, Italy
— Shortlisted, *Agenore Fabbri
Prize*, Vaf Stiftung, Frankfurt
am Main, Germany
2008 — Winner, *Murri Public Art*,
Bologna, Italy
— Second prize, *Targetti Light
Art*, Florence, Italy
— Shortlisted, *Art & Ecology
International Artists Residency*,
RSA–Royal Society for Arts,
London, UK
2005 — Winner for Trentino South
Tyrol, *SEAT Pagine Bianche
d'autore*, Milan, Italy
— Shortlisted, *MapXXL
mobility program*, Pépinières
Européennes pour Jeunes
Artistes, Paris, France
2004 — Shortlisted, *Premio Cairo*,
Cairo Communication, Milan,
Italy
2003 — Resident Artist, IOR–
Corbyn Street, London, UK
2002 — Resident Artist, Leube
Group's Art Program,
Gartenau–Salzburg, Austria
2001 — Fellowship, ICP–Interna-
tional Center of Photography,
New York, USA
1998 — Grant Award, Interna-
tionale Sommerakademie für
Bildende Kunst, Salzburg,
Austria
1995 — Residency Award, Künstler
1996 haus, Salzburg, Austria

Lectures and workshops / Letture e workshop

2010 — *Arte e ricerca. Valori condi-
visi*, Mart–Museum of
Modern and Contemporary
Art of Trento and Rovereto,
Italy
— *Contemporaneamente*, with
Andrea Viliani, Fondazione
Galleria Civica – Centro di
Ricerca sulla Contemporaneità
di Trento, Italy
— *Neon. Focus on Stefano
Cagol*, Neon Campobase,
Bologna, Italy
2009 — *The New Paragone*, Ryerson
University, Toronto, Canada
2008 — *Tra teoria e prassi*, Acca-
demia di Belle Arti, Bari, Italy
— Lecturer, HISK–Higher
Institute for Fine Arts
Flanders, Ghent, Belgium
2007 — *Nuove ricerche e nuovi
ruoli dell'arte contemporanea*,
Faculty of Humanities and
Philosophy, Trento, Italy
— *The Flu ID*, with Yuka
Uematsu, NADiff–New Art
Diffusion, Tokyo, Japan
— *Museion Summer Lab*,
Museion–Museum of
Modern and Contemporary
Art of Bolzano, Italy
— *Debates*, with Angelique
Campens, Art Brussels,
Brussels, Belgium
— *Thinking on Space*,
Accademia di Belle Arti,
Verona, Italy
2006 — *Past Time Heroes*, with
Mami Kataoka, IIC–Italian
Cultural Institute, Tokyo,
Japan
— *A scuola con gli artisti*,
Galleria Civica di Arte
Contemporanea di Trento,
Italy
2005 — *The Passion for Learning and
Knowing*, with Antonio Strati,
Faculty of Sociology, Univer-
sity of Trento, Italy
— Lecturer, with Samuele
Stefani, TSM–Master of
Culture Management,
Mart–Museum of Modern
and Contemporary Art of
Trento and Rovereto, Italy
2004 — *Le forme del digitale*, MiArt,
Milan, Italy
— Lecturer, with Samuele
Stefani, TSM–Master of
Culture Management,
Mart–Museum of Modern
and Contemporary Art of
Trento and Rovereto, Italy
1999 — Lecturer, Academy of Fine
Arts of Brera, Milan, Italy
1998 — *Monday Night Seminar:
Stefano Cagol, ENTROPIA*,
McLuhan Program in Culture
and Technology, Toronto,
Canada
1994 — Lecturer, Galleria Civica
di Arte Contemporanea di
Trento, Italy

Solo shows / Mostre personali

2011 — *CONCILIO*, 54th Interna-
tional Art Exhibition of the
Venice Biennale, Venice, Italy
— *Stockholm Syndrome
(always with you)*, Priska C.
Juschka Fine Art, New York
City, USA
2010 — *Undergo Alarms*, Studio
d'Arte Raffaelli, Trento, Italy
2008 — *Guinea Pig*, Priska C.
Juschka Fine Art, New York
City, USA
2007 — *The Flu ID*, NADiff–New
Art Diffusion, Tokyo, Japan
2005 — *Babylon Zoo*, Oredaria Arti
Contemporanee, Rome, Italy
— *Atomicwerk*, Forte Strino,
Vermiglio, Italy
— *Lies*, Platform, London, UK
2004 — *Irrational Exuberance*,
project room: video windows,
Stefan Stux Gallery, New
York, USA
2000 — *Contemporanea: Stefano
Cagol*, Mart–Museum of

Modern and Contemporary Art, Palazzo delle Albere, Trento, Italy
— *Spider & Empire*, Galleria Estro, Padova, Italy

1999 — *The Cat's Moon*, Studio d'Arte Raffaelli, Trento, Italy

1998 — *Entropia*, Ryerson Gallery, Toronto, Canada

1996 — *Disintegrazione*, Galerie der Berchtold Villa, Salzburg, Austria
— *Fattore Artificiale–Dirbtinis Faktorius*, Arka Galerija, Vilnius, Lithuania

1995 — *Sex-Net-Mort Nuclèaire*, Künstlerhaus, Salzburg, Austria

Solo projects / Progetti personali

2011 — *Tridentum*, Permanent Public Art installation, A22 gate, Trento, Italy

2010 — *Power of Recall*, Public Art installation, Piazza dei Signori, Vicenza, Italy
— *Stefano Cagol / A week display*, Fondazione Galleria Civica – Centro di Ricerca sulla Contemporaneità, Trento, Italy

2009 — *11 settembre*, installation, ZKM | Museum of Contemporary Art, Karlsruhe, Germany
— *11 settembre*, installation, Kunstraum Innsbruck, Innsbruck, Austria
— *11 settembre*, installation, Mart – Museum of Modern and Contemporary Art, Rovereto, Italy
— *Booom. Flu Power Flu*, informal debate / celebration, Beursschouwburg kunstencentrum, Bussels, Belgium

2008 — *Light Dissolution (of the borders)*, Parallel Event, Manifesta 7, Trento, Italy
— *Süd-Tirol ist nicht Italien*, cover project for Exibart magazine, Manifesta 7 Issue, Italy
— *White Flag*, installation, Monte Finonchio, Calliano, Trentino, Italy

2007 — *Babylon Garden*, permanent installation, Prader Bank, Trento, Italy
— *Freier Vogel*, installation, Palais Pock, Bolzano, Italy

— *Chess Time (Time Influence)*, permanent installation, Parco Mignone, Bolzano, Italy
— *Flu Power Flu*, permanent installation, Beursschouwburg kunstencentrum, Brussels, Belgium
— *Head Flu*, Public Art installation, Tronchetto, Venice, Italy

2006 — *Tokyospace: Harajuku Influences*, IIC–Italian Cultural Institute, Tokyo, Japan
— *Power Station*, Satellite Project, 1st Singapore Biennale, Singapore
— *White Flag–Bandiera Bianca*, Public Art installation, Monte Finonchio, Trento, Italy
— *White Flags*, permanent installation, Forte Strino, Vermiglio, Italy
— *Bird Flu Vogelgrippe*, Off Project, 4th Berlin Biennale, Berlin, Germany
— *Bird Flu*, Public Art project, installation / action, Kunstraum Innsbruck, Austria
— *Bird Flu Vogelgrippe*, Public Art project, installation / action, Museion–Museum of Contemporary Art of Bolzano, Italy
— *Bird Flu Vogelgrippe*, Public Art project, installation / action, Galleria Civica di Arte Contemporanea di Trento, Italy

2005 — *White Flags*, performance / action, Giardini, Venice Biennale, Venice, Italy
— *Heart*, site-specific installation, The Passion for Learning and Knowing, Faculty of Sociology, Trento, Italy

2004 — *Tokyospace*, video screening, A.R.T. Foundation, Superdeluxe, Tokyo, Japan
— *The Wedding Project*, site-specific installation and web project, Galleria Civica di Arte Contemporanea di Trento, Italy

2003 — *Diary Project 03*, web project, Miami, USA
— *Dress the Risk*, performance, Miss Italia, San Benedetto del Tronto, Italy
— *Videoartproject1*, video screening, Antonioli, Milan, Italy

2002 — *Open studio*, Leube Zementwerk, Gartenau, Austria

— *Diary project 02*, web project, Miami and New York, USA

2001 — *Diary Project 01*, web project, New York, USA

Group shows (selection) / Mostre collettive (selezione)

2011 — *Mind the Map!*, Barents Spektakel, Pikene på Broen, Kirkenes, Norway
— *Il Giardino Segreto. Opere d'arte dell'ultimo cinquantennio nelle collezioni private baresi*, Convento di Santa Scolastica, Bari, Italy

2010 — *Suspensions of Disbelief*, Other Gallery, Shanghai, China
— *Cento anni di imprese per l'Italia. Centenario Confindustria*, Ara Pacis, Rome, Italy
— *Art//Tube*, Galleria Civica Cavour, Padova, Italy
— *Bittersweet: the chocolate show*, The Paul Robeson Galleries. Rutgers University, Newark, USA
— *New A22 gate in Trento*, Fondazione Galleria Civica – Centro di Ricerca sulla Contemporaneità, Trento, Italy
— *Stirrings Still*, White Box, New York City, USA
— *Salon: Stefano Cagol, Jonggeon Lee*, International Studio & Curatorial Program (ISCP), New York, USA
— *Intramoenia Extra Art. Miraggi*, Castello Aragonese, Taranto, Italy
— *Contemporary Energy. Italian Attitudes*, SUPEC –Shanghai Urban Planning Exhibition Center, Shanghai, China
— *Queens Move*, White Box Satellite at the Juvenal Reis Studios and Residencies, Long Island City, New York, USA
— *Open Studios. 15th anniversary special*, International Studio & Curatorial Program (ISCP), New York, USA
— *Cento anni di imprese per l'Italia. Centenario Confindustria*, Palazzo della Triennale, Milan, Italy
— *Aktuelle Positionen Italienischer Kunst. Premio Agenore Fabbri*, Stadtgalerie, Kiel, Germany

— *Here and Now.* Palazzo Re Enzo, Bologna, Italy

2009 — *Terna Prize 02*, MAXXI – Museo Nazionale delle Arti del XXI Secolo; Tempio di Adriano, Rome, Italy
— *Into the Light*, Error One, Museum van Hedendaagse Kunst Antwerpen (MuHKA), Antwerp, Belgium
— *Cimatics Festival*, Beursschouwburg kunstencentrum, Brussels, Belgium
— *The Forgotten Bar*, Galerie im Regierungsviertel, Berlin, Germany
— *Incontri d'aria*, Oredaria Arti Contemporanee, Rome, Italy
— *Universalkode: Stefano Cagol, Arthur Kostner*, Galerie Gefängnis Le Carceri, Caldaro, Italy
— *National Day*, The Ever Mass Land by Nadine, Brussels, Belgium

2008 — *Loss of Control. Abschiedsausstellung: Jan Hoet*, MARTa Herford, Germany
— *TINA B. The Prague Contemporary Art Festival.* Petrin Tower, Prague, Czech Republic
— *Invisible Cities*, Metro Toronto Convention Centre, Toronto, Canada
— *The Peekskill Project*, HVCCA–Hudson Valley Center for Contemporary Art, NY, USA
— *Genius Loci*, Fortezza Umberto I, Isola Palmaria, La Spezia, Italy
— *Fragile*, Hoet Bekaert Gallery, Ghent, Belgium
— *Eurasia*, Mart – Museum of Modern and Contemporary Art, Rovereto, Italy
— *Arrivals and Departures*, White Box, New York, USA
— *Urban Landscape*, Muratcentoventidue, Bari, Italy

2007 — *From and to*, Kunst Meran–Merano Arte, Merano, Italy
— *Le luci dell'Arte*, Auditorium di Mecenate, Rome, Italy
— *War, Peace and Ecstasy*, Lingotto, Turin, Italy
— *L.A. Auction* Bellavita, New Chinatown Barbershop Gallery, Los Angeles, USA
— *Auslaender Marathon*, A4 Zero Space, Bratislava, Slovakia

— *Videoart Yearbook 2007*, Chiostro di Santa Cristina, Bologna, Italy
— *Paesaggi Metropolitani*, MLAC–Museo Laboratorio di Arte Contemporanea, La Sapienza, Rome, Italy
— *Italy 1980–2007. Tendencies of the contemporary research*, Vietnam National Fine Arts Museum, Hanoi, Vietnam
— *On the Edge of Vision*, Victoria Memorial Hall, Calcutta; National Gallery of Modern Art, New Delhi; National Gallery of Modern Art, Mumbay, India

2006 — *ZOO logical garden*, Harry Malter Park, Gent, Belgium
— *Euronite*, IIC–Italian Cultural Institute, Toronto, Canada
— *Videoart Yearbook 2006*, Chiostro di Santa Cristina, Bologna, Italy
— *FairPlay. Festival delle Culture Giovani*, Complesso Monumentale di Santa Sofia, Salerno, Italy

2005 — *Atomica. Making the invisible visible*, Lombard Freid Projects; Esso Gallery, New York, USA
— *Pensieri sul relativismo*, Villa Tonda, Ansedonia, Italy

2004 — *Moving Pictures. A Video Installation Survey*, Artcore Gallery, Toronto, Canada
— *MacroVideoteca: On Air*, MACRO – Museo d'Arte Contemporanea di Roma, Rome, Italy
— *Costanti diversità. European Biennial of Visual Arts*, CAMeC–Centro Arte Moderna e Contemporanea, La Spezia, Italy
— *Medioevo prossimo venturo*, Palazzo Pretorio, Certaldo, Florence, Italy
— *Interfacies Asteriae*, Asteria Multimedia, Trento, Italy
— *On Air*, La Comunale, Monfalcone, Italy
— *Artcore International*, Artcore Gallery, Toronto, Canada
— *Stop & Stor*, Luxe Gallery, New York, USA
— *Quadriennale Anteprima*, La Promotrice delle Belle Arti, Turin, Italy
— *Enter. Casoli Art Prize*, Barbara Behan Gallery, London, UK

2003 — *Premio Cairo*, Palazzo della Permanente, Milan, Italy
— *Piccole Belve*, Museo Laboratorio, Città Sant'Angelo, Italy
— *You can find it anywhere. Visioni by Renault*, Villa Borghese, Rome, Italy
— *Places of Affection. Luoghi d'Affezione*, IKOB–Internationales Kunstzentrum Ostbelgien, Eupen, Belgium
— *30 Jahres*, Galerie im Traklhaus, Salzburg, Austria
— *In Faccia al Mondo*, Museo d'Arte Contemporanea di Villa Croce, Genova, Italy
— *Foto*, Galleria Rebecca Container, Genova, Italy
— *Warm Up*, Galleria Neon, Bologna, Italy

2002 — *Nuovo Spazio Italiano. New Italian Space*, Galleria Civica di Arte Contemporanea di Trento, Italy
— *Video Lab*, Torino Esposizioni, Turin, Italy
— *Mostra d'emergenza*, Galleria Civica, Castel San Pietro Terme, Italy
— *First International Festival of Photography. Viasatellite*, Mercati Traianei, Rome, Italy
— *First Detroit Video Festival*, Museum of New Art, Detroit, USA

2001 — *Künstler Brücken. Ponti d'artista. Artists Bridges*, Ponte Druso, Bolzano, Italy
— *Panorama II*, Tiroler Kunstpavillion, Innsbruck, Austria
— *River Run: Paesaggi in movimento*, Chiostri di San Domenico, Reggio Emilia, Italy
— *All'Esedra*, Villa Manin, Codroipo, Udine, Italy
— *S.A.A. Strategies Against Architecture*, Galleria Gian Carla Zanutti, Milan, Italy

2000 — *Dintorni / Umgebung*, Galerie Im Traklhaus, Salzburg, Austria

1999 — *Whichkraft?*, Trans Hudson Gallery, New York, USA
— *Video.it*, S. Pietro in Vincoli, GAM–Gallery of Modern Art, Turin, Italy
— *Atlante – Geografia e storia della giovane arte italiana*, MACS–Museum of Contemporary Art, Masedu, Sassari, Italy

— *Super Mega Drops*, Viafarini, Milan, Italy
1998 — *Laboratorio*, Galleria Civica di Arte Contemporanea di Trento, Italy
1997 — *Generazione Media*, Palazzo della Triennale, Milan, Italy
1996 — *Adicere Animos*, Galleria Civica, Cesena, Italy
1996 — *Video Forum. 2nd edition*, ART 27 '96, Basel, Switzerland

Reviews (selection) / Recensioni (selezione)

2011 — Corzani, Valerio. "Mind the map, oltre le frontiere," *Il Manifesto*, Feb 9, Rome, Italy
2010 — Bergseth, Marianne. "Fem tusen kilometer til Roma," *Sor-Varanger Avis*, Nov 20, Sor-Varanger, Norway
— Piccinini, Amalia, "Stefano Cagol: studio visit," *FlashArtonline.com*, Nov 15, Milan, Italy
— Cremascoli, Olivia. "Miraggi nei castelli di Puglia," *Interni* # 605, Milan, Italy
— Brigante, Argano. "Cagol ha vinto la rotonda sull'A22," *Arte Mondadori*, Oct, Milan, Italy
— AA.VV. "Monitor Pad." *Glamour*, Oct, Milan, Italy
— Pini, Francesca. "Shanghai oltre l'expo," *Sette. Corriere della Sera*, July 8, Milan, Italy
— Fumagallo, Michele. "Il castello di Taranto ospita anche l'Ilva," *Il Manifesto*, July 6, Rome, Italy
— Piccoli, Cloe. "L'arte tra luce, fulmini e acqua," *Affari & Finanza. La Repubblica*, June 28, Rome, Italy
— AA.VV., "Exposure," *China Daily*, June 4, Shanghai, China
— AA. VV.. "Art Fortunes," *Shanghai Securities News*, May 29, Shanghai, China
— Cox, Paul. "The UN of art," *BushwickBK*, May 11, New York, USA
2009 — Hatijens, Eilen. "Into the light brengt licht in donkere dagen," *Knack*, Dec 2, Brussels, Belgium
— Rhan, Felicitas. "Die Mutter aller Daten", interview, *Monopol-magazine.de*, Sept 11, Berlin, Germany
— Audino, Antonio. "11 settembre," interview, *Radio 3. Il terzo anello. Aladino*, Sept 11, Italy
— Völske, Daniel. "Herford Thrills," *Monopol*, April 2, Germany
2008 — AA.VV. "Rewind", *Work. Art in progress* # 24, Trento, Italy
— Genocchio, Benjamin. "In Peekskill, 2 Shows of Raw Works," *The New York Times*, Sept 28, New York, USA
— Zanchetta, Alberto, "Eurasia," *Flash Art Italia* # 272, Milan, Italy
— Bucarelli, Viviana. "Stefano Cagol," *Flash Art Italia* # 271, Milan, Italy
— Polveroni, Adriana. "Architetture a ritmo di jazz," *L'Espresso*, Aug 13, Rome, Italy
— Zocchi, Chiara. "Dritto e Rovescio," *Grazia*, Aug 11, Milano, Italy
— Vallora, Marco. "Cercando il genius Loci," *La Stampa*, Aug 11, Torino, Italy
— Pini, Francesca. "La Bandiera Double Face," *Corriere della Sera Magazine*, Aug 7, Milan, Italy
— Polveroni, Adriana. "Eurasia, arte senza frontiera," *L'Espresso*, July 28, Rome, Italy
— Barilli, Renato. "Eurasia," *L'Unità*, July 7, Rome, Italy
— AA.VV. "Red star critic recommendation: Stefano Cagol. Guinea Pig," *New York Magazine*, April 28, New York, USA
— Ayers, Robert. "Wild Animals Invade the New York Art World," *Artinfo*, April, New York, USA
2007 — Isaia, Denis, "Le due strane sorelle," *Work. Art in progress* # 20, Trento, Italy
— Berlanda, Orietta, "Stefano Cagol: Site-specific–time specific," *Work. Art in progress* # 20, Trento, Italy
— Yap, June. "To the Casual Observer: Stefano Cagol," *Contemporary Magazine* # 91, London, UK
2006 — Lissoni, Andrea. "Trentino Alto Adige: nuovo polo dell´arte contemporanea," *Kunst-Bulletin*, Dec, Geneve, Switzerland
— Meneghelli, Luigi. "Stefano Cagol," *Flash Art Italia* # 261, Milan, Italy
— Natalicchio, Cristina. "Giovane Arte Trentina," *Flash Art Italia* # 261, Milan, Italy
— Giacomelli, Marco Enrico. "Fungo," *Exibart Onpaper* # 35, Rome, Italy
— Isaia, Denis. "Stefano Cagol," *Flash Art Italia* # 261, Milan, Italy
— Meneghelli, Luigi. "Never-ending Cinema," *Flash Art Italia* # 260, Milan, Italy
— Polveroni, Adriana. "Coppie d'arte fuori misura," *D. La Repubblica delle Donne* # 516, Rome, Italy
— AA.VV.. "Stefano Cagol: Tokyo Blues," *Arte Mondadori*, Sept, Milan, Italy
— Bombelli, Ilaria. "Bandiera Bianca," interview, *Flash Art Italia* # 259 Milan, Italy
— Pinto, Roberto. "Stefano Cagol," *Work. Art in Progress*, # 16, Trento, Italy
— AA.VV.. "Bird Flu se desplaza por Europa," *Lapiz* # 223, Madrid, Spain
2005 — AA.VV. "New Talents: Stefano Cagol," *Italica, Rai International online*, Nov, Rome, Italy
— AA.VV.. "Stefano Cagol," *Tema Celeste* # 111, Milan, Italy
— AA.VV. "Attacco al fortino," *Flash Art Italia* # 253, Milan, Italy
— AA.VV.. "Real vs Unreal," *Flash Art Italia* # 252, Milan, Italy
— Gusella, Enrico. "Cagol: ossia l'artista atomico," *Il Sole 24 Ore: Nordest*, Aug 3, Milan, Italy
— Pancotto, Pier Paolo. "Roma, New York e Tokyo, le nuove Babilonia," *L'Unità*, July 8, Rome
— Brambilla, Carlo. "L'Arte spiega la Società," *La Repubblica*, Jun 20, Rome, Italy
— Zampetti, Chiara. "Stefano Cagol: Lies, London," *Exibart. com*, March, Rome, Italy

2004
— Dault, Gary Michael. "Where the Cosmic Meets the Microscopic," *Globe & Mail*, Jan 1, Toronto, Canada
— Conti, Andrew. "Artifacts," *Metropolis*, Sept 17, Tokyo, Japan
— AA.VV. "Gherkin Reflections," *Lloyd "s List*, Feb 16, London, UK
— Mistrangelo, Angelo. "La Quadriennale di Roma in Anteprima a Torino," *La Stampa*, Jan 18, Turin, Italy
— Riva, Alessandro. "L'Italy dell'arte è federalista," *Sette, Corriere della Sera*, Jan 15, Milan, Italy

2003
— Colombo, Paola. "Nuovo Spazio Italiano," *Tema Celeste # 96*, Milan, Italy
— Curto, Guido. "Mondi postbellici e risciò nelle stanze dei giovani," *La Stampa*, Jan 25, Turin, Italy

2002
— AA.VV. "Giovane Videoarte Italiana," *Flash Art Italia # 234*, Milan, Italy
— AA.VV. "Giovane Fotografia Italiana," *Flash Art Italia # 233*, Milan, Italy
— Michelato, Stefania. "Raccontami una storia," *Arte e Critica # 30/31*, Rome, Italy
— Mariella Rossi. "Stefano Cagol," *Tema Celeste Italia # 90*, Milan, Italy
— Giordano, Stefano. "Se la videoarte di Cagol vola a Detroit," *Il Sole 24 Ore: Nordest*, Feb 11, Milan, Italy

2001
— Fulco, Elisa. "S.A.A.," *Flash Art Italia # 227*, Milan, Italy
— Berlanda, Orietta. "Stefano Cagol," *Arte e Critica*, Jan–March, Rome, Italy
— Meneghelli, Luigi. "Stefano Cagol," *Flash Art Italia, # 226*, Milan, Italy
— Bruciati, Andrea. "Stefano Cagol," *Segno, # 177*, Pescara, Italy

2000
— Turchetto, Francesca. "Stefano Cagol," *temaceleste. com*, Nov–Dec, Milan, Italy
— Michelato, Stefania. "Stefano Cagol e Gea Casolaro," *Flash Art Italia # 224*, Milan, Italy

1999
— Korotkin, Joyce. "Whichkraft?," *The New York Art World*, Nov, New York, USA
— Everett, Deborha. "Whichkraft?," *NY Arts*, Oct, New York, USA
— Nicoletti, Giovanna. "Stefano Cagol," *Juliet, # 93*, Trieste, Italy
— Degasperi, Fiorenzo. "Cagol allo Studio Raffaelli," *Alto Adige*, Feb 19, Trento, Italy

1997
— Garzonio, Melissa. "Generazione Media," *Corriere della Sera: Vivimilano*, Nov 5, Milan, Italy

1996
— Jablonskienè, Audronè. "Talismanas nuo mutacijos," *Respublika*, Feb 21, Vilnius, Lithuania

Selected bibliography / Bibliografia selezionata

2010
— Morelli, Ugo. *Con altri occhi*, Egon, Rovereto, Italy

2009
— AA.VV. *Young Blood 08, Annual di talenti italiani premiati nel mondo*, Next Exit, Rome, Italy

2007
— Uematsu, Yuka; Cagol, Stefano. *In Conversation*, Tokyospace, Italy
— Campens, Angelique; Cagol, Stefano. *In Conversation*, Tokyospace, Italy
— Kataoka, Mami; Cagol, Stefano. *In Conversation*, Tokyospace, Italy

2005
— Vaccari, Alessandra. *Wig Wag, Le bandiere della moda*, Marsilio Editori, Venice, Italy
— AA.VV.. *L'Arte contemporanea Italiana nel mondo*, Skira, Milan, Italy

2004
— AA.VV.. *Enciclopedia dell'arte Zanichelli*, Zanichelli, Milan, Italy

2003
— AA.VV.. *Dizionario della Giovane Arte 1*, Giancarlo Politi Editore, Milan, Italy

2002
— Madesani, Angela. *Le icone fluttuanti. Storia del cinema d'artista e della videoarte in Italia*, Vol. 1 B, Mondadori, Milan, Italy

Catalogues (selection) / Cataloghi (selezione)

2011
— Jansen, Gregor. *54th International Art Exhibition of the Venice Biennale*, Marsilio Editori, Venice, Italy
— Boubnova, Iara; Jansen, Gregor; Robecchi, Michele; Viliani, Andrea; et al. *PUBLIC OPINION*, Charta, Milan, Italy
— Bidner, Stefan; et al. *Kunstraum Innsbruck 2004–2010*, Verlag Walther König, Cologne, Germany

2010
— Zamudio, Raúl. *Suspensions of Disbelief*, Other Gallery, Shanghai, China
— Boyi, Feng; Collu, Cristiana; Marziani, Gianluca. *Premio Terna per l'Arte Contemporanea 03*, Silvana Editoriale, Milan, Italy
— Bell, Anonda. *Bittersweet. The chocolate show*, Rutgers University, Newark, USA
— Calvenzi, Giovanna; Colombo, Cesare; Pratesi, Ludovico. *Cento anni di imprese per l'Italia*, Alinari, Florence, Italy
— Bartorelli, Guido, *Art/Tube*, Cleup, Padova, Italy
— Carrer, Alessandro; Collu, Cristiana; Marziani, Gianluca; Vescovo, Marisa. *Contemporary Energies. Italian Attitudes*, Silvana Editoriale, Milan, Italy
— Wolbert, Klaus. *Atuelle Positionen Italanischer Kunst. Premio Agenore Fabbri*, Silvana Editoriale, Milan, Italy
— Boubnova, Iara, *Stefano Cagol. Power of Recall*, Fondazione Vignato per l'Arte, Tokyospace, Italy
— Draganovic, Julia, *Stefano Cagol. Undergo Alarms*, Tokyospace, Italy

2009
— Adriani, Götz; Jansen, Gregor; Weibel, Peter. *Just what is it..., 10 Jahre Museum für Neue Kunst im ZKM*, Hatje Cantz Verlag, Stuttgart, Germany
— Collu, Cristiana; Marziani, Gianluca. *Premio Terna per l'Arte Contemporanea 02*, Silvana Editoriale, Milan, Italy
— Barilli, Renato; Borgogelli, Alessandra; Granata, Paolo; Grandi, Silvia; Naldi, Fabiola. *Video Art Yearbook*, Fausto Lupetti Editore, Bologna, Italy

2008
— Bonito Oliva, Achille; Benedetti, Lorenzo; Boubnova, Iara; Casorati, Cecilia; Fang, Hu; Rekade, Christiane; Trolp, Julia. *Eurasia*, Mart–

230

Museum of Modern and Contemporary Art of Trento and Rovereto, Skira, Milan, Italy
— de La Torre, Blanca; Giovannotti, Micaela; Pivodova, Eva; Tomin, Marek. *Tina B. The Prague Contemporary Art Festival*, Praha, Czech Republic
— Barzel, Amnon. *Targetti Light Art Collection*, Skira, Milan, Italy

2007 — Belli, Gabriella; Cherubini, Laura; Lancioni, Daniela; Marziani, Gianluca. *Italy 1980-2007. Tendencies of the Contemporary Research*, Temi Edizioni, Trento, Italy
— Dehò, Valerio; Isaia, Denis. *From & To*, Kunst Meran–Merano Arte, Merano, Italy
— Canova, Lorenzo; Lochan, Rajeev. *On the Edge of Vision: New idioms in Indian & Italian Contemporary Art*, Foreign Affairs Ministry, Rome, Italy
— Bidner, Stefan; Cagol, Stefano; Campens, Angelique; Lissoni, Andrea; Elliott, David; Pinto, Roberto. *Stefano Cagol: Harajuku Influences*, Charta, Milan, Italy

2006 — Boubnova, Iara; Fang, Hu; Misiano, Viktor; Nanjo, Fumio; Yap, June; Zhang, Wei; et al. *Belief*, Singapore Biennale, National Arts Council, Singapore

2005 — Tazzi, Pier Luigi. *Stefano Cagol: Babylon Zoo*, Oredaria Art Contemporanee, Rome, Tokyospace, Italy

2004 — Belli, Gabriella. *European Biennial of Visual Arts*, CAMeC–Contemporary Art Center, La Spezia, Italy
— Ragaglia, Letizia. *Tokyospace*, Galleria Civica di Arte Contemporanea di Trento, Italy
— Hunt, David. *On Air*, La Comunale, Monfalcone, Silvana Editoriale, Milan, Italy
— Canova, Lorenzo. *Arte Italiana per il XXI sec*, Collezione Farnesina, Rome, Italy
— Barreca, Laura; Buscaroli, Beatrice; Beatrice, Luca; et al. *Quadriennale Anteprima*, De Luca Editori, Turin, Italy

2003 — Giovannotti, Micaela. *Places of Affections*, Snoeck, Ghent, Belgium

— De Palma, Grazia. *Piccole Belve*, Museo Laboratorio, Città Sant'Angelo, Italy

2002 — Verzotti, Giorgio; Cavallucci, Fabio; Nicoletti, Giovanna. *Nuovo Spazio Italiano*, Charta, Milan, Italy

2001 — Ragaglia, Letizia. *Ponti d'artista. Künstler Brücken*, Municipality of Bolzano, Bolzano, Italy
— Volpato, Elena; Pier Giovanni Castagnoli, Pier Giovanni. *River Run: Paesaggi in movimento*, Chiostri di San Domenico, Reggio Emilia, Italy

2000 — Belli, Gabriella; Cerizza, Luca; Nicoletti, Giovanna. *Contemporanea: Stefano Cagol*, Skira, Milan, Italy

1999 — Coen, Vittoria. *Atlante–Geografia e storia della giovane arte italiana*, Giancarlo Politi Editore, Milan, Italy
— Coen, Vittoria. *Le vie e le ricerche*, Edizioni Gabriele Mazzotta, Milan, Italy

1998 — Serravalli, Luigi. *Laboratorio*, Temi Edizioni, Trento, Italy

1997 — d'Avossa, Antonio. *Visual Rave*, Società Umanitaria, Milan, Italy
— Alessandrini, Francesca; Campagnola, Sonia; Darra, Paolo; Ghirardelli, Laura; Rossi, Federica. *Generazione Media*, Palazzo della Triennale, Milan, Italy

1996 — Rubbini, Alice. *Adicere Animos*, Galleria Civica, Cesena, Italy
— Keller, Eva; Walser, Kaethe. *Video Forum. 2nd edition*, ART 27'96, Basel, Switzerland

1993 — Di Pietrantonio, Giacinto; Longari, Elisabetta; Trini, Tommaso. *Salon Primo '93*, Academy of Fine Arts of Brera, Milan, Italy

PROVINCIA AUTONOMA DI TRENTO

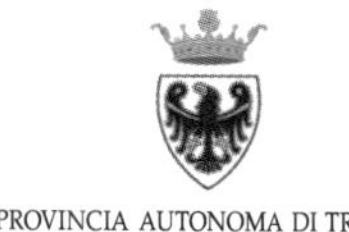

PROVINCIA AUTONOMA DI TRENTO

President *Presidente*
Lorenzo Dellai

Councillor for Culture, European
Relationships and Cooperation
*Assessore Cultura, Rapporti Europei
e Cooperazione*
Franco Panizza

Manager of Cultural Activities
Dirigente Servizio Attività Culturali
Claudio Martinelli

Spokesman of Youth Affairs
Responsabile Politiche Giovanili
Francesco Pancheri

COMUNE DI TRENTO

COMUNE DI TRENTO

Mayor *Sindaco*
Alessandro Andreatta

Councillor for Culture,
Turism and Youth
*Assessore Cultura,
Turismo e Giovani*
Lucia Maestri

Manager of Culture, Turism
and Youth Office
*Dirigente Servizio Cultura,
Turismo e Politiche giovanili*
Clara Campestrini

Head of Culture, Turism
and Youth Office
*Capo Ufficio Servizio Cultura,
Turismo e Politiche giovanili*
Donatella Turrina

FONDAZIONE GALLERIA CIVICA
CENTRO DI RICERCA SULLA
CONTEMPORANEITÀ DI TRENTO

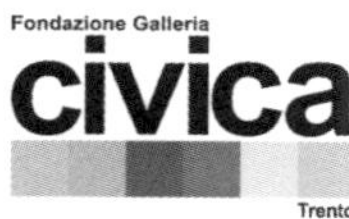

Chairman *Presidente*
Danilo Eccher

Board of Directors
Consiglio di Amministrazione
Mauro Pappaglione, Mario Garavelli

Accounting Auditor *Revisore dei conti*
Filippo Degasperi

Scientific Committee
Comitato Scientifico
Gerald Matt, Hans Ulrich Obrist,
Roberto Pinto

Director *Direttore*
Andrea Viliani

Director's Assistant
Assistente di Direzione
Chiara del Senno

Assistant Curator
Assistente Curatore
Giulia Corradi

Educational Services
Servizi Educativi
Francesca Piersanti, Roberta Carturan,
Angela Margoni

Reception *Reception*
Rosa Cammarota

Press Office
Ufficio Stampa
adicorbetta, Milano

Founding Members *Soci Fondatori*
Comune di Trento
Andrea Bert, Renzo Colombini, Daniele
Dalfovo, Michele Dalfovo, Mario Garavelli,
Mauro Giacca, Mauro Pappaglione, Paola
Stelzer, Jurgen Todesco, Loris Todesco,
Markus Walter Wachtler

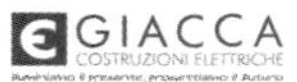
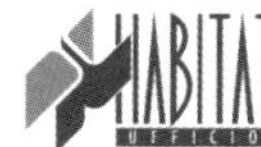

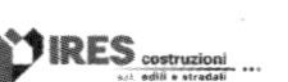
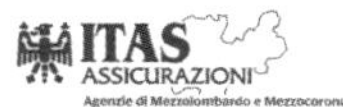

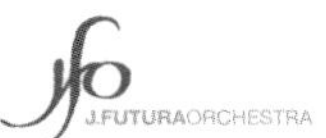
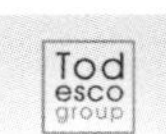

Friends *Amici*
Paola Ambrosi Rangoni, Fabio Bartolini,
Marta Boglioli Ziglio, Gianfranco de
Bertolini, Mauro De Iorio, Dario Ghidoni

This book has been published on the
occasion of the project *Opera Civica* (*TN*),
for the years 2010–11, thanks to the support
of the Autonomous Province of Trento.
Questo libro è stato realizzato in
occasione del progetto *Opera Civica*
(*TN*), 2010-11, grazie al sostegno della
Provincia autonoma di Trento.

This book has been made possible also
thanks to the support of
Questo libro è stato reso possibile
anche grazie al supporto di

Oredaria Arti Contemporanee
via Reggio Emilia 22-24
00198 Roma
www.oredaria.it

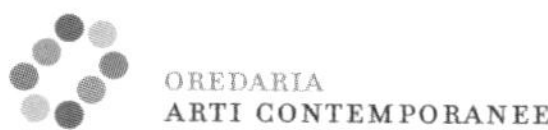

OREDARIA
ARTI CONTEMPORANEE

Priska C. Juschka Fine Art
547 West 27th Street
NY 10001, New York
www.priskajuschkafineart.com

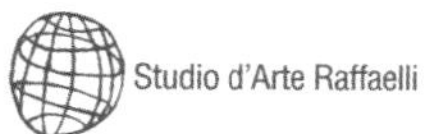

PRISKA C. JUSCHKA FINE ART

Studio d'Arte Raffaelli
Palazzo Wolkenstein, via Marchetti 17
38122 Trento
www.studioraffaelli.com

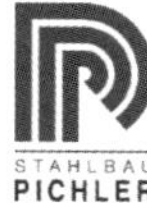

Studio d'Arte Raffaelli

TRIDENTUM artworks have been realized
also with the support of
Le opere *TRIDENTUM* sono state realizzate
anche col supporto di

Stahlbau Pichler
via T. A. Edison 15
39100 Bolzano
www.stahlbaupichler.com

STAHLBAU
PICHLER

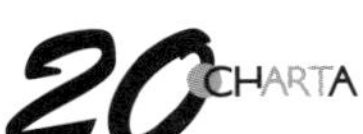 CHARTA

To find out more about Charta,
and to learn about our most recent
publications, visit

www.chartaartbooks.it

Printed in May 2011
by Bianca & Volta, Truccazzano (MI)
for Edizioni Charta